秦岭四库全书·文库

文心观止

《秦岭四库全书》编写组 编著

西安出版社
西安曲江出版传媒股份有限公司

图书在版编目（CIP）数据

秦岭四库全书. 文库：文心观止 / 刘宁主编. -- 西安：西安出版社，2015.8（2017.2重印）
　ISBN 978-7-5541-1201-4

　Ⅰ. ①秦… Ⅱ. ①刘… Ⅲ. ①秦岭－概况②文艺－作品综合集－中国 Ⅳ. ①K928.3②I211

　中国版本图书馆CIP数据核字(2015)第201349号

秦岭四库全书·文库

文心观止

编　　著：	《秦岭四库全书》编写组
主　　编：	刘　宁
书籍设计：	单　鹏
出　　版：	西安出版社
社　　址：	西安市长安北路56号
电　　话：	（029）85253740
邮政编码：	710061
网　　址：	www.xacbs.com
发　　行：	西安曲江出版传媒股份有限公司
	（西安曲江新区雁南五路1868号影视演艺大厦14层11401、11402室）
印　　刷：	重庆新金雅迪艺术印刷有限公司
开　　本：	889mm×1194mm　1/16
印　　张：	30.5
字　　数：	575千
版　　次：	2015年9月第1版
	2017年2月第2次印刷
书　　号：	ISBN 978-7-5541-1201-4
定　　价：	86.00元

△　本书如有缺页、误装，请寄回另换。

《秦岭四库全书》编委会

主　编：肖云儒　徐可为

副主编：李　元　陈吉利　耿占军

委　员：张运良　屈炳耀　史鹏钊

《文库·文心观止》

主　编：刘　宁

编写组成员（以撰稿先后为序）：

刘　宁　荣小措　霍有明　雒　莉　杨　槐

崔伟刚　李　勇　施焕焕　任　刚　尤红娟

统　稿：刘　宁

目录

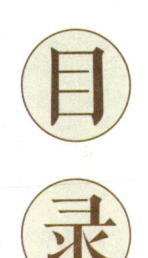

001　总序

001　绪言

001　第一章　诗人咏秦岭

   004　第一节　唐前秦岭诗歌

      一、《诗经》与南山、终南山

      二、乐府中的"南山"歌诗

      三、汉魏六朝文人诗中的"南山"及南山意象的生成

      四、商山与我国第一首隐逸诗

      五、太华山与汉魏六朝游仙诗

      六、北朝时期终南山唱和诗

   020　第二节　唐代秦岭诗歌

      一、终南山与唐代隐逸之风

      二、终南山佛寺诗中的禅韵

      三、秦岭道观诗中的仙趣

      四、商山古道与别情诗

      五、骊山与政治诗

   040　第三节　宋（金）元明清秦岭诗歌

      一、宋代南山、商山、骊山、华山诗

      二、宋词中的长安古道意象与感伤情怀

      三、金代秦岭诗词整体考察

　　　　　　四、元代秦岭诗词观照

　　　　　　五、元曲中的关中怀古之作

　　　　　　六、明代诗人歌咏秦岭

　　　　　　七、清代秦岭诗歌整体考察

072　　　附录　秦岭诗歌选

179　第二章　丹青绘秦岭

182　　第一节　长安与汉唐绘画

　　　　　　一、汉长安绘画

　　　　　　二、六朝山水画的萌芽

　　　　　　三、唐长安兼善山水画的人物、鞍马画家

194　　第二节　秦岭与山水画的开创与高峰

　　　　　　一、秦岭与山水画

　　　　　　二、秦岭与隋唐五代山水画

　　　　　　三、隋唐五代山水画代表画家及作品

218　　第三节　秦岭与南北宗山水画

　　　　　　一、南宗与南北山水画

　　　　　　二、北宗山水画的流变

226　　第四节　宋代以后有关秦岭的山水画作

　　　　　　一、秦岭与《华山图》

　　　　　　二、秦岭经典题材的再创作

233　　第五节　秦岭与长安画派

　　　　　　一、赵望云的《重林耸翠图》

二、石鲁的华山图
三、何海霞的青绿山水

239　附录　秦岭意象山水画作品选

255　第三章　翰墨刻秦岭

257　第一节　秦岭碑刻、摩崖概况
　　一、秦岭碑刻整理
　　二、秦岭碑刻的书法艺术价值
　　三、秦岭摩崖景观的文化价值

264　第二节　秦岭地区重要碑刻群
　　一、石门碑刻群
　　二、灵崖寺碑刻群
　　三、华山庙碑刻群
　　四、华阴杨氏墓志群
　　五、楼观台碑刻群
　　六、重阳宫碑刻群

281　第三节　秦岭碑刻书法艺术
　　一、秦岭篆书碑刻
　　二、秦岭隶书碑刻
　　三、秦岭楷书碑刻
　　四、秦岭行书与草书碑刻

314　第四节　秦岭摩崖景观
　　一、终南山摩崖

二、华山摩崖
　　三、紫柏山摩崖
　　四、太白山摩崖
325　附录　经典碑刻摩崖图片选

345　**第四章　文人颂秦岭**

347　第一节　赋与秦岭
　　一、京都赋中的秦岭
　　二、畋猎赋中的南山
　　三、地理赋中的华山
　　四、纪行赋与关中
　　五、怀古赋与骊山
　　六、山水赋与秦川渭水

368　第二节　游记与秦岭
　　一、古代典籍中的秦岭影像
　　二、华山游记
　　三、太白山游记
　　四、终南山游记
　　五、辋川游记
　　六、骊山游记
405　附录　历代秦岭赋、游记选

465　**参考书目**

总序 《秦岭四库全书》

打开大秦岭 阅读大中华

肖云儒

一

两三年前，大约是2010到2012年期间，由于想汇集自己对于中国古典绿色文明相关联的种种思考，秦岭一度成为我的一个心结，一个兴奋点。记得我先后给央视《大秦岭》摄制组、《陕西日报》、《华商报》等多家媒体，也在一些有关秦岭、渭河等有关研讨会上，提出了"秦岭是中国的'四库全书'，是中国的水库、绿库、智库、文库"的观点，从不同角度作了阐发。此论一出，响应者众，一时多有传播。后来又将这些思考融入了两万余字的长篇学术论文《中国古典绿色文明》之中，发表在《西安交通大学学报（人文社科版）》的头条。

其间，西安文理学院校长徐可为教授约我给学校的科研项目出出点子，记得我谈了三点，其中两点与秦岭有关。我建议学校利用文理兼具的综合优势，集中学校文、史、哲、经、生物、地理方面的专家学者，全力以赴，尽快编写《秦岭四库全书》，全面展示秦岭的水文地质、动植物谱系，以及中国古都、中国思想（易、儒、道、释）和中国诗文书画与秦岭的关系。图与文并茂、资料与论述辉映，力争成为我国第一部多学科研究秦岭的大部头著作。只要抓得紧，大约两三年内可以完成。这是我们研究秦岭的第一阶段成果，可称为典籍性成果。

第二阶段的成果，是以典籍为基础，从书本中走出来，在秦岭北麓择地进行绿色生态生存圈的科学试验，在新理念、新方法指导下，探讨并实践人与自然和谐相处的路径，追求发展社会与涵养自然并行，实现科学循环的新的人类生活类型。这可称为试验性成果。

这部大书和这个"中国山水生态生存试验圈"，与以往任何研究、试验都不同，它不是纯自然或纯社会的科学试验，它是在崭新的人类生存观念的统摄、指导下，融天、地、人为一体，融自然与社会为一体的未来社会生存方式的模型试验，有那么一点"生态生存乌托邦"性质。它似乎类似于美国"生物圈Ⅱ"的实验，却又有中国特色——它力图将生态科学和社会建构（即文科、理科、工科）组成一个大系统，将秦岭的原生态和中国生存的古典形态转化为现代生态生存，并探索未来人类的生存方式和生命状态。为什么选择秦岭山地来做这个试验？那是因为秦岭横贯中国腹地，山如龙脉，是形态上的脉象，也是精神上的脉络、生命上的脉动，是国家和民族雕塑化了的生命形象。在这里做一次关乎未来人类生存的试验性探索，是一件意义重大的事情。

这个课题比较宏大，涉及地质、地理、水文、动物、植物、社会和经济管理学、生产经营学以及文化心理学、艺术文学等多个学科，也许要动员组织文理学院各院系参与进来。我们的师生将可能轮流进到试验区中去，一边实践这种新的生存，一边研究这种新的生存，最后结晶为系列研究成果。这个研究成果，由科学试验报告、生存体验实录、生态生存圈图录，以及在此基础上产生的单科论文和理论专著组或。因此学校要有通盘的、长远的考虑，将此项科研与全校的教学、科研工作有机结合起来。由于项目涉及西安国际大都市的建设，涉及秦岭保护的总体规划，涉及方方面面的法规政策，也涉及投资，应争取市委、市政府的支持，并与当地相关的行政、企事业单位妥善协调、团结合作、逐步推进。

在这一年的省政协会上，我就这个想法写出了提案，受到省级有关部门的重视。尤其要说的是，西安曲江新区获悉此事后，予以高度关注，和西安文理学院、西安市秦岭办等单位率先成立了秦岭研究的专门机构，大型研究丛书《秦岭四库全书》的编撰工作就此正式启动。

不过真想不到这么快，不到两年时间，180余万字的四部煌煌大著就摆到了案头。我不由得敬佩参与写作的专家和老师们，也不由得给西安文理学院的科研写作能力和曲江新区的组织协调与费用支持一连点了好几个赞。

二

秦岭是座读不尽的山，世人常常只能窥其一孔，不同的人便因此读出了不同的秦岭。地质学家看到的是它的地壳运动，生物学家看到的是它物种的多样性，文化学者更关注的则是它的历史遗存和文化积淀，以及它对地域文化风格和文化人格形成的影响。

《秦岭四库全书》给我最突出、最直观的印象，是它的编撰者们以科学系统论和综合文化学的思维，在我们面前呈现了一个全维的秦岭，一个由物态、生态、文态、神态构成的完整而鲜活的生命系统。编撰者们将秦岭作为中国的中央公园来开掘、解读，从各方面表现了秦岭不仅是中央水库、中央绿肺，还是中央智库（生发核心价值观之地）、中央神殿（聚集宗教祖庭之地）和中央文脉（诗词文赋音画荟萃之地）。全书从山进入去展示历史，由空间进入去打开时间，揭示出了一座山与一个民族、与一部历史、与一脉文明的深度关系。

这部大型研究丛书也改变了人们印象中的陕西文化底色。陕西原有的文化色调，主要由黄土地和黄河的形象决定，是黄色。这部书则强力而全景式地推出了陕西的另一种文化底色——绿色，推出了青山绿水的陕西形象。绿色陕西让世人乃至整个世界眼前一亮。其实，绿和黄从来就是三秦大地的两种底色，但绿色陕西长期被黄土地掩映着，这次终于揭去了遮蔽，涤除了混浊，还了世人一个原生之绿。秦山秦水大绿了一回天下，好不来劲！

打开大秦岭，阅读大中华。这座山，成为解读中国、解读中国文化和中华文明的一把钥匙。非常有幸，这把钥匙在秦地，系在三秦的腰际，那钥匙孔也许就是长安。非常有幸，地处长安的西安文理学院得近水楼台之便，抢先拿到了这把钥匙，开风气之先地启动了探寻秦岭的文化、科学之旅。

三

秦岭对中华文明发生、发展、流变的影响是独一无二的。我将这种影响概括为"六源"：

一、水之源。秦岭是汉江、渭河、嘉陵江乃至淮河的一级水源（源头），是黄河的二级水源（源头之外最大支流渭河），是长江的三级水源（最长支流汉江以及嘉陵江，位处金沙江、岷江、沱江等二级水源下游）。江、河、淮、汉所以成为中华文明的重要发源地，秦岭是幕后重要的推手。

二、物之源。秦岭有丰富的生态资源（空气和水）、生物资源（动物和植物）和矿物资源（钼、锌、黄金等各类有色金属）。

三、力之源。秦岭是军事屏障，秦岭以及四关的屏障护佑着关中平原。除了具体的战略战术意义，更是民族精神力量的象征。柳宗元说得好："南山（指秦岭终南山）居天之中，在都之南，国都在名山之下，名山随国威远播。"秦岭是长安的屏风，更是秦人的心理支撑。

四、心之源。秦岭、关中是铸造中华文化核心价值观的地方，是"萌易、生道、立儒、融佛"之圣地。萌易，周易、周礼在西秦萌发而流布天下。生道，老子在函谷关写《道德经》，来楼观台讲经而扬播天下；楼观、华山、汉中，即秦岭南北，是道文化和道教的中心，可以说这里是道文化的发生和弘扬之地。立儒，儒的创始者虽是东鲁的孔子，但孔子反复声明"郁郁乎文哉，吾从周"，他信奉的是周礼，梦见的是周公。后来是汉代的董仲舒在长安建议"罢黜百家，独尊儒术"，儒才提升为中华文化尤其是汉文化的核心价值观。融佛，魏晋以来，印度佛教在我国广为传播、发展。一种宗教离开本土发源地，竟能在异国土地上生根开花、不断创新，不但将异地作为自己最大的基地，而且发展成为异国最大的宗教，这在世界宗教史上极为罕见。正是道、儒、释这样一个三足鼎立的坐标，构成了中华民族的核心价值观，构成了千百年来中国人相对稳固的精神世界。

这里特别要说几句道文化的重要意义。历史常常青睐秦皇、汉武、唐宗、宋祖，青睐强盛者、成功者和盛世，却很少关注造就强者和盛世的时代环境、历史积累和幕后力量。在古代，其实每个盛世之前流行的常常是道家精神，比如汉武帝之前，实行"文景之治"的文帝、景帝都奉行黄老之学。秦末战乱遍地、民不聊生，文、景二帝用几十年时间收缩调整，铸剑为犁，轻徭薄赋，兴修水利，这才给汉武盛世打下了基础、积蓄了力量。历史常常在儒的进击和道的沉着中，以四分之二拍前进。儒道互补，缺一不可。所以今天我们不能盲目搞GDP主义，不能一味追求政绩和速度，而要践行科学发展观，坚持可持续发展，实现新常态上的平衡、和谐，历史早给了启示。一种好的文化，一个好的理念，对社会和历史的影响会十分深远。我曾经说："为政仅治一方，为文却涵养天下；为政只有两任，为文却脉及万代。"谈道家思想对中国发展的启示，秦岭是功不可没的。

五、智之源。秦岭还给人们提供了许多生存智慧和文化启悟，比如区隔和衔接的辩证思维，仁山智水的人生哲理，道法自然的人文理念，感恩敬畏的彼岸坐标等等。秦岭既把中国的南方、北方区隔开来，又将它们衔接起来。隔离和交流一样，是事物发展的一种状态，也是一种机制、一种潜力。有了秦岭的区隔机制，才有南北经济在相异中的互通，才有江河文化在对比中的互补。秦岭又用嘉陵江和渭河（所谓一山两水）将长江流域和黄河流域拉起手来、衔接起来。远古的地球，南、北两大漂移板块相撞击，挤压出青藏高原，挤压出昆仑、秦岭，中国才形成了今天的版图。从某种意义上说，是秦岭、昆仑焊接了中国大陆，为统一的多民族大国提供了地质地貌条件。既区隔又融汇，秦岭给了我们以辩证思维的启示。

六、美之源。在中国，古往今来的文学艺术都崇尚自然山川之美，这一点在世界各国可以说位列前茅。而众山之中，中国诗、文、书、画、乐表现得最多、涉及得最多的一座山岳就是我们的秦岭。

中国山水文化的本质特点源于它的"天人合一"观念。中国的山水文化从来都是把自然之美、人文之美和艺术之美熔冶于一炉，秦岭在这点上做到了第一流。

从审美角度看秦岭，我们感受到的是什么呢？

是刚与柔的相济。秦岭是山之刚与水之柔的组合。秦岭的品牌形象之一是华山，华山是一座由花岗岩浑然天成的巨山，但是它又有一个非常柔性的比喻，古代"华""花"通用，《水经注》说它状若莲花，故名华山。一个非常刚硬的形体却被赋予了一个非常柔性的比喻。华山是一座父性的山，却流传着一个非常母性化的故事——沉香"劈山救母"，拯救自己被压在山中的慈爱的母亲。终南山在秦岭之北，属于分水岭的北方，是秦岭的阴面，"终南阴岭秀"，灵山秀水，也有柔性的一面。

是点与脉的相映。秦岭好似天宇的翔龙，在这道龙脉上，有许多亮点。太白山是自然景观的亮点，终南山是宗教景观的亮点，楼观台是道教景观的亮点，华山则集自然景观、宗教景观、文化景观的亮点于一体，可以称作秦岭的画龙点睛之处。华山、终南山堪称中国山岳的华表，中国文化的华表。秦岭之脉和这些脉点，组成了一种美学关系。

是景与文的相惠。秦岭的风景和文化互惠互济。如果说秦岭的"一山两水"是中国的"四库全书"，这部书的目录就在华山和终南山。秦岭是中国文化主流之一的河洛文化的上游，洛河就发源于秦岭深处。道文化实质是水文化，用绕指之柔的灵水去战胜百炼之钢的智山。道文化提升了秦岭景观，秦岭景观又为道文化做了最好的印证，秦岭的道文化跟秦岭的灵山秀水合二而一。

是形与寓的相生。秦岭千姿百态的自然形质和龙之寓象、道之寓象、释之寓象、易之寓象、父亲之寓象、奉献之寓象等千象百寓互为表里，相与辉映。许多画家画秦岭、画华山，都喜欢将其拟态化、寓态化，或拟人，或拟龙，或拟八卦。石鲁有一幅画，用枯墨勾勒出一座孤立的华山，好似一个伟岸的中国男子汉、中国父亲遗世而独立，原因恐在此了。

四

高不可攀的喜马拉雅山、昆仑山，是那种可望而不可即的"神圣之山"和"神话之山"，所以孕育了最为理想主义和彼岸主义的藏传佛教和昆仑神话系列。秦岭不同，他被誉为"父亲山"，他与"母亲河"黄河、渭水是我们生命和精神的父本和母本。他是那样的人性化、人间化，永远用双臂温暖地搂定自己的孩子，无微不至地关爱着我们。地球上没有一座山、一道水像秦岭、渭水那样，养育了一个世上最庞大民族的整整13个王朝。人类的生存需要什么，他就赐给我们什么，从好空气、好水，食物、衣着材料和居住材料，到文化理性、理想境界和艺术审美各个方面，是那样无私无悔毫无保留，完全是竭尽自身生命抚育儿女的亲爹亲娘的形象。

因而谈秦岭不能不谈渭河。正是这永远共同着时间和空间的秦岭与渭河，正是这一脉山一脉水，世世代代给了这块土地以人性的、伦理的温度。中华水网犹如一片绿叶的叶脉，渭河是中华绿叶万千叶脉中的一道主干脉络。她在中华文明的发祥地千秋万代地流淌，使得我们的民族年复一年地回黄转绿。她的枯荣与整个民族的兴衰息息相连。从炎黄到夏商周，再到秦汉唐，甚至延伸到现代的西安事变，现代的西部开发和古往今来的丝绸之路，整个历史都在渭河这部水幕电影里流淌。

"可怜天下父母心"，实际上，秦岭和渭河为养育他们一代又一代的儿孙，早已经不堪重负。干旱在汉、唐已经初露端倪，极大地影响了关中的农业生产和粮食产量，以致有几个皇帝不得不去洛阳就食，被谑称为"逐食天子"。这种对生身父母的"逃离趋势"，最终导致了都城的东迁。这让人不由得想起延安。延安对中国革命的贡献、秦岭对中国历史的贡献，是陕西矗立在中华大地和民族精神中的两座丰碑。但他们都曾因生态失衡而边缘化。

明代以降，"西安"这个新名称渐渐将汉唐长安边缘化，生态的退化导致关中失去了天府的美名，国家的中心渐渐远离了秦岭，长安从此不安。喝秦岭渭河水的时代曾是中国历史上最强盛的时代，由于生态破坏，秦岭用自己悲壮的命运给中国乃至世界提供了一个深刻的教训：没有山水、没有自然生态的发展终将失败，繁华和兴盛终将远去。

渭河对于中华民族有着最大的承担，有着最大的功劳，但是也承受着最大的耗损。她曾经那样丰腴、美丽，而现在却苍老、干瘪。她养育了一个又一个王朝，国家强盛了，自己却衰竭了。我的过度劳累、忍辱负重的好母亲、老母亲！

想到这一切，我心头就会泛起一种苍凉。渭水给关中土地以甘露，我们怎能还她以污浊？渭水给三秦城市以美丽，我们怎能还她以丑陋？渭水给陕西人心灵以温润，我们怎能还她以枯竭？苍凉背后，是久久的深深的自责。

"水旺则国运昌，水竭则国运衰。"当下，我们实在应该刻不容缓地在全民族中树立起"水是生命第一元素、社会发展第一元素"的观念，改变"水资源最廉价"的习见和谬误。

这就要抓住"涵、清、济、节"四个字——

"涵"，涵养。从秦岭、六盘山两个渭河源头开始全面、持久地涵养水源。渭河水源较为丰裕的支流在南边，而泥沙比较多的支流大都在北边，尤其要重视六盘山到关中北部这个黄土塬层面的绿化，为渭河涵养净水清流。

"清"，防污。渭河干流和支流，沿途一定要积极、有效地防止中途污染。专供西安饮用水的黑河水库，为了防污，专门成立了水警支队，保卫流水沿途的生态和社会安全。坚持护水清流，保证生活、生产用水的生态标准。

"济"，接济。用外地丰裕的水源补渭河之不足，如"引嘉（嘉陵江）济渭""引洮（洮河）济渭"等工程。但这种"济"必须适度，要在保证自身正常流量的前提下接济渭水。

"节"，节水。培养全民的节水意识和绿色生存、低碳生存意识，要将这种意识转化为切实的社会行为和日常的生活风习。这是一种"水德"，应将用水道德作为国民道德教育的重要内容广泛宣传，并遵循可持续发展的原理，绝不透支后代赖以生存的不可再生资源。

以上四方面的治理若能渐见成效，渭河有望在中国北方成为科学化、现代化、系统化、生态化流域治理的典范。这个典范又有望与渭河流域"五个长廊"的建设融为一体。这"五个长廊"指的是：渭河文化展示长廊、渭河生态景观长廊、渭河旅游景点长廊、渭河高新科技长廊、渭河高新农业长廊。

五

1200多年以前，唐宋八大家之柳宗元说过"国都在名山之下，名山借国都以扬威"的名言，点出了秦岭山与长安城内在的感应和共赢。到了现代，科学发展观使我们从理论和实践的结合上逐步明确了，在这座山与这座城的酬对中，一定少不了水网，少不了乡镇。山是人类的乳房，水是大山挤出的乳汁，是沁入生命来营养我们的汁液。城市是乡镇的凝聚和提升，乡镇又是城市的疏散，城市的现代元素融入村镇，每家每户便得以共享。

基于这样的理解，我们不妨来描绘一番秦岭—渭河人性化、民生化的"新生存体系蓝图"，这便是：在秦岭北麓到渭河平原水网区这样一个大山、大水涵盖的硕大坡面上，全面共建自然生态和社会生态相交织的现代科学生存网状体系。这个网状体系应该将造化赐给我们"八水绕长安"的自然优势，尽快涵养、修复、提升为现代化的"八水润西安"工程体系和功能体系，形成水源充沛洁净、注泄有度的科学水网。而在大都市西安—咸阳和整个关中城市群，在星罗棋布的乡镇网络的广袤土地上，则要科学布设、构建起一批又一批现代田园城镇。

这些田园城镇是城、镇、村三合一的，它内里的质地能满足现代人生产、生活的各种需求，而它的风貌则保留了、也更新了绿色田园的种种情趣。通过城镇化发挥乡村、集镇的调蓄功能，让树林和草地绿起来，让清水流过来，更让人高高兴兴留下来。不要一味涌入大城市，而是贴着大地行走，走一条与城市现代化并行的乡镇现代化的路子。在这个过程中，要有科学技术的介入，要有现代生活方式的融入，更要有整体文明程度的提升。因为城镇化进行到更深层面，面临的将是新城镇文明和新生活方式的深度创新和构建。

清晨起来推开自家的门窗，你看到的也许不再是传统的村居村道，也不再是精心修饰的西式花园，而是溢满了生机的绿色农田和林子，是油菜开花、小麦扬花、棉秆挂花，是一派现代农耕文明的田园景象。

现代大都会是聚汇社会和聚居人口的"大水库"，现代田园城镇则是社会生态化、现代化的"蓄水池"。城镇化发挥了乡村、集镇的调蓄功能，就可以逐步实现村里有"水塘"、镇上有"水坝"、省市有"水库"的层次分明的格局。"蓄水池"当然不单指水资源的涵蓄、管控，更是针对整个地域经济、文化和社会发展而言的。现代社会各方面的管理，都需要发挥多层"蓄水池"的作用。在这个意义上，乡村的现代化改造是中国社会发展在源头上最为稳定、祥和的根基。

大西安正在奋力建设国际大都市，西安、咸阳两座古城牵手之处不在别处，就在秦岭、渭河之间这个硕大坡面上，这是何等的意味深长。

例如曲江新区的临潼国家旅游度假区、楼观道文化展示区，就正在写一本新书，一本大书，一本现代的线装书。书页的南沿以秦岭的绿色为屏障，北边泛漫着渭水的波光。沣河、涝河、潏河、滈河和泾河，是书于其上的文字。田园城镇有如其间的标点和分段，从周、秦、汉、唐直书下来，直至现代，直至当下，絮絮叨叨数说着这块土地上那些说不尽的故事。为什么曲江新区要致力于秦岭四库的研究呢？所谓"智者所图者远，所谋者深"，秦岭山水和古人留下来的丰厚资源，给曲江建设者们在新骊山、新楼观生态保护中多少启示、多少灵感啊！曲江新区这些年来以打造"城市生态建设与文化复兴的典范、历史遗迹与现代文明共生的模本"的理念和"兴文、强旅、筑绿、富民"的切实行动，再次践行了"文化立区、旅游兴区、生态建区、产业强区"的发展战略，坚持统筹发展、科学发展，突出抓好生态、历史、文化、旅游四大优势，积极推进城市化进程，坚持走生态建设与经济发展并举、环境保护与产业开拓并重的路子，使生态区建设与经济发展形成良性互动，生态区品位得到完善和提升，取得了显著的生态效益、社会效益和经济效益，初步建立了适应新区经济可持续发展的良性生态系统。也就是说，他们从那山、那水、那人的角度出发，让城市融入大自然，让居民望得见山、看得见水、记得住乡愁。

六

人类最早是从树上、从山里，沿着水迹拉出来的沟谷走向平川的。山是我们的故居，走出大山的人类永远在回眸大山，眷念大山。山水田园是我们的心结，是我们心头挥之不去的乡愁。正如一首歌，"关山重重，云水漫漫，山山水水缠绵着我的思念"。

秦岭南北集聚了陕西三分之二的人口，毫无疑问，秦岭，还有渭河，还有山和河孕育的那方热土，是我们秦人心中的乡愁。从空间意义上，秦岭是陕西人的乡愁记忆；从精神意义上，他也是中国人的乡愁记忆。

乡愁又何止是一种愁绪，其实更是一种审美。乡愁不一定都是美好的，但一定都是向上的。它是生命里感情里最深刻的记忆，它构成了每一个人生命的底色。

在《史记》中，司马迁最早将关中即渭河流域称为"天府"，几十年后，这个荣誉才给了汉中和蜀中。关中之所以能够最早成为"天府"，这"军功章"当然有秦岭、渭河的一半。对秦岭、渭河的奉献，我们应该时存感觉、时存感念、时存感恩、时图回报。最好的回报，就是要处理好人与自然的关系，用循环经济和大文化理念引领这座伟岸的山和这座伟大的城在当下的可持续发展。

这也就要从万古永存的人与自然关系的这个元问题出发，以万古长青的中国古典绿色的文化观念、万古延续的中国古典绿色的生存实践、万代浸润的中国古典绿色的艺术精神，从方方面面去理清自然生态、社会生态、精神生态三个层面的诸多问题，构建它们之间的新型关系；更要不断地探索、实践，处理好现代背景下人与天地、人与社会、人与心灵的关系。

否则我们将会家无记忆，族无记忆，史无记忆，国无记忆。我们将悔之无及。

城市在现代的发展中，开始是楼群之城，现在是园区之城，今后还要建成田园之城，城市与山水真正融为一体。这正是在接续"中央水库"秦岭的历史荣耀。一座亘古永存的山脉、一座现代古老而新兴的城市，肩并肩立于八百里秦川之上，执手言欢，谈笑风生，同样的生气勃勃，若绿般鲜活，若水般灵动，你说，那是怎样的风景！

2015年1月12日　西安不散居北窗

绪言

广义的秦岭是指横贯于中国中部的东西走向的大山脉。它西起甘肃临潭县北部的白石山，以迭山与昆仑山脉分界，向东经天水南部的麦积山进入陕西。在陕西与河南交界处分为三支，北支为邙山，中支为熊耳山，南支为伏牛山。山脉南部一小部分由陕西延伸至湖北郧县。全长1600千米，南北宽数十千米至二三百千米。秦岭是黄河水系与长江水系的分水岭。秦岭-淮河一线是中国地理上最重要的南北分界线。

陕西境内的秦岭呈蜂腰状分布，东、西两翼各分出数支山脉。西翼的三支为大散岭（海拔2819米）、凤岭（海拔2000米）和紫柏山（海拔2538米）。东翼分支自北向南依次为华山（海拔2154.9米）、蟒岭山、流岭和新开岭。秦岭中段主体为终南山（海拔2604米）、首阳山（海拔2720米）、太白山（海拔3767米）。

山岭与盆地相间排列，有许多河流从此发源。秦岭北部的渭河是黄河最大的一级支流，南部的汉江是长江最大的一级支流。中国大地上最大的两条河流的一级支流，夹裹着这样一座奇特的山脉。确切地说，是这座博大精深的山脉养育出两条具有非凡意义的河流。

秦岭山水凭借文人的笔墨，向世人述说着它们的感知。从静到动，从无到有，中国历代文人似乎都偏爱着这方水土。

文人要的是一种清幽，而这种清幽只能在山与水之间寻得。于是中国古代文人便在秦川渭水——静山动水之地结庐居住，种花理田，不问世事。或许，他们认为只有这样，才能汲取山水精华，体味山水精妙。

古往今来，朝代变迁，岁月流逝，动摇不了文人与山水所结下的不解之缘。山水造就了文人的风采，文人增添了山水的灵性。没有山水的熏陶，文人便缺少了灵感与源泉；没有文人的妙笔，山水也缺少了精神和韵味。

《文心观止》，旨在搜集整理先秦至近代有关秦岭地区的诗歌、赋、游记、绘画、摩崖、碑刻艺术作品，并对这些重要作品展开必要的研究，以彰显秦岭给予华夏民族的文化记忆，从历史文化的宏观面上来评述其文学艺术价值。

其主要内容包括：

一、古典诗歌与秦岭。从中国历代诗歌总集、文人诗集中搜集秦岭有关的诗、词、曲作品，整理出两千多首，将这些作品按时间先后、地理空间进行梳理，分为唐前秦岭诗歌、唐代秦岭诗歌、宋元明清秦岭诗歌三节展开综合论述，便于大家了解中国古代诗歌中的"秦岭"。此外，选录约三百首优秀秦岭诗歌作品，以飨读者。

二、绘画与秦岭。选取秦岭地区在绘画史中有记载的或流传至今的作品，对其在中国绘画发展史上的影响及作用进行梳理和总结，使大家了解秦岭地区在中国人物画、花鸟画、山水画的形成过程中的地位和作用，重点阐述秦岭山水画的成就及其对后代中国山水画的深远影响。全幅展示二十幅秦岭山水经典画作，以供读者欣赏。

三、碑刻、摩崖与秦岭。秦岭地域广阔、碑刻众多，其中有六个重要的碑刻群，分别是石门碑刻群、灵崖寺碑刻群、华山庙碑刻群、华阴杨氏先茔碑刻群、楼观台碑刻群、重阳宫碑刻群。秦岭地区的碑刻是支撑中国书法史的重要资料，我们在研究中把秦岭碑刻分为篆、隶、楷、行、草不同书体，把具体作品和书法史现象联系在一起，力争勾勒出秦岭区域书法发展的脉络。秦岭摩崖众多，我们按照地理空间分布，以终南山、华山、太白山、紫柏山摩崖为内容，依次介绍其书法艺术及其文化价值。全幅收录二十幅经典秦岭碑刻拓片，以供品鉴。

四、文章与秦岭。中国古代描写山水的文章主要是赋与游记。我们从历代文集、《四库全书》、《续编四库全书》中搜集整理出来四百多篇与秦岭有关的作品，将这些作品按照文体、内容的不同进行分类研究。从古代赋与秦岭、古代游记与秦岭两大文类展开论述，旨在厘清古代文人眼中、心中、文中的秦岭。随文选录五十篇与秦岭密切相关的经典文章，以供阅读。

按照章节先后，《文心观止》编写人员依次是：绪言刘宁；第一章第一节刘宁，第一章第二节荣小措，第一章第三节霍有明，第一章附录文献校对雒莉；第二章杨槐、崔伟刚；第三章李勇、施焕焕；第四章第一节刘宁，第四章第二节任刚，第四章附录文献校对尤红娟。文献整理工作是由陕西师范大学历史文化学院文献专业的硕士研究生黄艳华、苏振富以及西安文理学院文学院靳卉卉、汪倩仪、王粉彦、郭丹、于婷、严苗月明、樊俊、柴晶晶等多名本科学生共同参与完成的。

两年当中，三易其稿。为了给读者呈献高质量的作品，文库编写组邀请了省内二十多位知名专家担任评审委员，其中负责《文心观止》初稿评审工作的是陕西师范大学杨恩成教授、西北大学李芳民教授、陕西师范大学曹桂生教授，负责《文心观止》第二稿评审工作的是西北大学李芳民教授、陕西师范大学徐步教授、西北政法大学的宫烨文先生。每次专家评审之后，课题组成员都会认真讨论专家意见，对《文心观止》书稿进行仔细的修改，最终定稿。

由于《文心观止》试图用四个专题覆盖秦岭地区的文学艺术成果，故难以跳出综述概论的窠臼，许多问题都无法展开讨论，或做进一步的深入研究，因而只能算作是一种编著性质的作品。当然在每一个问题的论述中，不乏有一些新认识、新观点闪现出来，有些学术观点已被作者撰写成论文见诸报刊，这也是我们在编撰过程中感到欣慰的。

当然，《文心观止》的编撰，对于我们而言，亦属初次尝试，其中的错误在所难免，希望广大读者能不吝赐教、指瑕匡谬，以便我们在今后的修改中完善所述。

第一节 唐前秦岭诗歌　004

一、《诗经》与南山、终南山
二、乐府中的「南山」歌诗
三、汉魏六朝文人诗中的「南山」及南山意象的生成
四、商山与我国第一首隐逸诗
五、太华山与汉魏六朝游仙诗
六、北朝时期终南山唱和诗

第二节 唐代秦岭诗歌　020

一、终南山与唐代隐逸之风
二、终南山佛寺诗中的禅韵
三、秦岭道观诗中的仙趣
四、商山古道与别情诗
五、骊山与政治诗

第三节 宋（金）元明清秦岭诗歌　040

一、宋代南山、商山、骊山、华山诗
二、宋词中的长安古道意象与感伤情怀
三、金代秦岭诗词整体考察
四、元代秦岭诗词观照
五、元曲中的关中怀古之作
六、明代诗人歌咏秦岭
七、清代秦岭诗歌整体考察

附　录　秦岭诗歌选　072

秦岭四库全书·文库

第一章
诗人咏秦岭

文心观止

中国古典文学源远流长，诗歌是最早发达的一种文学体裁。

唐以前，诗歌已经有了近两千年的漫长历史，积累了丰富的艺术经验。既有《诗经》、汉乐府为代表的现实主义诗篇，又有《楚辞》为代表的浪漫主义作品；既有汉魏诗人学习变风变雅、借古题写时事的体会，也有六朝诗人描写田园、山水以及运用声律对偶等艺术技巧的心得。

唐代是我国古典诗歌发展的全盛时期。诗人众多，留下来的作品数量巨大。据《全唐诗·御制全唐诗序》中的说法，"得诗四万八千九百余首，凡二千二百余人，厘为九百卷"。[1]唐诗的形式和风格是丰富多彩、推陈出新的。它不仅继承了汉魏乐府传统，并且大大发展了歌行体的样式；不仅继承了前代的五、七言古诗，发展为叙事言情的长篇巨制，还创造了风格优美整齐的五、七言格律诗。格律诗音节和谐、文字精美，是中国古代诗歌最典型的形式，至今仍为人们所喜闻乐见。

唐以后，诗歌的写作自有它独特的风格。抒情成分减少，叙述、议论的成分增多；重视描摹刻画；大量采用散文句法。值得注意的是，文人除了作诗以外，还有新的创作形式——词和散曲。词的起源虽早，但发展高峰则是在宋代，因此后人便把词看作是宋代最有代表性的文学。《全宋词》共收录词作近两万首，从这一数字可以推想当时创作的盛况。散曲，是一种同音乐结合的长短句歌词，金元时期起源于北方，故而散曲又称北曲。它包括小令、套数和介于两者之间的带过曲等几种主要形式。

以上是中国古典诗歌的基本发展脉络。

---

[1] [清]彭定求等编.全唐诗[M].北京：中华书局,1999:1.

刘熙载在《艺概》中讲："山之精神写不出，以烟霞写之；春之精神写不出，以草木写之。故诗无气象，则精神亦无所寓矣。"

草木山石、日月星辰本无情知，然而在诗人笔下，山容水态、清风明月、鸟语花香，大自然的一山、一石、一草、一木，都是情意的象征、思想的外化。

陶渊明归隐田园，才会有"采菊东篱下，悠然见南山"的感慨；王维夜居山间，才有了"明月松间照，清泉石上流"的名句；白居易于江边观春日初升，才让"日出江花红胜火，春来江水绿如蓝"千古流传。

也就是说自然之所以是美的，是由于人从自然现象中体会到某种精神意义，这种情境中的自然现象就从自在之物转化为有我之物，从实际本质转化为神圣本质，从有限转化为无限，这就是英国诗人勃莱克所说的"一沙一世界，一花一天国"的境界。

本章我们按照唐前秦岭诗歌、唐代秦岭诗歌、宋（金）元明清秦岭诗歌三节展开综合论述，便于大家了解中国古代诗歌中的"秦岭"。此外，我们选录约三百首秦岭诗歌作品，以飨读者。

第一节 唐前秦岭诗歌

唐前,是指李唐王朝建立前的历史时期,包括先秦、秦汉、魏晋南北朝、隋代。这一时期的秦岭诗歌,主要出现在《诗经》、逯钦立编撰的《先秦汉魏晋南北朝诗》中。

虽然这一时期诗歌中没有出现"秦岭"一词,但有关秦岭古称"南山""终南山"的诗篇以及秦岭具体山峰商山、骊山、华山的诗篇是存在的。尽管这些作品数量不多,但意义重大。它们形成了中国诗学中最早的"南山"诗及南山意象,汉代的商山四皓诗开启了隐逸诗,华山与中国早期游仙诗有密切联系,终南山与唱和诗相关联。

一、《诗经》与南山、终南山

《诗经》是我国第一部诗歌总集,共收入自西周初年至春秋中叶大约五百年间(公元前11世纪至公元前6世纪)的诗歌305篇。它内容丰富,全面地反映了周代的社会面貌。《诗经》在先秦时期被称为《诗》或《诗三百》,从汉代起,儒家学者把《诗》当作经典,尊称为《诗经》,列为"五经"之首,其对后代诗歌发展有着深远的影响。

(一)《诗经》中的"南山"诗

《诗经》中"南山"诗有十首,分别是《召南·草虫》《召南·殷其雷》《齐风·南山》《曹风·候人》《小雅·天保》《小雅·南山有台》《小雅·斯干》《小雅·节南山》《小雅·蓼莪》《小雅·信南山》。前四首是"国风"中的诗篇,其中的"南山"与现在的秦岭没有关系,可能与大禹、涂山氏传说中的会稽山有关①。后六首是"小雅"中的诗篇,诗中的"南山"均与周王畿镐京以南的终南山(秦岭中间段)有关。

据清代毕沅的《关中胜迹图志》卷二记载:"南山,在西安府城南五十里。《一统志》:西自凤翔府郿县入境,连亘鳌屋、鄠县及长安、咸宁四县之南,又东抵蓝田县界。一名终南。"②

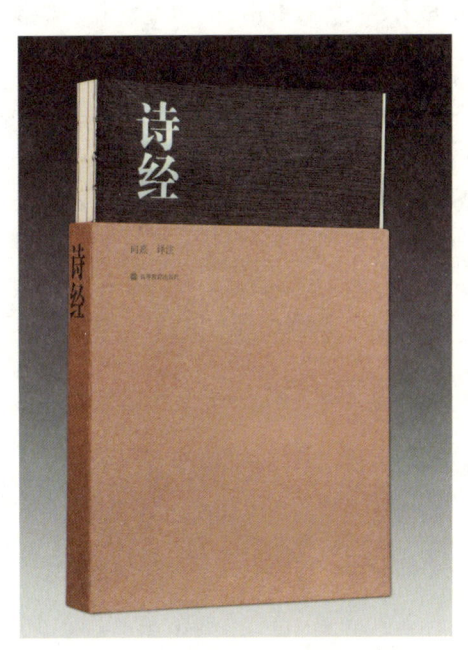

图1-1 《诗经》

《诗经》"小雅"中的六首"南山"诗与周人丰镐二邑以南的南山有关,细绎诗篇,"南山"在诗中的作用不同。

1. 采用赋的手法正面描写终南山,描绘出周人生息繁衍、生产发展的美好景象。

《小雅·斯干》,全诗九章。句式参差错落,自然活脱,没有板滞、臃肿之感。此诗在《诗经》三百篇中是颇具特色的。就诗的内容来看,全诗可分两大部分,一至五章写周民修建屋舍;六至九章

---

① 冯一鸣.《曹风·候人》诗义新探[J].中国典籍与文化:2011(2):11-16.段亚俭.《诗经》中"南山"的文化意蕴[J].辽宁师范大学学报:1999(3):47-48.
② [清]毕沅撰.张沛校点.关中胜迹图志[M].西安:三秦出版社,2004:23

写诗人对屋舍主人的祝愿和歌颂。

秩秩，水流貌。斯，语中助词，兼有"之"的作用。干，涧之假借。幽幽，深远也。南山，即终南山。"秩秩斯干，幽幽南山"正面描写了幽远横亘的终南山，涧中有汩汩流水。这是周人的栖息地，他们在这里修建屋舍，繁衍生息。

《小雅·信南山》首章写："信彼南山，维禹甸之。畇畇原隰，曾孙田之。我疆我理，南东其亩。"信，伸的假借，延伸貌。信是南山之貌。"信彼南山"四字，强调了终南山的绵延不断。此诗写出了周人在终南山下耕种劳作、丰收祭祀的情景。孙鑛对此诗的批评是："是纪祀事诗，却乃远从田事说来。首章田，次章雨雪，三章乃及户宾。"程俊英认为整齐的田亩、充沛的雨水，显示出一派生气勃勃的丰收兆头，而丰收正是祭祀祖宗、祈求神灵保佑所实现的。因此虽"远从田事说来"，看似闲笔，但与祭祀正题却依然关脉紧扣。而且先从写景入手，在祭祖的肃穆中掺进一丝灵动，反而显得不那么板滞。

2. 以"南山"起兴，既写实又暗含比意，表达周人美好愿景——祝寿与祈福。

《小雅·南山有台》，全诗五章，每章开头均以南山、北山的草木起兴，南山有台、有桑、有杞、有栲、有枸，北山有莱、有杨、有李、有杻、有楰，十句中出现了大量的植物，这既是写实，真实地反映了西周时期南山上丰富多样的植物，同时又暗含比意，高大的树木就像是国家拥有的各具美德的君子。"邦家之基""邦家之光""民之父母"三句，言简意赅，以极简的笔墨为被颂者画像，从大处落笔，字字千金，为祝寿张本。四、五两章用"遐不眉寿""遐不黄耇"两个反诘句表达祝愿：这样的君子怎能不长寿，这样的君子怎能不延年益寿？最后，颂者用"保艾尔后"一句来表达对子孙的美好祝愿，是诗歌的高潮之处。

《小雅·天保》是一首臣子祝颂君主的诗。钟惺评点此诗："前后九如字，笔端鼓舞，奇妙。"诗中有"如山如阜""如冈如陵""如川之方至""如月之恒""如日之升""如南山之寿""如松柏之茂"，诗人对新王的深切期望与美好祝愿得到了细致入微的体现，也使得全诗在语言风格上产生了融热情奔放于深刻含蓄之中的独特效果。终南山的坚固恒久与日月之恒定、松柏之长青联系在一起，成为中国最早的祝福语，后世以"天保九如""寿比南山"为祝颂之辞，可见其影响之巨大。

3. 以"南山"起兴，形成强烈反比，忧虑国运不昌，哀叹人生之失。

《小雅·节南山》首章："节彼南山，维石岩岩。赫赫师尹，民具尔瞻。忧心如惔，不敢戏谈。

国既卒斩，何用不监？"大意是：嵯峨的终南山上，巨石高峻而耸巅。权势显赫的太师尹，民众都以你为榜样。忧国之心如火炎炎，谁也不敢随口乱谈。国家眼看就要毁灭，为何平时竟不予察监！显然，诗人是以维石岩岩的终南山来起兴的，用来比朝中权臣尹氏地位显赫、非同一般。这是周大夫家父斥责权臣的讽刺诗。

《小雅·蓼莪》是一首悼念父母的诗，作者深痛自己久役贫困，不能在父母生前尽孝养之责。诗的最后二章写道："南山烈烈，飘风发发。民莫不穀，我独何害！南山律律，飘风弗弗。民莫不穀，我独不卒！"意思是终南山艰危难越，山中飙风呼啸，形成了艰危困厄、肃杀悲凉的气氛，象征着诗人遭遇父母双亡的巨痛与凄凉，这些景象也是诗人悲怆伤痛心情的外化。其中有四个入声字——烈、发、律、弗，它们重叠使用，加重了哀思，读来如呜咽一般。后两句是无可奈何的怨嗟，方玉润说："以众衬己，见己之抱恨独深。"① 此诗最大的特色是不假雕饰，选取眼前景物起兴作比，自然而真切。抒发情感沉痛悲怆，凄恻动人。

《诗经》"小雅"中六首"南山"诗，其中《斯干》《信南山》采用赋的手法正面描写终南山，描绘出周人生息繁衍、生产发展的美好景象，与《大雅·緜》"古公亶父，来朝走马。率西水浒，至于岐下。爰及姜女，聿来胥宇。周原膴膴，堇荼如饴。爰始爰谋，爰契我龟，曰止曰时，筑室于兹"中"岐下""周原"相同，也与《大雅·皇矣》第六章中的"居岐之阳，在渭之将"相同，是写实。另外《天保》《南山有台》《节南山》《蓼莪》是以"南山"起兴暗含比意，或表达美好愿景，或表达忧虑与悲痛，这与先民"仰者观象于天，俯者观法于地，观鸟兽之文与地之宜，近取诸身，远取诸物，于是始作八卦，以通神明之德，以类万物之情"② 的思维特点有关。

另外，《诗经·大雅·文王有声》值得关注。全诗共八章，前四章写周文王迁丰，后四章写周武王营建镐京，读之次序井然。此诗以文王、武王为对象，将丰邑与镐京并提，歌颂周朝王业由文王始创、武王终成这段光辉历史。诗人匠心独运，叙文王不美其文德无前，偏著其伐于

图1-2 终南山 沣峪口

---

① 方玉润著.李先耕点校.诗经原始[M].北京：中华书局，1986:418.
② 唐明邦注.周易评注[M].北京：中华书局，1995:226.

灭崇的"武功",赞武王不表其灭纣武功,却特笔其"镐京辟雍"修礼行德化的"文治"。特别是全诗每章的最后一句皆以单句赞语结尾,赞美周文王是"文王烝哉",赞美周武王是"皇王烝哉""武王烝哉",使感情抒发得比较强烈,可谓别开生面。诗中巧妙运用比兴手法,加强诗的感染力。第四章"王公伊濯,维丰之垣;四方攸同,王后维翰"四句,是以丰邑城垣之坚固象征周王朝防御之牢固。第八章"丰水有芑,武王岂不仕"二句,是以沣水岸边杞柳之繁茂象征周武王能培植人才、使用人才。这是一个国家发展的要害问题,篇末点出可谓是画龙点睛。

《诗经·小雅》六篇中出现"南山",《大雅·文王有声》中写到"丰水",不仅真实地记录了周人生活的地理空间,而且都成功地运用了比兴手法,在山水中有寄托。这为后代文人诗歌中出现"南山",形成中国诗歌中特定的"南山意象"开启了先声。

(二)《诗经》中的"终南""渭水"

《诗经》"秦风"有十首诗歌,其中一篇与终南山有关,一篇与渭水有关。"秦风"这两篇突出了秦人的生存空间,值得我们关注。

《秦风·终南》:
终南何有?有条有梅。君子至止,锦衣狐裘。颜如渥丹,其君也哉!
终南何有?有纪有堂。君子至止,黻衣绣裳。佩玉将将,寿考不忘!①

"终南何有?有条有梅。""终南何有?有纪有堂。"是对《小雅·南山有台》中"南山有台,南山有桑、南山有杞、南山有栲、南山有枸"的学习与仿效。

关于《秦风·终南》主旨的探讨,涉及"终南山"的文化意义。关于此诗的主旨有"美""戒""美中有戒"三种主要观点。朱熹《诗集传》主"此秦人美其君之词"。《诗序》的总体评价是:"《终南》,戒襄公也。"清代方玉润则以为此诗"美中寓戒,非专颂祷"。

我们可以从诗句分析入手来确定此诗的主旨。终南山有什么?有多样的植物,尤以根深叶茂的林木为代表。这里有两层意思。一层意思是以隆崇的终南山暗比秦王高贵的身份,有以伟物兴伟人的赞美之意。另一层意思是让秦王好好思忖一下:王真的能像终南山一样滋养万物吗?王只有像终南山一样厚德才能滋养万物。正如后世曹操《短歌行》诗所云:"山不厌高,水不厌深。周公吐哺,天下归

---

① 程俊英,蒋见元注.诗经注析[M].北京:中华书局,1991:348-350.

心。"其寓戒于颂、一石二鸟的用意非常含蓄巧妙。

《秦风·渭阳》有"我送舅氏,曰至渭阳"。此诗写在渭水北岸与舅父告别。全诗虽然只有两章八句,但章法变换、情绪转移都可圈可点。在形式上,两章结构相同,用韵有别,诗歌的整体气氛由高昂至抑郁均可找到形式上的依据。此诗对后世有很深的影响,陈继揆《读诗臆补》说此诗"为后世赠言之始",方玉润《诗经原始》说"为后世送别之祖",刘玉汝《诗缵绪》指出本篇"送行而止述其送赠怀思之情,而不及其所事者,正得送别之体。《文选》中送别诗多如此,盖古意也"。

我们以为这首诗与《秦风·终南》是"秦风"中最重要的两篇作品,因为其中的"渭阳""终南"凸显了秦人生存的地理区域与空间,在不经意间构筑了该区域的文化地理学符号。

二、乐府中的"南山"歌诗

乐府最初始于秦代。公元前112年,汉武帝设立乐府,其任务是收集各地民间音乐整理改编,创作音乐,并进行演唱及演奏等。魏晋六朝以来"乐府"成为一种带有音乐性的诗体名称,这一时期创作了大量的乐府诗。宋代郭茂倩编《乐府诗集》将从汉至唐的乐府诗搜集在一起,使我们可以清楚了解这一类型的诗歌作品。

《乐府诗集》卷二十八《相和歌辞》中存有一首汉代乐府作品与秦地南山有关。歌词是:

> 乌生八九子,端坐秦氏桂树间。唶我!秦氏家有游遨荡子,工用睢阳强,苏合弹。左手持强弹两丸,出入乌东西。唶我!一丸即发中乌身,乌死魂魄飞扬上天。阿母生乌子时,乃在南山岩石间。唶我!人民安知乌子处?蹊径窈窕安从通?白鹿乃在上林西苑中,射工尚复得白鹿脯。唶我!黄鹄摩天极高飞,后宫尚复得烹煮之。鲤鱼乃在洛水深渊中,钓竿尚得鲤鱼口。唶我!人民生,各各有寿命,死生何须复道前后![1]

此诗写一只生养了八九个雏鸦的老乌。最初,它的窠

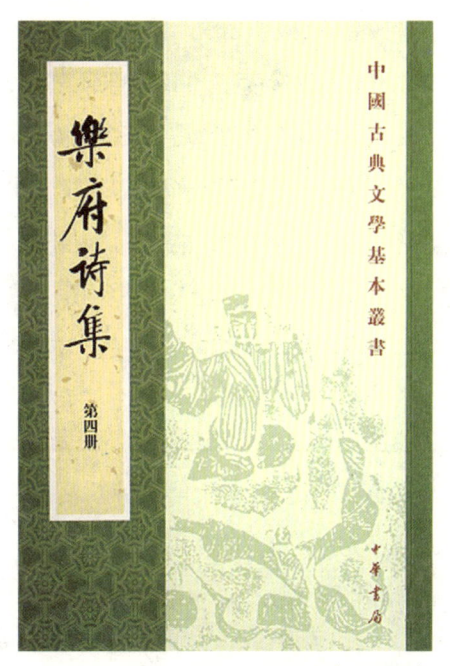

图1-3 郭茂倩《乐府诗集》

---

[1] 郭茂倩.乐府诗集[M].北京:中华书局,1978:408.

巢筑在"南山",日子过得大约颇艰辛;现在,"乌子"们长大了,它们迁居到了"秦氏"的大桂树上。悲剧开场的时候,几乎毫无征兆,它们"端坐秦氏桂树间",正"喳喳"地啼叫着,不承想带香的弹丸已经瞄准了它们。悲剧发生了,老乌惨呼而坠,八九只"乌子"四散惊飞。诗的结尾续写了垂死老乌的自伤自叹。初读此诗结尾,有旷达自慰之感,似乎大大消解了悲剧带给读者的沉重感,然而,仔细涵咏,便能体味到,在这旷达自慰中,实际包含着人生最深切的沉痛。如果说乌鸦母子的惨遭灾祸还多少带有某种偶然性的话,那么,有了结尾这一节"白鹿""黄鹄""鲤鱼"悲剧的联翩出现,读者便瞥见一个非常广大的、充满凶险的悲剧世界。

在这个世界中,无辜的受害者不管躲得多远、藏得多深,都无法逃脱被追捕、被射杀、被宰割的命运。清人沈德潜曾指出,在诗歌表现中有一种"透过一层法",即"明说不堪,其味便浅","转作旷达,弥见沉痛矣"(《说诗晬语》)。此诗之抒写老乌遭祸的伤痛,终于在四顾无诉中转作自慰自解之语,正以"旷达"之思,表现了这种不便"明说"而又痛恨无尽的人间悲哀。个别的悲剧,由此得到了广大背景的映照;偶然的灾殃,由此升华为无可逃避的必然。

《乐府诗集》卷七十六有《邯郸歌》:"回顾霸陵上,北指邯郸道。短衣妾不伤,南山为君老。"这首诗是梁武帝以慎夫人口吻所写,描绘了汉文帝与慎夫人的一段感情经历,全诗用典,笔法细腻,感人至深。霸陵是汉文帝陵墓所在地,在长安城东南郊。据《史记·张释之传》载:汉文帝时,在霸陵桥修起庞大的陵墓,他对群臣说,如果以北山的石为椁,用丝麻加漆汁漆合起来,便谁也无法触动到棺椁了。中大夫张释之对汉文帝说,再牢固的陵墓也是有隙可乘的,若得民心,虽无石棺,也不必担心百姓破坏了。文帝觉得他讲得有道理,遂拜张释之为廷尉。邯郸道,通往邯郸的道路。据《史记·张释之传》载:汉文帝刘恒行至霸陵,指新丰(地名,在陕西临潼区东北)道,对慎夫人(慎氏,邯郸人,汉文帝刘恒的宠妾,史称慎夫人,有美色,能歌舞,擅鼓瑟)说:"此走邯郸道也。"意思说这是往邯郸走的道路啊,从这里走去,就可以到达慎夫人的家乡了。慎夫人听了,便动起思乡之情,汉文帝遂命慎夫人鼓瑟,并和着瑟声而歌,意境非常凄然。此诗中的"南山"与绵长的情感相连,具有强烈的抒情性。

乐府作品创作的最突出特点是"感于哀乐,缘事而发"。它们具有很强的针对性。激发乐府诗作者创作热情和灵感的是日常生活中的具体事件,乐府诗所表现的也多是人们普遍关心的敏感问题,道出了那个时代的苦与乐、爱与恨,以及对于生与死的人生态度。由此看来,《乌生八九子》《邯郸歌》中的"南山"有更多耐人寻味的意蕴。

三、汉魏六朝文人诗中的"南山"及南山意象的生成

文人诗不同于乐府诗,最主要的区别在于它不具有音乐性,所以被称为"徒诗"。唐前文人诗主要保存在南朝梁萧统《文选》、南朝陈徐陵《玉台新咏》、逯钦立辑《先秦汉魏晋南北朝诗》中。

汉代文人诗歌中最早提及"南山"的诗篇是杨恽的《歌诗》。

杨恽(?—前45),西汉华阴(今属陕西)人,宣帝时曾任左曹,后因告发霍氏(霍光子孙)谋反有功,封平通侯,迁中郎将。任职时廉洁、公正,整顿吏治,杜绝行贿。因与太仆戴长乐失和,被戴长乐检举,汉宣帝将杨恽下狱,后予释放,免为庶人。其《歌诗》写:"田彼南山,芜秽不治。种一顷豆,落而为萁。人生行乐耳,须富贵何时。"诗大意是:南山有一块地,杂草丛生,种了百亩豆,只剩下没用的豆萁,人生就是行乐罢了,要到什么时候才算富贵呢?这首诗写于杨恽被免为庶人时,诗中的"南山"应指汉长安城南的终南山。此诗的真正用意是讥讽朝政荒废,忠臣遭弃。

三国时曹植有"种葛南山下,葛藟自成阴"(《种葛篇》),这里"南山"具有理想色彩,只不过这点色彩的用途,在于烘托诗人失志的悲哀。

西晋诗人郑丰写有《南山》诗五章。郑丰在《南山》诗序中说:"南山,酬至德也。君子在衡门,修道以养和,弃物以存神,民思其治,士怀其德,或思置之列位,或思从之信宿。"这是郑丰赠答陆云的诗,诗中主要是歌颂陆云,称赞他任"衡门"一职时能够修道存神,受到百姓与士人的广泛认可。故此,诗中的"南山"成为君子修道养性、弃物存神的理想所在,也是治理者德治的所在。曹植、郑丰诗中的"南山"已远离了现实中的具体山脉,更多的承载了诗人的理想与寄托,这就是南山意象的生成。

陶渊明诗歌中也多次出现"南山",其诗中的"南山"也不再是现实世界里具体的山脉,而是诗人的向往所在。陶诗喜用象征手法,其象征手法的运用包括两个方面。第一,诗中经常出现的飞鸟、青松、秋菊、行云四种形象,象征诗人对恬适安和、孤高清朗的理想人格的追求。第二,陶诗中经常出现的"南山"一类佳境,与飞鸟等象征物相结合,成为飞鸟等的归宿,构成诗歌的理想氛围,成为诗人沉浸其中的理想境界。

《饮酒》其五:"结庐在人境,而无车马喧。问君何能尔?心远地自偏。采菊东篱下,悠然见南山。山气日夕佳,飞鸟相与还。此中有真意,欲辨已忘言。"这首诗写诗人身在人间而心远世俗的生活态度和陶醉于自然之中的乐趣。"问君何能尔?心远地自偏。"既是回答别人的发问,也是自己处

世经验的总结。诗的后半部，通过采菊所见，表达了诗人找到人生真谛的快慰心情。诗人手把秋菊，情怀悠悠，寄畅在所因，寓目理自陈，现实生活中的不和谐被理想化的和谐所消融，人境的大伪被"南山"的真意所化解。这首诗是陶诗中传诵最广的一首，它的突出特点是意境幽远、思与景谐。正如苏轼所说："因采菊而见南山，境与意会，此句最有妙处。"

陶渊明既以"南山"为其精神的归宿，自然希望死后也魂归彼处。《杂诗》其七："家为逆旅舍，我如当去客。去去欲何之？南山有旧宅。""南山"一词，显然是诗人的理想所在，而非实实在在的眼前景。

谢朓的《之宣城出新林浦向板桥》是一首旅途抒怀的诗，作于齐明帝建武二年（495）的春天，谢朓出任宣城太守，从金陵出发，逆大江西行。诗中表达了谢朓倦于行旅、希望远离嚣尘去过隐居生活的强烈想法。诗的最后一句写有"虽无玄豹姿，终隐南山雾"，用的是《列女传》中的一个故事。《列女传·贤明传·陶荅子妻》载：

> 荅子治陶三年，名誉不兴，家富三倍。其妻数谏不用。居五年，从车百乘归休。宗人击牛而贺之，其妻独抱儿而泣。姑怒曰："何其不祥也！"妇曰："夫子能薄而官大，是谓婴害。无功而家昌，是谓积殃。昔楚令尹子文之治国也，家贫国富，君敬民戴，故福结于子孙，名垂于后世。今夫子不然。贪富务大，不顾后害。妾闻南山有玄豹，雾雨七日而不下食者，何也？欲以泽其毛而成文章也。故藏而远害。犬彘不择食以肥其身，坐而须死耳。今夫子治陶，家富国贫，君不敬，民不戴，败亡之征见矣。愿与少子俱脱。"姑怒，遂弃之。处期年，荅子之家果以盗诛。唯其母老以免，妇乃与少子归养姑，终卒天年。君子谓荅子妻能以义易利，虽违礼求去，终以全身复礼，可谓远识矣。诗曰："百尔所思，不如我所之。"此之谓也。
>
> 颂曰：荅子治陶，家富三倍。妻谏不听，知其不改。独泣姑怒，送厥母家。荅子逢祸，复归养姑。①

故事讲荅子治理陶地三年，名声不怎么好，家中的财富却增加了三倍多。做官五年，荅子带着百乘车马回家休假，族人都击牛角祝贺，只有他的妻子抱着儿子哭泣，并且提醒婆婆会有祸患，她以南山玄豹七天不吃而猪狗随意吃喝为例，说明前者深藏山中远离祸害而后者吃胖等死的不同结局。婆婆听后很生气，赶走了媳妇与孙子。一年后荅子因贪污罪被杀。谢朓诗中用这个故事，是为了说明自己虽无玄豹的姿质，不能深藏远害，但此去宣城，也与隐于南山雾雨无异。自己虽无美政德行，未必能使一郡大治，但也深知爱惜名誉，决不会做陶荅子那样的贪官污吏，弄得家富国贫。所以字面意义是

---

① 绿净.古列女传译注[M].上海：三联书店，2014:84.

借出仕外郡之机隐遁远祸，又有以淡泊心境处理政务实现德治的理想表达，结尾不但扣住赴宣城为郡守的正题，而且字面形象与首句"江路西南永"照应，令人在掩卷之后，仿佛看到诗人乘舟向着西南漫漫的江路缓缓前去，隐没在云遮雾绕的远山深处。

这首诗情景分咏，又互相映衬。前半首写江行所见之景，又暗含离乡去国之情；后半首直写幽栖远害之想，也是自我宽解之词。胸中重重丘壑，尽以"闲旷之情迢递出之"（《采菽堂古诗选》），因此结构完整，思致含蓄，语言清淡，情味旷逸。

汉魏六朝文人受"山"作为原始意象的生成影响，从"山"与天地宇宙万物的关系之"象"里，他们得到了"人"与社会、自然相关的启示。古人对"山"意象的体悟在不断地发展、延长、加深，直至从中领悟出人与自然的和谐，领悟出人生的追求与价值。"南山"意象就是在这"山""人"同源一体的背景下生成的。

四、商山与我国第一首隐逸诗

隐逸是社会人返璞归真、眷恋热土和生命的表现。隐逸诗是诗人表达隐逸情结、隐逸生活的诗歌。中国文学中，最早与隐逸诗相关的是商山四皓。

商山，位于陕西省商洛市丹凤县城西7.5千米丹江南岸，"四皓"是秦朝的四位博士，东园公唐秉、夏黄公崔广、绮里季吴实、甪里先生。四位先生年长，隐居商山，留有作品，今见于《乐府诗集·琴曲歌辞》中《采芝操》，逯钦立所辑《先秦汉魏晋南北朝诗》上册《汉诗》卷一题为《采芝歌》（一作《紫芝歌》）。诗曰：

皓天嗟嗟，深谷逶迤。树木莫莫，高山崔嵬。岩居穴处，以为幄茵。晔晔紫芝，可以疗饥。唐虞往矣，吾当安归？

逯钦立在题下引《古今乐录》："南山四皓隐居，高祖聘之，四皓不甘，仰天叹而作歌。"①意思是这首诗作于高祖招聘四皓时。

另一种说法是此诗创作于秦世。逯钦立引崔鸿《四皓颂》曰："四皓为秦博士，遭世暗昧，坑黜儒术。於

图1-4 丹凤县 商山四皓墓冢

---
① 逯钦立.先秦汉魏晋南北朝诗[M].北京：中华书局，1983:91.

第一章 诗人咏秦岭

是退而作此歌，亦谓之《四皓歌》。"①歌曰：

莫莫高山，深谷逶迤。晔晔紫芝，可以疗饥。唐虞世远，吾将何归?驷马高盖，其忧甚大。富贵之畏人兮，不若贫贱之肆志。

此歌与前引《采芝操》虽然在语句表达上小有差异，但主要内容还是接近的，故逯钦立认为二歌实为一歌。

这二首诗在内容上均由两个方面构成：一是描写隐居深林的生活；二是抒写隐居生活的感受。由于诗人是逃避乱世或者说是不甘受聘于高祖，不得已才隐居深林，过着与世隔绝的生活，就诗人的本心而言，还是向往和谐的世间生活，所以唱出"唐虞往矣，吾当安归"，从中既可看到孔子"远称唐虞"的影子，亦见庄子愤世嫉俗、蔑视富贵的影响。

《史记·留侯世家》中有这样一段记载：

汉十二年，上从击破布军归，疾益甚，愈欲易太子。留侯谏，不听，因疾不视事。叔孙太傅称说古今，以死争。上佯许之，犹欲易之。及宴，置酒，太子侍。四人从太子，年皆八十有余，须眉皓白，衣冠甚伟。上怪之，问曰："彼何为者?"四人前对，各言名姓，曰东园公、角里先生、绮里季、夏黄公。上乃大惊，曰："吾求公数岁，公辟逃我，今公何自从吾儿游乎?"四人皆曰："陛下轻士善骂，臣等义不受辱，故恐而亡匿。窃闻太子为人仁孝，恭敬爱士，天下莫不延颈欲为太子死者，故臣等来耳。"②

《史记》中的这段材料很重要，其中记载了四皓拒绝高祖征聘的原因是"义不受辱"，而他们愿意辅助太子的理由也很清楚，即太子"为人仁孝，恭敬爱士"。由此可见，"四皓"之隐，并不是像庄子那样追求"无名、无功、无己"（《逍遥游》），而是对孔子"无道则隐"（《论语·微子》）的一种实践。诗中表达了四位老先生对隐逸生活的自慰和对太平盛世的向往。

《采芝操》传唱千古。历代淡泊名利之士以"商山四皓"为榜样，于庙堂宦海之外另辟一片江湖，成就了中国特有的贤士隐逸文化。而生长在高山深谷的芝、菇等野生菌类，则成为他们对抗专制、暴政，寻求自足、自立的仰赖之一，因而被赋予了孤标傲世、卓尔不群、绝世独立、特立独行等丰富含义。

---

① 逯钦立.先秦汉魏晋南北朝诗[M].北京：中华书局，1983:90.
② 司马迁.史记[M].北京：中华书局,1959:2046-2047.

《曹子建集》卷七有《商山四皓赞》，此诗反映了曹植对四皓待机而出、建立丰功的赞赏。阮瑀有《隐士》诗，赞赏了四皓在内的十位隐士，表达了隐士们最可贵的操行与持守——"明真"。江淹"杂体诗三十首"中的《孙廷尉绰杂述》写有"领略归一致，南山有绮皓。交臂久变化，传火乃薪草。亹亹玄思清，胸中去机巧。物我俱忘怀，可以狎鸥鸟"，突显了隐士的思想风貌与高妙的人生境界。唐代诗人写了大量有关商山四皓的诗篇，商山因四皓而成为中国文化中隐逸之所。

前面提到的《诗经·小雅·南山有台》，郑玄释其意曰："人君得贤，则其德广大坚固，如南山之有基趾。"经过郑玄的笺释，历代文人将南山与贤者联系在了一起。隐于商山的四皓，正是所谓贤者。这样，南山便与商山一样幻化为贤者所隐之处。

隐逸中的自由精神丰富了隐逸文人的情感生活，隐逸中所持有的虚极、静笃、无功、无名的心境为文人们艺术思维的活跃提供了良好的前提，隐逸文人虚怀接纳万物，体会天地灵气与精神境界，反归内心，启明本心，超越有形，升入无我之境的体验，在山水中孕育敏锐的审美感悟。所有这些，都促使文学兴盛发达。商山四皓《采芝操》的出现标志着我国隐逸文学的发端，更意味着中国古代文学走向兴盛与发达。

五、太华山与汉魏六朝游仙诗

太华山，即华山，又称西岳，为五岳之一，海拔2154.9米。位于中国陕西省渭南市华阴市城南，距西安市120千米，秦、晋、豫黄河三角洲交汇处，是秦岭的一部分，扼西北进出中原之门户。华山被誉为"奇险天下第一山"。

《乐府诗集》卷三十《相和歌辞五》收汉代乐府作品《长歌行》，其中第二首为：
仙人骑白鹿，发短耳何长。导我上太华，揽芝获赤幢。来到主人门，奉药一玉箱。主人服此药，身体日康强。发白复更黑，延年寿命长。

歌辞叙写了现实中的凡人到太华——华山仙界游历，通过服药而长寿延年的故事，情节具体、完整，富有表演性，就像一幕神仙剧。

此外，汉魏晋时期与游仙有关的作品还有：
王子乔，参驾白鹿云中遨。　　　　　　　　　　　　　　　　　　　　——汉乐府《王子乔》
经历名山，芝草翻翻；仙人王乔，奉药一丸。　　　　　　　　　　　　——汉乐府《善哉行》

邪径过空庐，好人常独居。卒得神仙道，上与天相扶，过谒王父母，乃在太山隅。

——汉乐府《步出夏门行》

愿登泰华山，神人共远游。经历昆仑山，到蓬莱。飘遥八极，与神人俱。思得神药，万岁为期。歌以言志，愿登泰华山。

——曹操《秋胡行》

西山一何高！高高殊无极。上有两仙僮，不饮亦不食；与我一丸药，光耀有五色。

——曹丕《长歌行·折杨柳行》

阊阖开，天衢通，被我羽衣乘飞龙。乘飞龙，与天期，东上蓬莱采灵芝。

——曹植《平陵东》

桂之树，桂之树，桂生一何丽佳！……桂之树，得道之真人咸来会讲仙。

——曹植《桂之树行》

东海广且深，由卑下百川。五岳虽高大，不逆垢与尘。良木不十围，洪条无所因。长者能博爱，天下寄其身。大匠无弃材，船车用不均。锥刀各异能，何所独却前。嘉善而矜愚，大圣亦同然。仁者各寿考，四坐咸万年。

——曹植《当欲游南山行》

盛年无几时，奄忽行欲老。那得赤松子，从学度世道。西入华阴山，求得神芝草。珠玉犹戴土，何惜千金宝。但愿寿无穷，与君长相保。

——成公绥《游仙诗》

驾言游西岳，寓目二华山。金楼琥珀阶，象榻璕瑻筵。中有神秀士，不知几何年。

——潘尼《游西岳》

可以看出，无论在汉代抑或在曹魏时期，游仙是当时诗歌创作领域的一个重要内容。游仙诗中少不了山，尤其是"五岳"。

游仙诗内容庞杂。有的游仙诗写仙人，有的写仙药，有的写仙山或仙境，有的写追求长生不老，有的描述自由飞行、上下于天地，还有的描述神奇之物。因此，可以这样说，凡含上述内容之一者，均可看作游仙诗。

两汉、魏晋乐府游仙诗的内容与结构有着惊人的相似性。比如在内容上都由这样几个部分构成：先写到仙界(地点都与山有关，东边是泰山、蓬莱山，西边是昆仑、太华山，天上有天门游历：驾六龙、骑白鹿或乘云霓，见到仙人(赤松、王乔、西王母、仙童玉女)，听仙人讲道(所讲的长生之道无非是养气、守心恬淡、服神药等等），然后多写到宴饮场景与乐舞、祝寿内容。游仙诗是在乱世之中发展起来的，所以它变成了我们看魏晋南北朝社会生活的一面镜子。从中我们能够看到人的精神世界，感受当时的文学氛围，倾听当时文人的心声。在魏晋南北朝时期，游仙诗可以说是一种特殊的文学现象。它的出现并不脱俗，从《楚辞》中的《离骚》《远游》到郭璞的《游仙诗》，游仙诗不断发展成熟，尤其是在艺术形式上沿袭先秦的比兴手法，弥补了赋体诗写作浮浅平淡、一泻无余的弊病。诗中采取峰回路转、层层推进的方法使之平中见奇，这一时期的游仙诗在艺术形式上对诗歌的改进可谓功不可没。

"艺术的功用就在使现象的真实意蕴从这种虚幻世界的外形和幻相之中解脱出来，使现象具有更高的由心灵产生的实在。因此，艺术不仅不是空洞的显现（外形），而且比起日常现实世界反而是更高的实在，更真实的客观存在。"[1]诗人在那虚幻的天堂美景里更清醒地观察与思索着现实和人生，不仅仅是在追求着"列仙之趣"，也是力图在非现实世界中实现自我的反映。游仙诗就是人们用诗歌这一艺术形式来表达因受时间和空间局限而追求生命永恒与生命自由的作品。

游仙诗大多属于浪漫主义诗歌这一范畴，通常会以幻想的仙境来寄托作者的情思，因此它对浪漫主义诗歌的发展有很大的影响，给浪漫主义诗歌体系注入新的活力。唐代著名诗人李白，一生都在为实现自己的理想而四处漫游，其非凡的自信、狂傲的人格、豪迈洒脱的气度和自由创作的浪漫情怀，与这一时期的游仙诗关系密切。

唐代直接用"游仙"为题写诗的文人虽然只有王绩、刘夏等人，但是写作相关题材的诗人却不在少数，其中以曹唐最具代表性。他有《大游仙诗》五十首，又有七绝《小游仙诗》九十八首，这些作品大都深受魏晋游仙诗的影响。由此可见，作为一种诗歌体裁，游仙诗不只是在魏晋南北朝兴盛一时，而且对后代诗歌发展的影响也是深远的。

六、北朝时期终南山唱和诗

在中国诗歌史上，唱和是一种极为普遍的现象。相传汉武帝曾在长安城中筑柏梁台，"以香柏为梁也。帝尝置酒其上，诏群臣和诗，能七言诗者乃得上"（《三辅黄图·台榭》）。和诗的方式是君臣联句，每人一句，共赋七言诗。和诗的特点是每句用韵，一句一意。这就是后来被称作"柏梁体"的诗。这是一种娱乐性的文字游戏，文学价值不大，但它对于启发诗思、锻炼文辞、培养敏捷的形象思维能力，还是有一定的作用，因此历代帝王多仿而效之。魏晋南北朝时期文人也时有唱和，钟嵘在其

---

[1] 黑格尔.美学[M].北京：商务印书馆，1979:12.

《诗品》下评曰:"白马与陈思答赠,伟长与公幹往复,虽曰以莛扣钟,亦能闲雅矣。"①南朝时称为"竟陵八友"的齐诗人谢朓、沈约等人常游集于"弥亘华远,壮丽极目"的西郊,吟诗唱和。唐以前,文人以古体唱和,重在内容的相同和情感的相通。自唐以后,唱和诗更注重格律的一致,即以律诗和律诗,以绝句和绝句,而且对声律亦有严格的讲究。

西魏、北周时期,长安地区的文学有所发展。这一时期,不仅出现了游览终南山的诗篇,而且还出现了文人游览终南山相互唱和之作,即李昶的《陪驾幸终南山》与庾信的《陪驾幸终南山和宇文内史诗》等作品。

李昶(516—565)是西魏、北周时期政治舞台上的一位杰出人物。其生平仕历据《周书》卷三十八《李昶传》、《北史》卷四十《李彪传附李昶传》记载可知。北周李昶除本名外还有小名那,又因赐姓宇文,历官"内史""中外府司录",所以还被称作"宇文内史""李司录"等。《陪驾幸终南山》是李昶陪北周帝王游览终南山时所作的一首五言诗,20句,100字。此诗开头大笔勾勒了帝王游山时的非凡气势,中间描写了终南山的景观物象:"烟生山欲尽,潭净水恒空。交松上连雾,修竹下来风。"结尾处用王子晋典故。王子晋,字子乔,是周灵王的儿子。晋从小就是个非常聪明而有胆识的孩子。据说在他十二三岁的时候,正赶上连降大雨,洛邑附近的谷水和洛水合流,洪水漫过了堤岸,几乎要冲毁王宫。灵王着了急,忙命人运土堵水,王子晋却在父亲面前引经据典,讲了一套"川不可壅"的大道理。他的意见虽然不够全面,灵王也没有采纳,可是这孩子有胆量、有智慧的名声却很快传扬到各国诸侯那里,大家都很佩服。周灵王二十二年,王子晋游于伊水和洛水,遇到道士浮丘公,随上嵩山修道成仙。王子晋典故的运用表达了山中道士接受朝廷诏书,由隐而仕,这正是此诗所写帝王游山的目的。徐陵评此诗:"山泽纯霭,松竹参差,若见三峻之峰,依然四皓之庙,甘泉卤簿,尽在清文,扶风辇路,悉陈华简。"显然,徐陵对李昶逼真描摹终南仙境、生动刻画帝王气度的非凡艺术表现力高度肯定。

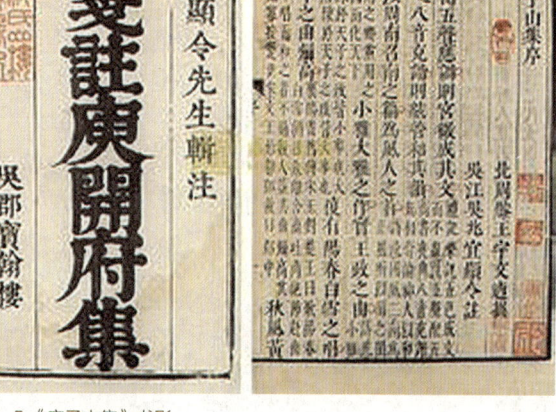

图1-5 《庾子山集》书影

在庾信诗集中,有一首同题唱和诗《陪驾幸终南山和宇文内史诗》,题目中的宇文内史

---

① 钟嵘.诗品集注[M].上海:上海古籍出版社,1994:367.

应该指的是宇文昶，即李昶，所和的诗正是李昶的《陪驾幸终南山》。庾信的这首唱和诗从形式、结构、内容、主旨都是顺着李昶的《陪驾幸终南山》而来。此诗也是五言诗，20句，100字。诗的结构同样分三层，第一层前八句，铺写北周天子驾临终南山，比起李昶前八句，巧妙运用《山海经》中的神话元素"玉山""瑶池"，增强了天子的声威与气势，又巧用《史记》中秦王典故，《史记·秦本纪》中秦武王谓甘茂："寡人欲容车通三川，窥周室，死不恨矣。"《秦始皇本纪》中记载，"始皇东封泰山，风雨暴至，休于树下，因封其树为五大夫"。以此来凸显天子驾临终南山的意义是祭天、奠水。第二层中间八句，描写终南山的景象，瀑布如虹、芙蓉繁茂、戍楼暮鼓、寺院晨钟，新蒲、短荀生机勃勃，树上的鸟鸣叫着，花中的蜂忙碌着。比起李昶的诗，写景更有声有色、有远有近。第三层是最后四句，用昌容的典故，含蓄表达个人政治愿望，效力北周朝廷。昌容，相传为商王之女，在常山修道，吃了二百多年蓬藥根，容颜还像二十多岁似的。她能弄到紫草卖给染工，换来的钱送给贫穷有病的人。昌容往来城市买东西，几代人都见到过她，却不知道她所修之道。她在日光下行走，人们却看不见她的影子。有人说："昌容是能炼形的神仙。"这里庾信以昌容自比，先说天子洒酒邀请昌容，紧接着说昌容也很高兴愿意随天子北上泰山封禅。比起李昶诗，庾信诗的结尾不仅诗意丰富，而且含蓄委婉，有更胜一筹之感。

此外，庾信诗集中还有《和宇文内史春日游山诗》《和宇文内史入重阳阁》《和李司录喜雨》，都是与李昶的唱和诗，遗憾的是李昶的这几首同题诗今已不存。庾信诗集中与秦岭有关的诗篇还有《至老子庙应诏诗》《和王内史从驾狩诗》《别周尚书弘正诗》《别庾七入蜀诗》《望渭水》《伏闻游猎诗》《忝在司水看治渭桥诗》《山中诗》《和侃法师》。

与历代优秀的山水诗相比，应当说，庾信终南山唱和诗属于上乘之作的并不多，其总体艺术成就也说不上很突出，但作为玄学影响山水诗创作的终结和一个文学时代结束的标志，他为山水诗创作立足现世、面向广阔的人间开辟了道路。同时，其山水诗基本精神和价值取向的改变使山水诗创作更加注重从日常生活和具体处境出发抒写对于山水自然的真实感受和体验，反映主体与自然的融合，因而有助于强化山水诗的艺术审美特征。所以，无论是从性质的深刻性上，还是从其对山水诗发展的影响上，都不能不说庾信终南山唱和诗将山水诗的写作转向了世俗化，是山水诗发展史上具有重要意义的历史性变化。

第二节 唐代秦岭诗歌

　　唐代咏及秦岭的诗歌数量激增，多达一千余首。诗人对秦岭的关注面也前所未有的宽广，既有专咏秦岭的诗歌，更有大量吟咏秦岭支脉如终南山、华山、骊山、商山、首阳山以及吟咏源自秦岭的渭水、沣水、灞水等河流的诗歌。其中吟咏终南山的诗歌数量最多，影响最大。终南山在唐代受到了前所未有的关注，它既是文士们热衷隐逸的京城名山，又是僧人道士奉佛修道的绝佳所在，弥漫着浓郁的禅韵仙趣。此外，商山古道的贬谪与离别、骊山上演的盛衰之变……凡此种种，都得到了唐代诗人的持续关注和深沉吟咏。《全唐诗》[①]中所收的秦岭诗篇，不仅使后世读者可以领略秦岭丰富多彩的自然景观，还能够感受其中所包含的深广厚重的文化价值。

图1-6 《全唐诗》中华书局出版

---

① [清]彭定求等.全唐诗[M].上海：上海古籍出版社，1986.

一、终南山与唐代隐逸之风

终南山是周、汉以来的隐逸圣地。它景色秀美,具有临近政治经济文化中心长安的优越位置,且分布了大量的佛寺与道观,对文人很有吸引力。唐代的隐逸文化已臻于成熟,初盛唐统治者都很看重隐士,如据《旧唐书》记载,唐高宗和武则天曾经"访道山林,飞书岩穴,屡造幽人之宅,坚回隐士之车"[①]。唐中宗、睿宗、玄宗均重视隐士,常赐以钱物,或授以官职,这无疑推动了隐逸风尚的形成,使不少文人把隐居终南当作入仕的理想途径之一。此外,唐代科举取士激发了大批中下层文人的进取意识和功名欲望,但科举考试每年录取的人数极少,大多数文人只能接受落第的命运,遂有不少人选择托庇山林,暂时隐居,借此既可以发奋读书,又可以扬名待举,候召入仕。这种以隐求仕的文人非常多,如李白、王维、岑参、储光羲等著名诗人都曾隐居终南山。唐人在隐居终南时创作的大量诗歌也全面展示了终南山的真实状态和文人复杂多样的内心世界。

(一)初盛唐终南山隐逸之风的缘起与兴盛

初唐可称为终南山隐逸之风的过渡期。终南山地处都城长安南郊,其巍峨雄壮、神奇秀美的景致引起了帝王和官僚文士的关注。唐太宗李世民和玄宗李隆基均有歌咏终南山之诗。如李世民的《望终南山》诗以"重峦俯渭水,碧嶂插遥天"的劲健笔力描写了终南山独特的地理位置、高峻的山势、葱茏的植被和幽深缥缈的气质。李隆基的《春台望》则以"目极千里际,山川一何壮。太华见重岩,终南分叠嶂"等句赞美了终南山的重峦叠嶂、山势壮阔。上行下效,不少朝廷重臣也写有吟咏终南山的诗歌,如杨师道的《赋终南山用风字韵应诏》、杜审言的《蓬莱三殿侍宴奉敕咏终南山应制》、王湾的《奉使登终南山》等诗,对终南山中的自然盛景和"四皓"等终南隐士均有提及。其中王湾的《奉使登终南山》一诗最有代表性。诗云:"常爱南山游……玉英时共饭,芝草为余拾……辞处若轻飞,憩来唯吐吸。"诗人对登山途中所见的高峻山势、幽深美景有细致的描绘,而山中隐者超脱凡俗的修习、静谧闲雅的生活也引发了诗人飘然尘外的隐逸之思。

宋之问则是初唐为数不多的亲身体验终南隐逸生活的文人之一。他在蓝田辋川营建了蓝田山庄,其《蓝田山庄》一诗描述了自己在山中的隐逸生活,诗人称自己喜好幽偏之地,且"辋川朝伐木,蓝水暮浇田",亲自从事农业劳作。而另一首《别之望后独宿蓝田山庄》则流露了自己独宿山庄的寂寞伤感之情,足见诗人并不甘于隐居山野,处于身隐心未隐的矛盾状态。总体而言,初唐作为隐逸过渡期,其文人对终南山和隐逸已有关注,少数文人隐居南山所表现出的身隐心未隐的状态对盛唐文人颇有影响。

---

① [后晋]刘昫.旧唐书[M].北京:中华书局,1975:5116.

盛唐文人在此基础上迅速形成了具有入世功利性倾向的隐逸风尚，终南山隐逸之风也由此达到了巅峰。盛唐文人因时代环境的激励，大都有强烈的功业抱负，希望能在仕途上建功立业，部分人在求仕艰难时遂以退为进，以"隐"求仕。王维、孟浩然、李白、岑参、王昌龄、储光羲、裴迪、祖咏等著名诗人都有隐居终南山以求仕的经历，创作了众多吟咏终南美景的诗作，并借此抒发自己的高洁志趣和非凡胸襟，诗的情感基调乐观昂扬、轻快闲适，也常流露出对功业抱负的强烈期望。其中以王维、李白和岑参的作品最有代表性。

终南山雄奇秀美的景致是吸引诗人的一大原因。王维的《终南山》一诗即成功描写了游终南山时所见的壮美之景和诗人的沉醉之情。李白的《望终南山寄紫阁隐者》也沉醉于终南山难以言说的美景："秀色难为名，苍翠日在眼。有时白云起，天际自舒卷。"满眼苍翠的终南山秀美无比，令诗人难以形容。而天边舒卷变幻的云彩也令诗人浮想联翩，心向往之。终南山不但山势高峻，水景也别具特色。山里有似惊雷的白鼋涡，如王维的《白鼋涡（杂言走笔）》："南山之瀑水兮，激石滈瀑似雷惊，人相对兮不闻语声。翻涡跳沫兮苍苔湿……"亦有静谧碧绿的小溪，如岑参的《终南东溪中作》："溪水碧于草，潺潺花底流。"诗人可以在这里"洗药朝与暮，钓鱼春复秋"。青山碧水相映成趣，时时触动着热爱自然的诗人的心灵。王昌龄的《宿裴氏山庄》写诗人寄宿裴氏山庄时看到终南山的山水美景，遂生出对俗世的厌倦和对终南山的向往。

终南山的幽深雅静、纯任自然更为诗人所钟爱。王维的《答张五弟》诗写终南山的茅屋里终年无客，诗人也因此得以无思无虑、自闲自在、饮酒垂钓，情趣无限。他在另一首《戏赠张五弟諲三首（时在常乐东园，走笔成）》诗中写自己隐居终南山中，与鸟兽同群，与云霞做伴，与大自然融为一体，物我合一，达到了"动息自遗身"的"忘我"之境。这种幽深雅静、纯任自然的环境，是不少文人厌倦仕途后修养身心的理想所在。王维的《送别》诗云"君言不得意，归卧南山陲"，因不得意而归卧南山者在唐代也并非个例。

盛唐隐逸南山者中有不少是怀抱着"终南捷径"的期待的。"终南捷径"的典故出自卢藏用。卢藏用曾隐居终南山以求仕进。据《新唐书·卢藏用传》[1]记载："（卢藏用）与兄征明偕隐终南、少室二山……始隐山中时，有意当世，人曰为'随驾隐士'……司马承祯尝召至阙下，将还山，藏用指终南曰：'此中大有嘉处。'承祯徐曰：'以仆视之，仕宦之捷径耳。'藏用惭。"盛唐咏终南山诗中也有不少流露出功名之念，如储光羲的《终南幽居献苏侍郎三首时拜太祝未上》以"何当见轻翼，为我达远心"二句委婉表达了诗人期待援引之心。当久隐而未果时，也不免有人心中怨愤，如李华的

---

[1] [宋]欧阳修,宋祁.新唐书[M].北京:中华书局,1975：4375.

《咏史》其七："高卧三十年，相看成四皓。帝言翁甚善，见顾何不早。"当然也不乏真正的隐者，如吴筠的《翰林院望终南山》："窃慕隐沦道，所欢岩穴居……幸见终南山，岩峣凌太虚……何当解维絷，永托逍遥墟。"作者在任职翰林院之际遥望终南山，充满了对终南隐居生活的憧憬。这种身在朝廷而心念山野的复杂心理，是传统文人同时渴望追求事功和诗意人生所导致的典型心态。就现实人生而言，渴望建功立业和追求青山碧水中的诗意人生并非过错。唐代终南山隐逸诗中的眷恋山水情怀也大都有真情实感，并非沽名钓誉的"终南捷径"可以简单涵盖。王维即是如此，他的数十首优美的终南山诗足以说明，任职朝廷而获得赖以生存的俸禄，并不影响诗人徜徉山水、感悟自然；王维在步入仕途后依然热衷终南山，也足以说明其并不仅仅是以隐求仕。

（二）中晚唐南山诗中的隐逸情怀

安史之乱使唐王朝由盛转衰，具有鲜明盛世特征的盛唐隐逸风尚也逐渐消亡。这使中晚唐诗人对终南山虽仍有关注，但已不复盛唐时的踌躇满志、激情洋溢，而多了些淡泊孤寂之感。终南山往往成为仕途失意后的遁世之所。如卢纶的《落第后归终南别业》诗是因仕途失意而向往隐遁南山以求解脱的典型："久为名所误，春尽始归山……不及东溪月，渔翁夜往还。"诗人为求功名而离开南山参加科举考试，不幸落第后心中失落，再度回山时不禁由衷羡慕终南渔翁在月色下自由往还的隐者生活。白居易《送王处士》诗中的王处士则是因不堪低眉敛目地趋奉权贵而选择归隐南山。大体而言，中唐文人在身经安史之乱后已觉沧桑，仕途上的追逐、沉浮难免会强化心力交瘁之感，内心无疑更渴望宁静闲适的山居生活。钱起的《晚过横灞寄张蓝田》诗就直接表达了他见南山而思慕陶渊明的心态："林端忽见南山色，马上还吟陶令诗。"其《自终南山晚归》诗写诗人从终南山采苓归来，一路上遍观青山白水的美景，以为是绝佳之境。而山中"牛羊自相引"的自得自在，也引发了诗人消除尘虑、自得逍遥的愉悦心情。也因此，终南山在诗人心中是亲切熟悉的。如贾岛的《望山》："南山三十里，不见逾一旬。冒雨时立望，望之如朋亲……谁家最好山，我愿为其邻。"诗人几日不见南山就格外想念，乃至冒雨远望，以为如亲朋好友。

晚唐社会更加衰弊，出现了不少真正避世的终南山隐士，他们的生活在不少诗人笔下有细致描写。如杨夔《题郑山人郊居》诗中的郑山人弃绝尘埃，隐居在终南山谷口，在白云青嶂下、奇石清泉间潇洒往还，享受南山的安详静谧。而齐己《题终南山隐者室》诗中描写终南山隐者生活的诗句如"风吹窗树老，日晒窦云干。时向圭峰宿，僧房瀑布寒"则清冷萧瑟。还有许浑的《贻终南山隐者》："中岩多少隐，提榼抱琴游。潭冷薜萝晚，山香松桂秋。"秋日的终南山中有薜萝缠绕、松桂飘香，如薜萝、松桂般高洁芬芳的隐者则提榼抱琴、畅游山中……这种清高闲雅又透着几丝清冷的隐居生活深深触动了诗人，他不无艳羡地描绘着隐居南山的潇洒，却又自称"迷津客"，为自身的前路漫漫、东西莫辨、去留两难而惆怅不已。诗末"独有迷津客，东西南北愁"两句，大约写出了晚唐衰世下诗人在面对长安与终南山、出仕与归隐这一传统问题时共有的迷惘吧！

二、终南山佛寺诗中的禅韵

终南山历史悠久，风景秀美，佛寺林立，是著名的佛教名山。唐代佛教隆盛，京城长安成为全国最大的佛教中心，位于长安城南的终南山也受其影响，佛寺众多，形成了庞大的终南山寺院群，成为名副其实的佛教圣地。道宣、玄奘、宗密、不空等高僧大德都曾往来于长安城与终南山间住锡传法，佛教六大宗派的祖庭也均匀分布于长安城区与城外，长安城与终南山间的佛寺实际共同构成了一个影响力巨大的佛教文化圈。唐代终南山作为长安文化延展的后院，与文人的生活和思想密切相关，其佛寺也对曾在长安生活过的众多文人的生活和思想产生了重要影响，现存的咏终南山佛寺诗也映现出唐人丰富多样的宗教活动状态和思想、文化面貌等。

（一）终南山佛寺诗概述

据统计，现存史料中有34座寺名确凿的唐代终南山佛寺，其中唐代诗人吟咏到的就有26座，还不包括诸多无名野寺。今存咏终南山具名佛寺诗共104首，咏无名野寺的诗有28首，其中也包括一些主题并非吟咏佛寺但涉及终南山佛寺风物的诗歌，还有涉及终南僧人的诗歌19首，共计151首。现将存诗2首以上的终南山佛寺情况列表如下：

云际寺	石瓮寺	翠微寺	仙游寺	悟真寺	草堂寺	清源寺
17首	15首	15首	11首	7首	7首	5首
龙池寺	甘露寺	丰德寺	灵台寺	感化寺	津梁寺	化感寺
4首	4首	3首	3首	3首	2首	2首

这些诗歌描写了终南山佛寺僧人所处的环境和修行生活。和长安佛寺所处的繁华都市相比，终南山中的很多佛寺建于人烟稀少处。如龙池寺位于"飞鸟不到处，僧房终南巅"，丰德寺也是"高楼更在碧山巅"。喻凫前往翠微寺则需"沿溪又涉巅，始喜入前轩"。屏居深山使寺僧得以远离世俗喧嚣，闭门修道。如贯休诗中的终南僧"声利掀天竟不闻，草衣木食度朝昏"，寺僧们或焚香："闭门不出自焚香，拥褐看山岁月长"，或禅定："定久衣尘积，行稀径草长"，连"猎人偷佛火，栎鼠戏

禅床"也浑然不觉。也有一部分佛寺地处交通要道，如翠微寺在终南太和谷口，仙游寺在黑水峪口，可给过往诗人提供食宿，因此很多诗人都喜欢夜宿僧房，写了不少宿寺诗。如白居易的《宿清源寺》云："往谪浔阳去，夜憩辋溪曲。今为钱塘行，重经兹寺宿。"清源寺位于蓝田驿道旁，是长安人外出东行的必经之地，白居易两次出长安都留宿寺中。此外还有岑参的《冬夜宿仙游寺南凉堂呈谦道人》、贾岛的《净业寺与前鄠县李廓少府同宿》、钱起的《夜宿灵台寺寄郎士元》、马戴的《宿翠微寺》等。

此外，终南佛寺常具有一定的公益性质，可为读书习举的文士提供方便，使他们可以借居佛寺潜心攻读。如刘眘虚《寄阎防（防时在终南丰德寺读书）》诗云"青冥南山口，君与缁锡邻……应以修往业，亦惟立此身……"，可知阎防屏居于幽静的丰德寺苦读。再如王建的《秋夜对雨寄石瓮寺二秀才》诗中的"对坐读书终卷后，自披衣被扫僧房"，真实描写了两位秀才夜间在石瓮寺读书打扫的情景。安史之乱中，终南佛寺更成为文人避乱的桃源。如钱起的《东城初陷，与薛员外、王补阙暝投南山佛寺》："……洗足解尘缨，忽觉天形宽。清钟扬虚谷，微月深重峦。嘻我朝露世，翻浮与波澜。"与纷乱动荡的长安城相比，南山佛寺里安定宁静，使处于忧患中的诗人得到身心的抚慰。

终南山佛寺中还有着广泛的国际交流和开明的佛法观念。如云际寺中有新罗国国王之孙圆测前来隐居，从事佛经注疏达八年之久，人称"新罗王子台"。另有不少住锡终南佛寺的新罗僧颇受关注，如顾非熊《寄紫阁无名新罗头陀僧》诗中的新罗僧人不畏路途遥远来到终南山中，不为名利，棕床自檠，露宿山野，达到了"身心相外尽""无名便是名"的超凡境界。姚合《寄紫阁无名头陀（自新罗来）》诗中的新罗僧亦是"不眠知梦妄，无号免人呼"，诗中的"山海禅皆遍，华夷佛岂殊"两句，反映了唐代人宏阔的视野和开明的宗教思想。除新罗僧外，终南山中还有胡僧，如岑参的《太白胡僧歌》诗描写了在太白山兰若寺中修行的胡僧的形象："窗边锡杖解两虎，床下钵盂藏一龙。草衣不针复不线，两耳垂肩眉覆面。"胡僧的特异形象如在目前，而终南山对胡僧的吸引力亦可见一斑。

（二）庙堂与政治文化意蕴

在数十座终南山佛寺中，石瓮寺、翠微寺和云际寺被唐人吟咏最多。这三座寺院均与皇室相关，具有浓郁的庙堂色彩和特定的政治文化意蕴。

石瓮寺位于骊山石鱼岩下，华清宫上方。据郑嵎《津阳门诗》中自注："石瓮寺，开元中以创造华清宫余材修缮。"寺名为唐玄宗御赐，寺里曾有玄宗题诗及王维所画的山水壁。玄宗曾登石瓮寺赋诗，使群臣和之，唐穆宗也曾到石瓮寺一游。帝王的频频游赏使石瓮寺成为终南山中皇家佛寺的典代表而为文人所关注。翠微寺则位于终南山太和谷，原是唐高祖避暑的行宫，唐太宗也曾在此避暑办公，高僧玄奘还曾在此译出了《般若波罗蜜多心经》。唐高宗即位后舍宫为寺，称翠微寺，"供施殷厚，缘设雕华"，成为文人热衷前往的皇家佛寺。还有云际寺，位于终南山太平峪万花山上，高祖和太宗均曾来此赏游参佛，高宗时又有新罗国国王之孙圆测来云际寺隐居，一时高僧云集，文人墨客接踵而至。

终南佛寺邻近京城长安，遂与时代变迁和王朝兴衰紧密相连，这集中体现在石瓮寺诗和翠微寺诗中。石瓮寺与骊山华清宫位置相邻，这种特殊的地理位置，使来此一游的诗人能更直观地体验唐明皇与杨贵妃在政治、爱情上的盛与衰，并引发出无限感慨。今存的15首咏石瓮寺诗中留下了石瓮寺与唐王朝同进退、共命运的历史。盛唐的石瓮寺因与唐玄宗杨贵妃热衷的华清宫毗邻而兴盛一时，如范朝的《题石瓮寺》诗充分描绘了这座佛教名刹的富丽堂皇和雄伟气势："关连四塞起，河带八川流。复磴承香阁，重岩映彩楼。"储光羲的《石瓮寺》诗"下见宫殿小，上看廊庑深"两句，以宫殿所代表的世俗繁华映衬出寺庙廊庑的幽深，写出了皇家佛寺的特殊景象。安史之乱后的石瓮寺因失去玄宗的凭依和唐王朝的衰变而日渐衰败，引发了诗人的深沉感喟，这在王建的三首咏石瓮寺诗中均有流露，如"遥指上皇翻曲处，百官题字满西嵌"句缅怀着盛唐玄宗时石瓮寺曾有的辉煌。晚唐的石瓮寺衰败已极，贾岛的《寻石瓮寺上方》诗云："野寺入时春雪后，崎岖得到此房前。"当年的皇家大寺已沦为道路崎岖的山中野寺。郑嵎《津阳门诗》中有"庆山污潴石瓮毁，红楼绿阁皆支离……烟中壁碎摩诘画，云间字失明皇诗"等句，石瓮寺中曾有的明皇题诗与摩诘壁画，能引发人们对业已逝去的盛唐繁华与文采风流的多少怀想与叹息，如今却已然破碎遗失了。唐代佛教的兴盛很大程度上得益于李唐皇室的推崇，长安及终南大量佛寺的命运均与唐王朝的盛衰息息相关，石瓮寺作为皇家佛寺堪为其代表。翠微寺因其与皇室的因缘，也往往引发诗人的盛衰之慨。如刘禹锡的《翠微寺有感》："吾王昔游幸……凉轩避暑来……龙髯不可望，玉座生尘埃。"昔年太宗避暑游幸时的盛况如在昨日，使人叹息不已。

（三）佛教文化与信仰

终南山中的仙游寺、悟真寺、草堂寺和化感寺等也颇受关注，存诗较多。仙游寺始建于隋朝，称仙游宫，隋仁寿元年（601），杨坚改称仙游寺。唐宣宗李忱将仙游寺拆建为三寺，黑河南岸的名为仙游寺。悟真寺是净土宗祖庭，位于蓝田玉山，风景优美，文人游赏赋诗者颇多。草堂寺位于终南圭峰山北麓，约建于东晋末年，是鸠摩罗什在终南山创立的第一个国立译场，对佛学有重要影响，后被尊为三论宗祖庭，高僧宗密常在此弘扬佛法。可知唐人热衷的终南山佛寺大都具有深厚的佛教根基、浓郁的宗教氛围，能引发文人对佛教的兴趣和思考，使很多诗作中洋溢着鲜明的佛禅气息。不少诗人在其诗作中喜用佛语。如王维的《游悟真寺》："闻道黄金地，仍开白玉田。""山河穷百二，世界接三千。"《游化感寺》："雁王衔果献，鹿女踏花行……誓陪清梵末，端坐学无生。"还有卢纶的《题云际寺上方》、刘禹锡的《送宗密上人归南山草堂寺因谒河南尹白侍郎》等诗亦是如此。从中既可见到刘禹锡、王维、卢纶等诗人深厚的佛学素养和鲜明的崇佛倾向，也可看出终南佛寺对诗人强大的宗教感染力。正是这种感染力常使诗人从俗世名利的羁绊中走出来，从一个新的角度对人生世事进行思考。

图1-7 蓝田悟真寺

唐代国运昌隆，政策开明，诗人们大都豪情万丈，积极进取，心怀济世安民的宏大抱负而汲汲于仕途；追求丰盈精神世界和诗意化人生的文人心态，以及佛道昌盛的时代氛围，也激发了文人更深入的思考。当踌躇满志的诗人们从繁华喧嚣的长安城来到终南佛寺，面对着巍巍青山、潺潺绿水、大自然的鬼斧神工以及佛寺的清幽静穆、高僧大德精深的佛法及其与世隔绝的另类生活方式，就不能不萌生出对佛法的独特感悟和对人生的深刻思考。这种感悟和思考主要表现为对俗世浮名的反思警醒和对佛法的崇敬拜服，如裴迪的"浮名竟何益，从此愿栖禅"，卢纶的"愿得远公知姓字，焚香洗钵过浮生"，章孝标的"云领浮名去，钟撞大梦醒"等等。其中白居易的《游悟真寺诗》所记尤为细致真切，诗人如实描写了自己游览悟真寺五昼夜的经历，并深刻反思了自己以往的人生道路，表示"我本山中人，误为时网牵……今来脱簪组，始觉离忧患……"，以后要"终来此山住，永谢区中缘"，足见山中佛寺带给诗人的触动。然而，正如罗邺《题终南山僧堂》所云："九衢终日见南山，名利何人肯掩关"，文人心中那长久以来关于出世与入世的矛盾纠结，终究不是短暂的佛寺感悟所能化解的。白居易的《游悟真寺回山下别张殷衡》诗云："世缘未了住不得，辜负青山心共知；愁君又入都门去，即是红尘满眼时。"这正表达了文人向往"青山"却终究又入"都门"、奔赴"红尘"的矛盾心情，而这无疑是更为真实复杂的。

（四）终南佛寺中的闲适与审美

　　终南山中的秀美风景是文人热衷终南佛寺的又一原因。唐代终南佛寺大都建于风景秀美之处，吸引了不少文人前来游赏，从现存咏终南山佛寺诗中也可看出其旅游观赏功能。如有关蓝田悟真寺的现存七首诗中有六首为游寺诗，其他如云际寺、翠微寺等都有唐人的记游诗。张籍的《使行望悟真寺》诗抒发了自己出使经过山间幽静的悟真寺而不能亲自游观的遗憾心情。白居易则要幸运得多。他性喜山水，热衷佛教，并频频造访终南佛寺，今存诗歌涉及终南佛寺者多达14首。他对仙游寺和悟真寺尤其热爱。他曾多次游宿仙游寺，甚至在长安供职时依然对仙游寺念念不忘，乃至梦游仙游寺，其《禁中寓直梦游仙游寺》诗云："……因成西南梦，梦作游仙客。觉闻宫漏声，犹谓山泉滴。"对仙游寺的喜爱使诗人身在魏阙而心恋山寺。缘乎此，白居易也留下了现存唐代游寺诗中篇幅最大的《游悟真寺诗》，全诗一百三十韵，详细描写了悟真寺周围的景色之美和环境之幽，在诗人笔下，悟真寺有蓝水萦山、时急时缓，东崖堆石、亦青亦润。有"拂檐虹霏微，绕栋云回旋"的宏阔、"雪进起白鹭，锦跳惊红鳣"的灵动，亦有"日月光不透，绿阴相交延。幽鸟时一声，闻之似寒蝉"的幽深静谧，凡此种种，都引发了诗人的喜爱和眷恋，所谓"一游五昼夜，欲返仍盘桓"。在《游蓝田山卜居》诗中也表达了"拟求幽僻地，安置疏慵身。本性便山寺，应须旁悟真"的愿望。同样是写悟真寺，卢纶的《题悟真寺》则以"万峰交掩一峰开，晓色常从天上来。似到西方诸佛国，莲花影里数楼台"的简洁诗句将终南佛寺的山水美景和宗教氛围自然融合。

　　而能将山水美景与宗教意趣完美结合在一起的诗人当属"诗佛"王维。王维经营了蓝田辋川别业作为自己的居所，辋川附近风景幽美、佛寺众多，王维可以自由往来山林佛寺，尽享美景禅境。他的《蓝田山石门精舍》就是一首极其优美的游寺诗，描写了诗人傍晚游寺所见的清丽之景和石门精舍里的禅意生活。诗中的"落日山水好，漾舟信归风""涧芳袭人衣，山月映石壁"几句，秀雅空灵，而"老僧四五人，逍遥荫松柏。朝梵林未曙，夜禅山更寂……暝宿长林下，焚香卧瑶席"几句则艺术地再现了终南佛寺独有的幽寂雅静、闲适自在。他的另一首《过感化寺昙兴上人山院（与裴迪同作）》以"野花丛发好，谷鸟一声幽。夜坐空林寂，松风直似秋"等句，成功地将对终南自然山水的审美体验与佛教空寂静穆的宗教体验完美融合，形成极为优美深邃的意境。

　　身处终南佛寺不仅可以遍赏美景，安享禅境，亦可体验山中佛寺独有的审美效果和闲适生活。从今存终南山佛寺诗来看，诗人们可在寺中吟诗、赏乐、品茶、赏画。唐代僧人大都学识深厚，且不乏诗才，对诗人颇具吸引力，与高僧畅谈吟诗成为一大乐事。如唐彦谦的《秋霁丰德寺与玄贞师咏月》一诗中，诗人在"群动消声举世眠"的深夜，独自与居住在碧山之巅丰德寺的僧人畅谈吟诗，无疑会有一种奇特的人生感受。佛寺周围的美景也常触动诗人的诗兴，如白居易《送王十八归山寄题仙游寺》："林间暖酒烧红叶，石上题诗扫绿苔。"诗人于仙游寺周边遍赏美景，诗兴大发，遂于深林内红叶煮酒，题诗石上，率性而风雅。

终南山中的佛寺因其高俊幽深的山水环境，常常带来独特的艺术效果，例如回荡在山间佛寺的宗教音乐：钟声、磬声、唱经声。吕温的《终南精舍月中闻磬声诗》写月下的终南禅室深幽静谧，天籁般的磬声飘荡在广阔的沟壑云天间，"泠泠满虚壑，杳杳出寒云"，使诗人"竟夕听真响，尘心自解纷"，以至于"偶来游法界，便欲谢人群"了！终南佛寺的山水环境和宗教乐曲相得益彰，遂使诗人尘心顿解，得到了独特的审美感悟。还有独孤申叔的《终南精舍月中闻磬》写终南佛寺中的幽磬声在月色下随风而去，"响尽河汉落，千山空纠纷"，连绵的群山上幽磬飘扬，使自然山水与宗教人文的交融宏阔而空灵。音乐和宗教都具有净化心灵的力量，佛寺中的钟磬之音则兼有二者的神奇效力，遂使诗人尘心解而禅心生。如温庭筠的《宿云际寺》："高阁清香生静境，夜堂疏磬发禅心。"

吟诗赏乐之外，品茶赏画也是唐代文人参观佛寺时常有的活动。唐时茶道兴起，煮茶、品茶成为时尚。秦岭北麓在唐代气候比较温润，有部分佛寺种有茶叶，这在现存终南佛寺诗中留有记载。如武元衡的《津梁寺采新茶，与幕中诸公遍赏，芳香尤异，因题四韵兼呈陆郎中》诗，写诗人在蓝田山津梁寺采摘新茶，新茶气味甘美，染上人衣，诗人遂与诸位同僚品尝新茶，即兴赋诗。诗人还可以在佛寺中欣赏书法绘画艺术。如白居易《游悟真寺》写悟真寺的墙壁上吴道子的画作色彩鲜亮，素屏中褚遂良的书法墨色如新，令诗人倾心赏玩。温庭筠游清源寺时感慨："诗合晓窗藏雪岭，画堂秋水接蓝溪……妙迹奇名竟何在，下方烟暝草萋萋。"清源寺壁上有王维所作的《辋川图》，笔力雄壮，是温庭筠前来游寺的目的之一。受佛寺壁画影响，诗人的游寺诗中也多有宗教意趣。如王维的《游化感寺》诗就极富宗教壁画的装饰趣味，诗歌中所描写的佛国世界的神秘绮丽，如佛寺壁画一般，呈现出奇异的审美效果。再如钱起的诗句"朝瞻双顶青冥上，夜宿诸天色界中。石潭倒献莲花水，塔院空闻松柏风……"也颇具异域华美奇幻的佛国气象。

唐代咏终南佛寺诗中有山寺僧俗生活的真实面貌，有皇家佛寺的雄伟庄严、兴衰巨变，亦有雄奇秀美的山水风景、文人雅士的休闲审美以及山寺独具的宗教魅力。

三、秦岭道观诗中的仙趣

终南山有着源远流长的道教文化，道教的核心经典《道德经》源于楼观台，终南山因此成为中国道家和道教思想的发源地，并被道教奉为"天下第一福地"，终南山的别名太乙、太一、太壹等称

图1-8 周至楼观台

呼均有鲜明的道教色彩。唐朝建立以后，唐高祖李渊为了提高皇室地位，自称是老子李耳之后，尊老子为"太上老君"，尊道教为"国教"，使道教大盛，也使长安及其南郊的终南山兴建了不少道观，主要分布在楼观台、骊山、华山附近，现可考者有楼观台、白鹤观、白鹿观、太元观、金仙观、太一观，蓝田山谒仙祠、仙游观、望灵观、遇仙观、集仙庵、玉真观别馆等数十座。其中最受重视的是楼观台。楼观台位于周至县东南15千米的山麓中，相传为尹喜结庐处，也是老子讲《道德经》处，被《楼观本起传》认为是"此宫观所自始也"。唐代的楼观台因为道教的受尊崇以及建国时有功，在高祖武德三年（620）被赐名为宗圣宫，唐高祖曾两次前往致祭，并耗时七年进行扩建，是唐代最重要的道观之一。终南山不仅道观多，并有陈抟、吕洞宾、刘海蟾、张无梦、种放等著名道教徒在此修道。身处终南山中的诸多道士、隐者和道观，吸引了不少文人前来求仙访道，而山中云霞飘拂、高峻秀丽的自然环境和氛围，既可使文人亲近自然，获得精神的解脱和自由，也强烈刺激着文人于此炼丹成仙的渴望。唐代有不少文人前往终南山道观游赏赋诗，留下了四十余首咏及终南山道观与道士的诗，从这些道观诗中可以了解唐代终南山道教风气之所在及文人崇道状况。现将唐诗中吟咏到的具名终南山道观及其诗歌数量列表如下：

楼观	白鹿观	仙游观	金仙观	白鹤观	太一观	谒仙祠	玄都坛
2首	10首	2首	2首	4首	2首	1首	1首

（一）初盛唐终南道观与政治

唐初统治者出于政治目的推崇道教、兴建道观，使很多道观具有浓厚的庙堂色彩，终南山道观也是如此。如骊山白鹿观是因唐高祖在此获白鹿而兴建，是政治产物，庙堂色彩浓厚。后唐中宗曾幸白鹿观，随行者崔湜、李峤、张说、沈佺期等人共有10首应制诗描写白鹿观，充分体现了初唐统治者出于政治目的，大力宣传道教的特色。这些应制咏道观诗也大都气势恢宏，仙气浓郁。如张说的《奉和圣制幸白鹿观应制》、苏颋的《幸白鹿观应制》、沈佺期的《幸白鹿观应制》、刘宪的《奉和幸白鹿观应制》、崔湜的《幸白鹿观应制》等。诗歌中金碧辉煌的道观建筑与洞府、受符、仙药、芝童、瑶池、王母等道教意象互相交织，再加上终南山雄深秀美、云遮雾绕的大背景，遂营造出一种华美奇幻、仙气氤氲的独特氛围，迎合了封建帝王推崇道教、服食丹药、希求长生的意图。这类应制诗反映了此类道观因皇室推崇而兴盛的御用性质。

初盛唐统治者对道教的特殊尊崇，促成了隐逸崇道风气的盛行，王维、李白、杜甫、储光羲、薛据等人在长安期间都有过不同程度的崇道行为，留下了吟咏终南山道观的诗作。如王维《过太乙观贾生房》诗写他曾和贾生一起在终南山太乙观隐居，与烟霞为邻，一同采药炼丹、学道求仙。虽然诗人对道教的信奉并不坚定，后来"谬以道门子，征为骖御臣"，但王维对其栖隐终南山道观的经历颇有留恋，对道士采药炼丹一事仍然关注。实际上，唐代由于炼丹术兴盛，服用丹药成为一时风气，很多诗人也渴慕丹药、热衷服食，甚至隐居山中亲自合炼。如诗人薛据年轻时热衷炼丹，据《唐才子传》记载，他"初好栖遁，居高炼药。晚岁置别业终南山下老焉"[1]。他也在《出青门往南山下别业》一诗中自述其"旧居在南山，凤驾自城阙……弱年好栖隐，炼药在岩窟"，详细写了自己合药炼丹的情形。储光羲也曾隐居终南山，崇道炼丹，其诗《终南幽居献苏侍郎三首时拜太祝未上》写自己幽居终南期间，既读仙书，复炼金丹，因羽化成仙的可望而不可即而心生悲慨。

除采药炼丹外，对人生适意和意志自由的追求，高蹈脱俗、不受羁束的精神，也是唐代文人羡慕神仙生活、向往神仙世界的重要原因。如道教信奉者李白，在《西岳云台歌送丹丘子》诗中将他的好友道士元丹丘描述为"不死丹丘生"，类同神仙，他在华山云台峰上有诸位神女悉心照顾，又能出入宫门，与帝王畅谈，荣耀异常，令李白敬佩不已。诗人很希望能和元丹丘一起畅饮"玉浆"、骑龙飞升，这完全符合浪漫主义诗人李白的奇思妙想和道教徒李白追求自由超脱的强烈愿望。李白还曾前往终南楼观，向已出家为道士的玉真公主献诗《玉真仙人词》，在诗中将已成为女道士的玉真公主称为玉真仙人，并盛赞她的求仙生涯与潇洒行踪，说她时常前往华山作道家的法术"鸣天鼓"，还能乘双

---

[1] 辛文房撰.徐明霞点校.唐才子传[M].沈阳：辽宁教育出版社，1990：19.

龙上天，来日一定可以得道嵩山，与西王母相逢。全诗对这位"仙人"的行迹飘忽、个性非凡很是推崇。

同样对终南山隐士怀有敬意的还有"诗圣"杜甫，他曾对在终南山玄都坛隐居的好友元逸人的修道行为寄诗致意。其《玄都坛歌寄元逸人》一诗引用终南山东蒙峰和《抱朴子》《神仙传》《述异记》等典籍中的意象，描述玄都坛的苍莽景色，赞扬元逸人的艰苦修行；末四句写元丹丘超尘脱俗的道行、服食芝草琅玕、居处铁锁高垂，诗人对其身处终南福地的逍遥自得生活深表羡慕。

（二）热衷道教的中唐诗人

中唐前期文人刚刚经历了安史之乱，对功业抱负的热情减退，对自由超脱的生活更加向往，出现了不少造访秦岭道观、与道士交往的诗。"大历十才子"中的卢纶、李端、李益、韩翃等人均有此类诗作。而卢纶存诗最多，如《太白西峰偶宿车祝二尊师石室晨登前巘凭眺书怀即事寄呈凤翔齐员外张侍御》一诗中称道士为"仙翁"，对其在终南山中"岩壑树修修，白云如水流"的幽美环境，打醮采芝、鸾鹤相随的潇洒生活非常羡慕，对自己"吁嗟系尘役，又负灵仙迹"的现实处境叹息不已。显然，对道教的向往源自对现实处境的不满。他的另一首《过楼观李尊师》也表达了自己对求仙访道、炼丹成仙的浓厚兴趣，诗中频频出现的道教术语及道教求仙活动，可见诗人对道教文化的熟稔。卢纶广交终南山道士，他的《蓝溪期萧道士采药不至》诗就表现了他与终南山萧道士的交游，诗中的"病多知药性，老近忆仙方"，也可见卢纶对炼丹服食、治病长生的渴望。

其他文人也乐于与道士交游，如李端的《游终南山因寄苏奉礼士尊师苗员外》写诗人眼中道士的闲雅生活，一大清早就独自采芝山中，其生活环境幽美自然且富有仙气，那里有猿鸟松萝、鸡声鹤语，人们的生活闲适自得，"童子闲驱石，樵夫乐看棋"，使诗人也对山中修道充满向往，表示"愿得烧丹诀，流沙永待师"。李端还曾在雪夜寻找太白道士，足见其浓厚的兴致，其《雪夜寻太白道士》一诗对道观中幽静的环境、打醮的壮观场面、开金箓等景象都有奇异的描述。李益的《同萧炼师宿太一庙》诗也用"落花坛上拂，流水洞中闻。酒引芝童奠，香馀桂子焚"等句将终南山太一庙描写得幽雅空灵、香气弥漫，超凡脱俗，如同仙境。同时期的刘长卿和于鹄也留下了描写终南山道士生活的诗篇，如于鹄《题南峰褚道士》一诗中的道士不仅棋艺高超，还能医鹤、养龟："得道南山久，曾教四皓棋。闭门医病鹤，倒箧养神龟。"颇有修为。

中唐后期，文人的崇道倾向不减，孟郊、韩愈、白居易等人都有诗作。如孟郊的《同李益崔放送王炼师还楼观兼为群公先营山居》一诗以丰富的道教语汇极力描写了王炼师在终南山的隐居修道生活，并对这种仙境般的生活充满了渴望。白居易则对道教宣扬的采药炼丹、羽化升仙更感兴趣，其《游悟真寺》诗云："却上谒仙祠，蔓草生绵绵。昔闻王氏子，羽化升上玄。其西晒药台，犹对芝术田。"谒仙祠里有王氏子羽化升仙的传说，遗留下的晒药台和芝术田也令诗人遐想不已。

（三）晚唐道风余韵

晚唐社会衰败，长安城无复昔年盛况，吟咏终南山道观的诗也为数不多，仅有姚合、郑谷、项斯、李洞、吕岩等人留下了几首作品。如郑谷的《游终南白鹤观》承袭前人，表达了对终南山道观中超脱凡俗生活的企慕，诗中的白鹤观周围有"古木千寻雪，寒山万丈云"的高旷情景和"柽萝诸洞合，钟磬上清闻"这样神秘雅致的修炼场所，使诗人不由生出了"终期扫坛级，来事紫阳君"的崇道愿望。张乔也有一首《题终南山白鹤观》，写终南山白鹤观如同仙境，与"帝乡"长安城喧嚣的尘俗生活判若霄壤，终南山道观里白云舒卷、青草碧绿、玄意无穷，诸多不如意的往事尽可随风而逝，使诗人萌生了"人间足烦暑，欲去恋松风"的强烈的求仙访道愿望。

晚唐诗人还对终南隐士多有关注。如李洞的《寄太白隐者》诗写太白山寒冷、恶劣的自然环境来表现隐者归隐的坚定信念。项斯的《题太白山隐者》写高居在太白山山岭的隐士过着写箓、扫坛、收药的求道生活。佚名的《太白山魔诳道士诗》则细致描写了太白山道士炼丹的过程。另有许浑的《贻终南山隐者》、姚鹄的《题终南山隐者居》、李频的《华山寻隐者》等诗留下了关于晚唐隐士生活处境的真实资料。

总体而言，唐代终南山中的道观作为宗教修习场所，具有独特的风景、气氛和修道特色，其周边景物也往往被赋予特定的含义，道观代表仙界，道士被视为神仙，山深洞幽、泉清云白、松风鹤鹿，道士们在如此飘逸出尘之地，采药、炼丹、求仙、飞升，身无挂碍、自由往还……如此种种，对长安城中渴望消解现实烦忧、追求精神自由、迷恋羽化登仙的文士而言，无疑是颇具吸引力的。而文人的如上精彩描写，也赋予了终南山特殊的道风仙趣和神秘色彩而为后人所向往。

四、商山古道与别情诗

商山位于秦岭南麓，商山古道是唐代由长安通往中国东南各地的一条交通干线，又称商於古道。唐代的文士官员无论是入京求仕，还是由京城贬往东南各地，都会途经此路，故而商山古道上留下了众多文人的足迹，也留下了一百余首咏及商山古道的唐诗，在唐代初盛中晚四个不同时期的不同政治环境下，演绎出不同的诗歌风貌。

（一）初盛唐商山诗中的美景

初唐的咏商山诗数量不多，今存约七首，表现了对"商山四皓"所代表的隐逸之风的赞美和对商山古道上美景与别情的描写。前者主要体现在一些应制奉和诗中，如许敬宗的《奉和执契静三边应诏》和贾曾的《奉和春日出苑瞩目应令》两首诗均以"商山皓""商山老"来指代隐于山中的贤士，而"招贤已得商山老"则对朝廷的招纳贤士予以赞颂。刘宪的《奉和春日幸望春宫应制》较早提到了商山山色苍翠的景观特色："商山积翠临城起，浐水浮光共幕连。"孙逖的《送杜侍御赴上都》一诗中"避马台中贵，登车岭外遥。还因贡赋礼，来谒大明朝。地入商山路，乡连渭水桥……"，首次体现了由商山古道进入京城的驿路文化特色。

初唐商山诗的这几个特点在盛唐商山诗中表现得更为鲜明。张九龄的《商洛山行怀古》诗表现了对商洛山水美景的赞叹，李白的《春陪商州裴使君游石娥溪》也充满了对仙娥溪幽美、静谧景色的赞美。王维诗对商山古道美景和别情的描写均有特色，如他的《送李太守赴上洛》诗，极写李太守将要前往的上洛地区有地域广大的商山，那里有"积翠蔼沉沉"等青翠茂盛之美景，末二句"若见西山爽，应知黄绮心"更以商山明朗开阔的美景和商山四皓这样隐逸出尘的高人作结，较好地冲淡了送别诗的伤感愁苦之情。全诗写景优美，情调明朗。与此相反，祖咏的《长乐驿留别卢象裴总》诗以"灞水行人渡，商山驿路深"之句表达了友人面对商山古道时的凄凄别情。

图1-9 商山远景

（二）"商山秦岭愁杀君"——中唐诗人的贬谪别情

中唐时期国势不振，朝政日趋黑暗，政局多变，官员动辄被贬，而南方则是贬逐官员的主要去向。在唐代南方诸道中，岭南道、江南西道、江南东道、山南道尤其荒远偏僻，遂成为处置贬臣的首选之地。[①]商山正是由长安通往岭南、江南、山南等地的交通要道。商山古道上因此出现了更多官员

---

① 尚永亮.唐五代逐臣与贬谪文学研究[M].武汉:武汉大学出版社，2007:50.

文士的足迹，也留下了更多吟咏商山别情的诗歌。而被贬的遭际又使其诗中的别情格外伤感。今存中唐咏及商山诗约44首，大都愁情满怀、抑郁凄苦。

中唐商山诗中充满了浓重的别情愁苦。如孟郊的《商州客舍》："商山风雪壮，游子衣裳单。四望失道路，百忧攒肺肝。"这种浓重的愁苦往往是出于对京城长安的眷恋。又如裴夷直的《上下七盘二首》中，诗人对"皇州"的欢娱、"长安"的风日美景充满眷恋，一旦被迫离开，踏上"万重青嶂合"的商山路，想到再难"重回头"的未来，失意伤感之情油然而生。再如李涉的《再宿武关》诗末以"关门不锁寒溪水，一夜潺湲送客愁"之句写出了自己如寒溪水般绵绵不绝的悲愁心情，这自与其被迫远别"秦城"相关。

而当被贬离京的变故突然来临时，诗人的伤感、失落之情就更为强烈。如白居易的《发商州》诗写自己被贬江陵时仓皇离京，行至商州才稍作停顿，等待妻子家人一同前往贬所的情形。而其《山石榴寄元九》诗中的"商山秦岭愁杀君，山石榴花红夹路"则表现了对挚友元稹被贬离京的由衷同情。另一首《商山路驿桐树昔与微之前后题名处》诗中的感情更为深沉："与君前后多迁谪，五度经过此路隅。笑问中庭老桐树，这回归去免来无？"多次贬谪的经历使诗人频繁途经商山，后两句的自嘲中充满了诗人对宦海沉浮、前途难料的惆怅。白居易多次被贬离京、途经商山所作的系列诗歌，真切地反映了唐代文人在此境遇下的普遍情绪。除悲戚别情之外，商山路上的自然美景也曾深深吸引了白居易。如他的《仙娥峰下作》写商山路上山峰林立，以仙娥峰最为秀美，有参差绿树、白云环绕、清泉紫芝、青崖白石，如同仙境。仙娥峰的清幽秀美多少化解了诗人被贬南行的伤感。

元稹的商山诗也很有特色，其《春蝉》中的诗句"及来商山道，山深气不平"写诗人一朝被贬的不平之感。而《西归绝句十二首》其二又云"五年江上损容颜，今日春风到武关。两纸京书临水读，小桃花树满商山"，连年贬谪使诗人容颜消损，如今一旦可以重回京城，诗人不禁心花怒放，一句"小桃花树满商山"正是诗人心态的形象写照。诗人往来于同一条商山古道，进京与离京时的心情却大不相同，这种大不同也显示了唐代诗人对功业抱负的看重以及面对仕途起伏的心态。正如李涉的《题武关》诗所云："来往悲欢万里心，多从此路计浮沉。"行走在商山古道上的诗人，深切感受着这条迎来送往的驿路上不断上演的仕途浮沉和人生悲喜。中唐商山诗满溢着贬黜文人的悲哀和愁苦，具有较强的感染力。

诗人除了自抒情怀以外，还有不少为即将踏上商山古道的友人、同僚所作的送别诗。如卢纶《送菊潭王明府》"晚凉经灞水，清昼入商山。行境逢花发，弹琴见鹤还"，朱庆馀的《送崔秀才游江陵》"秦野春已尽，商山花正开"等均对商山之行作了诗意化的描写，稍可冲淡离别的伤感。

（三）晚唐商山诗的丰富面貌

晚唐的商山诗数量不减，且具有较为丰富的艺术风貌。晚唐国势衰微，诗人们的功业抱负悄然隐退，钟情自然美景以消解政治失意成为一时风气。商山诗也表现出有异于中唐的新特点。诗人们对商山的自然美景有了更多的关注和更为细致的描写。杜牧的诗堪为代表。如其《商山麻涧》一诗，是杜牧由宣州回长安途中路过商山麻涧时所作。诗中描写了此地优美的景色、淳朴恬静的生活以及村人怡然自得的意态，既充满了诗情画意，也表现了诗人对闲居山野生活的欣羡和自己千里奔波的怅惘。现实生活的失意和大自然的优美景色使诗人在仕隐之间充满了矛盾纠结，其《除官赴阙商山道中绝句》诗云："我来惆怅不自决，欲去欲住终如何？"但关注现实的诗人自有其不能割舍的思乡恋阙之情，一次次的离京远去给诗人平添了背井离乡的离别之苦，其《入商山》诗云："早入商山百里云，蓝溪桥下水声分。流水旧声人旧耳，此回呜咽不堪闻。"王朝衰败、屡次外放、功业无望使雄姿英发的杜牧行走在商山路上也发出了如此凄苦的离别之音。李商隐的《商於新开路》等诗也常在对沿途景色的描写中，流露出内心的期望与抑郁，在一定程度上体现了晚唐文人的心态。

晚唐后期的赵嘏、温庭筠、张乔、韩偓、吴融、韦庄、王贞白、黄滔等人也均有商山诗作。他们的诗中有对古道难行的感慨，如黄滔的《过商山》一诗写商山飞雪、羸马高坡、哀猿绝壁等，表现了诗人心中充溢着无以言说的悲伤凄苦。又如赵嘏的《商山道中》一边赞赏着商山美景，一边滋生着万般愁绪。这种微妙的心境大约是行走商山时独有的了。将这种商山悲情写得最唯美而典型的应该是温庭筠的《商山早行》，诗人通过茅店、鸡声、人迹、板桥、霜、月等经典意象，真切地描绘了初春清晨商山特有的景色，饱含着旅途的孤寂失意和浓浓的乡思无奈之情，遂成为唐代商山古道诗的代表作。

五、骊山与政治诗

骊山，又称"郦山"，是秦岭北麓的一个支脉，远望山势如同一匹骏马，故名骊山。骊山温泉喷涌，风景秀丽，是历代帝王的游乐宝地。相传周幽王在此建骊宫，秦始皇时改为"骊山汤"，汉武帝时扩建为离宫，唐太宗营建宫殿取名"汤泉宫"，唐玄宗再次扩建取名华清宫，因以温泉为特征，又称华清池。骊山因其皇家游览胜地的特殊身份而具有浓郁的政治色彩，留下了不少令后世感叹不已的历史事件。这里既上演过周幽王为博佳人一笑而"烽火戏诸侯"的滑稽剧，又是唐玄宗与杨贵妃最钟爱的游乐赏玩之地。西周王朝的覆灭和唐王朝安史之乱前后的盛衰巨变都与骊山关联密切。郭沫若在《华清池》一诗中以"骊山云树郁苍苍，历尽周秦与汉唐。一脉温汤流日夜，几抔荒冢掩皇王"几句精炼地概括了骊山胜景及其历史地位。唐代是骊山的兴盛期，唐玄宗于天宝六年（747）令匠人扩建离宫，改名华清宫，有楼、台、亭、阁散布于山腰，气势恢宏，景象华美。每年十月，唐明皇携同杨贵妃和朝廷百官到华清宫长住，并在这里处理朝政，使其成为继大明宫、兴庆宫之后的又一政治中心，同时也成为宫廷文学创作中心和李、杨演绎浪漫爱情的所在。白居易的《长恨歌》就以"春寒赐浴华清池，温泉水滑洗凝脂""骊宫高处入青云，仙乐风飘处处闻……渔阳鼙鼓动地来，惊破霓裳羽衣曲"等诗句，描写了骊山见证的唐代最奢华浪漫的爱情故事，也见证了唐王朝由盛转衰过程中的每一个细节，骊山也由此成为中唐以后文人吟咏凭吊的一个热点。唐代咏骊山诗数量较多，今存一百余首，其中最重要的主题是吟咏政治与历史，嗟叹繁华与衰败。

（一）初盛唐骊山应制诗的盛行

初盛唐时期的多位帝王如太宗李世民、高宗李治、中宗李显、玄宗李隆基等喜爱骊山温泉并付诸歌咏，使骊山一度成为政治中心，产生了不少应制诗作，显示出强烈的庙堂色彩。帝王之作中以中宗李显的诗歌最有代表性，其《登骊山高顶寓目》诗以"四郊秦汉国，八水帝王都。闾阎雄里闻，城阙壮规模"几句写出了作者登骊山山顶时所看到的长安城雄伟壮阔的景象，简练而有气势。除中宗外，不少随行的朝廷大臣也纷纷作诗，今存有李峤的《奉和骊山高顶寓目应制》、阎朝隐的《奉和登骊山应制》、刘宪的《奉和圣制登骊山高顶寓目应制》、苏颋的《奉和圣制登骊山高顶寓目应制》和崔湜、张说、武平一、赵彦昭等人的应制诗。此类诗多以镂金错彩之句表达颂圣的主题，缺乏真情实

图1-10 骊山远景

感。其中张说的《奉和圣制登骊山瞩眺应制》写作者在陪帝王巡游骊山时看到的雄壮之景。站在骊山顶上眺望远方，远近美景尽在眼前，"川明分渭水，树暗辨新丰"，视野何等开阔！"岩壑清音暮，天歌起大风"更可见诗人的胸怀与浩气！崔湜的《奉和登骊山高顶寓目应制》也很有特点，诗人以"烟霞肘后发，河塞掌中来"的夸张手法，成功表现出骊山耸立于渭川平原上的壮观景象。

初盛唐帝王对骊山的热衷与温泉有关，也因此留下了不少吟咏骊山温泉的诗歌。如仅张说一人就存有《温汤对雪应制》、《扈从温泉宫献诗》、《宿直温泉羽林献诗》和《奉和圣制温泉言志应制》等多首应制诗，其中《奉和圣制温泉言志应制》一诗以"温谷媚新丰，骊山横半空。汤池薰水殿，翠木暖烟宫"几句对骊山高耸、温泉氤氲的盛景作了生动的描摹。女诗人上官婉儿《驾幸新丰温泉宫献诗三首》其二中的"隐隐骊山云外耸，迢迢御帐日边开"几句和张九龄《奉和圣制温泉歌》诗中的"温谷葱葱佳气色，离宫奕奕叶光辉"等句，均以劲健笔力再现了帝王驾临骊山温泉宫时的显赫阵势，但诗末均未免去应制诗歌功颂德的俗套。

杜甫对帝王前往骊山享受温泉一事的关注角度与上述应制诗人有所不同。杜甫在其纪实长诗《自京赴奉先县咏怀五百字》中对自己途经骊山时所了解到的明皇贵妃的豪奢享乐生活予以悲愤的揭露和嘲讽。诗中写君王、重臣、外戚等最高统治阶层在骊山顶上赐浴宴饮、追欢逐乐、醉生梦死，宴席上有霜橙、香橘、驼蹄羹，悲管、清瑟……这种"朱门酒肉臭"的豪奢生活与山下"路有冻死骨"的残酷现实形成了巨大的反差，令杜甫痛心不已，发出了"荣枯咫尺异，惆怅难再述"的悲叹。这种巨大的贫富差距在玄宗后期早已出现，骊山顶上皇室极度的奢华享乐则将这种差距演绎得更加极端，令人触目惊心，使一向忠君爱民的杜甫忍不住写诗揭露！此刻的骊山享乐既是唐王朝盛世末期的一个表现，更是其由盛而衰、大难将至的原因和前奏。杜甫以其特有的敏锐感受到并艺术再现了这一点，成为唐代骊山诗中最有感染力也最为深刻的一篇，也启发了中唐以后现实主义诗人们对骊山华清宫与李杨二人的持续反思。

（二）中晚唐骊山诗的反思主题

饱受安史之乱苦难的中唐诗人上承杜甫，对骊山与李杨二人之事持续反思，其骊山诗中抒发的感情更为复杂，既有对骊山所代表的玄宗盛世的眷恋怀想，又有反思抨击，也不乏盛衰之慨。如李涉的《题温泉》诗对开元盛世时期的明君贤臣并集一时充满了艳羡和感慨："能使时平四十春，开元圣主得贤臣。当时姚宋并燕许，尽是骊山从驾人。"诗人笔下的骊山显然是玄宗和大唐盛世的一个象征。在玄宗宫廷中担任过"三卫郎"的诗人韦应物，在其《骊山行》一诗中对亲身经历过的开元盛世以及玄宗当年驾幸骊山的盛况予以酣畅淋漓的描绘渲染，安史之乱后社会的衰败使诗人记忆中的盛世景况尤其绚烂夺目。抚今追昔之际，诗人的盛衰之慨也油然而生，干戈骤起、人世沧桑，圣皇与骊山、宫殿均已时过境迁，徒留后人嗟叹："凭高览古嗟寰宇，造化茫茫思悠哉！"中唐后期的白居易以讽喻诗著称，其《骊宫高—美天子重惜人之财力也》一诗对玄宗驾幸骊山华清宫的巨额花费、劳民伤财等奢华行为予以大胆的揭露。

　　晚唐诗人对骊山的反思仍在继续，对李隆基、杨玉环的功过是非评价态度则更为鲜明。如李商隐的《骊山有感》冷峻地揭露了杨贵妃骄奢淫逸的生活，讽刺了发生在骊山华清宫里唐玄宗父纳子媳的丑行。张祜的《华清宫四首》其一则描写了华清宫的凄清冷寂，弥漫着今非昔比的悲凉。还有赵嘏的《冷日过骊山》诗以"霓裳一曲千门锁，白尽梨园弟子头"之句抒发了诗人经过骊山时看到的凄凉景象所触发的对李杨事迹的无尽感慨。除了对李杨故事予以反思，晚唐诗人还对与骊山有关的周幽王烽火戏诸侯及褒姒一笑亡国的历史予以讽刺。如胡曾的《咏史诗·褒城》一诗表达了传统文人普遍持有的红颜祸水论。无论这种观点是否客观公正，周幽王褒姒与烽火台、李隆基杨玉环与华清宫的异代组合，终使骊山在其身为秦岭山脉的自然属性之外，又成为历代文人登高怀古、凭吊兴亡、感叹盛衰的历史名山。

第三节 宋（金）元明清秦岭诗歌

宋（金）元明清时期，上承唐代，文人墨客咏秦岭亦代不乏人，其中颇多大家和名家。宋人如王禹偁、梅尧臣、张舜民、苏轼、陆游、苏舜钦、汪元量等；金人如元好问、王渥、鲜于必仁、吴激、赵秉文、张中孚、丘处机等；元人如虞集、刘敏中、王士熙、张养浩等；明人如刘基、高启、宋濂、李梦阳、王九思、康海、何景明、杨慎、袁宏道等；清代则更有清初两大遗民诗人屈大均、顾炎武，顺治时人称"南施北宋"的施闰章、宋琬，清中期的王士禛、袁枚、李渔、胡天游、洪亮吉、李柏、李因笃，清后期的曾国藩、张之洞、魏源、谭嗣同等。从作品质量看，也可称佳作如林。下面分而论之。

一、宋代南山、商山、骊山、华山诗

宋人咏秦岭诗歌，"秦岭"乃广义之说。具体而言，则大体可分为宋人咏南山诗、宋人咏商山诗、宋人咏骊山诗、宋人咏华山诗等。下面先看宋人咏南山诗。

所谓南山，一称终南山，即狭义上的秦岭。北宋韩琦有《山楼》诗云："西北高楼上，南山日面栏。势笼秦地胜，阴落渭波寒。带雨新屏活，穿云古道难。仙扃如可造，便拟挂朝冠。"韩琦为北宋大臣，宝元三年（1040）出任陕西安抚使，与范仲淹共同防御西夏，时人称为"韩范"。此诗即当为其仕陕期间所作。诗人日日"面栏"南山的美景，不由得发出赞叹。"带雨新屏活"一联，不仅对仗工稳，且比喻新奇。苏轼有《壬寅重九不预会独游普门寺僧阁有怀子由》诗云："花开酒美盍言归，来看南山冷翠微。忆弟泪如云不散，望乡心与雁南飞。明年纵健人应老，昨日追欢意正违。不问秋风强吹帽，秦人不笑楚人讥。"此为苏轼早年为官陕西时怀其兄弟子由所作。

韩维《送李寺丞宰蓝田李久闲居》诗云："君诚岩壑徒，出宰亦山县。尚喜终南峰，苍翠不去眼。春风吹征车，千里渡灞浐。到日胜事繁，花光老秦甸。"文同《兴平原上赤热因寄永寿同年》诗云："日午终南翠色燃，满襟飞土下秦川。是时独想君高尚，正在山亭弄野泉。"皆清隽可诵。又陆游《南郑马上作》诗云："南郑春残信马行，通都气象尚峥嵘。迷空游絮凭陵去，曳线飞鸢跋扈鸣。落日断云唐阙废，淡烟芳草汉坛平。犹嫌未豁胸中气，目断南山天际横。"此为陆游"四十从戎驻南郑"时所作。由于汉中南郑地处抗金前线，受紧张、豪宕的军营生活的激发，陆游先后创作的一大批咏南山诗都与抗金有关。其七绝《追忆征西幕中旧事》云："小猎南山雪未消，绣旗斜卷玉骢骄。不如意事常千万，空想先锋宿渭桥。"七古名篇《金错刀行》云：

> 黄金错刀白玉装，夜穿窗扉出光芒。
> 丈夫五十功未立，提刀独立顾八荒。
> 京华结客尽奇士，意气相期共生死。
> 千年史册耻无名，一片丹心报天子。
> 尔来从军天汉滨，南山晓雪玉璘珣。
> 呜呼，楚虽三户能亡秦，岂有堂堂中国空无人。

其他还有《观长安城图》《闻虏乱有感》《书愤》《客自凤州来言岐雍间事怅然有感》《感旧》《三月二十七日夜醉中作》等。

此外，如王禹偁的《酬种放徵君一百韵》《谪居感事》，张舜民的《京兆安汾叟赴辟临洮幕府南舒李君自画阳关图》，宋祁的《长安道路中怅然作》，孙仅的《赠种徵君收》，卢岳和吕端的同题《送英公大师归终南》，苏舜钦的《宿终南山下百塔院》，汪元量的《终南山馆》等诗作，其中亦咏及南山。而汪元量的《秦岭》与文同的《和张屯田秋晚灵峰东阁闲望》等诗作，直咏"秦岭"，亦可归入宋人咏南山诗一类。

再看宋人咏商山诗。从地貌看，商山已属秦岭南麓。但由于"商山四皓"之典，商山历来是文人吟咏的题材。如汪元量《商山庙》："塞柏枯松枕庙门，独瞻遗像酹清尊。紫芝奕奕浮香气，碧草纤纤没烧痕。羽翼已成犹有说，腹心相视更何言。高歌一曲归来隐，静看山禽哺子孙。"范浚《遣兴五首》："商山园绮徒，雪发映松露。山间谓终老，不踏市朝路。一朝前星匮，羽翼起调护。婆娑古衣冠，笑定国储副。留侯计偶尔，谒遽动贞素。因知古今士，出处自冥数。功名苟不免，四老犹一助。"释宗印《题佛刹》："七十劳生西复东，乡关在望念飘蓬。大辽半岁九分尽，全晋一年千里空。周召已亡无善政，蔡童虽死有余风。华阴乞食商山去，岩谷幽寻四老翁。"又王禹偁《初到商州馆于妙高禅院佛屋壁上见草圣数行读》云：

图1-11 王禹偁画像

  应制诗篇对玉除，是谁传写到商於。
  昔从蘘荚阶前作，今向莲花座畔书。
  商岭未甘随绮季，汉庭曾忝用相如。
  山僧莫怪频垂泪，乍别承明旧直庐。

此诗为王禹偁早年被贬谪至商州任副使时所作。其带有贬谪色彩的咏商山诗，还有《自嘲》《乌啄疮驴诗》《南郊大礼诗》《山僧雨中送牡丹》《酬种放徵君一百韵》《遣兴》《仲咸就嘉郡印，因以四韵为贺且有以勉之》等。然而王禹偁咏商山诗中亦有诗风明快者，小诗如《初入山闻提壶鸟》云：

  迁客由来长合醉，不烦幽鸟道提壶。
  商州未是无人境，一路山村有酒沽。

七律如《寒食》云：

  今年寒食在商山，山里风光亦可怜。

> 稚子就花拈蛱蝶，人家依树系秋千。
> 郊原晓绿初经雨，巷陌春阴乍禁烟。
> 副使官闲莫惆怅，酒钱犹有撰碑钱。

此为王禹偁诗中之名篇，写商州寒食、清明时节景象，明丽如画。又七律《登郡南楼望山感而有作》云：

> 西接蓝田东武关，有唐名郡数商颜。
> 二千石尽非吾道，一百年来负此山。
> 重叠晓岚新雨后，参差春雪夕阳间。
> 唯供迁客风骚兴，醉望吟看不暂闲。

此诗咏物言情亦佳。

再看宋人咏骊山诗。因李杨及安史之乱事，宋人咏骊山多为咏史怀古之作。如有研究者认为，怀古诗多因景生情，抚迹寄慨，所抒者多为今昔盛衰、人事沧桑之慨。而咏史诗多因事兴感，抚事寄慨，所寓者多为对历史人事的见解态度或历史鉴戒。但事实上有时这两者会交叉，很难区分。如苏轼《骊山三绝句》云：

> 功成惟欲善持盈，可叹前王恃太平。
> 辛苦骊山山下土，阿房才废又华清。

> 几变雕墙几变灰，举烽指鹿事悠哉。
> 上皇不念前车戒，却怨骊山是祸胎。

> 海中方士觅三山，万古明知去不还。
> 咫尺秦陵是商鉴，朝元何必苦跻攀。

又张俞《游骊山二首》云："金玉楼台插碧空，笙歌递响入天风。当时国色并春色，尽在君王顾盼中。"朱光庭《华清偶成》云："骊山秀色古今同，尽入诗人感慨中。只徇霓裳一曲乐，不知天下乐无穷。"

吴雍《登骊山阁留诗》云："山头羯鼓奏霓裳，断送君王入醉乡。凭阁无言念兴废，孤烟犹起秦陵旁。"杨正伦《华清宫》云："休罪明皇与贵妃，大都衰盛两相随。惟怜一派温泉水，不逐人心冷暖移。"

此外，李鹰的《骊山歌》、梅尧臣的《陆子履示秦篆宝》、沈括的《开元乐》、苏轼的《华清引》、楼钥的《又题杨妃上马图》、杜常的《题华清宫》、陈规的《过骊山》、陆游的《石首县雨中系舟，戏作短歌》、李清照的《浯溪中兴颂诗和张文潜》等诗作，及李冠的《六州歌头·骊山》、李纲的《雨霖铃》、谢枋得的《风流子·骊山词》等词作，也咏及骊山。

再看宋人咏华山诗。华山属秦岭东段，一称太华山，为"五岳"之一。宋人潘良《过华山》诗云："高爱三峰插太虚，昂头吟望倒骑驴。旁人大笑从他笑，终拟移家向此居。"有隐居思想。鲁交《游华山张超谷》诗云："太华锁深谷，我来真景分。有苗皆是药，无石不生云。急瀑和烟泻，清猿带雨闻。幽栖为忍别，峰半日将曛。"诗风清幽。

又陆游《赵将军并序》诗云：

> 我梦游太华，云开千仞青。
> 擘山泻黄河，万古仰巨灵。
> 往者祸乱初，氛祲干太宁。
> 岂无卧云龙，一起奔风霆。
> 时事方错谬，三秦尽膻腥。
> 山河销王气，原野失大刑。
> 将军散发去，短剑厲茯苓。
> 定知三峰上，烂醉今未醒。

汪元量《太华峰》诗云：

> 华山山木乱纷纷，铁锁垂垂袅袅猿。
> 石齿齿前光烁烁，壁岩岩后势奔奔。
> 奇奇怪怪云根茸，郁郁葱葱雾气昏。
> 上上上头仍上上，最高高处有乾坤。

两诗都描绘了华山的奇险。

二、宋词中的长安古道意象与感伤情怀

唐王维《送元二使安西》诗云："渭城朝雨浥轻尘，客舍青青柳色新。劝君更进一杯酒，西出阳关无故人。"在宋代咏长安词中，"长安古道"亦成为送别行人、凭吊古迹的专门意象，充满感伤情怀。

先看北宋著名词人周邦彦咏长安道路之作《西河》：

长安道，潇洒西风时起。尘埃车马晚游行，霸陵烟水。乱鸦栖鸟夕阳中，参差霜树相倚。 到此际，愁如苇，冷落关河千里。追思唐汉昔繁华，断碑残记。未央宫阙已成灰，终南依旧浓翠。 对此景、无限愁思。绕天涯、秋蟾如水。转使客情如醉。想当时、万古雄名，尽作往来人、凄凉事。

此词分三片，六七六句式，用仄韵。上片以"长安道"提起，连用"西风""霸陵烟水""乱鸦夕阳""霜树相倚"等萧瑟意象，描写词人在长安古道上之所见。中片追思汉唐繁华，断碑残刻，抒发出"未央宫阙已成灰，终南依旧浓翠"的感慨。下片则感叹"万古雄名，尽作往来人"的历史兴亡，由此生出无限愁思，转使"客情如醉"。全词结构谨严，状物工切，抒情感人。

再看郑仅的《调笑转踏》①十二首其九云：

金翘斜鬈淡梳妆。绰约天葩自在芳。几番欲奏阳关曲，泪湿春风眼尾长。落花飞絮青门道。浓愁不散连芳草。骖鸾乘鹤上蓬莱，应笑行云空梦悄。

梦悄。翠屏晓。帐里薰炉残蜡照。赏心乐事能多少。忍听阳关声调。明朝门外长安道。怅望王孙芳草。

这是一首送别词。"几番欲奏阳关曲"一句，引王维《送元二使安西》诗意。而"落花飞絮""长安道""王孙芳草"等意象，更渲染出送别行人的离愁别绪。

柳永《少年游》②一词：

长安古道马迟迟，高柳乱蝉嘶。夕阳鸟外，秋风原上，目断四天垂。归云一去无踪迹，何处是前期？狎兴生疏，酒徒萧索，不似少年时。

此实为词人自况。词中"长安古道""夕阳鸟外""秋风原上"的肃杀意象，烘托出作者的凄凉心境。归云无踪，韶华难留，形单影只，词人欲再作少年欢游，岂可得乎？

再看美奴《卜算子》一词。此词牌为双调仄韵。其词云：

送我出东门，作别长安道。两岸垂杨锁暮烟，正是秋光老。一曲古阳关，莫惜金尊倒。君向潇湘我向秦，鱼雁何时到。

---

① 《调笑令》，词牌名，单调仄韵。分两体，一体为三十八字，词前有七言古诗八句，并以诗末最后二字为词首二字，用于北宋"转踏"中。
② 《少年游》，词牌名，又名《玉腊梅枝》等。双调五十字至五十二字，平韵。

作者由友人相送，作别于长安驿道。"垂杨暮烟"的意象，营造出秋光正老的意境；"阳关古曲"的弹奏，逗引出金樽频倒的别情。"君向潇湘我向秦"一句，乃用晚唐人郑谷诗之典故。郑谷的诗写道："扬子江头杨柳春，杨花愁杀渡江人。数声风笛离亭晚，君向潇湘我向秦。"（《淮上与友人别》）词人与友人分手，各往西东，更不知谁复送谁！两人行踪皆无定，鱼雁传书，又何时能送达呢？词中充满感伤的情怀。

三、金代秦岭诗词整体考察

金人咏秦岭诗歌，大致可分为金人咏南山诗（包括咏狭义上的秦岭）、金人咏骊山诗、金人咏华山诗、金人咏商山诗等。此外，金词中也有一些咏秦岭的佳作。下面先看金人咏南山诗。

元好问，金代著名文学家。字裕之，号遗山，在金、元之际文坛颇负重望。其作品中有不少咏及秦岭。如《送登封张令西上》云："罢县人称屈，悠悠复此行。渭城秋雁到，秦岭暮云平。道路衣从典，风尘剑已鸣。山西多侠客，莫说是书生。"《送周帅梦卿之关中二首（其二）》云："风华漠漠水迢迢，长记金鞍入灞桥。须鬓而今满霜雪，羽毛此日是云霄。火余函谷青犹峙，春动长陵紫未消。射虎南山付公等，可能仙掌不相招。"

又如王渥《览秀轩》诗云：

秋风几日摇霜樾，秋色南山两奇绝。
野人窗户终日开，要看千秋秦岭雪。
层崖深谷相吐吞，落日白鹿东南奔。
野花双塔古兰若，楼观缥缈烟霞昏。
玉山生玉人不识，草木四时空好色。
辋川旧与蓝桥通，细水至今流石室。
一川黄叶长安秋，望望不见令人愁。
书生不是济时具，收得闲身成此游。
主人开筵留客醉，山雨多情湿征袂。
明朝骑马上七盘，回首山家但空翠。

这是一首七古长篇，内咏"秋色南山两奇绝"之景色，状物生动，风格明快，音韵流走，是金人咏南山诗中的一首佳作。

师拓的歌行体《浩歌行送济夫之秦行视田园》之前半咏及南山：

> 霜敛野草白，气肃天宇清。
> 开尊酌远客，饯此秦关行。
> 秦关杳杳愁西顾，千里苍茫但烟树。
> 子今行辔按秋风，想见秦关雄胜处。
> 河流汹涌昆仑来，莲峰秀拔青云开。
> 终南南走络巴蜀，五陵北望令人哀。

亦可一读。此外，金人咏南山诗尚有吴激七律《长安怀古》：

> 佳气犹能想郁葱，云间双阙峙苍龙。
> 春风十里霸陵树，晓月一声长乐钟。
> 小苑花开红漠漠，曲江波涨碧溶溶。
> 眼前叠嶂青如画，借问南山共几峰？

该诗对仗工稳，尾联以疑问作结，赞终南青青如画，颇有诗味。

再看金人咏骊山诗。刁白五律《渭水》云：

> 渭水秋天白，骊山晚照红。
> 行人迷古道，老马识新丰。
> 霜雪满归鬓，乾坤犹转蓬。
> 愁来成独酌，醉袖障西风。

"骊山晚照"作为"关中八景"① 之一，乃清人始提出，此诗中则已有"骊山晚照红"之描写。然而，金人咏骊山诗中更多是咏史。史学，字学优，延安人，有《七夕》诗。诗云：

> 箱牛回驭锦机闲，天上悲欢亦梦间。
> 月夜并肩人不见，萧萧风叶满骊山。

咏唐玄宗与杨贵妃当年七夕"密誓同心"之事，实即唐人李商隐《马嵬》中"此日六军同驻马，当时七夕笑牵牛"诗意。陈规《过骊山》云：

---

① 关中八景，即关中地区的八处著名风景胜地。西安碑林中藏有一块以诗画形式介绍长安八景的碑石，刻于清康熙十九年(1680)，撰者朱集义，距今已有三百多年的历史。碑面书、画、诗为一体，分十六格，一景一画，八景分别为"华岳仙掌、骊山晚照、灞柳风雪、曲江流饮、雁塔晨钟、咸阳古渡、草堂烟雾、太白积雪"。

丰镐无由问故基，三章止见《黍离》诗①。
而今多少华清石，都与行人刻艳词。

从西周文王、武王所建之丰、镐二都荡然无存，徒有《诗经》中《黍离》之悲发咏，感慨骊山华清宫亦杳然无踪，仅剩基石供行人刻制艳词。又冯延登《华清故宫》云：

宠贵羊羔退曲江，华清雾阁对云窗。
层峦未了霓裳舞，迁客俄惊羯鼓腔。
檐除疏星疑晓镜，天边晴树认高幢。
游人尚喜风流在，白石涵波皂荚双。

这首诗讽刺唐玄宗宠信杨贵妃和高力士，罢黜张九龄（曲江）贤相事，感叹"层峦未了霓裳舞，迁客俄惊羯鼓腔"之一朝覆亡。

再看金人咏华山诗。赵秉文《游华山寄元裕之》云：

我从秦川来，遍历终南游。
暮行华阴道，清快明双眸。
东风一夜横作恶，尘埃咫尺迷岩幽。
山神戏人亦薄相，一杯未尽阴霾收。
但见两崖巨壁插剑戟，流泉夹道鸣琳璆。
希夷石室绿萝合，金仙鹤驾空悠悠。
石门划断一峰出，婆娑石上为迟留，
上方可望不可到，崖倾路绝令人愁。
十盘九折羊角上，青柯坪上得少休。
三峰壁立五千仞，其下无址旁无俦。
巨灵仙掌在霄汉，银河飞下青云头。
或云奇胜在高顶，脚力未易供冥搜。
苍龙岭瘦苔藓滑，嵌空石磴谁雕镂。
每怜风自四山而下不见底，惟闻松声万壑寒飕飕。
扪参历井到绝顶，下视尘世区中囚。
酒酣苍茫瞰无际，块视五岳芥九州。

---

① 《诗经·王风·黍离》三章，其内云"彼黍离离，彼稷之苗"，抒发东周初洛阳一带流浪者之悲。

南望汉中山，碧玉簪乱抽。
况复秦宫与汉阙，飘然聚散风中沤。
上有明星、玉女之洞天，二十八宿环且周。
又有千岁之玉莲，花开十丈藕如舟。
五鬣不朽之长松，流膏入地盘蛟虬。
采根食实可羽化，方瞳绿发三千秋。
时闻笙箫明月夜，芝軿羽盖来瀛洲。
乾坤不老青山色，日月万古无停辀。
君且为我挽回六龙辔，我亦为君倒却黄河流。
终期汗漫游八极，乘风更觅元丹丘。

赵秉文为金文学家，字周臣，号闲闲老人。官至礼部尚书。能诗文，诗歌多写自然景物。这一长篇七古，是作者在游华山后纪行寄给元好问（裕之）的。诗中逐一描写了其游华山的实景，堪称全景式的描绘，且气势流走，是金代诗人咏华山的一首佳作。金人咏华山的作品，还有冯璧《阴晦中忽见华山》、赵秉文《华山》等。

再看金人咏商山诗。金人咏商山诗不多，仅有王渥《游蓝田》一首，但仍值得一提。诗云：

甲申之秋月建戌，我行商岭正落木。
山英似与行子期，拨雾披云到山腹。
古潭千丈照锦峰，下有蛰龙上栖鹄。
高风吹雪已多时，熊耳双尖寒欲缩。
新乘一水出龙涡，惊见千峰遮木槲。
南山秀拔北山雄，剑戟森然对群玉。
岖岖直过蓝田西，始见商山真面目。
悟真峡口忽中断，天来修眉画浓绿。
此峡何年得此名，曾有金仙构华屋。
西崖石室悬细水，万斛琼珠输辋谷。
行人尚说有七盘，瘦马已愁疲百曲。
风门放眼望秦川，扰扰更嗟尘界蹐。
去年游骑度葭芦，万里横行如鬼速。
灞陵原上马饮血，太华峰下虎择肉。

> 今年九月末防秋，始见登场有新谷。
> 一鞭暮指古招提，疏雨有情留客宿。
> 主人闻客喜相接，樽酒笑谈如昔凤。
> 蹇予懒散本性真，临水登山此生足。
> 一行作吏志益违，十载从军双鬓秃。
> 官家后日铸五兵，便拟买牛耕白鹿。

诗中详细描述了诗人商山之行的景况。

在金人词作中，也有一些咏秦岭的佳作，颇值得注意。先看张中孚的《蓦山溪》：

山河百二，自古关中好。壮岁喜功名，拥征鞍、雕袭绣帽。时移事改，萍梗落江湖，听楚语，厌蛮歌，往事知多少。　苍颜白发，故里欣重到。老马省曾行，也频嘶、冷烟残照。终南山色，不改旧时青，长安道，一回来，须信一回老。

《蓦山溪》为词牌名。又名《上阳春》，双调八十二字，仄韵。关中为词人故里，此则是一首游子还乡之佳作。上片先以关中"百二山河"起兴，回顾旧岁求取功名，流落江湖，往事悠悠。下片写苍颜白发，重返故里，唯有终南山色不改旧时青翠，遂使词人有物是人非之叹，余味不绝。

再看元好问的《木兰花慢·孟津官舍》：

流年春梦过，记书剑，入西州。对得意江山，十千沽酒，著处欢游。兴亡事，天也老，尽消沉、不尽古今愁。落日霸陵原上，野烟凝碧池头。　风声习气想风流。终拟觅蒐裘。待射虎南山，短衣匹马，腾踏清秋。黄尘道，何时了，料故人、应也怪迟留。只问寒沙过雁，几番王粲登楼。

《木兰花慢》为词牌名，双调一百零一字，平韵。此为词人在河南孟津官舍的一首怀旧之作。作者回忆当年书剑入秦，得意江山，著处欢游。落日霸陵原上，野烟凝碧池头，俱留下作者的风流足迹。而射虎南山，腾踏清秋，更印证着作者在关中的潇洒。如今年纪老大，事业无成，淹留他乡，终使作者几番发出"王粲登楼"之叹。又如丘处机的《凤栖梧·述怀》：

西转金乌朝白帝。东望银蟾，皓色笼青桂。渐扣南华排菊会。满斟北海醺醺醉。　醉卧终南山色翠。山色清高，夜色无云蔽。一鸟不鸣风又细。月明如昼天如水。

《凤栖梧》为词牌名，又名《蝶恋花》，双调六十字，仄韵。此为作者述怀之作，词风清丽，写景明快。尤其是状终南山之夜景，月明如昼，天光似水，山色清高，风细鸟静，境界十分清幽。此外，金词中咏秦岭之作还有谭处端《南柯子》《减字木兰花》、丘处机《青莲池上客·幽栖》、元好问《朝中措》等。

四、元代秦岭诗词观照

元人咏秦岭诗歌，大致可分为元人咏南山诗、元人咏骊山诗、元人咏华山诗等。此外，元词中也有一些分咏南山、骊山、太白山及华山之作。下面先看元人咏南山诗。

虞集，字伯生，人称邵庵先生。文宗时官至奎章阁侍书学士。诗文在当时号为大家。其《题南野亭》诗云："门外烟尘接帝扃，坐中春色自幽亭。云横北极知天近，日转东华觉地灵。前涧鱼游留客钓，上林莺啭把杯听。莫嗟韦曲花无赖，留擅终南雨后青。"此为诗人长安游历之作。诗中描写长安景色，中间二联对仗工稳，尾联极写韦曲花美和终南青翠。

雅琥《送赵宗吉编修代祀西岳》诗云：

> 北上函香去，西南致礼勤。
> 蜀山千丈雪，秦岭万重云。
> 驿骑鸣金勒，宫袍粲锦文。
> 白头抱关吏，自羡识终军。

此为作者送赵宗吉代朝廷祭祀西岳所作，咏及秦岭。

再看卢挚的《寄萧征君惟斗》五古。卢挚，元文学家，字处道，号疏斋，官至翰林学士承旨。诗文与刘因、姚燧齐名，世称"刘卢""姚卢"。其诗云：

> 秦中幽胜地，乃在终南山。
> 磐石负磊磊，清泉散潺潺。
> 侃侃古君子，亹亹泉石间。
> 图史纷座隅，衡门昼长关。
> 种菊飱落英，袭芳佩秋兰。
> 道腴德充符，怡然有余欢。
> 鸣鹤时一来，似爱孤云闲。
> 孤云不能飞，鸣鹤遂空还。
> 湱湱桃李艳，郁郁松柏寒。

> 羲和驶春晖，岁晏霜露繁。
> 感物有深儆，怀哉邈难攀。

所谓征君，即曾经朝廷征聘而不肯受职的隐士。此诗中歌颂隐士萧惟斗的高洁，写其幽居终南，磊磊磐石，潺潺清泉，侃侃君子，亹亹泉石，可谓人境合一。

李裕的《褒城①道中》和魏起潜的《蓝关》，一咏秦岭南麓，一咏秦岭北麓，亦可纳入元人咏南山的范畴。李裕《褒城道中》诗云：

> 褒斜通蜀汉，百折拥冈峦。
> 崖际戍楼出，山腰栈道盘。
> 霜林万叶尽，茅屋几家残。
> 少憩溪头石，猿啼落日寒。

褒斜为道路名，因取道褒水、斜水两河谷而得名，是往来秦岭南北重要通道之一。此诗描绘了诗人行进于褒斜道中所看到的景象。

魏起潜《蓝关》诗云：

> 忧国孤臣两鬓斑，马蹄踏雪度蓝关。
> 八千南去朝阳路，百二西离陕右山。
> 关下无人投佛骨，袖中有表犯天颜。
> 岁寒思义难磨灭，生意还从瘴海边。

诗中所咏蓝关，即秦岭北麓蓝田县之蓝田关。诗取唐韩愈《左迁至蓝关示侄孙湘》诗意而发咏，属于一首怀古之作。

再看元人咏骊山诗。廉普逵七古《华清》云：

> 华清宫里温泉清，诗人闻此来濯缨。
> 缨尘濯去总飒爽，但觉两腋清风生。
> 振衣飞上骊山顶，感慨兴亡忽耿耿。
> 山上烽火欲一笑，山下鉴池事游奔。

---

① 褒城为旧县名，1958年撤销，并入今汉中勉县。

火燃水沸不可收，干戈动地血漂流。
至今此池洗二妇，温泉不洗当时羞。

此诗咏华清池，却将周幽王宠褒姒事与唐玄宗宠杨玉环事合咏，颇与众不同。"山上烽火欲一笑，山下凿池事游奔"一联，将幽王与玄宗之荒唐行径形成强烈对映，终致"火燃水沸不可收，干戈动地血漂流"的恶果，使老百姓陷入水深火热之中。尾联"至今此池洗二妇"一句，乃作者想象之词。实际上唐贞观十八年（644）始建汤泉宫，高宗咸亨二年（671）改名温泉宫，玄宗天宝六载（747）再行扩建并改名华清宫，以后又名华清池。故褒姒洗温泉一事史实无据。作者由温泉难洗当时"二妇"曾濯之羞生发，揭露出当年"二君"荒淫无道之可耻。

张昱七古《五王行春图》诗云：
开元天子达四聪，羽旄管籥行相从。
当时从驾骊山者，宰相犹是璟与崇。
华萼楼中云气里，兄弟同眠复同起。
玉环一旦入深宫，大枕长衾冷如水。
兴庆池头花树边，梨园小部俱婵娟。
杨家姊妹夜游处，银烛万条生紫烟。
宁知乐极哀方始，羯鼓未终鼙鼓起。
褒斜西幸雨淋铃，回首长安几千里。

此为题画诗，又实为咏史诗。史载唐玄宗在位初曾励精图治，又兄弟友爱，在兴庆宫筑花萼相辉楼，与兄弟诸王同枕共眠，此即咏其事。"宁知乐极哀方始，羯鼓未终鼙鼓起"一联，深寓鉴戒之意。

又王士熙七律《骊山宫图》：
翠岭含烟晓仗催，五家车骑入朝来。
千峰云散歌楼合，十月霜晴浴殿开。
烽火高台留草树，荔支长路入尘埃。
月中人去青山在，始信昆明有劫灰。

此亦为题画诗，同是咏史诗。"五家车骑入朝来"一句，写杨贵妃"姊妹兄弟皆列士"、一门受宠的事实。而尾联"始信昆明有劫灰"一句，与唐韩偓《乱后春日途经野塘》中诗句同，却从汉武帝穿昆明池底得劫灰之典出发，推出统治者治国须勤政戒奢的新意。

元末明初人孙蕡所作七古长篇《骊山老妓行（补唐天宝遗事，戏效白乐天作）》，尤值得注意。此为效白居易《琵琶行》之作，但又有所不同。白居易作《琵琶行》，是诗人左迁九江司马时，为原长安倡女所作，抒发"同是天涯沦落人，相逢何必曾相识"之感。孙蕡作《骊山老妓行》，则是诗人为"补唐天宝之遗事"，志在咏唐史也！其内"骊山老妓"有云：

　　忆昔开元正太平，儿家生长在天京。
　　十三学舞曾惊座，十四搊筝能擅名。
　　玉貌羞花长窈窕，宫腰怯柳更轻盈。
　　春寒不离鸳鸯枕，日晏方开孔雀屏。
　　五陵年少秦川客，争爱儿家好颜色。
　　殢雨尤云最恼人，追欢买笑宁论直。
　　声名每出流辈上，风致独觉旁人惜。
　　承恩况得登掖庭，宛转随龙侍君侧。
　　海晏河清久息兵，四夷宾贡尽充庭。
　　炎方已见来丹荔，交趾还闻进雪鹦。
　　耀日香车连紫陌，飞云画栋列朱甍。
　　空濛一片笙歌海，浩荡三春锦绣城。
　　骊山山上多楼阁，万户千门通碧落。
　　大驾深居在九重，四时多暇惟行乐。
　　已营连昌胜结绮，复起芳凤齐花萼。
　　壶飞玉女递更筹，舟戏金龙动鳞角。
　　侍臣传敕选娇容，特许儿家步辇从。
　　宫扇影移花雨外，山呼声沸锦云中。
　　千株火树争明月，万炬金莲斗彩虹。
　　《子夜》歌词翻《白雪》，《霓裳》舞队散旋风。
　　歌停舞歇徘徊久，银筝独进纤纤手。
　　明眸丽质一当前，含颦美人俱在后。
　　数声清响动弦索，八面凉风生户牖。
　　艳曲新裁萼绿华，中官催赐葡萄酒。
　　年年秋月复春花，多在宫中少在家。

然而好景不常，物换星移，随着安史之乱的爆发，骊山唐姬的命运发生了翻天覆地的变化：

韶光忽逐流年转，野鹿衔花上林苑。
铁骑东来凤阙空，金根西狩蛾眉远。
上方无复听宣召，新籍宁辞避差遣。
约臂金环雨雪宽，凌波锦袜风埃寒。
星移物换得无情，复向骊山悄地行。
紫禁无人芳草合，瑶阶雨过绿苔生。
歌台索寞花千树，舞榭苍凉月半棂。
绣阁秋阴连琐闼，铜仙清泪落金茎。
高梧陨翠莲飘玉，太乙勾陈看不足。
百子楼寒雾影昏，长生殿古烟光绿。
宫墙瓦落见蒿莱，辇路尘生走麋鹿。
舞马雕床恼梦思，花奴羯鼓惊心目。
故宅新人作宴游，内家红锦列缠头。
珠帘绣柱俄成梦，凤管龙笙总是愁。
旧曲闻来眉自敛，盛年说着口应羞。
飞蓬短鬓难禁白，老屋疏茅不奈秋。

"骊山老妓"一生的盛衰际遇，也折射出唐由盛而衰的过程。《琵琶行》共44联计616字，《骊山老妓行》字数竟逾其一倍，达88联计1232字。

元人咏华山诗数量甚少，仅见刘因七绝《华山图》一首。此外，元词中尚有一些咏南山、太白、骊山之作。先看元词咏南山之作。刘敏中《乌夜啼·闲适》云：

日长谁伴中庵。太初岩。静扫闲庭，独自看晴岚。 岚翠滴。云影湿。雨声酣。欲借昌黎老笔，赋终南。

《乌夜啼》是词牌名，又名《相见欢》《秋夜月》《上西楼》等，双调三十六字，上阕平韵，下阕两仄韵两平韵。此词吟咏作者隐居终南山下的闲适心情。上阕状人，扫闲庭，观晴岚，与山伴。下阕绘景，岚翠滴，云影湿，雨声酣。兴之所至，作者不禁想借韩愈之老笔①，赋写南山之美景。

廉希宪《水调歌头·读书岩》云：

---

① 此当指韩愈那首长达一百零二韵的《南山》诗，写南山穷形尽相。

杜陵佳丽地，千古尽英游。云烟去天尺五，绣阁倚朱楼。碧草荒岩五亩，翠霭丹崖百尺，宇宙为吾留。读书名始起，万古入冥搜。　凤池崇，金谷树，一浮鸥。彭殇尔能何许，也欲接余眸。唤起终南灵与，商略昔时名物，谁劣复谁优。白鹿庐山梦，颉颃天地秋。

《水调歌头》是词牌名，双调九十五字，平韵。此词题为《读书岩》，当为词人隐居读书所作。从作品内容看，词人隐居在"城南韦杜，离天尺五"的长安之地。绣阁朱楼，丹崖翠霭，白鹿入梦，与朱子游，意境可谓清幽。更兼唤起终南灵与，与神人一起论名物之优劣，这是何等畅快！

又如魏初的《木兰花慢·为姜提刑寿》：

记当年分陕，拥飞盖、入长安。把渭北终南，秦宫汉阙，都入凭栏。追随大浑几日，又嘉陵山色上征鞍。杨柳离亭痛饮，梅花乐府新翻。　一封丹诏五云间。全晋动河山。看匹马横秋，弦轰霹雳，虎卧斑斓。生平此心耿耿，道君恩未报敢投闲。袖里升平长策，春风咫尺天颜。

词中亦咏及南山。

再看元词咏太白之作。太白山是秦岭主峰，高3767米，山势雄伟。山顶积雪常年不化，号"太白积雪"，为"关中八景"之一。姚燧《兰陵王》云：

雪崖雪。玉垒浮云变灭。蓬婆外、晴白界天，西岭窗涵古今绝。秦山置下列。类媵姬姜娣任。望太白、三百去天，六月人犹失炎热。　缁尘苦为涅。问谁可配兹，千仞高洁。惟君雅号相优劣。有北正寒冽，传将移节，及门再命益磐折。未闻赐环玦。　我拙。误名窃□。甚此徵书，亦到岩穴，何人鞲辘同车辙。华首最相悦，忍为轻别。定成竹否，乞为汝，负羁绁。

《兰陵王》是词牌名，有不同诸格体，俱为三片，一百三十字或一百三十一字，均用仄韵。姚燧为元文学家，字端甫，号牧庵。官至翰林学士承旨、集贤大学士。与虞集齐名。此词中赞太白雄伟，高耸入云，有"三百去天，六月人犹失炎热"之语，虽夸张而又不失据。

李齐贤《木兰花慢·长安怀古》云：

骚人多感慨，况故国、遇秋风。望千里金城，一区天府，气势清雄。繁华事，无处问，但山川景物古今同。鹤去苍云太白，雁嘶红树新丰。　夕阳西下水流东。兴废梦魂中。笑弱吐强吞，纵成横破，鸟没长空。争如似犀首饮，向蜗牛角上任穷通。看取麟台图画，□余马鬣蒿蓬。

词题为《长安怀古》，其中亦咏及太白。

元词中咏骊山之作仅见李治《摸鱼儿》一首。其词云：

为多情，和天也老，不应情遽如许。请君试听双蕖怨，方见此情真处。谁点注。香潋滟、银塘对抹胭脂露。藕丝几缕。绊玉骨春心，金沙晓泪，漠漠瑞红吐。　连理树，一样骊山怀古。古今朝暮云雨。六郎夫妇三生梦，肠断目成眉语。须唤取。共鸳鸯翡翠，照影长相聚。西风不住。恨寂寞芳魂，轻烟北渚。凉月又南浦。

《摸鱼儿》是词牌名，又名《买陂塘》《陂塘柳》等，双调一百一十六字，仄韵。此词为骊山怀古之作，上片抒"天若有情天亦老"意，叹玉骨春心，金沙晓泪；下片"六郎夫妇三生梦，肠断目成眉语"句，营造出芳魂寂寞、凉月南浦的凄清意境。

五、元曲中的关中怀古之作

元代散曲中有一些关中怀古之作，虽数量不多，却质量上乘，颇值得一提，尤以元散曲大家张养浩的两首怀古之作为代表。

张养浩，元著名散曲家。字希孟，号云庄，官至礼部尚书。其关心民间疾苦，以直言敢谏著称。天历二年（1329），关中大旱，他出任陕西行台中丞，办理赈灾，积劳病卒。先看其[中吕·山坡羊]《潼关怀古》：

峰峦如聚，波涛如怒，山河表里潼关路。望西都，意踌躇，伤心秦汉经行处，宫阙万间都做了土。兴，百姓苦；亡，百姓苦。

此曲为张养浩晚年在陕西赈灾时所作。前半以"峰峦如聚，波涛如怒"开篇，揭示出华山险峻、黄河咆哮、山河表里的艰险潼关道路。后半则伤心经行秦汉故都，遗迹全无，万间宫阙都化作尘土，亦即唐杜牧《阿房宫赋》"楚人一炬，可怜焦土"之意。然而，作者并非只是一般的叹历史兴亡、朝代更替，而是上升到更高的层次："兴，百姓苦；亡，百姓苦！"那些所谓的历史兴亡，都是帝王家的事。其兴也好，亡也好，都与普通老百姓无关，他们始终都处于苦难的生活中！这不啻于黄钟大吕，警动人心，使全曲发出耀眼的思想光芒。正因为如此，建国来的文学史著作在论及元散曲时都会介绍此曲。然而，张养浩还作有一首《潼关怀古》的姊妹篇，过去少有人提及。这就是其[中吕·山坡羊]《骊山怀古》：

骊山四顾，阿房一炬，当时奢侈今何处？只见草萧疏，水萦纡，至今遗恨迷烟树。列国周齐秦汉楚。赢，都变做了土；输，都变做了土。

与《潼关怀古》相比较，此曲实有异曲同工之妙！作者登临骊山，四顾茫茫；游历咸阳，烟树苍苍。当时的奢侈今在何处？如果改朝换代后，不接受教训，不体恤民瘼，而只是一味骄纵淫逸，输固然做了土，赢也终究会变成土！其中深寓警戒，亦即唐李商隐《咏史》中"历览前贤国与家，成由勤俭败由奢"之意也。

再看元文学家卢挚的一首关中怀古之作[双调·沉醉东风]《咸阳怀古京兆》：

对关河今古苍茫，甚一笑骊山，一炬阿房。竹帛烟消，风去日月，梦寐隋唐。快寻趁王家醉乡，见终南捷径休忙。茅宇松窗，尽可栖迟，大好徜徉。

长安自古帝王都！作者徜徉于咸阳故都，面对着关河苍茫，一种历史的风云变幻之感萦绕于胸。"一炬阿房"对"一笑骊山"，连用两典，八字真有千钧之力！上下穿越千年，将周、唐的历史教训联系在一起，发人深思。而着一"甚"字，又将此轻轻抹去，"竹帛烟消""风去日月"，体现出作者"快寻趁王家醉乡"的虚无思想。

元人鲜于必仁的一首[双调·折桂令]《韩吏部》则专咏韩愈：

美当年吏部文章，还孔传轲，斥老排庄。秦岭云横，蓝关雪拥，万里潮阳。龙虎榜声名播扬，凤凰池翰墨流芳。此兴难量，巷柳园桃，恼乱春光。

此曲对韩愈作为政治家"还孔传轲"、"斥老排庄"、诋佛去僧的事迹进行了赞誉。而姚燧[双调·拨不断]题材亦同：

雪漫漫，拥蓝关，长安远客心偏惮。瀹玉瓯中冰雪寒，锁金帐里羊羔酽，这两般任拣。

此外，元散曲中涉及关中怀古的作品还有孔文卿的[南吕·一枝花]《禄山谋反》和无名氏的[中吕·喜春来]等。

六、明代诗人歌咏秦岭

明代诗人咏秦岭，可谓名家辈出，且作品数量远超前代。就具体题材而言，可大致分为明人咏南山诗（含咏终南、咏秦岭诗）、明人咏骊山诗、明人咏华山诗、明人咏太白诗、明人咏商山诗、明人咏辋川诗、明人咏潼关诗、明人咏长安诗等。下面先看明人咏南山诗。

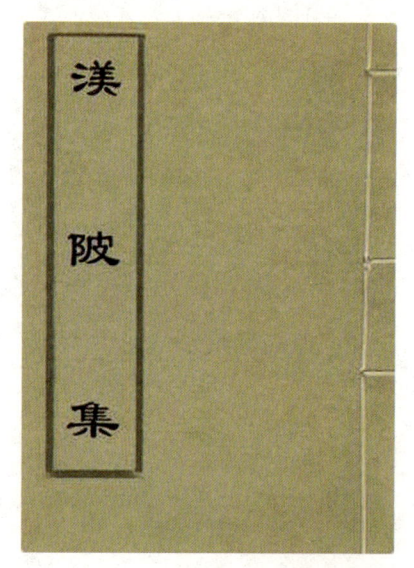

图1-12 王九思《渼陂集》

王九思，明代文学家。字敬夫，号渼陂，陕西户县人。曾任翰林院检讨、吏部郎中。明"前七子"之一。身为关中籍诗人，其集中咏及南山之作不下百首，堪称明代咏南山第一人！其七古长篇《终南篇十首》是一首全景式咏秦岭之作，自东复西，千里秦岭皆蜿蜒灵动于诗人笔下，气势雄浑。"昆仑一脉从西海，芙蓉万朵绕秦城"一联，对仗工整，比喻生动，诚为诗中之佳句。

其七律《和杏村子游草堂之作六首》之六云：

> 何物红尘破闷幽，可人惟有看山游。
> 松篁满院先投寺，紫翠盘空一倚楼。
> 风外垂杨来暮鸟，门前流水泛春鸥。
> 胸中自着南山后，小却人间百万丘。

尾联"小却人间百万丘"一句，亦"一览众山小"意，极抒其对南山喜爱之情。又五律《九日》云："九日南山下，晴天亦可嘉。登高扶杖懒，看菊绕篱斜。且酌儿孙酒，聊酬烂漫花。豪华非暮景，澹泊是生涯。"五绝《雷》云："南山三月雷，夜窗破幽窅。晓起问老农，云是丰年起。"皆写田园闲适生活，可谓其南山田园诗。

林鸿，明代诗人。字子羽，官至礼部精膳司员外郎。论诗主唐音，多摹拟格调之作。为明初"闽中十子"之首。其《终南积翠》云：

> 终南太古色，积翠无冬春。
> 阳厓俯荆楚，阴壑开函秦。
> 碧树晓未分，苍苍散参辰。
> 下蟠蛰水龙，上有避世人。
> 有时浮爽气，挂笏可揽结。
> 安得构精庐，谈经对松雪。

袁宏道，明代文学家。字中郎，官至吏部郎中。"公安派"创始人，于诗文强调独抒"性灵"。其《偕朱非二、汪以虚、段徽之雨中投兴教寺，望南山口占三首》之二云：

> 迹往休寻记，台倾莫问年。
> 风香来韦曲，雪色照樊川。
> 野寺遮红叶，人家住翠莲。
> 隔溪山更好，驱马入苍烟。

其《秦中杂咏和曹远生二首》之一云：

　　荒草披秦殿，秋花缀汉城。
　　我行南山道，如阅古图经。
　　遗迹依稀是，长老失其名。
　　一步一伫思，断垒谁缔营。
　　又如稽蠹简，冥搜损心精。
　　虽以意推求，边傍非故形。
　　西都赋所载，一一尽歌倾。
　　飞燕旧舞处，田夫扶来围。
　　沉香旧亭子，湖石尚娉婷。
　　清风发虚窍，其中有性灵。

皆吟咏南山，凭吊遗迹，发抒性灵。

此外，明"前七子"代表李梦阳有七律《送友人还关中》云：

　　见君驱去马，忽起望乡思。
　　华岳寒愈峻，泾水绕自持。
　　躬耕为谷口，把钓忆皇陂。
　　何日一尊酒，南山不对移？

明"前七子"代表何景明有五律《望终南》云：

　　近览南山霁，遥迎西日曛。
　　黛横千里色，花抱五台云。
　　城阙行相映，川原望转分。
　　丹梯悬石洞，未访赤霞文。

明初"吴中四杰"之一高启《题韩长司所藏山水图》诗前半云：

　　参卿昔在西安幕，骑马看山时出郭。
　　终南太华势最高，横作秋云扫寥廓。
　　秦川汉苑万里开，酒醒望远登荒台。
　　日斜渭上归人渡，岳暗关中飞雨来。
　　此处奇观绝天下，何事归来犹看画？

这些都可谓明代名家咏秦岭的佳作。其他如汤显祖《送周子成参知入秦并问赵仲一》、殷奎《南山》、茅大方《再次登南山仰天池韵》、宗泐《题马文德终南别业》、马理《遣兴六首》、康海《至终南》、康万民《秋日登西城望终南诸峰》、乔因阜《望终南山》、王鹤《游终南山》、艾穆《登南五台，后次早复登东五台，盖皆终南第一峰，而东峰尤险绝称胜，纪兴》等尚多，不再赘举。

再看明人咏骊山诗。李梦阳五律《骊山》云：

绣岭花仍绣，汤泉满故宫。

禁池人自浴，新月古应同。

玉殿兴亡后，青山涕泪中。

千岩歌吹人，犹想翠华东。

以绣岭花仍如锦绣、汤泉仍遍布故宫起兴，抒发"玉殿兴亡后，青山涕泪中"的历史兴亡感。袁宏道七古《骊山怀古》云：

薄云浅照玫瑰红，一笑君王三举烽。

羯鼓楼头鼓一通，霓裳夜舞玻璃风。

赭山梁海老英雄，凿地出天开幽宫。

月珠如炬衔两龙，三泉照澈白日同。

蓬莱方丈远不逢，方士谈仙如镂空。

峨舸满载稚芙蓉，堆珠积玉海波中。

千岁老狐穴深丛，阴崖占断石帘栊。

飞鸟吐火烧青松，鸣雨鸣风怪哉虫。

用"一笑君王三举烽"和"霓裳夜舞玻璃风"之典对咏，讥讽两朝昏君的荒淫。诗之后半气象阴森，径似唐李贺阴冷凄清的诗风，迥异于作者通常发抒性灵的平易风格。明人咏骊山之作再如孟洋《登骊山绝顶怀古得寒字》：

翠巘丹梯云雾端，朝元高阁盛游观。

芙蓉映日三峰出，桧柏生风五月寒。

花外旌旗春驻辇，柳边灯火夜回銮。

汉宫秦墓俱荒草，渭水终南岁岁看。

王格《骊山温泉》：

咸阙无雕辇，骊山尚浴泉。

> 汤池同野壑，水殿只寒烟。
> 月冷新丰路，沙沉渭浦田。
> 行人谩投足，谁识濯龙年。

张原《骊山》：
> 烽火空余百尺台，华清宫殿已成灰。
> 两家失国由妃子，落日行人谩自哀。

其余吟咏大致如此。

再看明人吟华山诗。杨慎，明代文学家，字用修，号升庵。正德年间进士及第，授翰林院修撰。其《太华山歌送陈子学》云：
> 五星堕地为五岳，金虎西南动芒角。
> 践华为城类削成，云是巨灵之手斫。
> 三条鼎立当中央，直与鸿濛奠清浊。
> 太一终南培塿开，洪河清渭绕行杯。
> 日华先照莲花上，云气常从仙掌来。
> 高穿箭括通天路，俯瞰明星玉女台。
> 冷然风驭不可驻，降望大壑令心哀。
> 绣衣柱史岩廊才，入关玉节凌崔嵬。
> 摇山撼岳下阊阖，青冥白日驱风雷。
> 奔轶绝尘亘万里，骢马蹀躞无龃龉。
> 君家老仙旧隐处，丹炉石榻荒苍苔。
> 登临不问烟霞侣，但借神池一勺洗尽区中埃。
> 千仞峰端秋隼健，题书好寄西风回。

诗中刻画西岳华山之壁立千仞，状如刀削。"日华先照莲花上，云气常从仙掌来"一联，极写华山之高耸出世。刘基，明初开国功臣，字伯温。能诗文，有《诚意伯文集》。其《徐资生华山图歌》云：
> 华岳插天七千丈，丹崖翠壁开仙掌。
> 壁间擘出黄河流，大禹以之分九州。
> 河流滚滚赴溟涨，华岳拔出天河上。
> 云宫雾窟疑本无，石室金台俨相向。

玉泉高通玉井津，中有莲实如车轮。
世人肉食未羽化，可望不得聊相亲。
高堂晚晴图画展，眼明一见心自远。
世间尘士今纷纷，吾当拂衣卧山云。

此为诗人之题画诗，于图画中想象华山之形势，末尾抒发拂衣归隐之志。

杨一清，字应宁，明代重臣，嘉靖时官至华盖殿大学士，为首辅。曾数制陕西诸地军务，故集中颇多咏陕之作。其《华山杂咏》云：

松萝为径石为关，历尽崎岖见此山。
烟火稀微青嶂里，笙歌渺茫白云间。
谁骑野鹿寻真隐？自濯清泉醒醉颜。
目断长空飞鸟尽，远游何事不知还？

解缙，字大绅，明代重臣。永乐初，任翰林学士，主持纂修《永乐大典》。为官曾屡遭贬谪。其《过华山》诗云：

谪宦西来登华岳，黄河东去一秋毫。
可怜闲煞擎天手，万里云霄日月高。

此为其贬官途经华山所作。"可怜闲煞擎天手"一句，表面咏华岳仙掌，却冠以"可怜闲煞"一语，暗合个人遭际，寓愤懑不平之气。又薛瑄《望华山》云：

马首嵯峨见华山，三峰削玉最高寒。
层阴旧接黄河水，秀色常连紫气关。
只有烟霞出涧谷，总无尘土翳林峦。
西还更与山灵约，拟上丹梯仔细看。

王九思《华山陈图南》云：

华山隐士美图南，高卧于今尚有龛。
花鸟多情谁作主，云霞无恙梦犹酣。
玉峰临路空劳望，铁索悬崖不可探。
我欲东寻刘禹锡，结茅同住碧巉岩。

其他如孙一元《梦游华山》、居安人《题华山二首》、黄道周《思在华山顶》、顾咸正《登华山》、张铨《华山登眺》、文翔凤《望华山》等，不再罗列。

再看明人咏太白诗。作为秦岭之主峰，太白山受到明人的较多关注。如张炼七绝《太乙峰》云：

　　坐对云山几万重，中间秀出玉芙蓉。
　　四时郁郁浮佳气，知终南是第一峰。

诗中描绘出海拔近四千米的秦岭主峰太白山之奇景：佳气氤氲，云山万重，山顶终年积雪，皑皑的太乙峰秀出其间，恰如一朵玉芙蓉绽放，诚不愧为"终南第一峰"之谓也！小诗写得生动活泼，诗风清新俊逸。何景明七古《太白山歌》云：

　　我闻太白横西域，百里苍苍见寒色。
　　灵源万古谁究探，雷雨窈冥岩洞黑。
　　中峰迢迢直上天，瑶宫玉殿开云烟。
　　千盘万折不到顶，石壁铁锁高空悬。
　　阴崖皑皑积古雪，绝壑长松几摧折。
　　鸟道斜穿剑阁云，龙潭倒映峨嵋月。
　　高僧出世人不知，飞仙凌空笙鹤随。
　　洞天福地在咫尺，怅望尘海令人悲。

诗中描绘太白山"中峰迢迢直上天""阴崖皑皑积古雪"的奇景。又郑善夫《太白山人歌》云：

　　吾闻太白之山横绝沙碛东，去天盈尺秦地雄。
　　阴压古雪吹烈风，开关以来如白龙。
　　赤日横半度，百草不发天无功。
　　山中之人冰雪容，飧霞吸露五内空。
　　绿云结交河上公，寿三千岁颜如童。
　　北招汗漫，南挟韩终。
　　椒丘县圃直天，几度捫嘴扪毕天为通。
　　长鬐下照沧海水，玄虬跋浪吹苍穹。
　　视彼守株之徒，奚啻黄鹄之与壤虫。
　　吾将乘元气，与君游无穷。

此为七言歌行体，是赠给太白山人的诗。太白山人即孙一元，字太初，因久栖居太白山，遂号太白山人。其生前与身后颇有诗名，有《太白山人漫稿》传世。此诗前写太白之雄奇，后写山人之冰雪姿容，并欲与山人乘元气游于无穷。此外，明人咏太白之作尚有邵宝《再作太白山人歌》、邢昉《太白山人》、韩邦奇《送孙羽士太初》等。

明人咏秦岭之作，从题材看，尚有明人咏商山诗、明人咏辋川诗、明人咏潼关诗、明人咏长安诗等，其中亦不乏佳作。限于篇幅，故不再罗列。

七、清代秦岭诗歌整体考察

清代诗人咏秦岭，其数量虽不及明人之作，但依然不少，其中亦不乏名家。就其大端而言，可分为清人咏南山诗、清人咏骊山诗、清人咏华山诗、清人咏太白诗等。下面先看清人咏南山诗。

王士禛，清代文学家，字贻上，号阮亭，又号渔洋山人，官至刑部尚书。论诗主神韵说。其诗集中有不少咏秦岭之作。如五律《望终南》云：

青绮门边路，终南积翠阴。
山河三辅壮，烟树五陵深。
朝市几迁改，白云无古今。
何如归辋口，水石好园林。

诗中对仗工稳，有窅然之致。又如其《望终南云气》：

终南云物一千里，远横嶓冢包商颜。
不雨不晴最窈窕，一东一西时往还。
何日高楼寻紫阁，来朝驿骑绕黄山。
无心羡汝能舒卷，渐负秋来水石间。

洪亮吉，清代文学家。字君直，一字稚存，号北江。嘉庆时因批评朝政，曾遣戍伊犁。其集中亦有不少咏秦岭之作。如七古《八月十一日夜终南山仙馆坐月听赵芝云弹琴作》云：

秋花黄，秋月凉，细步曲折行秋堂。
秋堂美人琴思生，起唤静者弹秋清。
南山月明一千里，北堂琴弦三四鸣。
声迴欲入月，弦和不惊秋。
东西十五房，虫韵咽不流，

一声何低，一声复扬。

天宇乍湿，微吹新霜。

弦凄弦切四五声，此时秋声毕入城。

江南梦远忽归去，听此柔橹空中行。

茫茫神明区，杳杳不可攀。

怪灵千年巢此山，

有时白云成美人，青琐窥客垂双鬟。

有时玄鹤化童子，丹顶未脱遨人间。

风车月驭倏忽徜过此，

惊我忽断忽续——空中弹。

虚房无人素月团，飞雨入夜青苔寒。

幽音欲乞紫府和，空腹冀得明霞餐。

君不见，弹鸣琴，忆仙驾，月宜秋，琴宜夜。

此诗为作者寓居友人终南山仙馆时所作。诗中状"南山月明一千里"之美景，伴之以"弦凄弦切"之鸣琴，句式变化，音韵流走，意境优美。黄家鼎《终南山》五古长篇之前半云：

长安青绮路，走马见终南。

势远延无际，峰火数不谙。

烟霞生变幻，草木列毿毵。

北得秦关负，东凭渭水担。

八川争卫护，四县赖包涵。

干自天山至，根从地轴含。

繁支分若线，碎崿插如篸。

秀色迢迢贯，浓阴密密弇。

无云仍叠碧，未雨亦拖岚。

日月轮流烛，星辰内外函。

该诗堪称对终南山作了全景式描写。写整体山脉之走势，则"干自天山至"；写狭义秦岭之中段，则"八川争卫护"，有八水分流之象；写峰顶之高耸入云，则"日月轮流烛，星辰内外函"，其峰峦涵吐日月星辰！

值得注意的是，清人咏南山之作中，一些已不是纯粹咏物，而是寄寓了愤懑不平之气。如张琛《终南山》云：

> 白云窟里老书生，十载青山相送迎。
> 走遍终南八百里，并无捷径许人行。

诗中反用唐人卢藏用"终南捷径"之典。诗人十年跋涉于终南山中，始终郁郁而不得志。尽管其足迹遍布"终南八百里"，仍不过是白云窟里一个老书生而已，哪里有什么所谓的"终南捷径"呢？又谭嗣同《陕西道中》云：

> 虎视龙兴竟若何，千秋劫急感山河。
> 终南巨刃摩天起，怪底关中战伐多。

此诗在一些中国近代文学史著作中常被引用。在诗人的眼中，横亘长安之南的终南山既非什么"翠屏"，也不见什么"晴岚"，而是竟如巨刃摩天而起，有刺破青冥之象。怪不得关中自古以来会有这样多的战伐呢！于此感慨之中，可以想见诗人"戊戌六君子"之首的胸襟。又清末洋务派首领张之洞《登牛首山望终南曲江樊川辋川作歌》，诗之发端先称赞秦岭之险峻形势，有帝王之都的气象："今登牛首望秦岭，南面连横如堵墙。截然平壤起都会，桑乾渭水浑流黄。""建国由来戒沃土，势高气厚人文武。润色繁华由后王，当年山川本朴鲁。"继而则云：

> 关中今日少王气，奥区自全非上计。
> 持戟百万无定形，以雍比幽广狭异。
> 小儒论都逞雄才，欲建行宫望幸来。
> 小戎不敌回纥马，陆海已尽南山材。
> 方今天子守四海，提控岂在西秦隈。
> 碣石难将渤海阻，丸泥岂禁函关开。
> 后拥突骑护辽沈，前调兵食收江淮。
> 一朝立国有根本，况复驾驭今恢恢。
> 守国在德亦在险，大险惟有轩辕台。

以当时大清形势作况云"方今天子守四海，提控岂在西秦隈"，抒发"一朝立国有根本""守国在德亦在险"的议论，提倡"德治"。

除此之外，清人咏南山之诗尚有宋振麟《终南山》、吴文溥《雪霁陪幕府诸公登平台眺终南山》、武淑《终南》、张尔思《终南春望》、慕昌桂《望终南》等。

再看清人咏骊山诗。顾炎武，清初著名三大遗民诗人之一。字宁人，学者称亭林先生。其《骊山行》有云：

> 长安东去是骊山，上有高台下有泉。
> 前有幽王后秦始，覆车在昔良难纪。
> 华清宫殿又何人？至今流恨池中水。
> 君不见天道幽且深，败亡未必皆荒淫。
> 亦有英君御区宇，终日忧勤思下土。
> 贤妃助内咏鸡鸣，节俭躬行迈往古。
> 一朝大运合崩颓，三宫九市横豺虎。
> 玄宗西幸路仍迷，宜臼东迁事还沮。
> 我来骊山中哽咽，四顾彷徨无可语。
> 伤今吊古怀坎坷，呜呼其奈骊山何！

诗歌开端发思古之幽情，寓骄奢必亡之意。诗歌中间却以"君不见天道幽且深，败亡未必皆荒淫。亦有英君御区宇，终日忧勤思下土"一转，悲叹明末崇祯皇帝自缢一事，为大明王朝的覆亡而忧伤。末尾以诗人独自徘徊于骊山之下，"呜呼其奈骊山何"作结，感情极为沉痛。又如王士祯的《骊山怀古》八首诗，其一云：

> 鹦鹉何年问上皇，野棠风折缭垣长。
> 销魂此日朝元阁，亲试华清第二汤。

其《题文五峰骊山图》云：

> 一堂金碧渭川明，忆上东西绣岭行。
> 仿佛晓风残月里，旧游如梦是华清。

这两首七绝小诗，如同诗人诗集中的大多数"神韵诗"一样，虽为怀古，却风格平正，韵味悠扬。而与此相反，谭嗣同的一首《骊山温泉》则写得十分激烈，赋予骊山温泉以新的含意：

> 周王烽隧燎于原，楚炬飞腾牧火昏。
> 遗恨千年消不尽，至今山下水犹温。

此外，清人咏骊山的诗还有魏际瑞《骊山温泉》、樊英《望骊山》、胡天游《骊山温泉》、陆元鋐《骊山杂咏》、杨树椿《过骊山》、袁宝恒《骊山温泉》等。

再看清人咏华山诗。清人咏华山诗数量较多，有一百多首，今只能举其大要。屈大均，清初著名诗人。字翁山，清初"岭南三大家"之一。其五律《太华作二首》云：

　　仙掌三峰立，天门半壁扃。
　　莲花围白帝，玉井出明星。
　　横度苍龙磴，高歌落雁亭。
　　河山襟带尽，两戒据天经。

　　昨夜闻长笛，依稀鸾凤音。
　　三峰吹落月，一半驻空林。
　　人道水帘里，玉姜时弄琴。
　　神仙不可接，怅望白云深。

袁枚，清代著名文学家。字子才，号简斋，是清代"性灵派"的代表诗人。袁枚曾于陕西为官一年，所以作了不少咏陕诗。其五古《登华山》云：

　　太华峙西方，倚天如插刀。
　　闪烁铁花冷，惨淡阴风号。
　　云雷莽回护，仙掌时动摇。
　　流泉鸣青天，乱走三千条。
　　我来蹑芒跷，逸气不敢骄。
　　绝壁纳双踵，白云埋半腰。
　　忽然身入井，忽然影坠巢。
　　天路望已绝，云栈断复交。
　　惊魂飘落叶，定志委铁镣。
　　闭目谢人世，伸手探斗杓。
　　屡见前峰俯，愈知后历高。
　　白日死崖上，黄河生树梢。
　　自笑亡命贼，不如升木猱。
　　仍复自崖返，不敢向顶招。
　　归来如再生，两眼青寥寥。

诗中写了他登华山时之险状。"白日死崖上，黄河生树梢"一联，一"死"一"生"，炼字极为生动。

钱载，字坤一，号箨石，晚号万松居士。官至礼部侍郎，为清代浙江秀水派代表作家。他的五古《游华山》诗云：

> 飞瀑见晴雪，旋螺闻妙香。
> 僧言华山处，华拥支公堂。
> 秋田石路远，晚树云阴凉。
> 高高穿铁壁，寂寂转蜂房。
> 脚踏菡萏瓣，动摇天风长。
> 飘然不染心，不在菩提坊。

首联言白色飞瀑如晴日见雪，登山天梯似旋螺而上，比喻奇妙。末二联写诗人登上西峰（莲花峰），脚踏荷瓣，天风摇摇，此飘然不染之心，遂不在菩提坊（佛寺中诸佛居莲座）。想象亦十分奇特。

胡天游，字云持，又字稚威。清代浙诗山阴派代表作家。诗风雄奇诡肆，成为后来龚自珍的先导。其《题华山三绝句》其一云：

> 扶风鞭鸾下九垓，人间惊报井莲开。
> 故应咳唾风吹落，幻作玲珑碧玉堆。

这首诗的构思的确是想落天外，恣肆奇幻。

此外，清人咏华山的诗还有宋琬《同东云雏王心古诸君登华山云台峰》、施闰章《华山歌赠王山史》、王士禛《望华山》、李柏《登华岳绝顶》、尤侗《太华行》、李渔《登华岳四首》、王先谦《谒西岳庙望华山》、李因笃《望岳》、曾国藩《望春六首》等。

再看清人咏太白山诗。李柏，字雪木，号太白山人。清初关中大儒，与李颙、李因笃并称"关中三李"。有诗文集《槲叶集》传世。其诗集中咏太白山的诗较多。如七律《登太白山二首》其一云：

> 铁壁喷烟关鸟道，石门岚静敞空霄。
> 龙拖五色云归洞，僧曳九环杖过桥。
> 霞彩晓飞琼嶂足，星光夜点玉峰腰。
> 渭川缥缈横如带，界破秦疆八百遥。

此诗写了诗人登太白山所见，中间二联对仗工稳，尾联写山巅回望渭川如带，缥缈可辨，横亘于关中八百里秦川。

又如周京《武功县望太白山》云：

> 百里武功县，明当太白山。
> 雪从何代积？春到几时还？
> 清霁迥晴昊，高寒指翠峦。
> 军行休鼓角，风色正愁颜。

此外，清人咏太白山的诗歌还有李重华《望太白》、牛树梅《望太白》等。

以上所述，秦岭诸山在历代诗歌中的出现，或写实，或寄托，都说明了中国文人关注自然、关注生存环境，体现了从《诗经》以来所形成的"赋比兴"传统在后代文人诗歌写作中的具体实践。

附录

秦岭诗歌选

选录先秦至清代秦岭相关诗、词、曲作品近三百首。按照作品出现的时间先后排列,同一朝代的作品按照作者生年先后排列;同一作家的作品按照先诗后词、曲排列;注释先诗歌出处、主旨说明,再典故、繁难字注音、释义;作者简介只出现在该作者所选的第一篇作品前,选录的其他作品中不再出现作者简介。

秦风·终南[1]

终南何有？有条[2]有梅。君子至止，锦衣狐裘。颜如渥丹，其君也哉！

终南何有？有纪有堂[3]。君子至止，黻衣[4]绣裳。佩玉将将[5]，寿考不忘！

注释：

【1】此诗出自《诗经·秦风》，赞美秦君的美德。终南：即终南山。
【2】条：木名，即山楸。
【3】纪：借指杞，木名，柳属。堂：借指棠，木名，梨树属。
【4】黻(fú)衣：绣着黑与青相间的花纹的礼服。
【5】将将(qiāng)：同"锵锵"，象声词。

秦风·渭阳[1]

我送舅氏[2]，曰至渭阳。何以赠之？路车乘[3]黄。

我送舅氏，悠悠我思。何以赠之？琼瑰玉佩。

注释：

【1】此诗出自《诗经·秦风》。晋公子重耳避难出亡到秦地受到秦穆公的接待，此诗是离别时秦太子送他到渭水北岸时所写。
【2】舅氏：指晋公子重耳，即晋文公。晋文公为秦康公（秦太子）舅父。
【3】路车：诸侯所乘之车。乘：四匹马拉的车，一辆为一乘。

小雅·天保[1]

天保定尔，亦孔之固。俾尔单厚，何福不除？俾尔多益，以莫不庶。

天保定尔，俾尔戬榖[2]。罄[3]无不宜，受天百禄。降尔遐福，维日不足。

天保定尔，以莫不兴。如山如阜，如冈如陵，如川之方至，以莫不增。

吉蠲为饎[4]，是用孝享。禴祠烝尝[5]，于公先王。君曰卜尔，万寿无疆。

神之吊矣，诒尔多福。民之质矣，日用饮食。群黎百姓，徧为尔德。

如月之恒，如日之升。如南山之寿，不骞不崩。如松柏之茂，无不尔或承。

注释：

【1】此诗出自《诗经·小雅》，这是一首为君王祝愿和祈福的诗。
【2】戬(jiǎn)榖：幸福。
【3】罄：所有。
【4】蠲(juān)：祭祀前沐浴斋戒使清洁。饎(xī)：祭祀用的酒食。
【5】禴祠烝尝：一年四季在宗庙里举行的祭祀活动的总称，春祠，夏禴(yuè)，秋尝，冬烝。

小雅·南山有台[1]

南山有台，北山有莱。乐只君子，邦家之基。乐只君子，万寿无期！

南山有桑，北山有杨。乐只君子，邦家之光。乐只君子，万寿无疆！

南山有杞，北山有李。乐只君子，民之父母。乐只君子，德音不已！

南山有栲[2]，北山有杻。乐只君子，遐不眉寿。乐只君子，德音是茂！

南山有枸，北山有楰。乐只君子，遐不黄耇[3]。乐只君子，保艾[4]尔后！

注释：
【1】此诗出自《诗经·小雅》，这是一首为贵族颂德祝寿的诗。台，一种多年生草本植物，今名薹衣草。
【2】栲（kǎo）：木名，其木坚硬，可做车轴。
【3】黄耇（gǒu）：长寿。
【4】艾：养育。

小雅·斯干[1]

秩秩斯干，幽幽南山。如竹苞矣，如松茂矣。兄及弟矣，式相好矣，无相犹矣。

似续妣祖，筑室百堵，西南其户。爰居爰处，爰笑爰语。

约之阁阁，椓[2]之橐橐[3]。风雨攸除，鸟鼠攸去，君子攸芋。

如跂[4]斯翼，如矢斯棘，如鸟斯革，如翚斯飞，君子攸跻。

殖殖其庭，有觉其楹。哙哙其正，哕哕[5]其冥，君子攸宁。

下莞上簟[6]，乃安斯寝。乃寝乃兴，乃占我梦。吉梦维何？维熊维罴，维虺维蛇。

大人占之：维熊维罴，男子之祥；维虺维蛇，女子之祥。

乃生男子，载寝之床。载衣之裳，载弄之璋。其泣喤喤，朱芾斯皇，室家君王。

乃生女子，载寝之地。载衣之裼[7]，载弄之瓦。无非无仪，唯酒食是议，无父母诒罹。

注释：
【1】此诗出自《诗经·小雅》，是贵族建筑宫室落成时所作的一首颂诗。斯：语气助词。干：山涧。
【2】椓（zhuó）：说文："椓，击也。"这里指用杵夯土。
【3】橐橐（tuó）：指夯土声。
【4】跂：通"企"，举踵而立。
【5】哕哕（huì）：深暗貌。
【6】莞：一种多年生草本植物，蒲草，可织席。簟（diàn）：竹席。
【7】裼（tì）：婴儿的包被。

小雅·节南山[1]

节彼南山，维石岩岩。赫赫师尹，民具尔瞻。
忧心如惔[2]，不敢戏谈。国既卒斩，何用不监。
节彼南山，有实其猗[3]。赫赫师尹，不平谓何。
天方荐瘥[4]，丧乱弘多。民言无嘉，憯莫惩嗟。
尹氏大师，维周之氐；秉国之钧，四方是维，
天子是毗，俾民不迷。不吊昊天，不宜空我师。
弗躬弗亲，庶民弗信。弗问弗仕，勿罔君子。
式夷式已，无小人殆。琐琐姻亚，则无膴[5]仕。
昊天不佣[6]，降此鞠訩。昊天不惠，降此大戾。
君子如届，俾民心阕。君子如夷，恶怒是违。
不吊昊天，乱靡有定。式月斯生，俾民不宁。
忧心如酲，谁秉国成？不自为政，卒劳百姓。
驾彼四牡，四牡项领。我瞻四方，蹙蹙靡所骋。
方茂尔恶，相尔矛矣。既夷既怿，如相酬矣。
昊天不平，我王不宁。不惩其心，覆怨其正。
家父作诵，以究王訩。式讹尔心，以畜万邦。

注释：
【1】此诗出自《诗经·小雅》，是周大夫家父讽刺周执政大官尹氏的诗。节：高俊貌。
【2】惔（tán）：火烧。
【3】猗：通"阿"。长而美貌。
【4】瘥：疫病。
【5】膴（wǔ）：美；厚。
【6】佣：均；公平。

小雅·蓼莪[1]

蓼蓼者莪[2]，匪莪伊蒿。哀哀父母，生我劬劳[3]！
蓼蓼者莪，匪莪伊蔚。哀哀父母，生我劳瘁！
瓶之罄矣，维罍[4]之耻。鲜民之生，不如死之久矣！
无父何怙？无母何恃？出则衔恤，入则靡至。
父兮生我，母兮鞠我。拊我畜我，长我育我，

顾我复我，出入腹我。欲报之德，昊天罔极！

南山烈烈，飘风发发。民莫不穀，我独何害！

南山律律，飘风弗弗。民莫不穀，我独不卒！

注释：

【1】此诗出自《诗经·小雅》，写作者因父母早逝而不得奉养的哀痛之情。
【2】蓼（lù）蓼：长又大的样子。莪（é）：蒿类。李时珍《本草纲目》："莪抱根丛生，俗谓之抱娘蒿。"
【3】劬（qú）劳：辛勤劳苦。
【4】罍（lěi）：盛水器具。

小雅·信南山[1]

信[2]彼南山，维禹甸之。畇畇原隰，曾孙田之。我疆我理，南东其亩。

上天同云，雨雪雰雰。益之以霡霂[3]，既优既渥，既沾既足，生我百穀。

疆埸翼翼，黍稷彧彧。曾孙之穑，以为酒食。畀[4]我尸宾，寿考万年。

中田有庐，疆埸有瓜。是剥是菹[5]，献之皇祖。曾孙寿考，受天之祜。

祭以清酒，从以骍[6]牡，享于祖考。执其鸾刀，以启其毛，取其血膋[7]。

是烝是享，苾苾芬芬。祀事孔明，先祖是皇。报以介福，万寿无疆。

注释：

【1】此诗出自《诗经·小雅》，写的是西周贵族统治者从农业中获得财富后祭祖求福。
【2】信：即"伸"，延伸。山势长远貌。
【3】益：加上。霡霂（mài mù）：小雨。
【4】畀（bì）：给予。
【5】菹（zū）：腌制。
【6】骍（xīn）：赤黄色的马。
【7】膋（liáo）：脂膏，此指牛油。

大雅·公刘[1]

笃公刘，匪居匪康。乃埸[2]乃疆，乃积乃仓。乃裹餱粮，于橐于囊，思辑[3]用光。弓矢斯张，干戈戚扬，爰方启行。

笃公刘，于胥[4]斯原，既庶既繁，既顺乃宣，而无永叹。陟则在巘[5]，复降在原。何以舟之？维玉及瑶，鞞琫[6]容刀。

笃公刘，逝彼百泉，瞻彼溥原。乃陟南冈，乃觏于京。京师之野，于时处处，于时庐旅，于时言言，于时语语。

笃公刘，于京斯依。跄跄济济，俾筵俾几。既登乃依，乃造其曹，执豕于牢，酌之用匏。食之饮之，君之宗之。

笃公刘，既溥[7]既长，既景乃冈，相其阴阳，观其流泉，其军三单。度其隰原[8]，彻田为粮。度其夕阳，豳居允荒。

笃公刘，于豳斯馆。涉渭为乱，取厉取锻。止基乃理，爰众爰有。夹其皇涧，溯其过涧，止旅乃密，芮鞫[9]之即。

注释：

【1】此诗出自《诗经·大雅》，写的是周族首领公刘自邰迁豳、初步定居并发展农业的情景，这首诗是周代开国史诗之一。
【2】埸（yì）：田界。
【3】思辑：和睦团结。
【4】胥：视察。
【5】巘（yǎn）：小山。
【6】鞞（bǐ）：刀鞘。琫（běng）：刀鞘口上的玉饰。
【7】溥（pǔ）：广大。
【8】隰（xí）原：低平之地。
【9】芮鞫（ruì jū）：朱熹《诗集传》："芮，水名，出吴山西北，东入泾。《周礼·职方》作汭。鞫，水外也。"

大雅·文王有声[1]

文王有声，遹[2]骏有声，遹求厥宁，遹观厥成。文王烝[3]哉！

文王受命，有此武功。既伐于崇，作邑于丰。文王烝哉！

筑城伊淢[4]，作丰伊匹。匪棘其欲，遹追来孝。王后烝哉！

王公伊濯，维丰之垣。四方攸同，王后维翰。王后烝哉！

丰水东注，维禹之绩。四方攸同，皇王维辟。皇王烝哉！

镐京辟雍[5]。自西自东，自南自北，无思不服。皇王烝哉！

考卜维王，宅是镐京。维龟正之，武王成之。武王烝哉！

丰水有芑[6]，武王岂不仕。诒厥孙谋，以燕翼子。武王烝哉！

注释：

【1】此诗出自《诗经·大雅》，记述了文王迁都于丰、武王迁都于镐的事情。
【2】遹(yù)：语气助词。
【3】烝(zhēng)：美。
【4】淢(xù)：假借为"洫"，即护城河。
【5】辟雍(bì yōng)：西周王朝所建天子行礼奏乐的离宫。
【6】芑(qǐ)：通"杞"，杞柳。

召南·汉广[1]

南有乔木，不可休思[2]；汉有游女[3]，不可求思。

汉之广矣，不可泳思；江之永[4]矣，不可方思。

翘翘错薪[5]，言刈其楚[6]；之子于归，言秣[7]其马。

汉之广矣，不可泳思；江之永矣，不可方思。

翘翘错薪，言刈其蒌[8]；之子于归，言秣其驹。

汉之广矣，不可泳思；江之永矣，不可方思。

注释：

【1】此诗出自《诗经·周南》，这是一首恋情诗，主人公钟情于一位美丽的姑娘，却始终难遂心愿，于是他面对浩渺的汉水，情思缠绕，唱出了这首动人的诗歌，倾吐了满怀愁绪。
【2】休思：休，止息也；思，语气助词，没有实义。
【3】汉：指汉水。游女：在汉水岸上出游的女子。
【4】江：指长江。永：水流很长。
【5】翘翘（qiáo qiáo）：高出的样子。错薪：杂乱的柴草。
【6】楚：一种丛生落叶灌木，又名"荆"。
【7】秣（mò）：喂马。
【8】蒌（lóu）：草名，即蒌蒿。

四皓歌[1]（《紫芝歌》[2]）

莫莫高山，深谷逶迤，晔晔紫芝，可以疗饥。唐虞世远，吾将何归？

驷马高盖，其忧甚大，富贵之畏人兮，不若贫贱之肆志。

注释：

【1】此诗见逯钦立《先秦汉魏晋南北朝诗》汉诗第一卷。四皓即"商山四皓"。秦末东园公、甪里先生、绮里季、夏黄公隐于商山（今陕西商县东南），年皆八十余，时称"商山四皓"。
【2】紫芝歌：一作"四皓歌"。《古今乐录》："商山四皓隐居，高祖聘之，四皓不出，仰天叹而作歌。"崔鸿曰："四皓为秦博士，遭世暗昧，抗黜儒术，于是退而作此歌。"

古绝句四首（其四）[1]

南山一树桂。上有双鸳鸯。

千年长交颈[2]。欢庆不相忘。

注释：

【1】此诗见逯钦立《先秦汉魏晋南北朝诗》汉诗第十二卷，写的是男女爱情美满。
【2】交颈：颈与颈相磨。比喻夫妻恩爱。

长歌行(之二) [1]

仙人骑白鹿,发短耳何长。
导我上太华,揽芝获赤幢[2]。
来到主人门,奉药一玉箱。
主人服此药,身体日康强。
发白复更黑,延年寿命长。

注释:
【1】此诗见郭茂倩《乐府诗集》第三十卷《相和歌辞五》。此乐府古诗通过描写仙人,表达了歌者对长生不老的向往。
【2】赤幢:刻有经咒的赤色石柱。

杨恽(?—前45),字子幼,华阴(今属陕西)人。

歌诗 [1]

田彼南山。芜秽[2]不治。种一顷豆。
落而为萁。人生行乐耳。须富贵何时。

注释:
【1】此诗见逯钦立《先秦汉魏晋南北朝诗》汉诗第二卷,写作者在南山慵懒的田园生活,表现了作者对功名利禄的淡泊。
【2】芜秽:犹荒芜。

成公绥(231—273),字子安,东郡白马(今河南滑县东)人。魏晋间辞赋家、诗人。有《成公子安集》。

游仙诗 [1]

盛年无几时,奄忽[2]行欲老。
那得赤松子[3],从学度世道。
西入华阴山,求得神芝草。
珠玉犹戴土,何惜千金宝。
但愿寿无穷,与君长相保。

注释:
【1】此诗见逯钦立《先秦汉魏晋南北朝诗》晋诗第二卷。游仙诗是诗体的一种,作者多借描写"仙境"以寄托其思想感情。
【2】奄忽:急遽貌。
【3】赤松子:神话中的仙人。相传为神农时雨师。

潘尼（247？—311），字正叔，荥阳中牟（今属河南）人，晋诗人。

游西岳诗[1]

驾言游西岳，寓目二华山。

金楼琥珀阶，象榻瑇瑁筵[2]。

中有神秀士，不知几何年。

注释：

【1】此诗见逯钦立《先秦汉魏晋南北朝诗》晋诗第八卷，这首诗先写华山的景色，寓情于景，其中也表达了作者对隐逸生活的向往。
【2】瑇瑁筵：谓豪华、富贵的宴席，亦作"玳瑁筵"。

刘义恭（413—465），南朝宋武帝刘裕第五子。原籍彭城（今江苏徐州）。今存诗十三首，文一卷。

温泉诗[1]

秦都壮温谷，汉京丽汤泉。

炎德潜远液，暄波起斯源。

注释：

【1】此诗见逯钦立《先秦汉魏晋南北朝诗》宋诗第六卷，是通过温泉来感叹当时的社会纷争。温泉：骊山山麓有温泉。

李昶（516—565），小名那，顿丘临黄（今河南范县）人，仕西魏、北周。今存诗二首。

陪驾幸终南山诗[1]

尧盖临河颍。汉跸践[2]华嵩。日旗回北凤。星旆转南鸿。

青云过宣曲。先驱背射熊。金桴拂泉底。玉琯吹云中。

古辙称难极。新途或易穷。烟生山欲尽。潭净水恒空。

交松上连雾。修竹下来风。仙才道无别。灵气法能同。

东枣羞朝座。西桃献夜宫。诏令王子晋。出对浮丘公。

注释：

【1】此诗见逯钦立《先秦汉魏晋南北朝诗》北周诗第一卷，写作者在终南山看到的景色，以及对仙道的迷恋。
【2】跸（bì）践：跸，指帝王出行时清道，禁止行人来往。泛指帝王出行的车架。践，指踩、踏。

宇文逌（？—580），字尔固突，代郡武川（今属内蒙古）人。北朝周文帝宇文泰之子，有集八卷，今佚。

至渭源诗[1]

源渭奔禹穴[2]，轻澜起客亭。

浅浅满涧响，荡荡竟川鸣。

潘生称运石，冯子听波声。

斜去临天半，横来对始平。

合流应不杂，方知性本清。

注释：

【1】此诗见逯钦立《先秦汉魏晋南北朝诗》北周诗第一卷。渭源：县名，今属甘肃。
【2】禹穴：在陕西旬阳县东。高八尺，深九尺，旁镌"禹穴"二字。穴右有泉，味甚清洌，相传禹决汉水时居此。

宗羁（生卒年不详），北周诗人。

登渭桥[1]

仲山朝饮马，还坐渭桥[2]中。

南瞻临别馆，北望尽离宫。

四面衣裾合，三条冠盖通。

兰香想和季，云起忆成公。

圯[3]上相知早，鸡鸣幸共同。

注释：

【1】此诗见逯钦立《先秦汉魏晋南北朝诗》北周诗第一卷，写诗人站在渭桥上眺望四周的所见所思所感。
【2】渭桥：秦、汉、隋、唐为便于长安与各郡、国、州、县的联系，先后在渭水上不断建桥。《三辅黄图》称：秦时渭水北有咸阳宫，南有兴乐宫，"欲通二宫之间，故建此桥"。《唐六典》称："天下木柱之梁三，皆渭水便桥、中渭桥、东渭桥。"
【3】圯（yí）：楚人谓桥为圯。

王褒（511?—574?），字子渊，祖籍琅邪临沂（今属山东），北周诗人、骈文家。后人辑有《王司空集》。

和从弟祐山家诗二首（其二）[1]

结交非俗士，仙侣自招携。少华[2]隐日月，太乙[3]寻虹霓。

众林积为籁，围竹茂成埤。幽谷曙无景，荒途昼欲迷。

滴沥寒泉溜，叫啸秋猿啼。白云帝乡起，神禽丹穴栖。

箭筱时通径，桃李复成蹊。今身得其所，群物可令齐。

注释：

【1】此诗见逯钦立《先秦汉魏晋南北朝诗》北周诗第一卷，写隐逸山中的快乐与自在。
【2】少华：少华山，位于陕西省渭南市华县少华乡刘家河村南，因与西岳华山峰势相连，遥遥相对，并称"二华"，但低于华山，因名其少华山。少华山主峰海拔1664.4米，东连小夫峪，西邻白石峪。
【3】太乙：山名。也作太一，即终南山。

庾信(513—581)，字子山，祖籍南阳新野（今属河南）。庾信自幼随父亲庾肩吾出入于南朝梁萧纲的宫廷，后来又与徐陵一起任萧纲的东宫学士，成为宫体文学的代表作家。后奉命出使西魏，被迫留在了北方，官至车骑大将军、开府仪同三司。北周代魏后，迁骠骑大将军、开府仪同三司，封侯。卒于隋文帝开皇元年。有《庾子山集》。

陪驾幸终南山和宇文内史诗[1]

玉山乘四载。瑶池宴八龙。鼋桥浮少海。鹄盖上中峰。

飞狐横塞路。白马当河冲。水奠三川石。山封五树松。

长虹双瀑布。圆阙两芙蓉。戍楼鸣夕鼓。山寺响晨钟。

新蒲节转促。短笋箨犹重。树宿含樱鸟。花留酿蜜蜂。

迎风下列缺。洒酒召昌容。且欣陪北上。方欲待东封。

注释：

【1】此诗见逯钦立《先秦汉魏晋南北朝诗》北周诗第二卷。庾信的这首唱和诗形式、结构、内容、主旨都是顺着李昶的《陪驾幸终南山》而来。

释亡名（516—？），北朝周僧人、文人。俗姓宋，南郡（今豫南鄂北一带）人，事迹见《续高僧传》本传。

五盛阴诗[1]

先去非长别。后来非久亲。

新坟将旧冢。相次似鱼鳞。

茂陵[2]谁辨汉。骊山讵识秦。

千年与昨日。一种并成尘。

定知今世土。还是昔时人。

焉能取他骨。复持埋我身。

注释：

【1】此诗见逯钦立《先秦汉魏晋南北朝诗》北周诗第六卷。五盛阴：即五阴，指色、受、想、行、识五种构成世间万物和人体的要素，又称五蕴、五众。这首诗从人生"千年与昨日，一种并成尘"的角度出发，阐释无论古人还是今人都将归于空无，逝去的并非永远逝去，而生存的并非真实生存，他们都是一种假有的存在，原本并无实体。诗以秦皇汉武风流一时，然随着时光流逝，最终烟消云散，化土成尘，来说明人生不过是假有，是无我的。
【2】茂陵：西汉武帝刘彻的陵墓。位于西安市西北40千米的兴平市城东北南位乡茂陵村。

胡师耽,隋代诗人,生卒年及籍贯不详。

登终南山拟古诗[1]

结庐终南山,西北望帝京。

烟霞乱鸟道,劣见长安城。

宫雉互相映,双阙云间生。

钟鼓沸闾阖[2],箫管咽承明。

朱阁临槐路,紫盖飞纵横。

望望未极已,瓮牖秋风惊。

嵒岫[3]草木黄,飞雁遗寒声。

坠叶积幽径,繁露垂荒庭。

瓮中新酒熟,涧谷寒虫鸣。

且对一壶酒,安知世间名。

寄言市朝客,同君乐太平。

注释:
【1】此诗见逯钦立《先秦汉魏晋南北朝诗》隋诗第七卷。这首诗写的是作者登终南山远眺帝都所见所感。
【2】闾阖:原指传说中的天门,后泛指宫门或京都城门,借指京城、宫殿、朝廷等。
【3】嵒(yán)岫:嵒,指严实,结实。岫,指山洞。

李世民(599—649),唐高祖李渊第二子,即唐太宗。祖籍陇西成纪(今甘肃秦安),后徙居长安(今陕西西安)。生平事迹见《旧唐书》第二卷、《新唐书》第二卷。《全唐诗》编其诗为一卷。

望终南山[1]

重峦俯渭水,碧嶂插遥天。出红扶岭日,入翠贮岩烟。

叠松朝若夜,复岫[2]阙疑全。对此恬千虑,无劳访九仙[3]。

注释:
【1】此诗为《全唐诗》第一卷第二十首。诗歌极写终南山之卓然独立,与渭水相互映衬,写得气势磅礴。
【2】岫(xiù):山,山洞。
【3】九仙:指九类仙人。《云笈七签》第三卷:"九仙者,第一上仙,二高仙,三太仙,四玄仙,五天仙,六真仙,七神仙,八灵仙,九至仙。"这里泛指仙人。

刘希夷（651—？），一名庭芝，汝州（今河南汝州）人。原有集，已佚。《全唐诗》编其诗为一卷。

相和歌辞·采桑【1】

杨柳送行人，青青西入秦。秦家采桑女，楼上不胜春。
盈盈灞水曲，步步春芳绿。红脸耀明珠，绛唇含白玉。
回首渭桥东，遥怜树色同。青丝娇落日，缃绮【2】弄春风。
携笼长叹息，逶迤恋春色。看花若有情，倚树疑无力。
薄暮思悠悠，使君南陌头。相逢不相识，归去梦青楼。

注释：
【1】此诗为《全唐诗》第八十二卷第三十四首。诗歌写秦地采桑女子青春的美丽和春日的情思。
【2】缃绮：浅黄色的丝绸。

刘宪（？—711），字元度，宋州宁陵（今属河南）人。今存诗二十六首，文三篇。

奉和春日幸望春宫应制【1】

暮春春色最便妍，苑里花开列御筵。
商山积翠临城起，浐水浮光共幕连。
莺藏嫩叶歌相唤，蝶碍芳丛舞不前。
欢娱节物【2】今如此，愿奉宸游亿万年。

注释：
【1】此诗为《全唐诗》第七十一卷第十二首。这是首应制诗，写暮春时节的明丽风光及对盛世的歌颂。
【2】节物：各个季节的风物景色。

宋之问（656？—712），一名少连，字延清，汾州西河（今山西汾阳）人，一说虢州弘农（今河南灵宝）人。《全唐诗》编存其诗三卷。

军中人日登高赠房明府【1】

幽郊昨夜阴风断，顿觉朝来阳吹暖。
泾水桥南柳欲黄，杜陵城北花应满。
长安昨夜寄春衣，短翮【2】登兹一望归。
闻道凯旋乘骑入，看君走马见芳菲。

注释：
【1】此诗为《全唐诗》第五十一卷第三十三首。正月初七为人日，诗人登高极目远望，长安山水尽在眼前，春天的到来与将军的凯旋同样令人欣喜。诗歌充满了夸赞和喜悦之情。
【2】翮（hé）：羽毛中间的空心硬管。

李显（656—710），即唐中宗，祖籍陇西成纪（今甘肃秦安），后徙居长安（今陕西西安）。《全唐诗》存其诗及连句七首。

登骊山高顶寓目 [1]

四郊秦汉国，八水帝王都。阊阖[2]雄里闾，城阙壮规模。

贯渭称天邑，含岐实奥区。金门披玉馆，因此识皇图。

注释：
【1】此诗为《全唐诗》第二卷第十首。这首诗写作者登上骊山所看到的长安城雄伟壮观的景象，写出了京城巍峨的气势。
【2】阊阖：指宫门。

贾曾（？—727），河南洛阳人。《全唐诗》存其诗五首。

奉和春日出苑瞩目应令 [1]

铜龙晓辟问安回，金辂[2]春游博望开。

渭北晴光摇草树，终南佳气入楼台。

招贤已得商山老，托乘还征邺下才。

臣在东周独留滞，忻逢睿藻日边来。

注释：
【1】此诗为《全唐诗》第六十七卷第九首。虽为应制诗，但将春日渭北平原、终南风景写得生动喜人。
【2】金辂（lù）：用黄金做的车辕上用来挽车的横木。

张说（667—731），字道济，一字说之。祖籍河东（今山西永济），后迁居洛阳。有《张燕公集》三十卷传世。

奉和圣制登骊山瞩眺应制 [1]

寒山上半空，临眺尽寰中。是日巡游处，晴光远近同。

川明分渭水，树暗辨新丰[2]。岩壑清音暮，天歌起大风。

注释：
【1】此诗为《全唐诗》第八十七卷第一首。这是一首应制诗，写登骊山所见山河之壮美，以歌颂大唐气象。
【2】新丰：地名，位于今西安市临潼区。

奉和圣制温泉言志应制[1]

温谷媚新丰，骊山横半空。汤池[2]薰水殿，翠木暖烟宫。

起疾逾仙药，无私合圣功。始知尧舜德，心与万人同。

注释：
【1】此诗为《全唐诗》第八十七卷第十六首。这是一首应制诗，借写骊山温泉为君主歌功颂德。
【2】汤池：指骊山的温泉。

和张监游终南[1]

宿怀终南意，及此语云峰。夜闻竹涧静，晓望林岭重。

春烟生古石，时鸟[2]戏幽松。岂无山中赏，但畏心莫从。

注释：
【1】此诗为《全唐诗》第八十六卷第六十首。这是一首唱和诗，写终南山之清幽美景和收束凡心的愿望。
【2】时鸟：应时而鸣的鸟。

张九龄（678—740），字子寿，韶州曲江（今广东韶关）人。有《曲江张先生文集》传世。

奉和圣制途经华山[1]

万乘华山下，千岩云汉中。

灵居虽窅密，睿览忽玄同。

日月临高掌，神仙仰大风。

攒峰势岌岌，翊辇气雄雄。

揆[2]物知幽赞，铭勋表圣衷。

会应陪玉检，来此告成功。

注释：
【1】此诗为《全唐诗》第四十九卷第六首。这是一首应制诗，难免歌功颂德，但描写华山的巍峨雄奇还是很精彩的。
【2】揆（kuí）：猜度，揣测。

李隆基（685—762），即唐玄宗，史称唐明皇。《全唐诗》存其诗一卷。

初入秦川路逢寒食 [1]

洛阳芳树映天津，灞岸垂杨窣地新。直为经过行处乐，不知虚度两京春。

去年馀闰今春早，曙色和风著花草。可怜寒食 [2] 与清明，光辉并在长安道。

自从关路入秦川，争道何人不戏鞭。公子途中妨蹴鞠，佳人马上废秋千。

渭水长桥今欲渡，葱葱渐见新丰树。远看骊岫入云霄，预想汤池 [3] 起烟雾。

烟雾氛氲水殿开，暂拂香轮归去来。今岁清明行已晚，明年寒食更相陪。

注释：

【1】此诗为《全唐诗》第三卷第十二首。贵为君王的李隆基从东都洛阳入西京长安，恰逢寒食节，秦川美丽春景尽在眼前，诗歌表达其踌躇满志、君临天下的情绪与气魄。

【2】寒食：即寒食节，亦称"禁烟节""冷节""百五节"。每年四月四日，清明节的前一天。在这一日，禁烟火，只吃冷食，所以叫作"寒食节"。

【3】汤池：指护城河里的水好比沸腾的滚汤一般。比喻防守的阵地非常森严，难以攻破。

孟浩然（689—740），襄阳（今属湖北）人。有《孟浩然诗集》传世。

送新安张少府归秦中 [1]

试登秦岭望秦川，遥忆青门春可怜。

仲月 [2] 送君从此去，瓜时须及邵平田 [3] 。

注释：

【1】此诗为《全唐诗》第一百六十卷第一百九十八首。又题作《越中送人归秦中》。这是一首送别诗，诗人送好友归秦，既表达了对朋友的情义，也暗含了对长安的向往。

【2】仲月：旧历春二月。

【3】邵平田：《史记·萧相国世家》记载："召平者，故秦东陵侯。秦破，为布衣，贫，种瓜于长安城东，瓜美，故世俗谓之'东陵瓜'，从召平以为名也。"指隐逸之地。

题终南翠微寺空上人房 [1]

翠微终南里，雨后宜返照。闭关久沈冥，杖策 [2] 一登眺。

遂造幽人室，始知静者妙。儒道虽异门，云林颇同调。

两心相喜得，毕景共谈笑。暝还高窗眠，时见远山烧。

缅怀赤城标，更忆临海峤。风泉 [3] 有清音，何必苏门啸。

注释：

【1】此诗为《全唐诗》第一百五十九卷第三十首。一作《宿终南翠微寺》。翠微寺：《元和郡县志·关内道·京兆府》载："太和宫在(长安)县南五十五里终南山太和谷。武德八年造，贞观十年废。二十一年，以时热，公卿重请修筑，于是使将作大匠阎立德缮理焉，改为翠微宫。今废为寺。"诗歌写翠微寺的宁静、终南山的美景及在这里修行的僧人超然物外的境界。
【2】杖策：指拄杖。
【3】风泉：风传泉响。

岁暮归南山[1]

北阙[2]休上书，南山归敝庐。

不才明主弃，多病故人疏。

白发催年老，青阳[3]逼岁除。

永怀愁不寐，松月夜窗虚。

注释：

【1】此诗为《全唐诗》第一百六十卷第一百零六首。一题作《归故园作》，一作《归终南山》。诗歌写出了诗人仕途之失意及不被重用的忧愤和惆怅。
【2】北阙：皇宫北面的门楼，汉代尚书奏事和群臣谒见都在北阙，后用作朝廷的别称。
【3】青阳：这里指春天。

李颀(690—751)，赵郡（今河北赵县）人，一说东川（今四川三台一带）人。《全唐诗》存其诗三卷。

登首阳山谒夷齐庙[1]

古人已不见，乔木竟谁过。

寂寞首阳山，白云空复多。

苍苔归地骨，皓首采薇歌。

毕命无怨色，成仁其若何。

我来入遗庙，时候微清和。

落日吊山鬼，回风吹女萝[2]。

石崖向西豁，引领望黄河。

千里一飞鸟，孤光东逝波。

驱车层城路，惆怅此岩阿。

注释：

【1】此诗为《全唐诗》第一百三十二卷第十一首，写诗人过首阳山拜谒伯夷、叔齐庙的感慨。
【2】"落日吊山鬼"二句：取自《九歌·山鬼》，为诗人屈原所作。其中有诗句："若有人兮山之阿，被薜荔兮带女萝。"

王湾（693—751），号为德，洛阳（今属河南）人。今存诗十首。

奉使登终南山[1]

常爱南山游，因而尽原隰[2]。
数朝至林岭，百仞登嵬岌[3]。
石壮马径穷，苔色步缘入。
物奇春状改，气远天香集。
虚洞策杖鸣，低云拂衣湿。
倚岩见庐舍，入户欣拜揖。
问性矜勤劳，示心教澄习。
玉英时共饭，芝草为余拾。
境绝人不行，潭深鸟空立。
一乘从此授，九转兼是给。
辞处若轻飞，憩来唯吐吸。
闲襟超已胜，回路倏而及。
烟色松上深，水流山下急。
渐平逢车骑，向晚睨城邑。
峰在野趣繁，尘飘宦情涩。
辛苦久为吏，劳生何妄执。
日暮怀此山，悠然赋斯什。

注释：
【1】此诗为《全唐诗》第一百一十五卷第八首。诗人登终南山览尽山中风景，诗歌不仅详细描写了终南山的山水异色，同时表达了对于仕途的厌倦和对山林的向往。
【2】原隰：广平与低湿之地，亦泛指原野。
【3】嵬岌：指高耸的山。

王昌龄（690？—756？），字少伯，京兆万年（今陕西西安）人。《全唐诗》编其诗为四卷。

过华阴[1]

云起太华山，云山互明灭。
东峰始含景，了了见松雪。
羁人[2]感幽栖，窅[3]映转奇绝。

欣然忘所疲，永望吟不辍。

信宿百馀里，出关玩新月。

何意昨来心，遇物遂迁别。

人生屡如此，何以肆愉悦。

注释：

【1】此诗为《全唐诗》第一百四十一卷第十九首。诗人过华阴，远望华山美景所作，表达欣然之情。
【2】羁人：旅人。
【3】窅：眼睛眍进去，喻深远。

山行入泾州[1]

倦此山路长，停骖[2]问宾御。

林峦信回惑，白日落何处。

徙倚望长风，滔滔引归虑。

微雨随云收，濛濛傍山去。

西临有边邑，北走尽亭戍。

泾水横白烟，州城隐寒树。

所嗟异风俗，已自少情趣。

岂伊怀土多，触目忻[3]所遇。

注释：

【1】此诗为《全唐诗》第一百四十一卷第二十三首。诗歌写诗人入泾州所见之自然和风俗及自己寥落的心情。
【2】骖（cān）：古代驾在车前两侧的马。
【3】忻（xīn）：同"欣"。开导，启发。

宿裴氏山庄[1]

苍苍竹林暮，吾亦知所投。静坐山斋月，清溪闻远流。

西峰下微雨，向晓[2]白云收。遂解尘中组[3]，终南春可游。

注释：

【1】此诗为《全唐诗》第一百四十卷第三十五首。裴氏山庄：别墅名，在终南山中。裴氏，疑指唐诗人裴迪。诗歌写诗人夜宿裴氏山庄，感受到了山林之自然清幽，于是生出弃官归山之念想。
【2】晓：全诗校："一作晚。"
【3】组：系官印的丝带。去官则称解组。

祖咏（约699—约746），洛阳（今属河南）人。《全唐诗》编其诗为一卷。

长乐驿留别卢象裴总[1]

朝来已握手，宿别更伤心。灞水行人渡，商山驿路深。

故情君且足，谪宦[2]我难任。直道皆如此，谁能泪满襟。

注释：

[1] 此诗为《全唐诗》第一百三十一卷第九首。这是一首离别诗，既表达对朋友的情谊和离别的伤感，也抒发自己被贬官商州的失意和落寞。
[2] 谪宦：指贬官另任新职。

苏氏别业[1]

别业[2]居幽处，到来生隐心。南山当户牖[3]，沣水映园林。

竹覆经冬雪，庭昏未夕阴。寥寥人境外，闲坐听春禽。

注释：

[1] 此诗为《全唐诗》第一百三十一卷第十四首。诗人描写他到深山中的苏氏别墅游览的情景，表达仿佛脱离尘世的超然愉快的心情。
[2] 别业：是指位于郊区，以家宅为主体的园林。
[3] 户牖（yǒu）：指门窗。

终南望馀雪[1]

终南阴岭[2]秀，积雪浮云端。

林表[3]明霁色，城中增暮寒。

注释：

[1] 此诗为《全唐诗》第一百三十一卷第三十五首。《全唐诗》此诗题下有注："有司试此题，咏赋四句即纳，或诘之，曰'意尽'。"全诗仅四句，写尽了长安城紧邻终南山的独特风景和感受。
[2] 阴岭：北面的山岭，背向太阳，故曰阴。
[3] 林表：林外，林梢。

李白（701—762），字太白，号青莲居士，自称祖籍陇西成纪（今属甘肃）。有"诗仙"之称。今存诗九百余首，有《李太白集》。

古风（其一）[1]

秦皇扫六合[2]，虎视何雄哉。飞剑决浮云，诸侯尽西来。

明断自天启，大略驾群才。收兵铸金人[3]，函谷正东开。

铭功会稽岭，骋望琅琊台。刑徒七十万，起土骊山隈。

尚采不死药，茫然使心哀。连弩射海鱼，长鲸正崔嵬。

额鼻象五岳，扬波喷云雷。鬐鬣蔽青天，何由睹蓬莱。

徐市载秦女，楼船几时回。但见三泉下，金棺葬寒灰。

凤飞九千仞，五章备彩珍。衔书且虚归，空入周与秦。

横绝历四海，所居未得邻。吾营紫河车，千载落风尘。

药物秘海岳，采铅青溪滨。时登大楼山，举手望仙真。

羽驾灭去影，飙车绝回轮。尚恐丹液迟，志愿不及申。

徒霜镜中发，羞彼鹤上人。桃李何处开，此花非我春。

唯应清都境，长与韩众亲。

注释：

【1】此诗为《全唐诗》第一百六十一卷第一首。诗歌采用托古喻今的方式，借秦始皇统一天下后的荒唐行径，隐晦曲折地表现了对唐明皇的讽刺和抨击，同时又以秦始皇悲惨的前车之鉴向最高统治者提出警世之言。

【2】六合：指天、地、四方。

【3】收兵铸金人：秦统一后，收集民间兵器，熔铸为十二金人，以消除反抗力量。

古风（其二）[1]

太白何苍苍，星辰上森列。

去天三百里，邈尔[2]与世绝。

中有绿发翁，披云卧松雪。

不笑亦不语，冥栖[3]在岩穴。

我来逢真人，长跪问宝诀。

粲然启玉齿，授以炼药说。

铭骨传其语[4]，竦身已电灭。

仰望不可及，苍然五情热。

吾将营丹砂，永与世人别。

注释：

【1】此诗为《全唐诗》第一百六十一卷第一首。这是一首游仙诗，诗人借登临太白山追随太白仙人炼丹的行为，表达对现实的不满和脱离尘世的愿望。

【2】邈尔：高远的样子。

【3】冥栖：静默栖居。

【4】铭骨传其语：是"真人传授其语，我刻骨铭心记取"的倒装紧缩句。

古风（其十九）[1]

西岳莲花山[2]，迢迢见明星。
素手把芙蓉[3]，虚步蹑太清。
霓裳曳广带，飘拂升天行。
邀我登云台，高揖卫叔卿[4]。
恍恍与之去，驾鸿凌紫冥。
俯视洛阳川，茫茫走胡兵[5]。
流血涂野草，豺狼尽冠缨。

注释：
【1】此诗为《全唐诗》第一百六十一卷第一首。该诗作于安史之乱后，诗歌用游仙体，一方面写幻想中遗世独立的情趣，另一方面回到现实，表达对叛军残暴行为的愤慨和对人民苦难的同情。
【2】莲花山：即莲花峰，西岳华山的最高峰。
【3】把芙蓉：拿着芙蓉。芙蓉，莲花的别名。据说华山上有池，生千叶莲花，服之可以成仙（见《华山记》）。
【4】卫叔卿：汉武帝时中山人，传说服云母石成仙。曾降临宫殿，为汉武帝所见。武帝派人寻求他的踪迹，终于在华山绝岩之下望见他与数仙人在石上下棋。事见《神仙传》第四卷。今华山有一处景点即为"仙人下棋处"。
【5】胡兵：安禄山的叛军。

登太白峰[1]

西上太白峰，夕阳穷登攀。
太白与我语，为我开天关。
愿乘泠风[2]去，直出浮云间。
举手可近月，前行若无山。
一别武功[3]去，何时复见还。

注释：
【1】此诗为《全唐诗》第一百八十卷第九首。诗歌以游仙诗的方式，表现太白山的高峻雄伟及诗人想要成仙而脱离红尘的愿望。
【2】泠（líng）风：清凉的风。《庄子·逍遥游》："夫列子御风而行，泠然善也。"
【3】武功：陕西地名，地处关中平原西部。

山人劝酒[1]

苍苍云松，落落[2]绮皓。
春风尔来为阿谁，蝴蝶忽然满芳草。
秀眉霜雪颜桃花，骨青髓绿长美好。

称是秦时避世人，劝酒相欢不知老。

各守麋鹿志[3]，耻随龙虎争。

欻起佐太子，汉王乃复惊。

顾谓戚夫人，彼翁羽翼成。

归来商山下，泛若云无情。

举觞酹巢由[4]，洗耳何独清。

浩歌望嵩岳，意气还相倾。

注释：

【1】此诗为《全唐诗》第一百六十三卷第七首。诗歌既表达对现实政治的不满和对尘世尔虞我诈的厌倦情绪，又表达诗人渴望隐居山林，追随先贤以保持高洁人格的愿望。
【2】落落：高超不凡的样子。
【3】麋鹿志：谓隐士的操守。
【4】巢由：巢父和许由。相传皆为尧时隐士，尧让位于二人，皆不受。后用以指隐居不仕者。

灞陵行送别[1]

送君灞陵亭[2]，灞水流浩浩。

上有无花之古树，下有伤心之春草。

我向秦人问路歧，云是王粲[3]南登之古道。

古道连绵走西京，紫阙落日浮云生。

正当今夕断肠处，黄鹂[4]愁绝不忍听。

注释：

【1】此诗为《全唐诗》第一百七十六卷第六首。诗歌极写灞陵送别的伤感。
【2】灞陵亭：古亭名，据考在长安东南三十里处。灞陵，也作"霸陵"，汉文帝陵寝之地，因有灞水，遂称灞陵。
【3】王粲：东汉末年著名文学家，"建安七子"之一，由于其才才出众，被称为"七子之冠冕"。他曾为避难南下荆州，途中作《七哀诗》，表现战乱之祸害，诗中有"南登灞陵岸，回首望长安"句。
【4】黄鹂：一作"骊歌"，指《骊驹》，《汉书·儒林传·王式》："谓歌吹诸生曰：'歌《骊驹》。'"后因以为典，指告别。

幽歌行·上新平长史兄粲[1]

幽[2]谷稍稍振庭柯，泾水浩浩扬湍波。

哀鸿酸嘶[3]暮声急，愁云苍惨寒气多。

忆昨去家此为客，荷花初红柳条碧。

中宵出饮三百杯，明朝归揖二千石。

宁知流寓变光辉，胡霜萧飒绕客衣。

寒灰寂寞凭谁暖，落叶飘扬何处归。

吾兄行乐穷曛旭，满堂有美颜如玉。

赵女长歌入彩云，燕姬醉舞娇红烛。

狐裘兽炭酌流霞，壮士悲吟宁见嗟。

前荣后枯相翻覆，何惜馀光及棣华[4]。

注释：

【1】此诗为《全唐诗》第一百六十六卷第六首。李白去新平旅游时，遇上天气寒冷，写了这首《豳歌行》，呈献给在此地做长史的族兄李粲，希望其能帮助自己解决御寒之事。
【2】豳（bīn）：古国名，周先祖公刘所立。其地在今陕西彬县东之旬邑县境。
【3】酸嘶：即哀鸣。
【4】棣华：《诗经·小雅·常棣》："常棣之华，鄂不韡韡。凡今之人，莫如兄弟。"后因以"棣华"喻兄弟。

望终南山·寄紫阁隐者[1]

出门见南山，引领意无限。

秀色难为名，苍翠日在眼。

有时白云起，天际自舒卷。

心中与之然，托兴每不浅。

何当造幽人[2]，灭迹栖绝巘。

注释：

【1】此诗为《全唐诗》第一百七十二卷第五首。诗歌描写终南山的秀色和闲淡情趣，表达对隐居者和隐居生活的羡慕与向往。
【2】幽人：指隐居的人。

下终南山过斛斯山人宿置酒[1]

暮从碧山下，山月随人归。

却顾所来径[2]，苍苍横翠微。

相携及田家，童稚开荆扉。

绿竹入幽径，青萝拂行衣。

欢言得所憩，美酒聊共挥。

长歌吟松风，曲尽河星稀。

我醉君复乐，陶然共忘机。

注释：

【1】此诗为《全唐诗》第一百七十九卷第十一首。诗人描写了终南山的清幽景致，表达自己遇到知己的愉悦之情。
【2】所来径：指下山的小路。

春归终南山松龛旧隐[1]

我来南山阳，事事不异昔。

却寻溪中水，还望岩下石。

蔷薇缘[2]东窗，女萝[3]绕北壁。

别来能几日，草木长数尺。

且复命酒樽，独酌陶永夕。

注释：

【1】此诗为《全唐诗》第一百八十二卷第七首。诗人重游终南山，表达喜悦与惬意之情。
【2】缘：沿着。
【3】女萝：香草。

杂曲歌辞·君子有所思行[1]

紫阁连终南，青冥天倪色。

凭崖望咸阳，宫阙罗北极。

万井惊画出，九衢[2]如弦直。

渭水清银河，横天流不息。

朝野盛文物，衣冠何翕赩。

厩马散连山，军容威绝域。

伊皋[3]运元化，卫霍输筋力。

歌钟乐未休，荣去老还逼。

圆光过满缺，太阳移中昃。

不散东海金，何争西辉匿。

无作牛山悲，恻怆泪沾臆。

注释：
【1】此诗为《全唐诗》第二十四卷第七首。诗人登终南山望长安，写出了都城的气势和周边的壮观风景，表现了大唐的气象。
【2】九衢：四通八达的道路。
【3】伊皋（gāo）：伊即伊尹，商汤臣；皋即皋陶（yáo），舜之臣，掌管刑狱之事。

王维（701？—761），字摩诘，祖籍山西祁县（今山西太原），后徙河东蒲州（今山西永济）。唐代宗命王缙（王维弟）编成《王维集》，清代赵殿成撰《王右丞集笺注》较为通行。

答张五弟[1]

终南有茅屋，

前对终南山。

终年无客常闭关，

终日无心长自闲[2]。

不妨饮酒复垂钓，

君但能来相往还。

注释：
【1】此诗为《全唐诗》第一百二十五卷第一百零八首。诗歌表现了诗人在隐居中寂静安闲的生活情趣及对志趣相投的友人的盛情。
【2】自闲：悠闲自得。

辋川集·斤竹岭[1]

檀栾[2]映空曲，青翠漾涟漪[3]。

暗入商山路，樵人不可知。

注释：
【1】此诗为《全唐诗》第一百二十八卷第二十六首。诗歌写商山中水映翠竹的美景及安闲的心情。
【2】檀栾：秀美貌。诗文中多用以形容竹。
【3】涟漪：水面微波。

终南山[1]

太乙[2]近天都，连山接海隅。白云回望合，青霭[3]入看无。

分野[4]中峰变，阴晴众壑殊。欲投人处宿，隔水问樵夫。

注释：

【1】此诗为《全唐诗》第一百二十六卷第六十五首。诗歌从终南山主峰太乙峰着笔，总览全山，写出了它雄伟磅礴的气势。
【2】太乙：在长安西，今陕西省武功县境内，是终南山的主峰。
【3】青霭：雾气。
【4】分野：古天文学的名词。古人把天上星宿与地上区域联系起来，称为分野。

终南别业[1]

中岁颇好道[2]，晚家南山陲。

兴来每独往，胜事[3]空自知。

行到水穷处，坐看云起时。

偶然值[4]林叟，谈笑无还期。

注释：

【1】此诗为《全唐诗》第一百二十六卷第六十首。一作《初至山中》，一作《入山寄城中故人》。诗歌写诗人隐居终南山自由、安闲、惬意的生活和超然的心态。
【2】道：这里指佛教。
【3】胜事：指美好的事情。
【4】值：遇到。

答裴迪辋口遇雨忆终南山之作[1]

淼淼[2]寒流广，苍苍秋雨晦[3]。

君问终南山，心知白云外。

注释：

【1】此诗为《全唐诗》第一百二十八卷第四十八首。诗歌是写给道友裴迪的，两人诗问诗答，世外之心跃然纸上，了悟于心。
【2】淼淼：指水势浩大的样子。
【3】晦：昏暗。

送李太守赴上洛[1]

商山包楚邓，积翠蔼沉沉。

驿路飞泉洒，关门落照深。

野花开古戍，行客响空林。

板屋春多雨，山城昼欲阴。

丹泉通虢略，白羽抵荆岑。

若见西山爽【2】，应知黄绮心。

注释：

【1】此诗为《全唐诗》第一百二十七卷第十九首。这是一首送别诗，诗歌着重写商山的风土人情和自然美景，并表达对商山先贤的敬仰之情。上洛，古地名，即商州。

【2】西山爽：南朝·宋·刘义庆《世说新语·简傲》："王子猷作桓车骑参军。桓谓王曰：'卿在府久，比当相料理。'初不答，直高视，以手版拄颊云：'西山朝来，致有爽气。'"后因以"西山爽"言人性格疏傲，不善奉迎。亦省作"西爽"。

储光羲（约706—762），润州延陵（今江苏丹阳）人，郡望兖州（今属山东）。《全唐诗》编其诗为四卷。

终南幽居献苏侍郎三首时拜太祝未上（其一）[1]

暮春天气和，登岭望层城。

朝日悬清景，巍峨宫殿明。

圣君常临朝，达士复悬衡。

道近无艮足，归来卧山楹。

灵阶曝仙书，深室炼金英。

春岩松柏秀，晨路鹍鸡鸣。

羽化既有言，无然悲不成。

注释：

【1】此诗为《全唐诗》第一百三十六卷第五十九首。原诗三首，这里选其一。诗歌赞美苏侍郎辅佐君王治理国家的才能，并表达对其功成身退、隐居山林的羡慕之情。

杜甫（712—770），字子美，河南巩县（今属河南巩义）人。《全唐诗》编其诗为十九卷。

骊山[1]

骊山绝望幸，花萼罢登临。地下无朝烛，人间有赐金。

鼎湖龙去远，银海雁飞深。万岁蓬莱日，长悬旧羽林。

注释：

【1】此诗为《全唐诗》第二百三十卷第二十首。诗人因感伤唐明皇陵园而作。

奉赠韦左丞丈二十二韵[1]

纨袴不饿死，儒冠多误身。丈人试静听，贱子请具陈。

甫昔少年日，早充观国宾。读书破万卷，下笔如有神。

赋料扬雄[2]敌，诗看子建亲。李邕[3]求识面，王翰愿卜邻。

自谓颇挺出，立登要路津。致君尧舜上，再使风俗淳。

此意竟萧条，行歌非隐沦。骑驴三十载，旅食京华春。

朝扣富儿门，暮随肥马尘。残杯与冷炙，到处潜悲辛。

主上顷见征，欻然欲求伸。青冥却垂翅，蹭蹬无纵鳞。

甚愧丈人厚，甚知丈人真。每于百僚上，猥诵佳句新。

窃效贡公[4]喜，难甘原宪贫。焉能心怏怏，只是走踆踆。

今欲东入海，即将西去秦。尚怜终南山，回首清渭滨。

常拟报一饭，况怀辞大臣。白鸥没浩荡，万里谁能驯。

注释：

【1】此诗为《全唐诗》第二百一十六卷第一首。诗中叙写了作者的才学以及生平志向和抱负，倾吐了仕途失意、生活困顿的窘状，并抨击了当时黑暗的社会和政治现实。

【2】扬雄：字子云，西汉辞赋家。

【3】李邕：唐代文豪、书法家，曾任北海郡太守。

【4】贡公：西汉人贡禹。

渼陂行[1]

岑参兄弟皆好奇，携我远来游渼陂[2]。

天地黤惨[3]忽异色，波涛万顷堆琉璃。

琉璃汗漫泛舟入，事殊兴极忧思集。

鼍[4]作鲸吞不复知，恶风白浪何嗟及。

主人锦帆相为开，舟子喜甚无氛埃。

凫鹥散乱棹讴发，丝管啁啾空翠来。

沈竿续蔓深莫测，菱叶荷花静如拭。

宛在中流渤澥清，下归无极终南黑。

半陂已南纯浸山，动影袅窕冲融间。

船舷暝戛云际寺，水面月出蓝田关。

此时骊龙亦吐珠，冯夷击鼓群龙趋。

湘妃汉女出歌舞，金支翠旗光有无。

咫尺但愁雷雨至，苍茫不晓神灵意。

少壮几时奈老何，向来哀乐何其多。

注释：
【1】此诗为《全唐诗》第二百一十六卷第十八首。这首诗是杜甫与岑参兄弟同游渼陂时所作，描写了天气变化中渼陂的不同景象，以丰富的想象表达了自己的独特感受，全诗充满浓厚的浪漫气息。
【2】渼陂（měi bēi）：湖名，陂在鄠县（今陕西户县）西五里，周一十四里，因水味甘美，故配水以为名。
【3】黤（yǎn）惨：天色昏暗貌。
【4】鼍（tuó）：即扬子鳄。

渼陂西南台[1]

高台面苍陂，六月风日冷。蒹葭离披去，天水相与永。

怀新目似击，接要心已领。仿像识鲛人[2]，空蒙辨鱼艇。

错磨终南翠，颠倒白阁[3]影。崷崒增光辉，乘陵惜俄顷。

劳生愧严郑，外物慕张邴。世复轻骅骝[4]，吾甘杂蛙黾。

知归俗可忽，取适事莫并。身退岂待官，老来苦便静。

况资菱芡足，庶结茅茨迥。从此具扁舟，弥年逐清景。

注释：
【1】此诗为《全唐诗》第二百一十六卷第三十首。诗歌首先写登台望陂之景，台高水阔，故觉风日生凉，其次表达作者栖身物外之思。
【2】鲛人：《搜神记》载"南海有鲛人，水居如鱼，不废绩纺，时从水中出，寄人家卖绡"。
【3】白阁：《通志》载，紫阁、白阁、黄阁三峰，具在圭峰东。紫阁，旭日射之，烂然而紫。白阁阴森，积雪不融。黄阁不知所谓。三峰不甚远。
【4】骅骝：良马，周穆王八骏之一。《传》云：骅骝、騄耳，日驰三万。

喜观即到·题短篇二首[1]

巫峡千山暗，终南万里春。病中吾见弟，书到汝为人。

意答儿童问，来经战伐新。泊船悲喜后，款款话归秦[2]。

注释：
【1】此诗为《全唐诗》第二百三十一卷第二十四首。诗乃大历二年（767）暮春杜甫在夔州（今四川奉节县）所作。这时诗人之弟杜观由长安来到江陵，并将到夔州。乍接来书，悲喜交集，并通过读信展开联想，再一次表达了诗人"归秦"的愿望。
【2】归秦：回归长安。与"终南万里春"首尾呼应。

岑参（715？—770），荆州江陵（今属湖北）人。朋友杜确为之编集《岑嘉州集》，《全唐诗》编其诗为四卷。

终南云际精舍寻法澄上人不遇归高冠东潭石淙望秦岭微雨作贻友人[1]

昨夜云际宿，旦从西峰回。

不见林中僧，微雨潭上来。

诸峰皆青翠，秦岭独不开。

石鼓有时鸣，秦王安在哉。

东南云开处，突兀猕猴台。

崖口悬瀑流，半空白皑皑。

喷壁四时雨，傍村终日雷。

北瞻长安道，日夕生尘埃。

若访张仲蔚[2]，衡门满蒿莱。

注释：

【1】此诗为《全唐诗》第一百九十八卷第二十五首。诗人山中访隐者不遇，望秦岭以寄友人，诗歌中长安之尘埃与山林清静之对比自在其中，但更多描写了雨中终南山的独特风景。

【2】张仲蔚：晋皇甫谧《高士传·张仲蔚》："张仲蔚者，平陵人也，与同郡魏景卿俱修道德，隐身不仕。明天官博物，善属文，好赋诗，常居穷素，所处蓬蒿没人，闭门养性，不治荣名，时人莫识，惟刘、龚知之。"

太白胡僧歌[1]

闻有胡僧在太白，兰若去天三百尺。

一持楞伽[2]入中峰，世人难见但闻钟。

窗边锡杖解两虎，床下钵盂[3]藏一龙。

草衣不针复不线，两耳垂肩眉覆面。

此僧年几那得知，手种青松今十围。

心将流水同清净，身与浮云无是非。

商山老人已曾识，愿一见之何由得。

山中有僧人不知，城里看山空黛色。

注释：

【1】此诗为《全唐诗》第一百九十九卷第二十七首。这首诗写太白山僧人与世无争的清闲幽静的生活，表达了诗人对隐逸生活的向往。

【2】楞伽：《楞伽经》，全称《楞伽阿跋多罗宝经》，亦称《入楞伽经》《大乘入楞伽经》。

【3】钵盂（bō yú）：盛饭菜的食器，多作佛教徒化缘之用，多为铜铁等材质。

西过渭州，见渭水思秦川[1]

渭水东流去，何时到雍州[2]。

凭添两行泪，寄向故园流。

注释：
【1】此诗为《全唐诗》第二百零一卷第三十六首。诗歌描写诗人见渭水东流而引发的思乡之情。
【2】雍州：中国九州之一，名称源于陕西省宝鸡市凤翔县境内的雍山、雍水。

浐水东店送唐子归嵩阳[1]

野店临官路，重城压御堤。

山开灞水北，雨过杜陵[2]西。

归梦秋能作，乡书醉懒题。

桥回忽不见，征马尚闻嘶。

注释：
【1】此诗为《全唐诗》第二百卷第二十一首。此为送别诗，表达离别的伤感，同时写出了浐灞一带的山水胜景，别有情致。
【2】杜陵：地名。在今陕西省西安市东南。古为杜伯国。秦置杜县，汉宣帝筑陵于东原上，因名杜陵，并改杜县为杜陵县。晋曰杜城县，北魏曰杜县，北周废。

终南山双峰草堂作[1]

敛迹归山田，息心谢时辈。昼还草堂卧，但与双峰对。

兴来恣佳游，事惬符胜概。著书高窗下，日夕见城内。

曩[2]为世人误，遂负平生爱。久与林壑辞，及来松杉大。

偶兹近精庐，屡得名僧会。有时逐樵渔，尽日不冠带。

崖口上新月，石门破苍霭。色向群木深，光摇一潭碎。

缅怀郑生谷，颇忆严子濑[3]。胜事犹可追，斯人邈千载。

注释：
【1】此诗为《全唐诗》第一百九十八卷第五十三首。诗歌写作者回归田园后闲适自如的生活，描写终南山之美景及对先贤的敬仰与追随。
【2】曩（nǎng）：以前，从前，过去。
【3】郑生谷：同"郑谷"，泛指隐居地。严子濑：即严陵濑，在浙江桐庐县南，相传为东汉严光隐居垂钓处。

终南东谿中作[1]

谿水碧于草,潺潺花底流。

沙平堪濯足[2],石浅不胜舟。

洗药朝与暮,钓鱼春复秋。

兴来从所适,还欲向沧洲。

注释:
【1】此诗为《全唐诗》第二百卷第一百零八首。诗歌写终南山东谿周围的美丽景色。
【2】濯足:谓洗去脚污,后以"濯足"比喻清除世尘、保持高洁。

早发焉耆·怀终南别业[1]

晓笛别乡泪,秋冰鸣马蹄。一身虏云[2]外,万里胡天西。

终日见征战,连年闻鼓鼙[3]。故山在何处,昨日梦清溪。

注释:
【1】此诗为《全唐诗》第二百卷第五十七首。诗歌表达了诗人身在边塞,怀念终南别业的缠绵情绪。焉耆:又称乌夷、阿耆尼,新疆塔里木盆地古国,在今新疆维吾尔自治区焉耆回族自治县附近。
【2】虏云:指西北边塞的云。
【3】鼓鼙(pí):大鼓和小鼓,古代军中用来发号进攻。

张继(?—779?),字懿孙,襄州(今属湖北)人。《全唐诗》编其诗为一卷。

华清宫[1]

天宝承平奈乐何,华清宫殿郁嵯峨。

朝元阁峻临秦岭,羯鼓楼[2]高俯渭河。

玉树[3]长飘云外曲,霓裳闲舞月中歌。

只今惟有温泉水,呜咽声中感慨多。

注释:
【1】此诗为《全唐诗》第二百四十二卷第三十六首。诗歌意在怀古,将华清宫的昔日繁华与今日萧条作对比,表达物是人非的感慨,也暗含了对玄宗的讽刺和批评。
【2】羯鼓楼:《长安志》曰:"在朝元阁东近南缭墙之外。"相传唐玄宗每困乏时,辄命击羯鼓。宋璟有诗形容羯鼓说:"头如青山峰,手如白雨点。山峰取不动,雨点取碎急。"
【3】玉树:即陈后主所制舞曲《玉树后庭花》,俗谓之亡国之音。

李华(715—766)，字遐叔，赵州赞皇（今属河北）人。后人辑有《李遐叔文集》，《全唐诗》编其诗为一卷。

咏史十一首（其一）[1]

秦灭汉帝兴，南山有遗老。

危冠揖万乘，幸得厌征讨。

当君逐鹿时，臣等已枯槁。

宁知市朝变，但觉林泉好。

高卧三十年，相看成四皓。

帝言翁甚善，见顾何不早。

咸称太子仁，重义亦尊道。

侧闻骊姬事，申生不自保。[2]

暂出商山云，揭来趋洒扫。

东宫成羽翼，楚舞伤怀抱。

后代无其人，戾园满秋草。

注释：

【1】此诗为《全唐诗》第一百五十三卷第二首。这是作者咏史诗中的一首，着重歌咏商山四皓，并感慨今已无此等贤人。
【2】申生：春秋时期晋献公的第一夫人齐姜之子。齐姜死后献公宠妃骊姬为使其子奚齐为嗣，多次诋毁陷害太子申生，后申生自缢于新城。

裴迪（生卒年不详），关中（今属陕西）人。与王维酬唱诗各二十首，成《辋川集》。

辋口遇雨忆终南山因献王维[1]

积雨晦空曲，平沙灭浮彩[2]。

辋水[3]去悠悠，南山复何在。

注释：

【1】此诗为《全唐诗》第一百二十九卷第三十四首。诗是写给王维的，以此表达对朋友的关心和探问。答诗见王维《答裴迪辋口遇雨忆终南山之作》。
【2】浮彩：指色彩，引申为浮华的辞藻。
【3】辋水：即辋川。

皇甫冉（717—770），字茂政，润州丹阳（今江苏丹阳）人。《全唐诗》编其诗为二卷。

沣水送郑丰鄠县读书[1]

麦秋中夏凉风起，送君西郊及沣水。

孤烟远树动离心，隔岸江流若千里。

早年江海谢浮名，此路云山惬尔情。

上古全经皆在口，秦人如见济南生[2]。

注释：

【1】此诗为《全唐诗》第二百四十九卷第四十首。诗歌写送郑丰去鄠县（即今陕西户县）读书，一方面表达离别的不舍，另一方面是对郑丰的夸赞，表明对其学问和未来充满信心。
【2】济南生：谓汉朝伏生。《史记》第一百二十一卷《儒林列传》载：伏生者，济南人也。故为秦博士。孝文帝时，欲求能治《尚书》者，天下无有，乃闻伏生能治，欲召之。是时伏生年九十余，老，不能行，于是乃诏太常使掌故朝错往受之。秦时焚书，伏生壁藏之。其后兵大起，流亡，汉定，伏生求其书，亡数十篇，独得二十九篇，即以教于齐鲁之间。学者由是颇能言尚书，诸山东大师无不涉《尚书》以教矣。

吴筠（？—778），字贞节，一作正节，华州华阴（今陕西华阴）人。《全唐诗》编其诗为一卷。

翰林院望终南山[1]

窃慕隐沦道，所欢岩穴居。谁言忝休命，遂入承明庐。

物情不可易，幽中未尝摅[2]。幸见终南山，岩峣凌太虚。

青霭长不灭，白云闲卷舒。悠然相探讨，延望空踌躇。

迹系心无极，神超兴有馀。何当解维絷[3]，永托逍遥墟。

注释：

【1】此诗为《全唐诗》第八百八十八卷第十四首。诗歌写作者在朝廷的翰林院遥望终南山，表达对终南隐居生活的向往。
【2】摅（shū）：意同抒发，发表或表示出来。
【3】维絷：系缚。羁绊。引申为挽留，羁留。

韩翃（生卒年不详），字君平，南阳（今属河南）人。《全唐诗》编其诗为三卷。

送田明府归终南别业[1]

故园此日多心赏，窗下泉流竹外云。

近馆应逢沈道士，比邻自识卞田君[2]。

离宫树影登山见，上苑钟声过雪闻。

相劝早移丹凤阙[3]，不须常恋白鸥群。

注释：

【1】此诗为《全唐诗》第二百四十五卷第三十三首。诗人送朋友回归山林居所，想象朋友回到终南山后逍遥自在的生活，表达希望朋友早日归来的愿望。
【2】卞田君：指南齐卞彬。亦借指归田的做官人。
【3】凤阙（què）：汉代宫阙名。

刘长卿(? —790?)，字文房，宣州宣城（今属安徽）人，其家久居长安。《全唐诗》编其诗为五卷。

安州道中经浐水有怀[1]

征途逢浐水，忽似到秦川[2]。借问朝天处，犹看落日边。
映沙晴漾漾，出涧夜溅溅[3]。欲寄西归恨，微波不可传。

注释：

[1]此诗为《全唐诗》第一百四十七卷第七十七首。诗人离开长安将去安州（河北定州），借写所见浐水之风景表达对长安的依恋，抒发难以言说的人生失意。
[2]秦川：古地区名。泛指今陕西、甘肃秦岭以北平原地带。
[3]溅溅：流水的声音。

韦应物（737? —?)，京兆万年(今陕西西安)人。今存《韦苏州集》，《全唐诗》编其诗为十卷。

骊山行[1]

君不见开元至化垂衣裳，厌坐明堂朝万方。访道灵山降圣祖，沐浴华池集百祥。
千乘万骑被原野，云霞草木相辉光。禁仗围山晓霜切，离宫积翠夜漏长。
玉阶寂历朝无事，碧树葳蕤[2]寒更芳。三清小鸟传仙语，九华真人奉琼浆。
下元昧爽漏恒秩，登山朝礼玄元室。翠华稍隐天半云，丹阁光明海中日。
羽旗旄节憩瑶台，清丝妙管从空来。万井九衢皆仰望，彩云白鹤方徘徊。
凭高览古嗟寰宇，造化茫茫思悠哉。秦川八水长缭绕，汉氏五陵空崔嵬。
乃言圣祖奉丹经，以年为日亿万龄。苍生咸寿阴阳泰，高谢前王出尘外。
英豪共理天下晏，戎夷詟伏兵无战。时丰赋敛未告劳，海阔珍奇亦来献。
干戈一起文武乖，欢娱已极人事变。圣皇弓剑坠幽泉，古木苍山闭宫殿。
缵承鸿业圣明君，威震六合驱妖氛。太平游幸今可待，汤泉岚岭还氤氲[3]。

注释：

[1]此诗为《全唐诗》第一百九十五卷第五首。诗歌借骊山和秦川风光极写昔日大唐的繁盛与君王的奢靡，表达对王朝衰落的惋惜和反思。
[2]葳蕤（wēi ruí）：百合科多年生草本植物。
[3]氤氲（yūn）：指阴阳二气会合之状。

忆沣上幽居[1]

一来当复去，犹此厌樊笼[2]。
况我林栖子，朝服坐南宫[3]。

唯独问啼鸟，还如沣水东。

注释：

【1】此诗为《全唐诗》第一百九十一卷第十六首。诗歌描写作者身在官场而思念沣河边幽居生活的心情，表达想要超脱红尘寻求自由的愿望。
【2】樊笼：关鸟兽的笼子。比喻受束缚不自由的境地。
【3】南宫：尚书省的别称。谓尚书省像列宿之南宫，故称。

观沣水涨[1]

夏雨万壑凑，沣涨暮浑浑。

草木盈川谷，澶漫[2]一平吞。

槎梗[3]方澜泛，涛沫亦洪翻。

北来注泾渭，所过无安源。

云岭同昏黑，观望悸心魂。

舟人空敛棹，风波正自奔。

注释：

【1】此诗为《全唐诗》第一百九十二卷第三十二首。诗人于夏日黄昏观雨后沣河涨水，描写沣河与泾渭之水相汇的磅礴气势。
【2】澶（chán）漫：宽长貌，广远貌。
【3】槎（chá）梗：树杈子。

李子卿（生卒年不详），事迹见《文苑英华》第一百八十二卷。《全唐诗》存其诗三首。

望终南春雪[1]

山势抱西秦，初年瑞雪频。

色摇鹑野霁，影落凤城春。

辉耀银峰逼，晶明玉树亲。

尚寒由气劲，不夜为光新。

荆岫全疑近，昆丘宛合邻。

馀辉[2]倘可借，回照读书人。

注释：

【1】此诗为《全唐诗》第三百零五卷第三十八首。诗歌极写春雪中终南山之巍峨和长安城的气势，两相辉映，形成雪映春城的独特风景。
【2】馀辉：傍晚的阳光。

刘复（生卒年不详），大历中登进士第。今存诗十六首。

送刘秀才南归[1]

鸟啼杨柳垂，此别千万里。古路入商山，春风生灞水。

停车落日在，罢酒离人起。蓬户[2]寄龙沙，送归情讵已。

注释：

【1】此诗为《全唐诗》第三百零五卷第十三首。一作《陈存诗》。这是一首赠别诗，表达了诗人对即将归商山的故人的依依不舍之情。
【2】蓬户：用蓬草编的门户，指穷人居住的陋室。

卢纶（约737—约799），字允言，蒲州（今山西永济）人。今存《卢户部诗集》，《全唐诗》编其诗为五卷。

送菊潭王明府[1]

组绶[2]掩衰颜，辉光里第间。晚凉经灞水，清昼入商山。

行境逢花发，弹琴见鹤还。唯应理农后，乡老贺君闲。

注释：

【1】此诗为《全唐诗》第二百七十六卷第十五首。诗歌表达了诗人对官场生活的厌倦和对安闲的田园生活的向往与热爱。
【2】组绶（shòu）：古人佩玉时用以系玉的丝带。

奉陪浑侍中上巳日泛渭河[1]

青舸锦帆开，浮天接上台。晚莺和玉笛，春浪动金罍[2]。

舟楫方朝海，鲸鲵[3]自曝腮。应怜似萍者，空逐榜人回。

注释：

【1】此诗为《全唐诗》第二百七十九卷第二十一首。三月三日上巳节，诗人陪浑侍中泛舟渭水，诗歌描写春游之奢华和风景之明丽，表达自己身如浮萍的落寞感。
【2】金罍（léi）：饰金的大型酒器。
【3】鲸鲵（ní）：即鲸。雄曰鲸，雌曰鲵。

落第后归终南别业[1]

久为名所误，春尽始归山。落羽羞言命，逢人强破颜。

交疏[2]贫病里，身老是非间。不及东溪月，渔翁夜往还。

注释：

【1】此诗为《全唐诗》第二百八十卷第三十八首。诗歌写作者落第后一落千丈的心情，表达对终南隐士生活的羡慕之情。

【2】交疏：交情疏浅，交往不深。

戴叔伦（732—789），字幼公，一作次公，润州金坛（今属江苏）人。《全唐诗》编其诗为二卷。

古意[1]

悠悠南山云，濯濯东流水。念我平生欢，托居在东里。

失既不足忧，得亦不为喜。安贫固其然，处贱宁独耻。

云闲虚我心，水清澹[2]吾味。云水俱无心，斯可长伉俪。

注释：

【1】此诗为《全唐诗》第二百七十三卷第三首。诗歌描写诗人居于南山，安于贫贱，清心寡欲，闲淡自然的心境及对高洁品质的追求。

【2】澹：恬静、安然的样子。

赋得长亭柳[1]

濯濯[2]长亭柳，阴连灞水流。雨搓金缕细，烟裹翠丝柔。

送客添新恨，听莺忆旧游[3]。赠行多折取，那得到深秋。

注释：

【1】此诗为《全唐诗》第二百七十三卷第五十首。诗歌写灞桥折柳送别的场景和心情。

【2】濯濯（zhuó）：光秃貌。

【3】旧游：昔日交游的友人。

吕渭（734—800），字君载，河中（今山西永济）人。《全唐诗》存其诗五首。

忆长安·八月[1]

忆长安，八月时，阙下天高旧仪。衣冠共颁金镜，

犀象对舞丹墀[2]。更爱终南灞上，可怜秋草碧滋。

注释：

【1】此诗为《全唐诗》第三百零七卷第三十首。这首诗写作者对长安旧日繁华景象及终南灞上美景的回忆，其中隐含着深深的感慨和淡淡的忧伤。

【2】丹墀（dān chí）：指官府或祠庙的台阶。

李端（约743—约782），字正己，赵州（今河北赵县）人。《全唐诗》编其诗为三卷。

游终南山因寄苏奉礼士尊师苗员外[1]

半岭逢仙驾，清晨独采芝。
壶中开白日，雾里卷朱旂[2]。
猿鸟知归路，松萝见会时。
鸡声传洞远，鹤语[3]报家迟。
童子闲驱石，樵夫乐看棋。
依稀醉后拜，恍惚梦中辞。
海上终难接，人间益自疑。
风尘甘独老，山水但相思。
愿得烧丹诀，流沙永待师。

注释：
【1】此诗为《全唐诗》第二百八十六卷第四十一首。这是一首游仙诗，写作者在南山所见的景色，描写有实有虚，表达了作者想要归隐山林的情感和愿望。
【2】旂(qí)：画有铃铛的旗子。
【3】鹤语：指劝人学仙。晋陶潜《搜神后记》卷一："鹤乃飞，徘徊空中而言曰：'有鸟有鸟丁令威，去家千年今始归。城郭如故人民非，何不学仙冢垒垒。'遂高上冲天。"后因以"鹤语"指劝人学仙。

戎昱（744—800），荆州（今湖北江陵）人。《全唐诗》编其诗为一卷。

过商山[1]

雨暗商山过客稀，路傍孤店闭柴扉。
卸鞍[2]良久茅檐下，待得巴人樵采归。

注释：
【1】此诗为《全唐诗》第二百七十卷第二十九首。诗歌写过商山躲雨时所见之风景，清新而亲切。
【2】卸鞍：解下马鞍。

窦牟（？—822），字贻周，京兆金陵（今陕西咸阳）人。今存诗二十一首。

望终南[1]

日爱南山好，时逢夏景残。白云兼似雪，清昼乍生寒。

九陌峰如坠，千门翠可团。欲知形胜尽，都在紫宸[2]看。

注释：
【1】此诗为《全唐诗》第二百七十一卷第四十三首。诗歌描绘终南山的各种美景。
【2】紫宸：宫殿名，天子所居。唐时为接见群臣及外国使者朝见庆贺的内朝正殿，在大明宫内。

孟郊(751—814)，字东野，湖州武康（今浙江德清）人。《全唐诗》编其诗为十卷。

商州客舍[1]

商山风雪壮，游子衣裳单。四望失道路，百忧攒肺肝。

日短觉易老，夜长知至寒。泪流潇湘弦，调苦屈宋弹。

识声今所易，识意古所难。声意今讵辨[2]，高明鉴其端。

注释：
【1】此诗为《全唐诗》第三百七十四卷第四十一首。诗歌描写诗人在外漂泊的凄苦及人生失意的孤寂。
【2】讵辨：怎么辨别。讵，岂，怎。

游终南山[1]

南山塞天地，日月石上生。

高峰夜留景[2]，深谷昼未明。

山中人自正，路险心亦平。

长风驱松柏，声拂万壑清。

到此悔读书，朝朝近浮名。

注释：
【1】此诗为《全唐诗》第三百七十五卷第十一首。诗中描绘了终南山万壑清风、清幽宜人的美景，同时以山路对比世间人心难测，表达诗人对追逐世俗浮名的悔恨之意。
【2】原注"太白峰西，黄昏后见余日"。

终南山下作[1]

见此原野秀，始知造化偏。

山村不假阴，流水自雨田。

家家梯碧峰，门门锁青烟。

因思蜕骨人[2]，化作飞桂仙。

注释：
【1】此诗为《全唐诗》第三百八十卷第二十首。诗歌写终南山的秀色和农家仙人般的悠闲生活，表达诗人渴望超脱世俗的感情。
【2】道教认为修道者不会死，而是修炼到一定程度之后魂魄脱离形骸而成仙。

游终南龙池寺[1]

飞鸟不到处，僧房终南巅。

龙在水长碧，雨开山更鲜。

步出白日[2]上，坐依清溪边。

地寒松桂短，石险道路偏。

晚磬送归客，数声落遥天。

注释：
【1】此诗为《全唐诗》第三百七十五卷第十二首。诗歌写作者游览龙池寺时所看到的美景，同时也体现了作者对红尘之外的闲适生活的热爱。
【2】白日：指太阳。此句写终南山之高。

欧阳詹（757—802），字行周，泉州晋江（今属福建）人。《全唐诗》编其诗为一卷。

题秦岭[1]

南下斯须[2]隔帝乡，北行一步掩南方。

悠悠烟景两边意，蜀客秦人各断肠。

注释：
【1】此诗为《全唐诗》第三百四十九卷第五十六首。诗歌写出了秦岭与巴山相连的地理面貌，表达了离家与离京进退两难的矛盾心理。
【2】斯须：未几，没有多久。

权德舆(759—818)，字载之，天水略阳（今甘肃秦安）人，居于润州丹阳（今江苏丹阳）。《全唐诗》编其诗为一卷。

渭水[1]

吕叟年八十，皤[2]然持钓钩。意在静天下，岂唯食营丘[3]。

师臣有家法，小白犹尊周。日暮驻征策，爱兹清渭流。

注释：

【1】此诗为《全唐诗》第三百二十五卷第二十八首。诗人临渭水而生感慨，诗歌歌颂姜太公的贤能和周文王的英明。
【2】皤（pó）：形容老人须发雪白。
【3】营丘：古邑名。在今山东省淄博市临淄北，以营丘山而得名。周武王封吕尚于齐，建都于此。后改名临淄。

张元宗（生卒年不详），今存诗二首。

望终南山[1]

红尘白日长安路，马足车轮不暂闲。

唯有茂陵多病客，每来高处望南山。

注释：

【1】此诗为《全唐诗》第五百四十二卷第十首。诗中写身处长安繁华中的人们无暇顾及南山景色，而自己穷困潦倒，只能经常到高处望南山，表达了人生失意、意欲归隐的心情。

韩愈（768—825），字退之，河阳（今河南孟县）人。有《昌黎先生集》四十卷，《全唐诗》编其诗为十卷。

左迁至蓝关示侄孙湘[1]

一封朝奏九重天，夕贬潮州路八千。

欲为圣朝除弊事，肯将衰朽惜残年。

云横秦岭家何在，雪拥蓝关[2]马不前。

知汝远来应有意，好收吾骨瘴江边[3]。

注释：

【1】此诗为《全唐诗》第三百四十四卷第三十六首。湘，愈侄十二郎之子。诗为作者在贬谪潮州途中创作的一首七言律诗，抒发了其内心的郁愤及要除去朝廷弊政的决心，同时也流露出前途未卜的感伤情绪。
【2】蓝关：蓝田关。在今陕西省蓝田县东南。
【3】瘴江边：充满瘴气的江边，指贬所潮州。

华山女[1]

街东街西讲佛经，撞钟吹螺闹宫庭。

广张罪福资诱胁，听众狎恰[2]排浮萍。

黄衣道士亦讲说，座下寥落如明星。

华山女儿家奉道，欲驱异教归仙灵。

洗妆拭面著冠帔，白咽红颊长眉青。

遂来升座演真诀，观门不许人开扃。
不知谁人暗相报，訇然振动如雷霆。
扫除众寺人迹绝，骅骝【3】塞路连辎軿。
观中人满坐观外，后至无地无由听。
抽簪脱钏解环佩，堆金叠玉光青荧。
天门贵人传诏召，六宫愿识师颜形。
玉皇颔首许归去，乘龙驾鹤去青冥。
豪家少年岂知道，来绕百匝脚不停。
云窗雾阁事恍惚，重重翠幕深金屏。
仙梯难攀俗缘重，浪凭青鸟通丁宁。

注释：
【1】此诗为《全唐诗》第三百四十一卷第五首。诗歌描写了当时佛道盛行的现实，以含蓄的笔触揭露佛道的虚伪性和欺骗性，讽刺上自君王下至百姓的愚昧。
【2】狎恰：密集、拥挤貌。
【3】骅骝：赤色的骏马。

次潼关先寄张十二阁老使君[1]

荆山【2】已去华山来，日出潼关四扇开。
刺史莫辞迎候远，相公亲破蔡州回【3】。

注释：
【1】此诗为《全唐诗》第三百四十四卷第二十三首。次：驻军。张十二阁老使君：即张贾，时任华州刺史，故称使君；他曾在门下省做过给事中，当时通行将中书、门下二省的官员称为"阁老"。这首诗写于淮西大捷后作者随军凯旋途中。当时唐军抵达潼关，即将向华州进发。作者以行军司马身份写成此诗，由快马递交华州刺史张贾，一则抒发胜利豪情，一则通知对方准备犒军。
【2】荆山：又名覆釜山，在今河南省灵宝境内，潼关之东，距潼关西面的华山二百余里。
【3】"莫辞迎候远"二句：因华州距潼关尚有一百二十里，故云莫辞远。相公：指平淮大军统帅、宰相裴度。蔡州：淮西藩将吴元济的大本营。元和十二年（816）十月，唐军破蔡州，生擒吴元济。

奉酬卢给事云夫四兄曲江荷花行见寄并呈上钱七兄阁老张十八助教[1]

曲江千顷秋波净，平铺红云盖明镜。
大明宫中给事归，走马来看立不正。
遗我明珠九十六，寒光映骨睡骊目。
我今官闲得婆娑【2】，问言何处芙蓉多。

撑舟昆明[3]度云锦，脚敲两舷叫吴歌。

太白山高三百里，负雪崔嵬插花里。

玉山前却不复来，曲江汀滢水平杯。

我时相思不觉一回首，天门九扇相当开。

上界真人足官府，岂如散仙鞭笞鸾凤终日相追陪。

注释：

【1】此诗为《全唐诗》第三百四十二卷第九首。卢给事云夫四兄：卢汀，字云夫，排行四。韩愈为人所谮，由中书舍人降官为太子右庶子。秋，作此诗，表达其内心的愤懑。
【2】婆娑：盘旋舞动的样子。
【3】昆明：指唐长安的昆明池。

南山有高树行赠李宗闵[1]

南山有高树，花叶何衰衰。上有凤凰巢[2]，凤凰乳且栖。

四旁多长枝，群鸟所托依。黄鹄据其高，众鸟接其卑。

不知何山鸟，羽毛有光辉。飞飞择所处，正得众所希。

上承凤凰恩，自期永不衰。中与黄鹄群，不自隐其私。

下视众鸟群，汝徒竟何为。不知挟丸子[3]，心默有所规。

弹汝枝叶间，汝翅不觉摧。或言由黄鹄[4]，黄鹄岂有之。

慎勿猜众鸟，众鸟不足猜。无人语凤凰，汝屈安得知。

黄鹄得汝去，婆娑弄毛衣。前汝下视鸟，各议汝瑕疵。

汝岂无朋匹，有口莫肯开。汝落蒿艾间，几时复能飞。

哀哀故山友，中夜思汝悲。路远翅翎短，不得持汝归。

注释：

【1】此诗为《全唐诗》第三百四十一卷第十七首。诗人以鸟为喻，写出了复杂的政治斗争，并为李宗闵鸣不平。
【2】凤凰巢：喻中书省。凤凰指宰相。
【3】挟丸子：《战国策·楚策四》："黄雀不知夫公子王孙，左挟弹，右摄丸，将加己乎十初之上。"这里疑指元稹、李绅。史称元稹与李宗闵有隙，长庆元年钱徽典贡举，李宗闵托所亲于钱徽，李德裕、李绅、元稹乃弹劾钱徽接受请托，取士不公，李宗闵坐贬剑州刺史。
【4】黄鹄：俗称天鹅。这里疑指李德裕。他当时也是中书舍人，有宠于穆宗。

游城南十六首·把酒[1]

扰扰[2]驰名者，谁能一日闲。

我来无伴侣，把酒对南山。

注释：
【1】此诗为《全唐诗》第三百四十三卷第七十四首。诗人忙于公务，偷得一日闲暇游城南风景，把酒对南山之惬意跃然纸上。
【2】扰扰：纷乱貌，烦乱貌。

薛涛（？—832），字洪度，长安（今陕西西安）人。《全唐诗》编其诗为一卷。

别李郎中[1]

花落梧桐凤别凰，想登秦岭更凄凉[2]。

安仁[3]纵有诗将赋，一半音词杂悼亡。

注释：
【1】此诗为《全唐诗》第八百零三卷第二十四首。此诗至今尚无确解，但有疑为薛涛的恋情诗。
【2】诗人本是长安人，因父亲薛郧做官而来到蜀地，父亲死后薛涛居于成都，未曾再返长安。成都望江楼公园有薛涛墓。此两句写自己的飘零和对长安的思念。
【3】安仁：潘岳，字安仁，西晋文学家。祖籍荥阳中牟（今属河南），为文词藻艳丽，尤长哀诔。其《悼亡》诗三首，为世传诵。

张籍（766？—830？），字文昌，吴郡（今江苏苏州）人，后迁居和州乌江（今安徽和县）。《全唐诗》编其诗为五卷。

登咸阳北寺楼[1]

高秋原上寺，下马一登临。渭水西来直，秦山南向深。

旧宫人不住，荒碣[2]路难寻。日暮凉风起，萧条多远心。

注释：
【1】此诗为《全唐诗》第三百八十四卷第五十首。一作《登感化寺楼》。全诗通过登咸阳北寺楼所见之秦地风景，渲染了凄清冷寂的气氛。
【2】碣（jié）：圆顶的石碑。

王建（约766—？），字仲初，关辅（今属陕西）人。《全唐诗》编其诗为六卷。

御猎[1]

青山直绕凤城[2]头，浐水斜分入御沟[3]。

新教内人唯射鸭，长随天子苑东游。

注释：
【1】此诗为《全唐诗》第三百零一卷第二十九首。诗歌写随天子打猎的情景。
【2】凤城：京都的美称。
【3】御沟：流经宫苑的河道。

贾岛（779—843），字浪仙，一作阆仙，自称碣石山人、苦吟客。《全唐诗》编其诗为四卷。

马戴居华山因寄 [1]

玉女洗头盆，孤高不可言。

瀑流莲岳顶，河注华山根。

绝雀林藏鹘，无人境有猿。

秋蟾[2]才过雨，石上古松门。

注释：

【1】此诗为《全唐诗》第五百七十三卷第五十四首。这首诗描写了华山的奇特风景，表达了诗人对悠闲安适的隐居生活的喜爱和向往。
【2】秋蟾：指秋天的明月。

忆江上吴处士 [1]

闽国扬帆后，蟾蜍[2]亏复团。

秋风生渭水，落叶满长安。

此地聚会夕，当时雷雨寒。

兰桡[3]殊未返，消息海云端。

注释：

【1】此诗为《全唐诗》第五百七十二卷第九十首。诗人在长安念友而作，表达相思之情。诗歌将长安秋景写得出神入化，故"秋风生渭水，落叶满长安"成为名句。
【2】蟾蜍：指月亮。
【3】兰桡（ráo）：小舟的美称。

冬月长安雨中见终南雪 [1]

秋节新已尽，雨疏露山雪。

西峰稍觉明，残滴犹未绝。

气侵瀑布水，冻著白云穴。

今朝灞浐雁，何夕潇湘月。

想彼石房人，对雪扉[2]不闭。

注释：

【1】此诗为《全唐诗》第五百七十一卷第二十九首。长安落雨，终南积雪，遂成奇观。诗人想象终南山雪中隐居者的生活情境。

【2】扉：本义为门扇，引申为房屋。这里用的是它的本义。

寄龙池寺贞空二上人[1]

受请终南住，俱妨去石桥。林中秋信绝，峰顶夜禅遥。

寒草烟藏虎，高松月照雕。霜天期[2]到寺，寺置即前朝。

注释：

【1】此诗为《全唐诗》第五百七十二卷第二十五首。诗歌是写给龙池寺僧人的，表现其所处环境之静谧与心境之超脱。
【2】期：会也，指约会。

题青龙寺镜公房[1]

一夕曾留宿，终南摇落时。孤灯冈舍掩，残磬雪风吹。

树老因寒折，泉深出井迟。疏慵[2]岂有事，多失上方期。

注释：

【1】此诗为《全唐诗》第五百七十二卷第五十八首。全诗着意烘托老僧居处的寂寥与幽静，表达对僧人道行的敬仰。
【2】疏慵：疏懒，疏散。

过雍秀才居[1]

夏木鸟巢边，终南岭色鲜。就凉安坐石，煮茗汲邻泉。

钟远清霄半，蜩[2]稀暑雨前。幽斋如葺罢，约我一来眠。

注释：

【1】此诗为《全唐诗》第五百七十二卷第八十四首。这首诗写的是终南山的美景，同时表现了作者对悠闲安适的隐居生活的向往。
【2】蜩（tiáo）：古书上指蝉。

吕温（771—811），字和叔，一字化光，河中（今山西永济）人，居洛阳。《全唐诗》编其诗为二卷。

终南精舍月中闻磬声诗[1]

月峰禅室掩，幽磬静昏氛。

思入空门妙，声从觉路闻。

泠泠满虚壑，杳杳出寒云。

天籁【2】疑难辨，霜钟谁可分。

偶来游法界，便欲谢人群。

竟夕听真响，尘心自解纷。

注释：

【1】此诗为《全唐诗》第三百七十卷第二首。题中用韵，六十字成。诗歌写作者听到终南山寺院的钟声所引发的禅思。
【2】天籁：指自然界的风声、水声、鸟鸣等声响。

李涉（生卒年不详），自号清溪子，洛阳（今属河南）人。《全唐诗》编其诗为一卷。

题温泉【1】

能使时平四十春，开元圣主得贤臣。

当时姚宋并燕许【2】，尽是骊山从驾人。

注释：

【1】此诗为《全唐诗》第四百七十七卷第三十四首。诗歌借题写骊山温泉表达对开元时明君和贤臣的称颂，以及对开元盛世的礼赞，同时也是对唐王朝衰落的反思与感慨。
【2】"当时姚宋并燕许"：姚宋，指的是姚崇、宋璟，皆开元年间贤相。燕许，指燕国公张说、许国公苏颋，二人乃玄宗朝的文章圣手。

陆畅（生卒年不详），字达夫，吴郡吴县（今苏州）人。《全唐诗》录存其诗一卷。

游城东王驸马亭【1】

城外无尘水间松，秋天木落见山容。

共寻萧史【2】江亭去，一望终南紫阁峰。

注释：

【1】此诗为《全唐诗》第四百七十八卷第十四首。诗歌写游城东王驸马亭所见郊外情景，表达心怀山林的追求。
【2】萧史：据汉代刘向《列仙传·萧史》中说：萧史善吹箫，作凤鸣。秦穆公以女弄玉妻之，作凤楼，教弄玉吹箫，感凤来集，弄玉乘凤、萧史乘龙，夫妇同仙去。

刘得仁（生卒年不详），相传为公主之子。《全唐诗》编其诗为二卷。

秋晚与友人游青龙寺【1】

高视终南秀，西风度阁凉。一生同隙影【2】，几处好山光。

暮鸟投赢木【3】，寒钟送夕阳。因居话心地，川冥宿僧房。

注释：

【1】此诗为《全唐诗》第五百四十四卷第九十一首。诗歌写作者与友人游青龙寺时所见到的美景，抒发作者清净高雅的追求和暮年苍凉的心境。
【2】隙影：指时间短暂。
【3】赢木：老树。

平曾（生卒年不详），今存诗三首。

谒李相不遇[1]

老夫三日门前立，珠箔银屏[2]昼不开。

诗卷却抛书袋里，正如闲看华山来。

注释：

【1】此诗为《全唐诗》第五百零八卷第四十二首。平曾谒华州李相（固言）而不遇，故吟诗一首而去。
【2】珠箔银屏：装饰华美的珠帘和屏风。

白居易（772—846），字乐天，晚号香山居士、醉吟先生，祖籍太原，后迁居下邽（今陕西渭南）。有《白氏长庆集》传世。

蓝桥驿见元九诗[1]

蓝桥春雪君归日，秦岭秋风我去时。

每到驿亭先下马，循墙绕柱觅君诗。

注释：

【1】此诗为《全唐诗》第四百三十八卷第五十二首。815年，元稹自唐州奉召还京，道经蓝桥驿，在驿亭壁上留下一首名为《留呈梦得子厚致用》的七律。八个月后，白居易自长安贬江州，经过这里，读到元稹这首诗感慨万千，写下这首绝句，表达与元稹深厚的情谊。

旅次华州，赠袁右丞[1]

渭水绿溶溶，华山青崇崇。

山水一何丽，君子在其中。

才与世会合，物随诚感通。

德星降人福，时雨助岁功。

化行人无讼，囹圄[2]千日空。

政顺气亦和，黍稷[3]三年丰。

客自帝城来，驱马出关东。

爱此一郡人，如见太古风。

方今天子心，忧人正忡忡。

安得天下守，尽得如袁公。

注释：

【1】此诗为《全唐诗》第四百二十八卷第二十八首。诗中写作者旅居华州时看到的山水美景和祥和的社会景象，因此以诗赠予袁右丞，表达对他的人品和政治才能的赞美。
【2】囹圄：指监狱。
【3】黍稷：谷物。

仙娥峰下作[1]

我为东南行，始登商山道。商山无数峰，最爱仙娥好。

参差树若插，匼匝[2]云如抱。渴望寒玉泉，香闻紫芝草。

青崖屏削碧，白石床铺缟。向无如此物，安足留四皓。

感彼私自问，归山何不早。可能尘土中，还随众人老。

注释：

【1】此诗为《全唐诗》第四百三十三卷第三十八首。诗中写诗人行经商山所见到的仙娥峰美景，于是生出归山的念头。
【2】匼（kē）匝：周匝围绕。

宿阳城驿对月[1]

亲故寻回驾，妻孥[2]未出关。

凤凰池[3]上月，送我过商山。

注释：

【1】此诗为《全唐诗》第四百四十三卷第二首。诗歌写作者独自于驿站望月，表达了对妻儿的思念之情。
【2】妻孥：指妻子和孩子。
【3】凤凰池：池水的美称。

答崔十八[1]

劳将白叟比黄公[2]，今古由来事不同。

我有商山君未见，清泉白石在胸中。

注释：

【1】此诗为《全唐诗》第四百五十卷第二十五首。诗人以商山四皓自比，表达其对高洁人品的追求。

【2】黄公：夏黄公，商山四皓之一。

骊宫高·美天子重惜人之财力也[1]

高高骊山上有宫，朱楼紫殿三四重。

迟迟兮春日，玉甃[2]暖兮温泉溢。

袅袅兮秋风，山蝉鸣兮宫树红。

翠华不来岁月久，墙有衣兮瓦有松。

吾君在位已五载，何不一幸乎其中。

西去都门几多地，吾君不游有深意。

一人出兮不容易，六宫从兮百司备。

八十一车千万骑，朝有宴饫[3]暮有赐。

中人之产数百家，未足充君一日费。

吾君修己人不知，不自逸兮不自嬉。

吾君爱人人不识，不伤财兮不伤力。

骊宫高兮高入云，君之来兮为一身，君之不来兮为万人。

注释：
【1】此诗为《全唐诗》第四百二十七卷第一首。这首诗为白居易的政治讽喻诗，指责唐玄宗不为百姓着想，而为美人奢靡，浪费大量国家财物的行径。
【2】玉甃（zhòu）：这里指汤池。
【3】宴饫（yù）：犹宴饮。

渭上偶钓[1]

渭水如镜色，中有鲤与鲂[2]。

偶持一竿竹，悬钓在其傍。

微风吹钓丝，袅袅十尺长。

谁知对鱼坐，心在无何乡[3]。

昔有白头人，亦钓此渭阳。

钓人不钓鱼，七十得文王。

况我垂钓意，人鱼又兼忘。

无机两不得，但弄秋水光。

兴尽钓亦罢，归来饮我觞。

注释：

【1】此诗为《全唐诗》第四百二十九卷第三首。诗歌借写姜太公渭水之滨垂钓而得以重用的故事，对比自己垂钓渭水、人鱼两忘的无心，实则表达不为君王所用的感慨。
【2】魴：鱼名。鳊鱼的古称。
【3】无何乡："无何有之乡"的省称，指空无所有的地方。多用以指空洞而虚幻的境界或梦境。语出《庄子集释》卷一上《内篇·逍遥游》"何不树之于无何有之乡"。

和刘郎中望终南山秋雪[1]

遍览古今集，都无秋雪诗。阳春先唱后，阴岭未消时。

草讶霜凝重，松疑鹤散迟。清光莫独占，亦对白云司。

注释：

【1】此诗为《全唐诗》第四百四十九卷第十一首。这是一首唱和诗，写作者对终南山秋雪的讶异和欢喜。

过天门街[1]

雪尽终南又欲春，遥怜翠色对红尘。

千车万马九衢[2]上，回首看山无一人。

注释：

【1】此诗为《全唐诗》第四百三十六卷第四十二首。诗歌讽刺了京城之中的人皆忙于追逐名利，无人欣赏自然之美。
【2】九衢：四通八达的大道，此指长安街道。

和元八侍御升平新居四绝句·累土山[1]

堆土渐高山意出，终南移入户庭间。

玉峰[2]蓝水应惆怅，恐见新山望旧山。

注释：

【1】此诗为《全唐诗》第四百三十八卷第二十七首。诗是作者为元八侍御乔迁新居所作。侍御：监察部门的官职。元八：元升平排行第八。累土山：积土成山。
【2】玉峰：指蓝田山的玉峰。

钱起（710？—782），字仲文，湖州（今属浙江）人。《全唐诗》编其诗为四卷。

登秦岭半岩遇雨[1]

屏翳忽腾气，浮阳惨无晖。

千峰挂飞雨，百尺摇翠微。

震电闪云径，奔流翻石矶。

倚岩假松盖，临水羡荷衣。

不得采苓[2]去，空思乘月归。

且怜东皋上，水色侵荆扉。

注释：

【1】此诗为《全唐诗》第二百三十六卷第五十四首。写雨中秦岭水色和山色，表达诗人对隐居生活的向往。
【2】苓：草药名，即大苦。《毛传》："苓，大苦也。"沈括《梦溪笔谈》："此乃黄药也。其味极苦，谓之大苦。"

自终南山晚归[1]

采苓日往还，得性非樵隐。

白水到初阔，青山辞尚近。

绝境胜无倪[2]，归途兴不尽。

沮溺[3]时返顾，牛羊自相引。

逍遥不外求，尘虑从兹泯。

注释：

【1】此诗为《全唐诗》第二百三十六卷第四十首。作者写从终南山采苓返回时在路上所见的美景及自己不被世俗所困的愉快心情。
【2】倪：涯际，边际。
【3】沮溺：指隐士。钱穆《论语新解》："（长沮、桀溺）两隐者，姓名不传。"长沮，传说中春秋时楚国的隐士。桀溺，春秋时隐者。亦泛指隐士。

晚过横灞寄张蓝田[1]

乱水东流落照时，黄花[2]满径客行迟。

林端忽见南山色，马上还吟陶令[3]诗。

注释：

【1】此诗为《全唐诗》第二百三十九卷第一百零六首。诗歌写黄昏时灞水与终南山色，取陶渊明"采菊东篱下，悠然见南山"之意，以表达渴望隐居之心。
【2】黄花：指菊花。

【3】陶令：指诗人陶渊明。

刘禹锡（772—842），字梦得，洛阳（今河南洛阳）人。有《刘梦得文集》，《全唐诗》编其诗为十二卷。

洛滨病卧户部李侍郎见惠药物谑以文星之句斐然仰谢[1]

隐几支颐[2]对落晖，故人书信到柴扉。

周南留滞商山老，星象如今属少微[3]。

注释：

【1】此诗为《全唐诗》第三百六十五卷第一百一十九首。诗人卧病，友人赠药，诗歌以戏谑的语言表达感激之情。
【2】颐：颊；腮。
【3】少微：星座名，共四星，在太微垣西南。这里指"处士"。

终南秋雪[1]

南岭见秋雪，千门生早寒。闲时驻马望，高处卷帘看。

雾散琼枝出，日斜铅粉残。偏宜曲江上，倒影入清澜[2]。

注释：

【1】此诗为《全唐诗》第三百五十七卷第六十一首。这首诗写终南山秋雪之后的美丽景色。
【2】清澜：清澈的水。

柳宗元（773—819），字子厚，祖籍河东（今山西永济），故世称柳河东、河东先生。有《河东先生集》。

乐府杂曲·鼓吹铙歌·泾水黄[1]

泾水黄，陇野茫。负太白，腾天狼。有鸟鸷立，羽翼张。

钩喙决前，钜趯[2]傍；怒飞饥啸，翾不可当。老雄死，子复良。

巢岐饮渭，肆翱翔。顿地纮[3]，提天纲。列缺掉帜，招摇耀铓。

鬼神来助，梦嘉祥。脑涂原野，魂飞扬。星辰复，恢一方。

注释：

【1】此诗为《全唐诗》第十七卷第四十七首。诗写秦王李世民率师平定叛逆薛举父子之事。
【2】趯（ti）：跳跃的样子。
【3】地纮（hóng）：犹地维。

独孤申叔（776—802），字子重，洛阳（今属河南）人。《全唐诗》存诗一首。

终南精舍月中闻磬[1]

精庐残夜景，天宇灭埃氛。幽磬此时击，馀音几处闻。

随风树杪[2]去，支策月中分。断绝如残漏，凄清不隔云。

羁人方罢梦，独雁忽迷群。响尽河汉落，千山空纠纷。

注释：

【1】此诗为《全唐诗》第四百七十卷第十四首。诗歌描写诗人居于禅寺，夜闻钟磬之声回荡于山林中，感受到了自然的清幽寂静，沉迷于世俗的心灵顿时被唤醒了。
【2】树杪：树梢。

元稹（779—831），字微之，别字威明。世居京兆万年（今陕西西安）。《全唐诗》编其诗为二十八卷。

松树[1]

华山高幢幢，上有高高松。株株遥各各，叶叶相重重。

槐树夹道植，枝叶俱冥蒙。既无贞直干，复有罥[2]挂虫。

何不种松树，使之摇清风。秦时已曾种，憔悴种不供。

可怜孤松意，不与槐树同。闲在高山顶，蟠盘虺与龙。

屈为大厦栋，庇荫侯与公。不肯作行伍，俱在尘土中。

注释：

【1】此诗为《全唐诗》第三百九十六卷第六首。华山多松树，依石而生，成为奇观。这首诗以华山松树的卓然独立，表达作者洁身自好的节操。
【2】罥：本义指捕捉小动物的网，引申为用绳索绊取。

感梦[1]

行吟[2]坐叹知何极，影绝魂销动隔年。

今夜商山馆中梦，分明同在后堂前。

注释：

【1】此诗为《全唐诗》第四百零四卷第十二首。诗写的是作者的梦境，表达作者在外漂泊的孤苦和对友人的思念。
【2】行吟：边行走边歌唱。

西归绝句十二首（其二）[1]

五年江上损容颜，今日春风到武关[2]。

两纸京书临水读，小桃花树满商山。

注释：
【1】此诗为《全唐诗》第四一十四卷第十七首。诗歌表现了作者应召回京的喜悦，商山美景也尽在其中。
【2】武关：位于丹凤县东武关河的北岸，与函谷关、萧关、大散关合称"秦之四塞"。

姚合（781？—846），吴兴（今浙江湖州）人。《全唐诗》编其诗为七卷。

游终南山[1]

策杖度溪桥，云深步数劳。青猿吟岭际，白鹤坐松梢。

天外浮烟远，山根野水交。自缘名利系，好此结蓬茆[2]。

注释：
【1】此诗为《全唐诗》第五百卷第十七首。全诗通过对终南山景致的赞美，表达了作者淡泊名利的性格及对隐逸生活的向往。
【2】蓬茆（máo）：指蓬草和茅草，比喻低微、贫贱。

李贺（790—816），字长吉，福昌（今河南宜阳）人。《全唐诗》编其诗为五卷。

神弦[1]

女巫浇酒云满空，玉炉炭火香冬冬。海神山鬼来座中，纸钱窸窣[2]鸣旋风。

相思木帖金舞鸾，攒蛾[3]一啑重一弹。呼星召鬼歆杯盘，山魅食时人森寒。

终南日色低平湾，神兮长在有无间。神嗔神喜师更颜，送神万骑还青山。

注释：
【1】此诗为《全唐诗》第三百九十三卷第四十首。神弦：即神弦歌，乐府旧题，原是民间祭神时用的乐曲，意在"弦歌娱神"。诗歌详细描写了请神送神的过程。
【2】窸窣：轻微细碎的声音。这里是指烧纸钱的声音。
【3】攒蛾：紧皱眉头。

许浑（约791？—？），字用晦，一作仲晦，祖籍安州安陆（今属湖北）。自编诗集《丁卯集》。

灞上逢元九处士东归[1]

瘦马频嘶灞水寒，灞南高处望长安。

何人更结王生袜【2】，此客虚弹贡氏冠。

江上蟹螯【3】沙渺渺，坞中蜗壳雪漫漫。

旧交已变新知少，却伴渔郎把钓竿。

注释：

【1】此诗为《全唐诗》第五百三十四卷第三十七首。诗人在灞桥逢元稹东归写下此诗，诗歌描写了灞桥清冷的风景并为元稹鸣不平，表达其无限的感慨。
【2】王生袜：汉廷尉张释之，尝与公卿聚会，处士王生袜解，使释之结袜。公卿责王生辱廷尉，王生曰："吾故聊使结袜，欲以重之。"诸公闻之，贤王生而重释之。事见《汉书·张释之传》，后用为礼贤下士之典。
【3】蟹螯（áo）：螃蟹变形的第一对脚。状似钳，用以取食或自卫。

贻终南山隐者【1】

中岩多少隐，提榼【2】抱琴游。

潭冷薜萝晚，山香松桂秋。

瓢闲高树挂，杯急曲池流。

独有迷津客【3】，东西南北愁。

注释：

【1】此诗为《全唐诗》第五百三十一卷第三十首。诗歌写终南山隐者的安闲自在，与终日忙碌于红尘俗世的人形成强烈的反差。
【2】提榼（kē）：手提酒壶或酒器。榼，指酒器。
【3】迷津客：找不到渡口的人。这里指陷落红尘、为名利所累的人。

行次潼关题驿后轩【1】

飞阁极层台，终南此路回。山形朝阙【2】去，河势抱关来。

雁过秋风急，蝉鸣宿雾开。平生无限意，驱马任尘埃。

注释：

【1】此诗为《全唐诗》第五百二十八卷第三十三首。诗人从故乡润州丹阳（今属江苏）第一次到长安去，途经潼关，为其山川形势和自然景物所吸引，写下了这首气势雄浑的诗歌。
【2】朝阙：宫阙，指朝廷。

朱庆馀（生卒年不详），名可久，越州（今浙江绍兴）人。《全唐诗》存其诗二卷。

商州王中丞留吃枳壳 [1]

方物就中名最远，只应愈疾味偏佳。

若交尽乞人人与，采尽商山枳壳[2]花。

注释：

【1】此诗为《全唐诗》第五百一十五卷第七十五首。诗歌写商山一种独特的植物——枳壳，并写出了那里的人吃枳壳的习惯。
【2】枳壳（zhǐ qiào）：是一种茴香科植物。

韩琮（生卒年不详），字成封。《全唐诗》编其诗为一卷。

暮春浐水送别 [1]

绿暗红稀[2]出凤城[3]，暮云楼阁古今情。

行人莫听宫前水，流尽年光是此声。

注释：

【1】此诗为《全唐诗》第五百六十五卷第十九首。一作《暮春送客》。这是一首送别诗，写离别京城的感伤，并感叹时光的流逝。
【2】绿暗红稀：形容暮春时绿荫幽暗、红花凋谢的景象。
【3】凤城：京都的美称。

杜牧（803—853），字牧之，号樊川居士，京兆万年（今陕西西安）人。《全唐诗》编其诗为八卷。

入商山 [1]

早入商山百里云，蓝溪桥下水声分。

流水旧声人旧耳，此回呜咽[2]不堪闻。

注释：

【1】此诗为《全唐诗》第五百二十三卷第六十一首。诗人将商州山上云、蓝溪桥下水写得极为动人，但心境不同，感觉亦不同。
【2】呜咽：形容水声如低声的哭泣。

过骊山作 [1]

始皇东游出周鼎，刘项[2]纵观皆引颈。

削平天下实辛勤，却为道傍穷百姓。

黔首[3]不愚尔益愚，千里函关囚独夫。

牧童火入九泉底，烧作灰时犹未枯。

注释：

【1】此诗为《全唐诗》第五百二十卷第十八首。这是一首咏史诗，借写秦朝的灭亡以讽喻当时社会。
【2】刘项：刘邦和项羽。
【3】黔首：中国战国时期和秦代对百姓的称呼，后泛指百姓。

秋晚与沈十七舍人期游樊川不至[1]

邀侣以官解[2]，泛然[3]成独游。

川光初媚日，山色正矜秋。

野竹疏还密，岩泉咽复流。

杜村连滈水[4]，晚步见垂钩。

注释：

【1】此诗为《全唐诗》第五百二十一卷第十一首。沈十七舍人：沈洵。樊川：水名，在长安东南，杜牧家有别墅在此。据《杜牧年谱》，诗作于大中六年(852)。与朋友相约游樊川，朋友爽约，诗歌写独游所见之美景及悠闲自得的心情。
【2】以官解：因公务而失约。解，全诗校："一作绊。"
【3】泛然：悠闲自得貌。
【4】杜村：指杜曲一带村落。滈水：即沈水，发源于西安南秦岭，分为二支，一流入渭水，一注入泮水。

赠终南兰若僧[1]

北阙南山是故乡，两枝仙桂一时芳[2]。

休公都不知名姓，始觉禅门气味长。

注释：

【1】此诗为《全唐诗》第五百二十四卷第五十一首。兰若：寺院，梵语"阿兰若"的省称，指寂静、无苦恼烦乱之处。诗赠终南山兰若僧，表达对其淡然处之的人生态度的赞赏。
【2】两枝仙桂：指自己在一年之内既考中进士，又通过吏部考试登科。仙桂，指科举及第，典出《晋书》："武帝于东堂会送，问诜曰：'卿自以为何如？'诜对曰：'臣举贤良对策，为天下第一，犹桂林之一枝，昆山之片玉。'"后以折桂比喻科举及第。

段成式（？—863），字柯古，祖籍邹平（今属山东），后家居荆州（今湖北江陵）。《全唐诗》编其诗为一卷。

题商山庙[1]

偶出云泉谒礼闱[2]，篇章曾沐汉皇知。

无谋静国东归去，羞过商山四老祠。

注释：

【1】此诗为《全唐诗》第五百八十四卷第二十三首。诗歌借写商山四皓辅佐汉朝来表达自己人生不得意的愤懑。
【2】礼闱：指古代科举考试之会试，因其由礼部主办，故称礼闱。

温庭筠（yún）（812？—870？），本名岐，字飞卿，祁县（今属山西太原）人。《全唐诗》编其诗为九卷。

华阴韦氏林亭[1]

自有林亭不得闲，陌尘宫树是非间。

终南长在茅檐外，别向人间看华山。

注释：

【1】此诗为《全唐诗》第五百七十九卷第十首。诗歌以终南山、华山与尘世相对，表达对世俗社会的厌倦及对山林生活的向往。

早春浐水送友人[1]

青门[2]烟野外，渡浐送行人。鸭卧溪沙暖，鸠鸣社树[3]春。

残波青有石，幽草绿无尘。杨柳东风里，相看泪满巾。

注释：

【1】此诗为《全唐诗》第五百八十三卷第二十二首。此为送别诗，表现惜别的同时，着意描写了浐水一带的美丽风景。
【2】青门：汉青门外有霸桥，汉人送客至此桥，折柳赠别。见《三辅黄图·桥》。后因以"青门"泛指游冶、送别之处。
【3】社树：古代封土为社，各随其地所宜种植树木，称社树。

商山早行[1]

晨起动征铎[2]，客行悲故乡。

鸡声茅店月，人迹板桥霜。

槲【3】叶落山路，枳花明驿墙。

因思杜陵梦，凫雁满回塘。

注释：
【1】此诗为《全唐诗》第五百八十一卷第二十一首。诗歌描写了旅途中寒冷凄清的早行景色，抒发了游子在外的孤寂之情和浓浓的思乡之意，字里行间流露出人在旅途的失意和无奈。
【2】征铎（duó）：车行时悬挂在马颈上的铃铛。
【3】槲（hú）：陕西山阳县生长的一种落叶乔木。叶子在冬天虽枯而不落，春天树枝发芽时才落。每逢端午用这种树叶包出的槲叶粽也是当地一大特色。

李商隐（813—858），字义山，号玉溪生，河内怀州（今河南沁阳）人。《全唐诗》编其诗为三卷。

骊山有感[1]

骊岫飞泉泛暖香，九龙呵护玉莲房。

平明每幸长生殿，不从金舆惟寿王【2】。

注释：
【1】此诗为《全唐诗》第五百四十卷第六十六首。诗歌表现唐明皇娇宠杨玉环，将儿媳据为己有的史实，含蓄地表达了作者对于当时政治的反思。
【2】寿王：唐玄宗之子李瑁。杨玉环曾是寿王妃。

灞岸[1]

山东今岁点行【2】频，几处冤魂哭虏尘。

灞水桥边倚华表，平时二月有东巡【3】。

注释：
【1】此诗为《全唐诗》第五百三十九卷第一百七十七首。这是李商隐的一首政治诗，写诗人在灞水桥边所见征兵的情景，表达对统治者穷兵黩武的批判。
【2】点行：按名册抽丁出征。
【3】二月有东巡：《书·舜典》："岁二月，东巡守。"此句"二月"系用典，非实际作诗之时。

李频（？—876），字德新，睦州寿昌（今属浙江）人。《全唐诗》编其诗为三卷。

华山寻隐者[1]

自入华山居，关东相见疏。

瓢中【2】谁寄酒，叶上我留书。

巢鸟寒栖尽，潭泉暮冻馀。

长闻得药力，此说又何如。

注释：
【1】此诗为《全唐诗》第五百八十九卷第十六首。诗歌描写诗人华山寻隐者而不见的猜测和担忧，表达了作者与隐者的深厚情谊。
【2】瓢中：《论语·雍也》："子曰：'贤哉回也！一箪食，一瓢饮，在陋巷，人不堪其忧，回也不改其乐。'"

秋宿慈恩寺遂上人院[1]

满阁终南色，清宵[2]独倚栏。风高斜汉动，叶下曲江寒。

帝里求名老，空门见性难。吾师无一事，不似在长安。

注释：
【1】此诗为《全唐诗》第五百八十八卷第五十六首。一作《送宋震先辈赴青州》。写诗人秋夜独依慈恩寺阁栏的所见所想，表现诗人所感受到的人生困境及对高僧的艳羡之情。
【2】清宵：清净的夜晚。

许棠（822—？），字文化，宣州泾县（今属安徽）人。《全唐诗》编其诗为二卷。

渭上送人南归[1]

远役与归愁，同来渭水头。南浮应到海，北去阻无州。

楚雨天连地，胡风[2]夏甚秋。江人如见问，为话复贫游[3]。

注释：
【1】此诗为《全唐诗》第六百零三卷第三十一首。诗歌写渭水边送朋友南归，抒发离别的忧伤，表达对朋友的深情。
【2】胡风：北风。
【3】贫游：贫贱时交游的友人。

李拯（？—886），字昌时，陇西人。今存诗一首。

退朝望终南山[1]

紫宸[2]朝罢缀鸳鸾，丹凤楼前驻马看。

惟有终南山色在，晴明依旧满长安。

注释：
【1】此诗为《全唐诗》第六百卷第四十五首。写作者退朝后远望终南山的好风景及好心情。
【2】紫宸（chén）：皇宫、宫殿的雅称。

贯休（832—912），字德隐，婺州兰溪（今属浙江）人。《全唐诗》编其诗为十二卷。

终南僧[1]

声利[2]掀天竟不闻，草衣木食度朝昏。

遥思山雪深一丈，时有仙人来打门。

注释：
【1】此诗为《全唐诗》第八百三十五卷第二十首。诗歌描写超脱名利是非的终南僧人的生活，令人神往。
【2】声利：指名声和权利。这里指的是功名利禄。

罗邺(生卒年不详)，余杭（今属浙江）人。《全唐诗》编其诗为一卷。

骊山[1]

风摇岩桂露闻香，白鹿惊时出绕墙。

不向骊山锁宫殿，可知仙去是明皇。

注释：
【1】此诗为《全唐诗》第六百五十四卷第八十八首。诗人登骊山而怀想唐明皇，昔日的热闹与今日之萧条形成强烈的对比。

灞上感别[1]

灞水何人不别离，无家南北倚空悲。

十年此路花时节，立马沾襟酒一卮[2]。

注释：
【1】此诗为《全唐诗》第六百五十四卷第一百二十一首。此诗写霸陵伤别，感怀人生，仕途之坎坷尽在不言中。
【2】卮（zhī）：古代盛酒的器皿。

题终南山僧堂[1]

九衢[2]终日见南山，名利何人肯掩关。

唯有吾师达真理，坐看霜树老云间。

注释：

【1】此诗为《全唐诗》第六百五十四卷第九十三首。诗歌题写于终南山僧堂，对比高僧的悟道智慧和俗人的执迷不悟，表达对高僧的赞美之情。
【2】九衢：指纵横交叉的大道；繁华的街市。

孟贯（生卒年不详），字一之，建安（今福建建瓯）人。《全唐诗》存诗一卷。

过秦岭[1]

古今传此岭，高下势峥嵘。安得青山路，化为平地行。

苍苔留虎迹，碧树障溪声。欲过一回首，踟蹰[2]无限情。

注释：

【1】此诗为《全唐诗》第七百五十八卷第五首。诗歌写出了秦岭的险要与旅途的艰难。
【2】踟蹰：徘徊；形容心中犹疑，要走不走的样子。

司空图（837—908），字表圣，祖籍林淮（今安徽泗县东南），自幼随家迁居河中虞乡（今山西永济）。《全唐诗》编其诗为三卷。

牛头寺[1]

终南最佳处，禅诵出青霄。

群木澄幽寂，疏烟泛沉泬[2]。

注释：

【1】此诗为《全唐诗》第六百三十二卷第六十首。诗歌写牛头寺的宁静清幽。
【2】泬（jué）寥：清朗空旷貌。

聂夷中（生卒年不详），字坦之，河南中都（今河南沁阳）人。《全唐诗》编其诗为一卷。

劝酒二首（其一）[1]

君看终南山，万古青峨峨。灞上送行客，听唱行客歌。

适来桥下水，已作渭川波。人间荣乐少，四海别离多。

但恐别离泪，自成苦水河。劝尔一杯酒，所赠无余多。

注释：

【1】此诗为《全唐诗》第六百三十六卷第十首。诗歌哀叹人生苦短，劝人及时行乐。

黄滔（840—?），字文江，泉州莆田（今福建莆田）人。今存《黄御史集》。《全唐诗》编其诗为三卷。

过商山[1]

燕雁一来后，人人尽到关。如何冲腊雪，独自过商山。

羸马[2]高坡下，哀猿绝壁间。此心无处说，鬓向少年斑。

注释：

【1】此诗为《全唐诗》第七百零四卷第四十四首。诗歌表现冬日过商山的孤寂和哀伤，透露出人生失意的情绪。
【2】羸马：指疲乏瘦弱的马。

胡曾（生卒年不详），邵阳（今属湖南）人。《全唐诗》编其诗为一卷。

咏史诗·四皓庙[1]

四皓忘机饮碧松，石岩云殿隐高踪。

不知俱出龙楼[2]后，多在商山第几重。

注释：

【1】此诗为《全唐诗》第六百四十七卷第一百四十六首。这首诗写作者对商山四皓的怀念和崇敬之情。
【2】龙楼：指朝堂。

咏史诗·褒城[1]

恃宠娇多得自由，骊山举火戏诸侯。

只知一笑倾人国[2]，不觉胡尘满玉楼。

注释：

【1】此诗为《全唐诗》第六百四十七卷第一百零五首。诗歌指责杨玉环红颜祸水，恃宠而骄，给国家带来了巨大的灾难。
【2】倾人国：典出李延年《北方有佳人》："一顾倾人城，再顾倾人国。"

咏史诗·渭滨[1]

岸草青青渭水流，子牙曾此独垂钓[2]。

当时未入非熊兆[3]，几向斜阳叹白头！

注释：

【1】此诗为《全唐诗》第六百四十七卷第三十首。诗歌借写姜太公白头垂钓渭水之滨的故事，抒发贤才难被重用的感慨。
【2】子牙：吕尚。吕尚隐居，垂钓于渭滨溪。
【3】非熊兆：指隐士将被起用的预兆。《六韬·文师》载：文王将往渭水边打猎，行前占卜，卜辞曰："田于渭阳，将大得焉，非龙非螭，非虎非罴，兆得公侯。天遣汝师以之佐昌。"后果见太公坐渭水边垂钓，与之语而大悦，遂同车而归，拜为师。古熊罴连称，后遂以"非熊"为姜太公代称。

郑谷（851—?），字守愚，袁州宜春（今江西宜春）人。《全唐诗》编其诗为四卷。

终南白鹤观[1]

步步景通真，门前众水分。柽[2]萝诸洞合，钟磬上清闻。

古木千寻雪，寒山万丈云。终期扫坛级，来事紫阳君。

注释：

【1】此诗为《全唐诗》第六百七十四卷第七十首。这首诗写的是终南山之上的白鹤观之清幽景致。
【2】柽（chēng）：木名。柽柳，落叶灌木，老枝红色，叶像鳞片，花淡红色，有时一年开花三次，结蒴果。全树耐碱抗旱，适于造防沙林。亦称"三春柳""红柳"。

元淳（生卒年不详），女道士。今存诗二首。

秦中春望[1]

凤楼春望好，宫阙一重重。上苑雨中树，终南霁后峰。

落花行处遍，佳气晚来浓。喜见休明[2]代，霓裳蹑道踪。

注释：

【1】此诗为《全唐诗》第八百零五卷第十九首。诗歌写长安城重重宫阙的巍峨、终南山重峦叠嶂的气势及晴雨变化的美景，表明自己求仙问道的追求。
【2】休明：指政治清明。

翁承赞（859—932），字文尧，福塘（今福建福清）人。《全唐诗》编其诗为一卷。

华下霁后晓眺[1]

结茅幽寂近禅林，霁景[2]烟光著柳阴。

千嶂华山云外秀，万重乡思望中深。

老嫌白发还偷镊，贫对春风亦强吟。

花畔水边人不会，腾腾闲步一披襟。

注释：

【1】此诗为《全唐诗》第七百零三卷第三首。作者雨后远眺华山，既写山中风景，亦写隐居生活，同时表达思乡之情。
【2】霁景：指雨后晴朗的景色。

顾非熊（生卒年不详），苏州（今属江苏）人。《全唐诗》编其诗为一卷。

寄太白无能禅师[1]

太白山中寺，师居最上方。

猎人偷佛火，栎鼠戏禅床。

定久衣尘积，行稀径草长。

有谁来问法，林杪[2]过残阳。

注释：

【1】此诗为《全唐诗》第五百零九卷第六首。诗歌想象无能禅师的生活环境和状况，表达对禅师的敬仰和羡慕之情。
【2】林杪（miǎo）：树梢，林外。

项斯（？—863？），浙江仙居县人。《全唐诗》收录其诗一卷。

题太白山隐者[1]

高居在幽岭，人得见时稀。

写篆扃[2]虚白，寻僧到翠微。

扫坛星下宿，收药雨中归。

从服小还后，自疑身解飞。

注释：

【1】此诗为《全唐诗》第五百五十四卷第十八首。诗歌描写太白山中隐者求道炼丹的仙境生活。
【2】扃（jiǒng）：从外面关门的闩、钩等。

于邺（生卒年不详），字武陵，京兆杜曲（今陕西西安）人。《全唐诗》编其诗为一卷。

题华山麻处士所居[1]

贵贱各扰扰，皆逢朝市间。到此马无迹，始知君独闲。

冰破听敷水，雪晴看华山。西风寂寥[2]地，唯我坐忘还。

注释：

【1】此诗为《全唐诗》第七百二十五卷第八首。诗歌描写了麻处士的居所，表达了诗人对清闲安适生活的向往和喜爱之情。
【2】寂寥：寂静空旷，没声音。

齐己（863—943?），本姓胡，名得生，长沙人。《全唐诗》编其诗为十卷。

寄华山司空图[1]

天下艰难际，全家入华山。几劳丹诏问，空见使臣还。

瀑布寒吹梦，莲峰翠湿关。兵戈阻相访，身老瘴云[2]间。

注释：

【1】此诗为《全唐诗》第八百四十卷第四十五首。诗歌写给司空图，表达担忧、相思与敬仰之情。
【2】瘴云：犹瘴气。

题终南山隐者室[1]

终南山北面，直下是长安。自扫青苔室，闲欹白石看。

风吹窗树老，日晒窦云干。时向圭峰[2]宿，僧房瀑布寒。

注释：

【1】此诗为《全唐诗》第八百三十九卷第十九首。诗歌写终南山隐者悠闲自在的生活，是长安城繁华热闹的另一面。
【2】圭峰：指秦岭的圭峰山。

林宽（生卒年不详），侯官（今福建闽侯）人。《全唐诗》编其诗为一卷。

关下早行[1]

轧轧推危辙，听鸡独早行。

风吹宿霭[2]散，月照华山明。

白首东西客，黄河昼夜清。

相逢皆有事，唯我是闲情。

注释：

【1】此诗为《全唐诗》第六百零六卷第二十二首。诗歌写诗人早行华山下所见，以他人之匆忙写自己之清闲。
【2】宿霭：久聚的云气。

终南山[1]

标奇[2]耸峻壮长安，影入千门万户寒。

徒自倚天生气色，尘中谁为举头看。

注释：

【1】此诗为《全唐诗》第六百零六卷第十四首。诗歌写终南山的壮丽景色，感慨滚滚红尘熙熙攘攘，却没有人会抬头看到这样的风景。
【2】标奇：表示与众不同。

王贞白（875—958），字有道，号灵溪，信州永丰（今江西广丰）人。《全唐诗》编其诗为一卷。

商山[1]

商山名利路，夜亦有人行。四皓卧云处，千秋叠藓生。

昼烧笼涧黑，残雪隔林明。我待酬恩了，来听水石声。

注释：

【1】此诗为《全唐诗》第七百零一卷第二十五首。作者将世俗社会对名利的追求与商山四皓的闲卧松云作对比，表达自己报答皇恩后想要归隐山林的愿望。

终南山[1]

终朝异五岳，列翠满长安。地去搜扬近，人谋隐遁难。

水穿诸苑过，雪照一城寒。为问红尘里，谁同驻马看。

注释：

【1】此诗为《全唐诗》第七百零一卷第二十七首。长安城紧靠终南山，但人们追名逐利、尔虞我诈，即使终南山的青山绿水、翠林雪色也无法吸引世人的目光。表达作者对现世的讽刺。

蔡京（？—863），郓州（今山东东平）人。《全唐诗》存其诗三首。

责商山四皓[1]

秦末家家思逐鹿，商山四皓独忘机[2]。

如何鬓发霜相似，更出深山定是非。[3]

注释：

【1】此诗为《全唐诗》第四百七十二卷第四十首。诗歌指责商山四皓年老出山，未能坚守其志。

【2】忘机：忘掉世俗的机巧之心，淡泊名利，与世无争。
【3】"如何"两句：本来刘邦宠幸戚夫人，打算贬吕后之子刘盈，另立戚夫人之子刘如意为太子，吕后急找张良商量，张良教太子以卑词厚礼请出商山四皓，将四人奉为太子上宾。

李嘉祐（生卒年不详），字从一，赵州（今河北赵县）人。《全唐诗》编其诗为二卷。

登秦岭[1]

南登秦岭头，回望始堪愁。汉阙青门[2]远，高山蓝水流。

三湘迁客去，九陌故人游。从此辞乡泪，双垂不复收。

注释：
【1】此诗为《全唐诗》第二百零六卷第七十七首。诗写离别，表达诗人登上秦岭后回望长安的乡愁。
【2】青门：汉长安城东南门。本名霸城门，因其门色青，故俗呼为"青门"或"青城门"。这里泛指京城东门。

太白山魔诳道士诗[1]

三秋稽颡[2]叩真灵，龙虎交时金液成。

绛雪既凝身可度，蓬壶[3]顶上彩云生。

注释：
【1】此诗为《全唐诗》第八百六十七卷第九首，作者佚名。这首诗写太白山魔诳道士的求仙行为，写得神奇而生动。
【2】稽颡（sǎng）：古代一种跪拜礼，屈膝下拜，以额触地，表示极度的虔诚。
【3】蓬壶：即蓬莱。古代传说中的海中仙山。

耿湋（生卒年不详），河东（今属山西）人。《全唐诗》编其诗为二卷。

春寻柳先生[1]

言是商山老，尘心莫问年。白髯[2]垂策短，乌帽据梧偏。

酒熟飞巴雨，丹成见海田。疏云披远水，景动石床前。

注释：
【1】此诗为《全唐诗》第二百六十八卷第五十七首。诗歌写春日寻隐者所见山林之寂静，表达诗人对隐者的敬重及对隐居生活的向往。
【2】白髯：指白胡子。

裴夷直（生卒年不详），吴郡（今江苏苏州）人。《全唐诗》编其诗为一卷。

上下七盘二首（其二）[1]

商山半月雨漫漫，偶值新晴下七盘。
山似换来天似洗，可怜风日到长安。

注释：
【1】此诗为《全唐诗》第五百一十三卷第三十首。诗歌描写久雨之后的商州风景，重点在于表达离开长安的失意和落寞。

赵嘏（806?—852），字承祐，楚州山阳（今江苏淮阴）人。《全唐诗》编其诗为二卷。

商山道中[1]

和如春色净如秋，五月商山是胜游。
当昼[2]火云生不得，一溪萦作万重愁。

注释：
【1】此诗为《全唐诗》第五百五十卷第二十九首。题目一作"度商山晚静"，又作"净"。诗歌描写商山道中春日胜景。
【2】当昼：指白天。

冷日过骊山[1]

冷日微烟渭水愁，翠华宫树不胜秋。
霓裳[2]一曲千门锁，白尽梨园[3]弟子头。

注释：
【1】此诗为《全唐诗》第五百五十卷第二十三首，一作《孟迟诗》。写作者过骊山感慨唐明皇的时代一去不复返，也是对历史的反思。
【2】霓裳：指《霓裳羽衣曲》。
【3】梨园：原是唐代都城长安的一个地名，因唐玄宗（唐明皇）李隆基在此地教演艺人，成为唐代训练乐工的机构。

储嗣宗（生卒年不详），润州延陵（今江苏丹阳）人。《全唐诗》编其诗为一卷。

孤雁[1]

孤雁暮飞急，萧萧天地秋。关河正黄叶，消息断青楼。
湘渚烟波远，骊山风雨愁。此时万里道，魂梦绕沧洲。

注释：
【1】此诗为《全唐诗》第五百九十四卷第二十三首。这首诗虽然描写的是孤雁，实际上是写自己孤苦伶仃的处境，表达了诗人浓烈的思乡之情。

司马札（生卒年不详），侨居茂陵（今陕西兴平）。《全唐诗》编其诗为一卷。

感古[1]

九折无停波，三光如转烛。玄珠[2]人不识，徒爱燕赵玉。

祖龙已深惑，汉氏远徇欲。骊山与茂陵[3]，相对秋草绿。

注释：
【1】此诗为《全唐诗》第五百九十六卷第一首。汉唐皆为盛世，诗人面对黄了又绿的草木，生出无限感慨，也是对王朝衰亡的反思。
【2】玄珠：道家、佛家比喻道的实体，或教义的真谛。
【3】茂陵：汉茂陵，是汉武帝刘彻的陵墓。

张乔（生卒年不详），字伯迁，池州（今安徽贵池）人。《全唐诗》编其诗为二卷。

宿昭应[1]

夜忆开元寺，凄凉里巷间。薄烟通魏阙，明月照骊山。

半壁空宫闭，连天白道闲。清晨更回首，独向灞陵[2]还。

注释：
【1】此诗为《全唐诗》第六百三十八卷第四十六首。这首诗写开元寺的凄清景象，衬托出自己漂泊的孤苦和失国的落寞。
【2】灞陵：汉文帝陵寝，有时写作霸陵。灞，即灞河。灞陵因靠近灞河而得名。位于西安东郊白鹿原东北角，即今灞桥区席王街办毛窑院村，当地人称为"凤凰嘴"。

题终南山白鹤观[1]

上彻炼丹峰，求玄[2]意未穷。

古坛青草合，往事白云空。

仙境日月外，帝乡烟雾中。

人间足烦暑，欲去恋松风。

注释：
【1】此诗为《全唐诗》第六百三十八卷第八首。诗歌写终南山白鹤观的美景，同时也表达了诗人对仙境的眷恋。
【2】求玄：是指寻求玄理，实质上是指寻求成仙的道路。

石瓮寺灯魅诗[1]

凉风暮起骊山空,长生殿锁霜叶红。朝来试入华清宫,分明忆得开元中。

金殿不胜秋,月斜石楼冷。谁是相顾人,褰帷[2]吊孤影。

烟灭石楼空,悠悠永夜中。虚心怯秋雨,艳质畏飘风。

向壁残花碎,侵阶坠叶红。还如失群鹤,饮恨在雕笼。

注释:

【1】此诗为《全唐诗》第八百六十七卷第五十八首,作者佚名。诗写作者孤独凄清的处境,同时借写华清宫的寂寞表达国家衰败的忧伤和人生的失意。
【2】褰帷:指官吏体察民情。典出《后汉书·贾琼传》。

崔国辅(生卒年不详),吴郡(今江苏苏州)人。《全唐诗》编其诗为一卷。

渭水西别李仓[1]

陇右长亭堠[2],山阴古塞秋。

不知鸣咽水,何事向西流。

注释:

【1】此诗为《全唐诗》第一百一十九卷第三十二首。诗歌借景抒情,表达朋友离别的伤感之情。
【2】堠(hòu):古代瞭望敌情的土堡。

宗楚客(?—710),字叔敖,先祖河南南阳人,曾祖时徙居河东汾阴(今山西万荣),因属蒲州(今山西永济)管辖,故史称蒲州人。《全唐诗》存其诗六首。

正月晦日侍宴浐水应制赋得长字[1]

御辇出明光,乘流泛羽觞。

珠胎随月减,玉漏[2]与年长。

寒尽梅犹白,风迟柳未黄。

日斜旌骑转,休气满林塘。

注释:

【1】此诗为《全唐诗》第四十六卷第二十四首。这是一首应制诗,表现侍宴的风光与眼见的美景,得意之情溢于言表。
【2】玉漏:古代计时漏壶的美称。

刘眘虚（生卒年不详），字全乙，洪州新吴（今江西奉新）人。《全唐诗》存其诗十五首。

寄阎防（防时在终南丰德寺读书）[1]

青冥南山口，君与缁锡[2]邻。深路入古寺，乱花随暮春。

纷纷对寂寞，往往落衣巾。松色空照水，经声时有人。

晚心复南望，山远情独亲。应以修往业，亦惟立此身。

深林度空夜，烟月资清真。莫叹文明日，弥年[3]徒隐沦。

注释：

【1】此诗为《全唐诗》第二百五十六卷第八首。诗歌夸赞阎防甘于寂寞、修养身心的毅力，相信他终有一日能功成名就。
【2】缁锡：缁衣锡杖，僧人所用。借指僧人。
【3】弥年：经年；终年。

董思恭（生卒年不详），吴郡（今江苏苏州）人。《全唐诗》录存其诗十九首。

咏雾[1]

苍山寂已暮，翠观黯将沉。终南晨豹隐，巫峡夜猿吟。

天寒气不歇，景晦色[2]方深。待访公超市，将予赴华阴。

注释：

【1】此诗为《全唐诗》第六十三卷第十二首。诗歌着重描写终南山的美丽雾景，表达诗人的流连心情。
【2】晦（huì）色：变为昏暗之色。亦指暗色。

张祜（792？—853？），字承吉，南阳（今属河南）人。《全唐诗》编其诗为二卷。

晚秋潼关西门作[1]

日落寒郊烟物清，古槐阴黑少人行。

关门西去华山色，秦地东来河水声。

注释：

【1】此诗为《全唐诗》第五百一十一卷第八十九首。这首诗写作者独自在潼关西门外所见风景，华山山色、黄河水声营造出壮伟而清冷的环境。

华清宫四首（其一）[1]

风树离离[2]月稍明，九天龙气在华清。

宫门深锁无人觉，半夜云中羯鼓[3]声。

注释：
【1】此诗为《全唐诗》第五百一十一卷第九十三首。诗写唐玄宗因宠幸杨玉环而致安史之乱的爆发，心生感慨。
【2】离离：茂盛；繁茂。
【3】羯（jié）鼓：一种出自外夷的乐器，据说来源于羯族。

子兰（生卒年不详），长安诗僧。《全唐诗》编其诗为一卷。

长安早秋[1]

风舞槐花落御沟[2]，终南山色入城秋。

门门走马征兵急，公子笙歌醉玉楼[3]。

注释：
【1】此诗为《全唐诗》第八百二十四卷第十六首。诗歌将终南秋色与长安落花对写，将公子笙歌与平民被征兵并列，其中深意不言自明。
【2】御沟：亦称禁沟，即皇城外的护城河。
【3】玉楼：华丽的高楼，多指酒楼或妓院。

刘兼（？—960？），长安人。

咸阳怀古[1]

高秋咸镐起霜风，秦汉荒陵树叶红。

七国斗鸡方贾勇，中原逐鹿[2]更争雄。

南山漠漠云常在，渭水悠悠事旋空。

立马举鞭遥望处，阿房遗址夕阳东。

注释：
【1】此诗为《全唐诗》第七百六十六卷第二十一首。这是一首怀古诗，诗人面对咸阳的秋色，追忆这片土地上曾经的历史，不禁生出天地自然之永恒而世事无常的悲哀。
【2】中原逐鹿：指群雄并起，争夺天下。

吕端（935—1000），字易直，幽州安次（现河北廊坊安次区）人。

送英公大师归终南[1]

衡岳烟萝紫阁云，名高湖外晚游秦。

清词古学儒生业，圆笠方袍释子[2]身。

竹杖拄归山里寺，篆书留与世间人。

我疑簪组[3]成为缚，空仰吾师去路尘。

注释：

【1】此诗出自《全宋诗》第十九卷。诗歌表达对英公大师归于终南、超脱红尘的敬仰，表达自己为官场所累的无奈。
【2】释子：僧徒的通称。取"释迦弟子"之意。
【3】簪组：冠簪和冠带，借指官宦。

王禹偁（954—1001），字元之，济州钜野（今山东巨野）人。现存《王黄州小畜集》《王黄州小畜外集》。

初入山闻提壶鸟[1]

迁客[2]由来长合醉，不烦幽鸟道提壶。

商州未是无人境，一路山村有酒沽。

注释：

【1】此诗出自《全宋诗》第六十四卷。提壶鸟：似鹡，身有麻斑，啼声清重。本诗写诗人被贬商州，途中所闻所见商州之自然风情，表达其人生之失意及借自然之景自我消解的心情。
【2】迁客：被贬之人。

村行[1]

马穿山径菊初黄，信马悠悠野兴长。

万壑有声含晚籁[2]，数峰无语立斜阳。

棠梨[3]叶落胭脂色，荞麦花开白雪香。

何事吟余忽惆怅，村桥原[4]树似吾乡。

注释：

【1】此诗出自《全宋诗》第六十五卷。宋太宗淳化二年（991），王禹偁因论妖尼道安罪，被贬谪商州团练副使，此诗乃次年秋在商州作。写商山秋日美景及诗人的思乡之情。
【2】万壑有声含晚籁：傍晚时分，山沟里处处都传出秋声。
【3】棠梨：即杜梨，落叶乔木。
【4】原：平野。

遣兴[1]

百年身世片时间，况是多愁鬓早斑。

贫有琴书聊[2]自乐，贵无功业未如闲。

波平南浦堪[3]垂钓，日满东窗尚掩关。

只有慈亲忆归去，商山不隐隐何山？

注释：

【1】此诗出自《全宋诗》第六十五卷。诗人被贬商州，思念亲人。诗歌表达借诗酒琴书聊以自慰的失意心情。
【2】聊：姑且；勉强；凑合。
【3】堪：可以；足以。

寒食[1]

今年寒食[2]在商山，山里风光亦可怜：

稚子就花拈蛱蝶，人家依树系秋千。

郊原晓绿初经雨，巷陌春阴乍禁烟。

副使官闲莫惆怅，酒钱犹有撰碑钱[3]。

注释：

【1】此诗出自《全宋诗》第五十四卷。本诗写商山春日风光及商州人过寒食节的风俗，表达诗人对商山的情感，抒发自己仕途落寞的伤感。
【2】寒食：即寒食节，亦称"禁烟节""冷节""百五节"。每年四月四日，清明节的前一天。在这一日，禁烟火，只吃冷食，所以叫作"寒食节"。在后世的发展中逐渐增加了祭扫、踏青、秋千、蹴鞠、牵钩、斗卵等风俗，寒食节前后绵延两千余年，曾被称为民间第一大祭日。不少文人墨客都写过关于寒食节的诗文。
【3】撰碑钱：替别人写墓志铭的稿费。

春居杂兴四首[1]

其一

两株桃杏映篱斜，妆点商山副使[2]家。

何事春风容不得，和莺吹折树枝花。

其二

春云如兽复如禽，日照风吹浅又深。

谁道无心便容与[3]，亦同翻覆小人心。

注释：

【1】此诗出自《全宋诗》第六十四卷。诗人于商州春日所作，写鸟语花香、白云春风的美景，也借景隐喻了诗人的遭遇，表达了对朝廷的不满和对世事的讽刺。
【2】副使：作者当时任商州（今属陕西）团练副使。
【3】容与：悠闲，逍遥自在的样子。

潘阆（làng）（？—1009），字逍遥，号逍遥子，大名（今属河北）人，一说广陵（今属江苏）人。今存诗二卷。

过华山[1]

高爱三峰插太虚[2]，昂头吟望倒骑驴。

旁人大笑从他笑，终拟移家向此居。

注释：

【1】此诗出自《全宋诗》第五十六卷。写诗人经过华山所看到的人情风物，表达欲移居此地的意向。
【2】太虚：指天，天空。

智仁，一作智淳，北宋初期诗僧。著有《吟窗杂录》，有少量诗散见于各种选本或笔记杂著中。

留题云门寺[1]

秦峰千古寺，岂易得跻攀[2]。

一梦几回到，片心长此闲。

溪光涵石壁，秋色露松关。

静室孤禅后，寒钟夜满山。

注释：

【1】此诗出自《全宋诗》第一百二十六卷。本诗是诗人游览云门寺时所写。诗歌描绘了云门古寺自然风光的奇丽和禅修气氛，表达了作者独特的心灵感受。
【2】跻攀：艰难登攀。

李冠（生卒年不详），字世英，齐州历城（今山东济南）人。今存词四首。

六州歌头·骊山[1]

凄凉绣岭，宫殿倚山阿。明皇帝。曾游地。锁烟萝。郁嵯峨。忆昔真妃子。艳倾国，方姝丽。朝复暮。嫔嫱妒。宠偏颇。三尺玉泉新浴，莲羞吐、红浸秋波。听花奴，敲羯鼓，酣奏鸣鼍。体不胜罗。舞婆娑。正霓裳曳。惊烽燧[2]。千万骑。拥雕戈。情宛转。魂空乱。蹙双蛾。奈兵何。痛惜三春暮，委妖丽，马嵬坡。平寇乱。回宸辇。忍重过。香瘗紫囊犹有，鸿都客、钿合[3]应讹。使行人到此，千古只伤歌。事往愁多。

注释：

【1】此词出自《全宋词》第一卷。本词是北宋早期的一首慢词绝唱。词人凭吊骊山故迹，表达对亡国的痛惜之情。
【2】烽燧：古代报警的烽火。
【3】钿合：亦作"钿盒"，镶嵌金、银、玉、贝的首饰盒子。

魏野（960—1019），字仲先，号草堂居士，原为蜀地人，后迁居陕州（今河南陕县）。今存《钜鹿东观集》十卷。

渭上秋夕闲望[1]

秋色满秦川，登临渭水边。

残阳初过雨，何树不鸣禅。

极浦[2]涵明月，孤帆没远烟。

渔人空老尽，谁似太公贤。

注释：

【1】此诗出自《全宋诗》第八十六卷。本诗写渭水周边的秋日景色，以姜太公钓鱼的典故表达满腹才华、不被重用的惆怅。
【2】极浦：遥远的水滨。

苏舜钦（1008—1048），字子美，祖籍梓州铜山（今四川中江），生于开封（今属河南）。有诗文集《苏学士集》十六卷。

独游辋川[1]

行穿翠霭[2]中，绝涧落疏钟。

数里踏乱石，一川环碧峰。

暗林麋养角，当路虎留踪。

隐逸何曾见，孤吟对古松。

注释：

【1】此诗出自《全宋诗》第三百一十四卷。写诗人独自游辋川所看到的景色，表达寻隐士不遇的孤独感。
【2】翠霭：青色的雾霭。

题留樊川李长官庄[1]

杜曲[2]东边风物幽，我来系马独淹留。

门前翠影山无数，竹下寒声水乱流。

酒压新陈常得醉，花开番次不知秋。

主公堆案萦[3]官事，早晚归来今白头。

注释：

【1】此诗出自《全宋诗》第三百一十四卷。这是一首咏长安的诗，写杜曲周围的美丽景色，表达诗人忙于处理政务无暇欣赏的无奈。
【2】杜曲：古地名，在今陕西西安长安区东少陵原东南端。有樊川、御宿川流经其间。因唐贵族杜氏世居于此，故名。
【3】萦：缭绕，指官事缠身。

宿终南山下百塔院[1]

驱马山前访古踪，僧居潇洒隔尘笼[2]。

绕庭石鳖谷间水，入户鸣鸥堆上风。

无限老松秋色里，数声疏铎[3]月明中。

村鸡坐听三号彻，去去前朝气味同。

注释：
【1】此诗出自《全宋诗》第三百一十四卷。写诗人夜宿终南山百塔院寻访古人踪迹所看到的美景及体会到的宁静。
【2】尘笼：谓尘世的羁束。
【3】铎：一种古代乐器，大铃，形如铙、钲而有舌，古代宣布政教法令所用。

宋祁（998—1061），字子京，开封雍丘（今河南杞县）人。《全宋诗》录其诗二十二卷。

长安道中怅然作三首[1]

城阙今安在，关河昔所凭。

种祠秦故畦，抔土[2]汉诸陵。

花树圆排荠，楼云淡引缯[3]。

南山不改色，千古恨相仍。

注释：
【1】此诗出自《全宋诗》第二百二十一卷。本诗写诗人在长安道中联想到秦汉的强盛，今昔对比，南山依旧，人世已沧桑变化，因此生出无限的感慨。
【2】抔（póu）土：一捧之土。后来作为坟墓的代称。
【3】缯（zēng）：本义指每年只在特定时节（重复）使用的丝制品，引申为丝织品的总称。

欧阳修（1007—1072），字永叔，号醉翁，晚号六一居士。吉州永丰（今江西永丰）人，谥号文忠，世称欧阳文忠公。今存有《欧阳文忠集》。

送王汲宰蓝田[1]

喧喧动车马，共出古都门。

落日催行客，东风吹酒尊。

树摇秦甸[2]绿，花入辋川繁。

若遇西来旅[3]，时应问故园。

注释：
【1】此诗出自《全宋诗》第二百九十一卷。这是一首送别诗，写诗人为好友王汲到蓝田任职送行，表达依依不舍的心情。
【2】甸：古代指郊外的地方。
【3】西来旅：西边来的旅人。

韩琦（1008—1075），字稚圭，自号赣叟，相州安阳（今河南安阳）人。北宋政治家、名将。著有《安阳集》五十卷。

山楼[1]

西北高楼上，南山日面栏。

势笼秦地胜，阴落渭波寒。

带雨新屏活，穿云古道难。

仙扃[2]如可造，便拟挂朝冠[3]。

注释：
【1】此诗出自《全宋诗》第三百二十八卷。诗写登楼所见长安之山水风光，表达想要归隐田园的心愿。
【2】仙扃：扃，门户。这里指仙境。
【3】朝冠：是古代官员上朝时戴的官帽。挂冠一般用来表示辞官不做。

韩维（1017—1098），字持国，开封雍丘（今河南杞县）人。有《南阳集》。

送李寺丞宰蓝田[1]

君诚岩壑徒，出宰亦山县。

尚喜终南峰，苍翠不去眼。

春风吹征车[2]，千里渡灞浐。

到日胜事繁，花光老秦甸。

注释：
【1】此诗见《全宋诗》第四百二十一卷，出自《宋诗钞·南阳集钞》。这是一首送别诗，诗歌既写朋友隐居终南的胜景，又表达对朋友行程中必经的浐河和灞河美丽春光的咏赞。
【2】征车：远行人乘的车。

王安石（1021—1086），字介甫，号半山，抚州临川（今江西抚州）人。诗集有《王荆文公诗笺注》，文集有《临川先生文集》等。

诉衷情（和俞秀老鹤词·五之一）[1]

常时黄色见眉间。松桂我同攀。每言天上辛苦，不肯饵[2]金丹。

怜水静，爱云闲。便忘还。高歌一曲，岩谷迤逦，宛似商山。

注释：

【1】此词出自《全宋词》第一卷。写出了山水之宁静，表达渴望归隐山林的情感和不为世俗名利所诱的品德。
【2】饵：喂；吃。

沈括(1031—1095)，字存中，杭州钱塘(今浙江杭州)人，著有《梦溪笔谈》。《全宋诗》录其诗一卷。

开元乐·三台[1]

按舞[2]骊山影里，回銮渭水光中。

玉笛一天明月，翠华[3]满陌东风。

注释：

【1】此诗出自《全宋诗》第六百八十六卷。诗中想象当日唐明皇与杨玉环的歌舞生活和无限风光，写尽了骊山、渭水的美景和开元年间的升平景象。
【2】按舞：按乐起舞。
【3】翠华：天子仪仗中以翠羽为饰的旗帜或车盖。

苏轼（1037—1101），字子瞻，又字和仲，号东坡居士，眉州眉山（今属四川）人。与父苏洵、弟苏辙合称"三苏"，为"唐宋八大家"之一，工书画。有《东坡集》《东坡乐府》等。

次韵子由岐下诗并引·桧[1]

强致[2]南山树，来经渭水滩。

生成未有意，鸦鹊莫相干[3]。

注释：

【1】此诗出自《全宋诗》第七百八十六卷。次韵，是和诗的一种方式，也叫步韵，即按照原诗的韵和用韵的次序来和诗。这是苏轼唱和弟弟苏辙的诗。
【2】强致：以强力达到。
【3】莫相干：不相干。

壬寅重九不预会独游普门寺僧阁有怀子由[1]

花开酒美盍[2]言归，来看南山冷翠微。

忆弟泪如云不散，望乡心与雁南飞。

明年纵健人应老，昨日追欢意正违。

不问秋风强吹帽，秦人不笑楚人讥。

注释：

【1】此诗出自《全宋诗》第七百八十七卷。本诗是诗人于重阳节独游普门寺僧阁，怀念弟弟子由所作，表达情真意切的兄弟之情。

【2】盍：何故；为何。

华清引[1]

平时十月幸兰汤。玉甃琼梁。五家车马如水，珠玑满路旁。
翠华一去掩方床。独留烟树苍苍[2]。至今清夜月，依前过缭墙。

注释：
【1】此词出自《全宋词》第一卷。写作者面对华清池反思唐玄宗和杨贵妃的故事，感慨安史之乱后繁华尽去、物是人非的悲情。
【2】烟树苍苍：取典自杜牧《华清宫》"秦树远微茫"句。

贺铸(1052—1125)，字方回，号庆湖遗老，卫州（今属河南）人。今存《东山词》。《全宋词》收其词二百八十余首。

将进酒·城下路[1]

城下路，凄风露，今人犁田古人墓。岸头沙，带蒹葭，漫漫昔时，流水今人家。黄埃赤日长安道，倦客无浆马无草。开函关，掩函关，千古如何，不见一人闲？六国扰，三秦扫，初谓商山遗四老。驰单车，致缄书，裂荷焚芰[2]、接武曳长裾。高流端得酒中趣，深入醉乡安稳处。生忘形，死忘名，谁论二豪、初不数刘伶？

注释：
【1】此词出自《全宋词》第一卷。这首词借咏史来彻悟人生，表达对世俗社会功名事业的淡泊，及对风流洒脱的先贤的敬仰之情。
【2】裂荷焚芰：南齐周彦伦隐居钟山，后应诏出来做官，孔稚作《北山移文》来讥讽他，中有"焚芰制而裂荷衣，抗尘容而走俗状"之语。其中"焚芰制而裂荷衣"是说他烧掉了用菱叶和荷叶做成的标榜清高的衣服，出来做官。

周邦彦（1056—1121），字美成，号清真居士，钱塘（今浙江省杭州市）人。今存《片玉集》《清真集》。《全宋词》录其词一百八十余首。

西河[1]

长安道[2]，潇洒西风时起。尘埃车马晚游行，霸陵烟水。乱鸦栖鸟夕阳中，参差霜树相倚。到此际，愁如苇，冷落关河千里。追思唐汉昔繁华，断碑残记。未央宫阙已成灰，终南依旧浓翠。对此景、无限愁思，绕天涯、秋蟾如水。转使客情如醉，想当时，万古雄名，尽作往来人、凄凉事。

注释：
【1】本词写作者于长安道上追思唐汉的繁华，对比如今的荒凉景象，表达世事易变的感伤和怀古伤今的凄凉之情。
【2】长安道：一般指代唐代出长安东门的道路，古时为好友送行的分别之地。

张愈（一作张俞）（生卒年不详），字少愚，又字才叔，号白云先生，益州郫（今属四川）人。《全宋诗》录其诗二十九首。

游骊山二首（其一）[1]

金玉楼台插碧空，笙歌[2]递响入天风。

当时国色并春色，尽在君王顾盼中。

注释：

【1】此诗出自《全宋诗》第三百八十二卷。写诗人游骊山时看到的景色，感叹历史，含蓄地讽刺了唐明皇好色误国的荒唐。
【2】笙歌：合笙之歌。也可指吹笙唱歌或奏乐唱歌。

陆游（1125—1210），字务观，号放翁，越州山阴（今浙江绍兴）人。今存诗九千多首，存有《剑南诗稿》《渭南文集》等。

客自凤州来言岐雍间事怅然有感[1]

表里山河古帝京，逆胡数尽固当平。

千门未报甘泉火，万耦方观渭上耕。

前日已传天狗堕，今年宁许佛狸[2]生？

会须一洗儒酸态，猎罢南山夜下营。

注释：

【1】此诗写诗人对北方敌情的关注及"房乱"所激起的情感波澜，表达诗人一心恢复故国的雄心壮志。
【2】佛狸(bì lí)：本是北魏拓跋焘（太武帝）的小字，这里借指北方少数民族入侵者。

追忆征西幕中旧事[1]

小猎南山雪未消，绣旗斜卷玉骢[2]骄。

不如意事常千万，空想先锋宿渭桥[3]。

注释：

【1】此诗是对南郑军营生活的追忆，表达壮志难酬、人生失意的落寞。
【2】玉骢：即玉花骢。泛指骏马。
【3】渭桥：汉、唐时代长安附近渭水上的桥梁。

闻房乱有感[1]

前年从军南山南，夜出驰猎常半酣。

玄熊苍兕积如阜，赤手曳虎毛氊氊。

有时登高望鄠杜，悲歌仰天泪如雨。

头颅自揣已可知，一死犹思报明主。

近闻索虏[2]自相残，秋风抚剑泪丸澜。

雒阳八陵那忍说，玉座尘昏松柏寒。

儒冠忽忽垂五十，急装何由穿裤褶？

羞为老骥伏枥悲，宁作枯鱼过河泣[3]。

注释：

【1】此诗写诗人对昔日战争的回忆，表达其忠贞报国的决心及对中原难以收复的悲愤之情。
【2】索虏：南北朝时南朝对北朝的蔑称。索指发辫，古代北方民族多有发辫，故称。这里指金人。后亦用以称其他少数民族。
【3】枯鱼过河泣：汉代的乐府诗，以鱼拟人，似是遭遇祸患的人警告伙伴的诗。

金错刀行[1]

黄金错刀白玉装，夜穿窗扉出光芒。

丈夫五十功未立，提刀独立顾八荒。

京华结客尽奇士，意气相期共生死。

千年史册耻无名，一片丹心报天子。

尔来从军天汉滨，南山晓雪玉嶙峋[2]。

呜呼，楚虽三户能亡秦，岂有堂堂中国空无人。

注释：

【1】此诗借物起兴，回忆自己在汉中的经历和感受，表达了诗人慷慨报国的决心和壮志难酬的悲愤，流露出对朝廷苟且偷安的不满情绪。
【2】嶙峋：鲜明貌。

观长安城图[1]

许国虽坚鬓已斑，山南经岁望南山。

横戈上马嗟心在，穿堑环城笑虏孱[2]。

日暮风烟传陇上，秋高刁斗[3]落云间。

三秦父老应惆怅，不见王师出散关。

注释：

【1】此诗是首爱国诗，气势雄浑、情感饱满，表达诗人渴望收复被占国土的爱国情怀。

【2】庼：窘迫。
【3】刁斗：古代军中用具，形状大小似斗，有柄。白天用来烧饭，晚上敲击巡逻。

赵将军[1]

我梦游华山，云升千仞青。
擎山泻黄河，万古仰巨灵。
往者祸乱初，氛祲干太宁。
岂无卧云龙，一起奔风霆。
时事方错谬，三秦尽膻腥[2]。
山河销[3]王气，原野失大刑。
将军散发去，短剑劚茯苓。
定知三峰上，烂醉今未醒。

注释：
【1】此诗写作者梦中游华山所见到的三秦景象，表达对收复失地、统一中原的渴望及不为朝廷所用的感伤。
【2】膻腥：旧时对北方少数民族的风习或其所建立的政权等的蔑称。
【3】销：同"消"。

秋波媚·七月十六日晚登高兴亭望长安南山[1]

秋到边城角声哀，烽火照高台。悲歌击筑，凭高酹酒[2]，此兴悠哉！
多情谁似南山月，特地暮云开。灞桥烟柳，曲江池馆，应待人来。

注释：
【1】此词出自《全宋词》第三卷。高兴亭，在南郑内城的西北，正对南山。秋天，作者来到边城，凭高远望，联想到长安南山之景。全词充满乐观气氛和胜利在望的情绪，情调昂扬，表达了作者对收复失地的渴望以及强烈的爱国情怀。
【2】酹酒：以酒浇地，表示祭奠。古代宴会往往行此仪式。

释宗印（1148—1213），字元实，号北峰，俗姓陈，盐官（今浙江海宁）人，宋高僧。著有《宗极论》《删定止观》等。

题佛刹[1]

七十劳生西复东，乡关在望念飘蓬[2]。
大辽半岁九分尽，全晋一年千里空。

周召已亡无善政，蔡童虽死有余风。

华阴乞食商山去，岩谷幽寻四老翁。

注释：

【1】佛刹：佛寺。全诗写人生之漂泊、世事之纷乱，表达想要隐于山林的愿望。
【2】飘蓬：飘飞的蓬草，比喻漂泊无定。

谢枋得(1226—1289)，字君直，号叠山，别号依斋，弋阳（今属江西）人。《全宋词》录其词二首。

风流子·骊山词[1]

三郎年少客，风流梦，乡岭记瑶环。想娇汗生春，海棠睡暖，笑波凝媚，荔子浆寒。奈春好，曲江人不见，偃月[2]事无端。羯鼓三声，打开蜀道，霓裳一曲，舞破潼关。

马嵬西去路，恁牵愁不断，泪满青山。空有香囊遗恨，钿盒偷传。叹玉笛声沉，楼头月下，金钗音杳，天上人间。几度秋风渭水，落叶长安。

注释：

【1】此词举李杨爱情悲剧以切题，暗写骊宫的荒凉，表达对皇帝贪图享乐、国势衰微的悲哀。
【2】偃月：横卧形的半弦月，泛称半月形。

汪元量（1241—约1317），字大有，号水云，亦自号水云子、楚狂，钱塘（今浙江杭州）人。有《水云集》《湖山类稿》。

秦岭[1]

峻岭登临最上层，飞埃漠漠草棱棱[2]。

百年世路多翻覆，千古河山几废兴。

红树青烟秦祖陇，黄茅白苇汉家陵。

因思马上昌黎[3]伯，回首云横泪湿膺[4]。

注释：

【1】此诗写诗人登上秦岭所看到的凄凉景象，表达对王朝兴废、繁华不再的感伤之情。
【2】棱棱(léng)：寒冷貌。
【3】昌黎：指韩愈，其诗《左迁至蓝关示侄孙湘》有"云横秦岭家何在？雪拥蓝关马不前"句。
【4】膺：胸，指胸膛。

太华峰[1]

华山山木乱纷纷，铁锁垂垂袅袅[2]猿。

石齿齿前光烁烁，壁岩岩后势奔奔。
奇奇怪怪云根耸，郁郁葱葱雾气昏。
上上上头仍上上，最高高处有乾坤。

注释：
【1】此诗写华山的奇异景观，不仅通过自然风景的描绘来传达，更以独特的叠字表现，取得了意外的效果。
【2】袅袅：指声音婉转悠扬。

杨正伦，宋代诗人，生平事迹不可考。

华清宫[1]

休罪明皇与贵妃，大都衰盛两相随。
惟怜一派温泉水，不逐[2]人心冷暖移。

注释：
【1】此诗借写唐明皇与杨贵妃的故事，表达盛衰相继的自然规律，抒发自然永恒而世事易变的感慨。
【2】不逐：不去过问。

姚燧（1238—1313），字端甫，号牧庵，洛阳（今属河南）人。清人辑有《牧庵集》。

兰陵王[1]

雪崖雪。玉垒浮云变灭。蓬婆外、晴白界天，西岭窗涵古今绝。秦山置下列。类媵姬姜娣侄。望太白、三百去天，六月人犹失炎热。
缁尘[2]苦为涅。问谁可配兹，千仞高洁。惟君雅号相优劣。有北正寒冽，传将移节，及门再命益磬折。未闻赐环玦。
我拙。误名窃。甚此徵书，亦到岩穴。何人辚辘同车辙。华首最相悦，忍为轻别。定成竹否，乞为汝，负羁绁[3]。

注释：
【1】此词借冬天的景色写世事的变化无常，表达作者英雄无用武之地的悲愤及被世俗束缚的无奈。
【2】缁尘：指黑色灰尘。常喻世俗污垢。
【3】羁绁：羁，马笼头；绁，绳索，系牲口的缰绳。亦泛指驭马或缚系禽兽的绳索。此处指被束缚。

张养浩（1270—1329），字希孟，号云庄，元代济南（今属山东）人。张养浩能诗，尤长于散曲，是元代著名的散曲家。著有散曲集《云庄休居自适小乐府》一卷。

山坡羊·潼关怀古[1]

峰峦如聚，波涛如怒，山河表里潼关路。望西都，意踟蹰，伤心秦汉经行处，宫阙万间都做了土。兴，百姓苦；亡，百姓苦。

注释：

【1】1329年关中大旱，张养浩应召出任陕西行台中丞，忙于赈灾事宜，积劳成疾，任职仅四个月，死于任所。赴陕西赈灾途中，张养浩以"山坡羊"曲牌写下的怀古之作有七题九首，这一首韵味最为沉郁，色彩最为浓重。

山坡羊·骊山怀古

骊山四顾，阿房[1]一炬[2]，当时奢侈今何处？只见草萧疏，水萦纡，至今遗恨迷烟树。列国周齐秦汉楚，赢，都变做了土；输，都变做了土。

注释：

【1】阿房：阿房宫，秦宫殿名，故址在今陕西西安市西南。《史记·秦始皇本纪》："先作前殿阿房，东西五十步，南北五十丈，上可以坐万人，下可以建五丈旗。"
【2】一炬：指项羽引兵屠咸阳，"烧秦宫室，火三月不灭"，见《史记·项羽本纪》。

李齐贤（1288—1367），字仲思，号益斋、栎翁，高丽（今朝鲜）人，在元朝官至门下侍郎，封鸡林府院君，谥号文忠公。著作有《益斋乱稿》（十卷）、《栎翁稗说》（四卷）、《益斋长短句》等。

木兰花慢·长安怀古[1]

骚人多感慨，况故国、遇秋风。望千里金城，一区天府，气势清雄。繁华事，无处问，但山川景物古今同。鹤去苍云太白，雁嘶红树新丰。夕阳西下水流东。兴废梦魂中。笑弱吐强吞，纵成横破，鸟没长空。争如似犀首饮，向蜗牛角上任穷通。看取麟台图画，□余马鬣[2]蒿蓬。

注释：

【1】此词为作者长安怀古，感叹时光流逝、古今兴废，红尘争名夺利，终究化为尘土。
【2】鬣（liè）：马、狮子等颈上的长毛。

薛瑄（1389—1464），字德温，号敬轩，明代思想家，著名的理学大师，河东学派的创始人。有《薛文清集》。

过凤县[1]

莫道西行蜀道难，老来深喜纵遐观。

山从太白连岷岭，水号嘉陵出散关。

石积层崖知地厚，路登绝巘[2]觉天宽。

驱兵过此思诸葛，大节常留宇宙间。

注释：

【1】此诗描写蜀地至陕西南部一带的奇险风光，表达对诸葛亮的缅怀之情。
【2】巘（yǎn）：大山上的小山。

王九思(1468—1551)，字敬夫，号渼陂。鄠县(今陕西户县)人，明"前七子"之一。与李梦阳、何景明、康海等人相聚论文，倡导文必秦汉、诗必盛唐。有《渼陂集》。

终南篇十首[1]

龙盘虎踞奠秦关，万古青苍杳霭间。

一线行空紫阁谷，三峰对户白云山。

彩云长覆仙人掌，古寺遥临罗汉峰。

掌上云连西华岳，峰前寺暗草堂松。

王州自古诧秦中，表里河山百二雄。

云际尚疑秦复道，翠微深闭汉离宫。

昆仑一脉从西海，芙蓉万朵绕秦城。

东到骊山通华岳，直须铲断放河行。

经台西峙五台东，白阁阴森紫阁融。

群山罗列重云外，圭峰拱立碧天中。

雪障晴悬太白孤，万峰东涌碧莲图。

股肱秦国今藩屏，丰镐周邦旧帝都。

终南旧县对高峰，势压群山紫翠重。
时雨年年消旱魃【2】，出云蔼蔼逐游龙。

嵯峨终古表西迥，蜿蜒万里抵南溟。
烟霏合有神仙宅，林壑深藏虎豹行。

陆海茫茫宝藏兴，杞梓梗楠未足称。
降神好为生申甫，庙堂栋梁待贤能。

万壑千岩庵画开，葱葱郁郁气佳哉。
微臣愿学歌天保，长侑君王万寿杯。

注释：
【1】作者以终南山为着眼点，描绘了紫阁峪、华山、草堂寺、圭峰山、南五台、翠微宫、骊山、太白山、老子说经台等处的风景和历史，虽然有对君王的歌颂，但对终南风景的描绘还是很可观的。
【2】旱魃（bá）：传说中造成旱灾的鬼怪。

秋日无题十首（选一）[1]

终南南望翠重重，隐隐巫山十二峰。
遮莫为云更为雨，情知不是楚娥【2】踪。

注释：
【1】诗人登终南山南望巫山，生出无限的感慨，而终南秀色与巫山奇峰更引发他的想象。
【2】楚娥：指巫山神女。

水调歌头·述怀次兀崖韵二首（其一）[1]

晨风开草阁，夜月掩柴关。长是吟风弄月，幽遁颇能安。无奈秋霜洒鬓【2】，却笑春光背我，一去不重还。摩挲双眼碧，感激寸心丹。
忆东华，天正远，梦初残。十亩园林，潇洒容得此身闲。月底青松当户，风外苍筠绕径，嘹唳鹤声寒。可人来北海，浊酒对南山。

注释：
【1】此词描写居于南山下的悠闲自在，面对清风明月、十里田园，感慨时光流逝、岁月匆匆。
【2】秋霜洒鬓：指鬓发斑白。

山坡羊·赠王炼师[1]

黑鬓朱颜如画，绿水青山无价，白云堆里黄鹤跨。实可夸，蓬莱是你家。茅庵且住南山下，伏虎降龙闲戏耍[2]。胡麻胜卢仝七椀茶[3]，桃花似瑶池万亩霞。

注释：
【1】此曲为赠友戏作，夸赞朋友居于自然，如同仙境，青春不老。表达了对绿水青山的喜爱和对超脱世俗的向往。
【2】戏耍：玩耍。南朝·梁·慧皎《梁高僧传》卷十："能以秘咒咒下神龙。"
【3】卢仝七椀茶：卢仝，唐代诗人。有《七碗茶诗》："一碗喉吻润，两碗破孤闷。三碗搜枯肠，唯有文字五千卷。四碗发轻汗，平生不平事，尽向毛孔散。五碗肌骨清，六碗通仙灵。七碗吃不得也，唯觉两腋习习清风生……"

一封书四首·春雨亭四时曲(二首)[1]

其三
玲珑唱我词，嗅黄花，露满枝。东篱下饮迟，见南山，落酒卮。鱼龙寂寞秋江冷，故国平居有所思。野人思，少陵诗，千古英雄感慨时。

其四
梅花弄晓寒，舞霜风，竹万竿。低低唤小蛮[2]，扫端溪，布锦笺。怪来诗思清人骨，门对寒流雪满山。纵清欢，煮龙团，锦帐羊羔未许攀。

注释：
【1】此曲描写春雨亭春夏秋冬四个时节的景致，以陶渊明、白居易、杜甫自比，表达归于田园的逍遥，也流露出淡淡的失意。
【2】小蛮：出自唐代孟棨《本事诗·事感》："白尚书（居易）姬人樊素善歌，妓人小蛮善舞，尝为诗曰：樱桃樊素口，杨柳小蛮腰。"

傍妆台四首·次对山四时行乐[1]

叹时光，才经春雨又秋霜。花柳牵情兴，诗酒乐徜徉。登西岳，忆沧浪，天涯阔，醉来狂。笑看千冢卧咸阳。
好园林，长松修竹翠成阴。白雪翻新调，绿蚁[2]喜重斟。乘风爽，到更深，行曳履，坐开襟。忽闻月下弄瑶琴。
渭川流，蝉鸣黄叶汉宫秋。勋业休看镜，谈笑且登楼。封侯印，赏花瓯，须拚醉，莫寻忧，几回盘算五更头。

草堂寒，朔风吹雪满长安。梅兴思东阁，诗句压南山。携红袖，倚雕栏，花阴转，漏声残，翠禽啼月梦回看。四郊牟麦三农喜，一架蔷薇满院香。家家做，日日忙，又看秋莲与冬藏。

注释：
【1】此词写作者的闲居生活，表达面对山林田园、及时行乐、看淡功名的情绪。
【2】绿蚁：新酿的酒未滤清时，酒面浮起酒渣，色微绿，细如蚁，称为"绿蚁"。后世用来代指新出的酒。

康海（1475—1540），字德涵，号对山、沜东渔父，陕西武功人。以诗文名列"前七子"之一。所著有诗文集《对山集》、杂剧《中山狼》、散曲集《沜东乐府》等。

出周公庙观望终南山[1]

已出周公庙，忽望南山巅。南山崎岖天下无，终日菶蕴[2]凌紫烟。日夕愈觉气象好，千峰万壑争妖妍。稍西乃见太白雪，岖嵚[3]屼峒犹孤绝。半山横出霞彩明，一路平连翠华揭。山下看山山始佳，那看清渭东南折。水气苍茫薄近林，烟光荡漾接层岑。鸟飞鹜度知何极，古往今来空自深。我爱太白山，因逢太白叟。短发垂垂披两肩，杖头笑指骆谷口。人生不得常朱颜，车尘马足胡为走。君不见建章柏梁唯土丘，斜风细雨令人愁。又不见赤松黄石餐霞去，至今犹向山中住。山中岁月不恼人，碧草苍溪日日春。欲炼还丹谢人世，无如此处问迷津。

注释：
【1】周公庙：位于陕西省岐山县北郭乡北凤凰山麓。诗歌写站立周公庙外观望终南山时的所见所想。诗人用了大量的诗句铺排出终南山水之奇特，并以此表达对人生无常的感慨及渴望归于山中炼丹求仙的心愿。
【2】菶蕴（fén yùn）：蕴结；蕴积。
【3】岖嵚（qīn）：形容山势峻险。

马理（1474—1556），字伯循，号溪田，三原（今陕西三原）人。明弘治十年（1497）举人，正德甲戌年（1514）进士。

谢人送石碑代道士作[1]

劈得终南第几峰，贮云和月到琳宫。
周王鼓碎难收拾，唐室崖高废琢砻。
龟背映摇窗外竹，螭头昂出栏前松。
蓬莱未许相邀事，先为人间播姓名。

注释：
【1】此诗写了石碑的形成，抒发对赠送人的感激之情和对神仙道化的向往。

边贡（1476—1532），明文学家、藏书家。字廷实，号华泉。祖籍淮阴，后徙居历城（今山东济南）。弘治九年（1496）进士，除太常博士，进兵科给事中，后改荆州，历任陕西、河南提学使。著有《华泉集》十四卷。

清白传家卷为刘安之题 [1]

清如渭川水，白如太白山。

邈尔清白人，遥在山水间。

至清不可淆，至白不可涅。

传子复传孙，一心如一辙。

山同今古色，水同今古流。

清白苟不变，山水同悠悠。

注释：

【1】作者以渭水和太白山之清白描写刘安之的清廉，取象大气。

朱应登（1477—1526），字升之，号凌溪，宝应人。明代文学家，诗宗盛唐，格调高古，与李梦阳、何景明等称"十才子"，曾任陕西提学副使。著有《凌溪先生集》。

奉和邃庵阁老怀终南王给舍 [1]

终南太白倚天高，紫阁风烟气象豪。

事业真期到伊吕 [2]，文章不啻过刘曹。

幽求此日寻方士，奉引它年接御袍。

令弟已闻官太史，名家实有凤池毛。

注释：

【1】此诗是一首奉和应制诗，借写终南太白的壮丽景色，表达自己想要成就功名的愿望。
【2】伊吕：指伊尹和吕尚，典出《汉书》第五十六卷《董仲舒传赞》。商伊尹辅商汤，西周吕尚佐周武王，皆有大功，后因并称"伊吕"泛指辅弼重臣。

韩邦奇（1479—1556），字汝节，号苑洛，陕西大荔人。文理兼备，精通音律，著述甚富，有《苑洛集》。

送孙羽士太初 [1]

羽士关中 [2] 产，高名远近闻。

洞宾通变化，太白富诗文。

华岳三峰月，终南万壑云。

西湖歌舞地，箫鼓日纷纷。

注释：
【1】此诗借写关中奇风异景，表达作者对朋友的赞美之情。
【2】关中：即四关之中，陕西东为函谷关，南为武关，西为散关，北为萧关，故称。

何景明（1483—1521），字仲默，号白坡，又号大复山人，信阳（今属河南）人。明弘治十五年(1502)进士，曾任陕西提学副使，为"前七子"之一。有《大复集》。

太白山歌[1]

我闻太白横西域，百里苍苍见寒色。

灵源万古谁究探，雷雨窈冥[2]岩洞黑。

中峰迢迢直上天，瑶宫玉殿开云烟。

千盘万折不到顶，石壁铁锁高空悬。

阴崖皑皑积古雪，绝壑长松几摧折。

鸟道斜穿剑阁云，龙潭倒映峨嵋月。

高僧出世人不知，飞仙凌空笙鹤随。

洞天福地在咫尺，怅望尘海令人悲。

注释：
【1】此诗写了太白山的壮丽景观，灵源、中峰、云烟、石壁、阴崖、古雪、绝壑等令人惊叹，同时表达了对尘世失望和厌倦的情绪。
【2】窈冥：深远渺茫貌。

寄三子诗[1]

鄠杜[2]终南曲，邠岐[3]渭北陲。

水多龙卧处，山有凤来时。

星宿中宵动，风云万里移。

沧江问灵剑，离合少人知。

注释：
【1】此诗写长安附近的灵秀山水，抒发离散相思之情。
【2】鄠（hù）杜：鄠县与杜陵。杜陵，汉宣帝陵墓，靠近长安，为胜地。
【3】邠岐：邠，古同"豳"，古地名，在今陕西省旬邑县、邠县一带。岐，地名，今陕西省岐山县。

同敬夫游至华阳谷闻歌妙趣[1]

名邑今重过，终南第一游。

山中白雪唱，天上彩云流。

柳散秦川色，花含杜曲愁。

同时霄汉侣[2]，十载卧林丘。

注释：

【1】此诗写终南山华阳谷所见之胜景及闻山歌所体会之妙趣。
【2】霄汉侣：唐代诗人杜牧诗《送刘三复郎中赴阙》："横溪辞寂寞，金马去追游。好是鸳鸯侣，正逢霄汉秋。玉珂声琐琐，锦帐梦悠悠。微笑知今是，因风谢钓舟。"

说经台[1]

西海何年去，南山万古存。

风云留福地，星斗上天门。

有欲谁观妙，无为自觉尊。

青牛不复返，空诵五千言[2]。

注释：

【1】说经台：位于陕西周至县终南山北麓楼观台内，相传是当年老子讲授《道德经》之地，亦称授经台。诗人立于说经台念及老子，感慨世间再无此人。
【2】青牛不复返，空诵五千言：据刘向《列仙传》记老子出关，"后周德衰，乃乘青牛车去。入大秦，过西关。关令尹喜待而迎之，知真人也。乃强使著书，作《道德经》上下两卷"。

盩厔清明日[1]

客里遥逢令节[2]，城中不见繁华。

南山漠漠烟远，清渭迢迢日斜。

独树桃花自发，高楼燕子谁家。

可惜年年春色，催人白发天涯。

注释：

【1】此诗写清明时节南山周边风景，表达客居异乡、时光飞逝的无奈。
【2】客里：客居他乡。令节：佳节，此处指清明节。

薛蕙（1489—1539），字采君（《明史》作君采），号西原。

长安道 [1]

神州应东井，天府擅西秦。

双阙南山下，千门渭水滨。

公卿畏主父 [2]，宾客慕平津 [3]。

方朔何为者，虚称避世人。

注释：
【1】此诗以历史著名人物作比，抒发自己对真正有才华的人的敬佩，对不羡慕荣华富贵、不趋炎附势、归隐淡泊的人的敬仰。
【2】主父：主父偃，西汉大臣。主父偃向汉武帝提出推恩、徙天下豪杰兼并之家于茂陵、设置朔方郡。
【3】平津：平津侯，汉武帝封公孙弘为平津侯。

郑善夫（1485—1523），明代官员、儒学家（阳明学）。字继之，号少谷，又号少谷子、少谷山人等，闽县高湖乡（今福州）人。善书画，诗仿杜甫。著有《郑少谷集》《经世要谈》。

寄太白山人 [1]

为问山人孙太初，交情岁晚莫教疏。

孤山梅萼春相恼，满地松苓日自锄。

江夏肯容祢处士 [2]，茂林初卧马相如。

知君不废苕溪钓，书帛能无寄鲤鱼？

注释：
【1】作者寄书给隐居太白山的朋友，将孤山与太白相对，两处山景尽现，思念友人之情跃然纸上。
【2】祢处士：指祢衡，东汉末年名士、辞赋家。性情刚傲，好侮慢权贵。因拒绝曹操召见，操怀忿，因其有才名，不欲杀之，罚作鼓吏，祢衡则当众裸身击鼓，反辱曹操。曹操怒，欲借人手杀之，因遣送与荆州牧刘表。仍不合，又被刘表转送与江夏太守黄祖。后因冒犯黄祖，终被杀。

杨慎（1488—1559），字用修，号升庵，后因流放滇南，故自称博南山人、金马碧鸡老兵。新都（今四川成都）人，祖籍庐陵。著作达百余种。后人辑为《升庵集》。

华山阻雪 [1]

山头不可上，峪口回难分。

远见三峰雪，平铺万壑云。

紫霞虚洞府，白石闲 [2] 灵文。

愧尔神仙骨，空怀麋鹿群。

注释：

【1】诗人登华山为大雪所阻，进退两难。诗歌描写了雪中华山的奇丽景致。
【2】闭（bì）：古同"闭"。

刘麟（1475—1561），字元瑞，号南坦，饶州（今江西鄱阳）人，家金陵（今江苏南京）。有《刘清惠集》。

述怀三首[1]

其一

日日消忧登古台，南山色色几时开。

心如越鸟终难定，身逐秦云忽漫来。

一郡见收犹是误，三都欲赋[2]耻非才。

湖边旧侣应深诧，吹尽秋风客未归。

其二

剑匣流尘惭更磨，壮年谁到已蹉跎。

心关华岳登临少，卧见南山惆怅多。

故吏有时来问疾，门生何意数相过。

风尘不隔还家梦，夜入沧浪鼓枻歌[3]。

注释：

【1】作者望南山风光，抒发岁月蹉跎、壮志难酬、怀才不遇及思念故乡的情感。
【2】三都欲赋：欲作《三都赋》。《三都赋》，晋左思作。构思十年始成，豪贵之家竞相传抄，洛阳为之纸贵。见《晋书·左思传》。后因以"三都赋"指广为流传的名篇。
【3】沧浪鼓枻（yì）歌：枻，短桨。典出屈原《渔父》："渔父莞尔而笑，鼓枻而去，乃歌曰：'沧浪之水清兮，可以濯吾缨；沧浪之水浊兮，可以濯吾足。'遂去，不复与言。"

汤显祖（1550—1616），字义仍，号海若、清远道人，晚年号若士、茧翁，江西临川人。代表作品《牡丹亭》。

送周子成参知入秦并问赵仲一[1]

十年偃蹇帝京春，今日骊驹新入秦。

黄金横带东门道，朱颜未老参知少。

长安陌上罗公侯，驱车策马争上头。

问君何所苦，富贵坎壈[2]而长愁。

自言平生历落心好道，摘白为官有何好？

游闲上有沧浪天，世上浮荣真可怜。

君不见清远道人官不肯，教舞看经出穷丑。

君今向用归何意？黾勉从王饯君酒。

一路春情随宦情，莲华终南相送迎。

有兴真宁问天水，醉后秦声与越声？

注释：

【1】此诗借送别朋友入秦为官，感叹功名荣华如过眼云烟，表达作者看淡世事的感慨。
【2】坎壈（lǎn）：困顿，不顺利。

袁宏道（1568—1610），字中郎，号石公。荆州公安（今湖北公安）人。与兄袁宗道、弟袁中道并有才名，人称"三袁"。有《袁中郎全集》。

秦中杂咏和曹远生二首[1]

其一

荒草披秦殿，秋花缀汉城。

我行南山道，如阅古图经。

遗迹依稀是，长老失其名。

一步一伫思，断垒谁缔营。

又如稽蠹简[2]，冥搜损心精。

虽以意推求，边傍非故形。

西都赋所载，一一尽欹倾。

飞燕旧舞处，田夫扶耒围[3]。

沉香旧亭子，湖石尚娉婷。

清风发虚窍，其中有性灵。

其二

吊古意不禁，披榛倚断枝。

道逢雪岭叟，笑我真情痴。

尔从京师来，习见汉官仪。

未央即宫阙，金马即铜墀。

团营即细柳，绮陌即庄逵[4]。

西山千万髻,终南同崔嵬。

下有高梁河,即古曲江池。

瑶台与金屋,所贮即妖姬。

残棺断火垄,即今金紫儿。

辟彼膏烛光,前者已灰飞。

后火续新火,焰焰同一辉。

若以天眼观,青草生蛾眉。

飘风遇轻云,无事哭荒碑。

注释:

【1】"秦中自古帝王州",站在秦州土地上,诗人追寻王朝灭亡的原因,怀古伤今,抒发对历史与人生的深沉感慨。
【2】蠹(dù)简:被虫蛀坏的书。泛指破旧书籍。
【3】囲(wéi):古同"围"。
【4】庄逵:四通八达的道路。

李渔(1611—1680),初名仙侣,后改名渔,字谪凡,号笠翁,浙江金华兰溪人。著有《闲情偶寄》等。

登华岳四首[1]

其一

不必曾游过,名山故友同。

终朝书卷上,彻夜梦魂中。

思熟苍龙径,题残玉女松。

兴由韶龀始,相对已成翁。

其二

五丁[2]非爱力,妙在不须平。

地是云铺就,山由天削成。

三峰奇入格,四岳幸齐名。

自有昌黎哭[3],巉岩愈著声。

注释:

【1】此诗写对华山魂牵梦萦的向往之情及看到华山之奇险后的赞叹和感慨。作者认为五岳之中,其余四山应以能与华山齐名而感到幸运,极写华山带给自己的震撼。
【2】五丁:神话传说中的五个力士。《艺文类聚》卷七引汉扬雄《蜀王本纪》:"天为蜀王生五丁力士,能献山,秦王(秦惠王)献美女与蜀王,蜀王遣五丁迎女。见一大蛇入山穴中,五丁并引蛇,山崩,秦五女皆上山,化为石。"一说"秦惠王欲伐蜀而不知道,作五石牛,以金置尾下,言能尿金,蜀王负力,令五丁引之成道"。

【3】昌黎哭：唐·李肇《唐国史补》："正韩愈好奇，与客登华山之峰。度不可返，乃作遗书发狂恸哭。华阴县令百计取之，乃下。"以此证明华山之奇险。现华山苍龙岭仍有一处景观，名"韩愈投书处"。

曹尔堪（1617—1679），字子愿，号顾庵，浙江嘉兴华亭（今上海市松江区）人。有《南溪词》二百三十多首传世。

终南结茅歌赠本尔上人[1]

薄游偶傍禅床宿，静夜同燃佛前烛。
天晴古院访三支[2]，冻笔联吟阁下诗。
拂蠹翻经为小住，探奇却爱山深处。
万里遥从闽峤来，一筇还向关西去。
眼前希见荔枝丹，常有红泉碧树看。
茅屋苍凉人迹绝，可耐阴崖六月寒。
永谢尘喧乐长往，商州风色偏萧爽。
鹦鹉时依绝壁啼，王孙群俟悬藤上。
坐来日月石上生，千仞终南冰雪清。
青鞋布袜计亦得，人间驰逐空浮名。

注释：
【1】这是一首交往僧人的赠诗。诗歌描写终南山中奇妙美丽的风景，表达对隐居山林参禅悟道生活的由衷赞美和向往，以及看淡名利的超然心境。
【2】三支：指三国时来华弘法的印度高僧支谦、支亮和支谦三人。当时称"天下博知，不出三支"。这里借指本尔上人。

屈大均（1630—1696），字翁山、介子，号莱圃，广东番禺人，曾游关中。后人辑有《翁山诗外》《翁山文外》《翁山易外》《广东新语》及《四朝成仁录》，合称"屈沱五书"。

太华作二首（其一）[1]

仙掌[2]三峰立，天门半壁扃。
莲花围白帝，玉井[3]出明星。
横度苍龙磴，高歌落雁亭。
河山襟带尽，两戒据天经。

注释：
【1】此诗具体描写了华山的华岳仙掌、莲花峰、玉井、苍龙岭等主要奇景，华山之雄奇壮伟尽在眼前。
【2】仙掌：指华岳仙掌，是关中八景之一。仙掌是华山东峰奇景之一。
【3】玉井：在华山西峰下镇岳宫院内。井深丈余，井水清澈甘冽，《雍胜略》记述其"深可十丈，圆径半之"，并记述金大定乙亥年(1179)井旁曾建有玉井楼。

王士祯（1634—1711），原名士禛，字子真、贻上，号阮亭，又号渔洋山人，人称王渔洋，谥文简。新城（今山东桓台县）人。有《带经堂集》。

望终南云气[1]

终南云物一千里，远横嶓冢包商颜[2]。

不雨不晴最窈窕，一东一西时往还。

何日高楼寻紫阁，来朝驿骑绕黄山。

无心羡汝能舒卷，渐负秋来水石间。

注释：

【1】此诗描写了终南山的气势，流露出喜爱之情和淡远心境。
【2】商颜：指商山，此句写登高望远所见山脉相连的气势。

宋振麟（生卒年不详），字子祯，号中岩，陕西淳化人。著有《中岩集》六卷。

终南山[1]

白云飞不尽，出没众峰青。

岁月闲中老，空虚静里听。

双斜通蜀栈，万里络秦星。

樵隐人何处，秋深拥翠屏。

注释：

【1】此诗描写了终南山的景致，表达对闲散、归隐生活的喜爱和宁静淡泊的心境。

张琛（生卒年不详），海盐人，顺治四年（1647）武科举人，顺治六年（1649）武科进士。任陕西紫阳知县。有《日锄斋诗存》。

终南山[1]

白云窟里老书生，十载青山相送迎。

走遍终南八百里，并无捷径[2]许人行。

注释：

【1】此诗嘲笑那些虽隐居终南山中，却身在江湖心存魏阙的书生，认为世间并无捷径可走。
【2】捷径：指终南捷径，即达到目的的便捷途径。典出《新唐书·卢藏用传》：卢藏用想入朝做官，却隐居在京城长安附近的终南山中，借此得到很大的名声，终于达到了做官的目的。

南山 [1]

蜀山连亘接三秦，翠壁青峰处处新。

我自看山山笑我，此公不是看山人。

注释：

【1】此诗借连绵不断的终南山进行自嘲，认为自己终究不可能隐居山林。诗歌所写的秦岭重峦叠嶂及苍翠色彩很有气势。

洪亮吉(1746—1809)，初名莲，又名礼吉，字君直，一字稚存，号北江，晚号更生居士。安徽歙县人，生于阳湖（今江苏常州）。著有《卷施阁诗文集》等。

终南仙馆独游看山桃花作 [1]

闲寻古廊日数回，人日[2]已见山桃开。

江南驿使昨传讯，破腊尚未舒江梅。

原高树古春尤早，地稔年丰户均饱。

终南山色对高斋，天放一株春色好。

春风开帘日射栊，草根未青花已红。

桥南冰泮出潜鲤，墙脚气暖惊鸣虫。

苦吟桃李二十年，绿鬓渐改花枝前。

有情誓不负莺燕，箧底零落诗千篇。

山原气候殊南北，花亦因方异颜色。

冶叶倡条岂共时，冰魂雪魄同高格。

看花春首非偶然，幽赏既惬兼逃喧。

园东容膝坐不厌，板屋总仿江南船。

君不见平园宾客春多暇，妙舞清游各消夜。

三更歌时殷地时，我亦闲来坐花下。

注释：

【1】此诗写诗人到终南仙馆独游看山桃花，表达油然而生的喜悦之情。通过描写在严寒的北方率先盛开的桃花，表达了诗人所追求的高洁品格和精神，同时将自己对自然的喜爱和对世俗的厌倦之情融入其中。
【2】人日：正月初七。

张之洞(1837—1909),字孝达,号香涛、香岩,又号壹公、无竞居士,晚年自号抱冰。与曾国藩、李鸿章、左宗棠并称晚清"四大名臣"。

登牛首山望终南曲江樊川辋川作歌 [1]

我升燕台望太行,西旋北绕如龙翔。
今登牛首望秦岭,南面连横如堵墙。
截然平壤起都会,桑乾【2】渭水浑流黄。
幽雍以外降一等,卞京釜底洛土囊。
金陵仅栖偏安主,便有陂陀【3】号龙虎。
临安湖山最灵秀,低首称臣玩歌舞。
乃知丘壑与湖溪,止娱寒士游醢鸡。
文章绮靡士气薄,市廛儇巧民心携。
赤乌草草樊山驻,乌喙郁郁会稽栖。
平城广莫魏猾夏,和林荒苦元开基。
辽金并起黄龙外,周秦先居沂渭西。
建国由来戒沃土,势高气厚人文武。
润色繁华由后王,当年山川本朴鲁。
关中今日少王气,奥区自全非上计。
持戟百万无定形,以雍比幽广狭异。
小儒论都逞雄才,欲建行宫望幸来。
小戎不敌回纥马,陆海已尽南山材。
方今天子守四海,提控岂在西秦隈。
碣石难将渤海阻,丸泥岂禁函关开。
后拥突骑护辽沈,前调兵食收江淮。
一朝立国有根本,况复驾驭今恢恢。
守国在德亦在险,大险惟有轩辕台。

注释:

【1】长安地理位置险要,曾经历汉唐之繁华与强盛,记载着汉民族的荣耀。诗人登牛首山望终南、曲江、樊川、辋川等,今昔对比顿生悲凉之感。诗中抒发了异族统治下的郁闷之气,明确表达了对于立国守疆的看法和对现实的不满。
【2】桑乾:河名。今永定河之上游。相传每年桑椹成熟时河水干涸,故名。
【3】陂陀:亦作"陂阤",指阶陛。这里指谄媚奉承的小人。

武淑(1850—1921)，字怡鸿，号仪光阁主，陕西富平人。幼读家塾，喜学诗画。她晚年将诗词集结成《仪光阁诗钞》。

终南[1]

节彼终南山，巨障雄西都。

俯视掖泾渭，高若摩星枢。

东极华阴践，西连嶓冢俱。

设险压关右，弥望入海隅。

深岩与峻古，巨细难究图。

山经及地志[2]，按之若合符。

其尾衔嵩岳，其势甚盘纡。

其脉昆仑来，其名万壑殊。

中立三辅间，灵秀钟一区。

宝藏达四维，要隘当百夫。

开张谁之力，天地为洪炉。

我欲发长歌，材薄愧迂拘。

三复昌黎诗，大笔克诞敷。

尽致为发挥，足以壮规模。

注释：
【1】诗人具体而细致地描写了终南山的地理、渊源和气势，表达了由衷的赞美和敬仰。能花如此多的笔墨描写终南山之壮观的诗歌还不多见。
【2】"山经"句：指《山海经》和《地理志》。

第一节 长安与汉唐绘画 … 182
　一、汉长安绘画
　二、六朝山水画的萌芽
　三、唐长安兼善山水画的人物、鞍马画家

第二节 秦岭与山水画的开创与高峰 … 194
　一、秦岭与山水画
　二、秦岭与隋唐五代山水画
　三、隋唐五代山水画代表画家及作品

第三节 秦岭与南北宗山水画 … 218
　一、南宗与南北山水画
　二、北宗山水画的流变

第四节 宋代以后有关秦岭的山水画作 … 226

第五节 秦岭与长安画派 … 233
　一、秦岭与《华山图》
　二、秦岭经典题材的再创作

附　录　秦岭意象山水画作品选 … 239
　一、赵望云的《重林笙翠图》
　二、石鲁的华山图
　三、何海霞的青绿山水

第二章

丹青绘秦岭

秦岭四库全书·文库

文心观止

《中国大百科全书》中"绘画"的定义为：用色彩和线条在平面上描绘形象的艺术种类。"在不同的历史阶段和不同的地方，绘画的表现形式不同，甚至在相同的时期和国家也有丰富多彩的不同形式存在，绘画作为艺术的一个主要门类，它的形式和观念至今都仍然处于继续变化之中。"[①]我们今天所说的中国画不仅包括"中国的绘画"这层含义，也并不仅指某个时期或地域的特定绘画特色，而是具有更多极强的文化标识与文化特征的性质。中国画在唐宋以后的一千余年间是中国绘画的主流形式，而中国画的最早出现和发展与秦岭的地域文化密不可分，本章以秦岭与中国山水画的关系为主题，以秦岭为视点展开山水画史中与之息息相关的内容。

　　中国画以笔墨纸砚、绢帛纸素等材料及轴卷装裱等装潢形式呈现出的"诗书画印"为一体的特殊面貌是在历史发展过程中逐步形成的。我们今天所能看到的以毛笔、墨和中国画颜料为媒质，画在宣纸或绢上工笔或写意方式的人物画、山水画、花鸟画，历经千余年的发展演变，有着繁荣璀璨的中国文化特有的历史轨迹。从文献记载得知，绘画创作的最大推动力来自朝廷、贵族和寺观，因此首先得到发展的是满足朝廷、贵族和寺观需求的人物画，人物画从晚周至汉魏、六朝渐趋成熟，山水、花鸟至隋唐之际始独立形成画科，与此对应的是各时代最高水平的画家集中在京畿地区。

　　从隋唐开始至五代，作为政治经济文化中心的长安与秦岭遥相呼应，这一时期的秦岭成为山水画发展不可忽视的坐标。唐代文化的兴盛形成的理想情怀、心灵追求所决定的审美趣味与文化格调都潜移默化到了绘画当中，形成了那个时代的特有风貌。"诗情画意"作为中华民族艺术至美境

---

① 李松.远古至先秦绘画史[M].北京：人民美术出版社，2000：1.

界的形容，唐代文化是这个背景的至美底蕴。唐代画家提出的"外师造化，中得心源"强调融化物我，形神兼备，宋代出现的"诗中有画，画中有诗"的重要理论也源自唐代的王维。无论是技法成熟期的人物画还是发展形成阶段的山水画，那个时代的艺术理想与高度、境界与追求点亮了人们的梦想，并在之后的千余年里始终成为各代画家执着追求的审美风范，与唐长安的文化底蕴和秦岭的自然风貌天然相应。

唐代绘画成为"中国美术史上最具时代性的、能包容后世美术流派的巨大渊源"[1]。中国画作为视觉艺术，它所表达的思想和感情不像文学语言艺术那样明确，也不像哲学那样抽象，中国画有自身的内涵和外延，遵循自身的发展规律。绘画是艺术的组成部分，艺术是文化的结晶。当我们从漫长的历史长河中拾起那些闪烁光芒的璀璨明珠，从一笔一画中感知民族文化的脉搏，倾听它的回响，可以触及神思渺茫的深沉感动，激发对这片熟悉而又陌生的土地的重新认识。秉着秦岭的地域文化背景而成就的山水画，有着秦岭烟云的万千气象，威峰叠嶂、水石幽涧、平远险峻的气质特征，体现出北方山水的典型风貌；画家参天地之美，夺造化之功，尽精微之至，成就了中国古代山水画之精彩篇章。

本章选取秦岭地区在绘画史中有记载的或流传至今的作品，对其在中国画发展史上的影响及作用进行梳理和总结，重点阐述秦岭对历代山水画的深远影响，旨在廓清秦岭的地域文化对山水画的经典意义。

---

[1] 陈绶祥.隋唐绘画史[M].北京：人民美术出版社，2000：11.

第一节 长安与汉唐绘画

《山海经·山经》所记26个山系中，秦岭—华山山系为首例。华、夏古字音同，这片地区是夏族，也就是华夏族最早集中居住的地方。"周人称秦岭为华山，与华夏一词有关，有以华夏正统自居之意。"① 从西周至秦汉两千年间，秦岭以北关中平原是汉民族文化的发达地区，领先于当时其他周边地区，中原文明以长安为中心辐射到广阔的汉民族聚集地带，到秦汉时期成为中国本土文化发展的最后一个高峰。中国绘画与有关造型艺术的发展密不可分，自原始社会至秦汉，不仅有装饰风格浓烈的原始陶器绘画，狞厉而辉煌、工致而严整的青铜纹饰，而且有雍穆宽宏的战国帛画，行云流水、飞舞浪漫的汉代漆画、壁画、帛画。同时，工具材料的变化与技法传承的发展也从未停止。

在中华文化的发展分期上，秦汉是一个重要的分水岭。佛教自汉代（东汉）开始传入，但是还未对华夏文化产生重大影响，因此秦汉文化相对纯净，表现出华夏文化的一种原生状态。郑午昌《中国画学全史》中说："中国明确之画史，实始于汉。盖汉以前之历史，尚不免有一部分传疑；入汉而关于图画之记录，翔实可征者较多云。"② 汉代画家之名除了与阶级有关，与地理位置也有密切关系。"盖在专制时代，一切政教文艺，要皆与其首都所在有密切之关系。汉都长安，其时绘画之都会，即在长安，考诸当时画家之产地，皆在今陕西、河南间。"③ 在这一地区出现的文化也就是华夏正统文化，这一地区的绘画也就是华夏民族的主流绘画形式。山水画是承继画学发展而产生的，了解绘画历史渊源对于理解山水画的源出与发展有重要意义。

---

① 刘安琴.长安地志 [M].西安：西安出版社，2007：6.
② 郑午昌.中国画学全史[M].上海：上海古籍出版社，2011：39.
③ 顾森.秦汉绘画史 [M].北京：人民美术出版社，2000：33.

一、汉长安绘画

在绘画史上最早出现的专门绘画机构是汉代设立的画室，其成为后来宫廷设置画院的滥觞；最早出现的服务于宫廷的绘画是人物画。当时的宫廷画家是画室内的画工，《后汉书》中提到的"黄门画者"或"尚方画工"均指一般画工。

（一）汉代长安地区的画家

秦代画家在关中地区的史料著录无考，而西汉时在画史上留名的"宫廷画家毛延寿、陈敞、刘白、龚宽、阳望、樊育六人，全部出生于关中的杜陵、安陵、新丰、下杜、长安，可能当时关中京师一带画手较多"①。这六名画工均因直接导致昭君出塞这一千秋争议的历史故事而在画史上留下姓名。其事出于汉、晋时书《西京杂记·第二》："元帝后宫既多，不得常见，乃使画工图形，案图召幸之。诸宫人皆赂画工，多者十万，少者亦不减五万，独王嫱不肯，遂不得见。匈奴入朝，求美人为阏氏，于是上案图，以昭君行。及去，召见，貌为后宫第一，善应对，举止娴雅。帝悔之，而名籍已定。帝重信于外国，故不复更人。乃穷案其事，画工皆弃市。籍其家资皆巨万。画工有杜陵毛延寿，为人形，丑好老少必得其真。安陵陈敞，新丰刘白、龚宽。并工为牛马飞鸟众势，人形好丑不逮延寿。下杜阳望亦善画，尤善布色。樊育亦善布色。同日弃市。京师画工于是差稀。"②

东汉画家留名史籍的也是六人，即张衡、赵岐、蔡邕、刘褒、刘旦、杨鲁。"故汉以前之画家，有以工匠名者；至汉，画迹固富且美，而以绘画名者，除此少数士大夫外，别无所见，至汉代画史，尽为贵族士夫艺术家所独占。"③汉代开始出现了文人士大夫参与绘画，绘画不再只是工匠的匠作技艺。张衡（78—139），字平子，南阳西鄂（今河南南阳石桥镇）人。东汉杰出的科学家、文学家。通五经，贯六艺，才高于世；亦有画名。《历代名画记》载："张平子才高过人，性巧，明天象，善画。""昔建州浦城县，山有兽，名'骇神'，豕身人首，状貌丑恶，百鬼恶之，好出水边石上，平子往写之。兽入潭中不出。或云：'此兽畏人画，故不出也。可去纸笔。'兽果出。平子拱手不动，潜以足指画兽。今号'巴潭兽'。"张衡画"巴潭兽"之事句中有"可去纸笔"一语，说明张衡是史载画家中最早用纸笔作画的。纸是我国四大发明之一，和帝年间（88—106），蔡伦集中前人经验，发明了价格低廉、便于书画的"蔡侯纸"。张衡活跃的年代恰在蔡伦稍后，他利用纸来作画当是可能的。

---

① 顾森.秦汉绘画史[M].北京：人民美术出版社，2000：28.
② 顾森.秦汉绘画史[M].北京：人民美术出版社，2000：29.
③ 顾森.秦汉绘画史[M].北京：人民美术出版社，2000：33.

蔡邕（132—192），字伯喈，陈留（今河南开封）人，东汉文学家。"工书画，善鼓琴。建宁中为郎中。校书东观，刊正六经文字，书于太学石壁，天下模学。又创八分书体。"汉灵帝曾招蔡邕画赤泉侯五代将相于省，兼命其作赞并书。蔡邕向来以绘画、书法、文章擅名于世，所以他所画书赞的赤泉侯五代将相被时人誉为"三美"，实开诗书画三绝之风。他还有《讲学图》《小列女图》传世。

（二）文献中的汉代绘画

汉代宫廷绘画主要有历史题材的宫廷壁画，如汉文帝时画工于未央宫承明殿所作《屈轶草》《进善旌》《诽谤木》《敢谏鼓》《獬豸》等。

西汉武帝刘彻在位时，未央宫宣室、甘泉宫、桂宫明光殿是宫廷绘画集萃之地。绘画既为古代圣贤、当世勋臣树碑立传，借以巩固和扩大统治；亦绘夏桀、商纣等亡国之君作反面诫世，以汲取前朝灭亡教训。因都城长安为政治文化中心，文献记载的汉代宫室庙堂及皇家图绘也主要在这一地区，重要绘画作品有：

甘泉宫壁画：内容为汉武帝令画工所绘李夫人像。《汉书·金日磾传》记载："日磾母教诲两子甚有法度。上闻而嘉之。病死，诏图画于甘泉宫，署曰'休屠王阏氏'。"

桂宫明光殿壁画：桂宫明光殿的图绘在蔡质《汉宫典职》有记载："以胡粉涂壁，紫素界之，画古烈士，重行书赞。"不仅有图绘内容，还有制作的材料和过程，说明汉代宫廷壁画以"明劝诫，著升沉"一类教化题材为主流。

麒麟阁壁画：汉代用绘画形式为古代圣贤、当世勋臣树碑立传，借以巩固和扩大统治。被图绘于麒麟阁在当时是功臣最高等级的象征。甘露三年（前51）汉宣帝刘询感怀勋臣功绩，"思股肱之美，乃图画其人于麒麟阁，法其形貌，署其官爵、姓名"。共计十一位功臣，其中有武、昭、宣三朝重臣霍光，入匈奴坚贞不屈的苏武，安羌功臣赵充国等，这些画像的图本一直流传到唐代。

除以上所列之外，其他重要绘画有《周公负成王朝诸侯》。汉武帝晚年，于征和二年（前91）考察群臣后觉得霍光可以委托社稷，"乃使黄门画者画《周公负成王朝诸侯》以赐光"（《汉书·金日磾传》），令其辅助他的幼子继帝位执政。

武帝时画工所作还有《麒麟阁图》《甘泉宫图》《黄帝明堂图》《五狱真形图》等。《云气车》记载于《汉书·郊祀志》："文成言曰：'上（武帝）即欲与神通，宫室被服非象神，神物不至。'

乃作画云气车，及各以胜日，驾车辟恶鬼。"云气车为青红黄白黑五色，分别具有不同的辟邪作用。

东汉明帝时不仅建立了画馆制度，而且"又创立鸿都学，以集奇艺，天下之艺云集"。汉明帝永平（58—75）中作南宫云台画像，为追思前世功臣，"乃图绘二十八将于南宫云台，其外又有王常、李通、窦融、卓茂，合三十二人"（《后汉书·二十八将传论》）。此外，据《历代名画记》卷三："汉明帝雅好画图。别立画官，诏博洽之士班固、贾逵辈，取诸经史事，命尚方画工图画，谓之画赞。"这些取于经史事的杂画，首起庖牺（伏羲），共五十卷，至唐代尚能见到。

汉灵帝光和元年（178），"置鸿都门学，画孔子及七十二弟子像"（《后汉书·蔡邕传》）。

汉代各州郡均用壁画表彰在边事上和政绩上有所建树的属吏，遗憾的是这些内容丰富的壁画无一保存至今。而作为政治文化中心的汉长安地区，武帝以来西汉诸帝对绘画都有贡献，唐张彦远《历代名画记》评价道："以忠以孝，尽在于云台；有烈有勋，皆登于麟阁。见善足以戒恶，见恶足以思贤。留乎形容，式昭盛德之事；具其成败，已传既往之踪。"汉长安地区是当时政治文化艺术的中心，长安的人文传统构建起这一地区在那个时代的文艺风貌。中国画发展从人物画开始，山水画于人物画之后出现，探讨以秦岭为坐标的山水画源流时我们发现这一出发点还在长安、秦岭。

二、六朝山水画的萌芽

中国山水画的萌芽有两个脉络。

一个脉络是满足宫廷贵族、宗教寺观需要，在人物画法式基础上题材和表现内容上进行拓展。汉代中国绘画造型更多重视的是形象的观念与造型所要表述的观念，以及绘画的社会职责所需要的形象准则。绘画造型所需要的是标识性作用与"使民知神奸""存鉴戒"等功能，因此有"古画皆略"的面貌。六朝为三国、西晋、东晋、南朝、北朝等众多频繁更迭或平行割据的朝代。自六朝开始，绘画重心从汉长安移至南方，汉代形成的为政教服务的绘画形式开始向审美方向发展。汉代宫廷绘画主要是人物画，以宫廷绘画技法传承而涉及山水是在六朝时代出现的。这种以传统画法和宫廷审美趣味为标准而作的青绿山水画，是承接传统画法的古法山水，有很高的艺术价值。在这种山水画出现的过程中，传统人物画的造型设色法式无不影响着同一画面呈现的山水，所绘的山水与人物画风格一致。如晋明帝、戴逵、戴勃、萧贲、陆探微、张僧繇皆画过山水，著有最早山水画论的顾恺之、宗炳、王微的画依然是以人物画为主。被画史推为六朝三杰的"顾、陆、张"体现出这个脉络的山水画特点：顾恺之以人物肖像画最为擅长，亦作山水，《历代名画记》中就记载着他的作品，画史亦记载他著有

《画云台山记》。顾恺之的《洛神赋图》背景中出现的山水，其中着色以青绿为主又作"高骊""丹崖"等类颜色，是设色艳丽的山水画样式。这种青绿山水样式一直沿用。陆探微是南朝宋时人，谢赫评论他的人物画为第一品第一人。《唐朝名画录》载："陆探微画人物极其妙绝，至于山水草木，粗成而已。"汉代以后大兴的佛教题材也有大量山水出现，至今敦煌壁画中仍可见到那个时代的山水。张僧繇，梁时人，他的成就多数是佛教题材，也能画山水，他的笔法被称为"疏体"。他是北周入隋的大画家郑法式的老师，"李嗣真云：孙（尚子）、郑共师于张，郑则人物楼台"①。直至隋朝时表现贵族游赏题材的展子虔《游春图》一脉相承。青绿山水发展至盛唐，受以佛画著名的吴道子的"疏体"的影响而有"山水之变"，并以李思训父子的成就达到青绿山水画的鼎盛。

山水画萌芽的另一个脉络则是在政治格局没有形成大一统的魏晋时代，深受玄学风气影响的文人士大夫寻求精神安顿之地，山水林泉之心、卧游悠赏之趣与笔墨恰到好处地衔接，产生出早期水墨山

图2-1 东晋 顾恺之 洛神赋图

① 陈传席.中国山水画史[M].天津：天津人民美术出版社，2001：30.

水画的意趣，山水遂成为他们体会和表现玄理最合适的载体，于是出现了南方各地文人手中水墨山水的萌芽。以形而上推及形而下的水墨山水面临的主要问题是怎么以绘画的艺术形式满足诗意的表达。从江南到长安形成了不同地域画家草创出的不同的水墨画法，历经漫长的酝酿至隋唐得以迅速发展，盛唐突变，中唐逐步取代青绿山水，唐末五代时期山水画发展成熟成为主流，至宋代出现中国山水画史上的第一个高峰。唐末荆浩在其《笔法记》中云："随类赋彩，自古有能，如水晕墨章，兴吾唐代。"正是指随类赋彩的青绿是自古就有的，水墨山水的形式则兴起于唐代。

六朝是山水画的萌芽时期，南齐画家谢赫著有《古画品录》，以"六法"这一技术尺度作为品评中国画的标准，这标志着中国画的法式完备。无论是人物还是山水，"气韵生动，骨法用笔，应物象形，随类赋彩，经营位置，传移模写"六法皆备成为最高标准，这分别从传神、精神、塑造、程式、构思、传承几方面对绘画提出了全方位要求，人物画完备而产生的这一画学法则的重要意义自不待言。从这一角度讲，无论题材是人物还是山水，中国画的品评源出魏晋时代品人的风尚，这体现出中国画的法式准则与人文内蕴。

三、唐长安兼善山水画的人物、鞍马画家

史料表明，唐以前的山水画细密青绿之格与人物画法关系紧密，六朝以来的山水名迹大致是"群峰之势，若钿饰犀栉，或水不容泛，或人大于山"（张彦远《历代名画记》）。发展至唐代，《历代名画记》记载的这一时期人物画家几乎皆兼善"台阁""楼台""宫阙"。例如初唐阎立本、阎立德，"学杨、展，经意宫观"并且"渐变（人物）所附"，使山水画初步独立。至盛唐，人物画家吴道子成为山水画创变的第一人。唐李思训为专攻山水画的第一人，山水画从技法到观念的探索与人物画相互影响渗透，共同促成了那一时期绘画的创造与开拓，从而有了"山水之变始于吴，成于二李"的记述（张彦远《历代名画记》）。

思想情感与工具材料是文化形态的两翼，在羽翼丰满时文化形态便会振翅高飞，精神领域的新的审美高度便渐渐到来。在宫廷画家和文人的手中，不同的工具材料铺展出不同的审美格调。"秦汉时期是中国绘画材料、工具取得突破性发展的重要阶段。纸的发明、墨的发明与运用、毛笔形制的改良、砚的变化等，奠定了中国绘画材料、工具的基本形态。后世绘画材料、工具，主要沿秦汉时期确立的形态完善和发展。"①中国画笔墨纸砚的材料体系具备后，经过六朝时代的酝酿，到隋唐开始了大发展。初唐绘画的大发展，为山水画高峰时代的到来奠定了基础。

---

① 赵权利.中国古代绘画技法·材料·工具史纲[M].南宁：广西美术出版社，2006：54.

（一）阎立本的帝王图

　　唐代之前的人物画多是为政教或宗教服务的，少有反映社会生活内容的。唐代人物画的发展，是唐代经济发展、政治统一促进文化艺术繁荣的必然。经历了汉魏六朝的佛教传入与普及，本土文化与外来文化相互交融，绘画艺术从观念性图示向社会生活的方方面面渗透，人文内涵大大提高，人物画更是达到了成熟阶段，重要代表有阎氏父子。阎氏祖籍榆林盛乐（今内蒙古和戈尔西北），其祖为北周官僚。阎毗自幼袭爵后为北周驸马，官至仪同三司，多才艺，于书画、建筑、工艺均有相当造诣。唐王朝建立之前他就已经是秦王府中的得力人才。李世民即位之后，阎立本、阎立德随父阎毗落籍于雍州万年（今陕西临潼），进一步秉承家学，在建筑、工艺、绘画等方面成就突出，从而成为初唐画坛上的显要人物。

　　阎氏父子的绘画成就，集中体现在阎立本身上。阎立本（？—673），高祖时在秦王府任库直；太宗时曾任主爵郎中、刑部侍郎；高宗时任将作大将、工部尚书，总章元年（668）擢为右相。阎氏父子一门，历几朝为官，主持宫内营造与礼仪。张彦远曾曰："国初二阎，擅美匠，学杨、展，精意宫观，渐变所附。"杨、展指杨契丹、展子虔，二人皆善画宫观楼台。画史记载阎立本"虽师于郑法士，实亦过之"。他长于人物肖像画，由于他历时三朝，官居极品，他的绘画自然与唐王朝的政治需要与艺术主张相符。总的来讲，魏晋士人的高逸虽然把中国画的创作精神提高到了"得意忘象"的认识上，但到了隋唐之际，与政治、宗教密切相关的大量绘画作品，不能不在状物描形中寻求新的法度与技巧。人物画的创作尤其体现了这一特点。阎立本的创作，主要是适应皇帝以及王公贵族们的审美趣味和眼光的。同时，他还要顾及当时所普遍认同的"象人"之准则，只有这样他的作品才能遵照礼仪法度的规则而受到承认。加之他的作品有不少是奉命而作的纪实性肖像与以重大的事件为题材的记录性作品，因此，一般意义上的"肖形"是十分重要的。而大量的礼教题材又必须按以往的绘画程式处理，因而，其作品中重视匠作的程式化布局手法与精谨的描绘技巧也是必不可少的。这几个方面的要求决定了阎立本作品的基本面貌和特征：肖形、生动、按程式化布置却有超人的技巧与功力。

　　《秦府十八学士图》为李世民属下十八位谋士文臣之肖像，皆对人写貌。此图辗转流传，宋代曾为沈括家藏，清初尚存。明代王世贞在河州山人稿中仔细著录并考察了该作品后，认为其人物极为精雅且与史合也。该作品在描绘与选题上都对后世文人学士有较大影响，成为后世不断表现的绘画题材，宋代刘松年、明代仇英等都曾画过这一题材。追溯起来，这一题材的推广与阎立本的创作是分不开的。在绘制了《秦府十八学士图》十八年后，阎立本奉太宗之诏图唐代二十四功臣像于凌烟阁，完成了又一重大的肖像画创作。《凌烟阁二十四功臣图》早已不存，宗哲宗元祐五年（1090）游师雄曾根据传世粉本临摹勒石，现尚有部分拓本传世。从石刻拓本来看，人物有一定的规范姿态，皆为执笏恭立之全身像，大体形态有类于陵前石雕翁仲。衣纹作铁线描颇有初唐画风特色，惜面部多漫漶不清。但从总体上看，这些粉本亦说明唐代人物肖像画在相当大程度上依据工匠们的绘制法式，这既是肖像的使用功能所决定的，也是唐代人物画发展的基本要求所导致的。

在现在传世的唐画作品和摹本中，题为阎立本的作品有《步辇图》《历代帝王图》《萧翼赚兰亭图》以及《醉道图》等，一般的研究者多认为《步辇图》为阎立本较有代表性的作品，而对其他几幅尚有不同的意见，但总的来讲，它们基本上具有初唐时期人物画作品的风貌。

《步辇图》现藏故宫博物院，绢本设色，纵38.5厘米，横129厘米，该图以贞观十五年（614）文成公主和吐蕃首领松赞干布联姻事件为题，描绘唐太宗会见吐蕃通聘与迎亲使者禄东赞的情景。由于图中唐太宗端坐于宫女所抬的"步辇"上，故此图以"步辇"为名。图中右侧画九名宫女拥太宗并步辇，其中执扇、伞相随，人物组合错落穿插，姿态丰富；左侧画引见之职官、使者禄东赞及一执笏译员，三人依次而立，神情庄重。全图不画背景，只着重人物仪态、气质与神情刻画，以细劲的用笔塑造不同身份的人物形象，章法洗练，用色沉着和谐且浓重鲜艳，对于表述人物身份、人物之间的关系与记录这一重大历史事件均有独到之处，使该作品具有极高的艺术价值和文献价值。此图历来受到重视，自宋代开始流传有绪，《宣和画谱》《清河书画舫》《珊瑚网》《式古堂书画会考》《佩文斋书画谱》等书均有著录，卷后有宋代章直题记米芾观款；画上并有金章宗完颜璟，明郭衢阶、吴新宇，清梁清标、纳兰成德、仁宗颙琰（嘉庆帝）等人印章。

《历代帝王图》或称《古帝王图》，现藏美国波士顿美术馆，绢本设色，纵51.3厘米，横531厘

图2-2 唐 阎立本 步辇图

米，作品无名款。根据史籍记载，现在流传的绢本，主要是以白麻纸唐画传摹、设色敷彩的，故而长期以来，多认为是阎立本作品的一件早期摹本。自宋代以后，这件作品流传有绪。清末被辗转倒卖出国，成为我国流失异邦的又一件艺术珍品。

帝王图是中国古代宫廷绘画中常见的题材，自汉代起，典籍中累有记述。绘制历代帝王相，主要是为"成教化，助人伦"，以资鉴戒。因此，这类绘画多借人物安排或器用配置，以示人物身份与时代。这类绘画中的帝王形象，皆有符合于史书所记述的形体特征与气质状貌，他们多成一种固定形象，或加上赞词榜书，以志人物身份德行，成为一种以志识与瞻仰为主的模式型图画。南齐谢赫明确说道："图绘者，莫不明劝诫，著升沉，千载寂寥，披图可鉴。"（《古画品录》）在绘画强调审美欣赏作用之前，这一主旨一直贯穿于美术创作。

从今存《历代帝王图》中，我们不难看出古代人物画那些规定程式的影响。传本中共画了西汉至隋的十三位帝王形象，加上他们身后的侍从，共计四十六个人物形象。帝王均有榜书，有的还记述其在位年代及其对佛道的态度。既不以汉代那种对先王的应瑞传说为描绘基础，也不似唐代绘画中那种描绘人物场景的方式，而是按照一定的衣冠礼仪模式，加上可突出个性的衣饰器用、坐立姿态、颜面神情、五官须眉、侍从姿态，将史书上所描叙的该帝王的性格气质充分体现出来，使得整个画卷既统一又有变化。这幅画的著者能在规定的模式下，充分利用程式化的绘画手法表现出封建帝王的共同特征和气质仪容，又能通过对每个人的面相、眉目、神情、动态的不同处理办法，反映出他们的政治作为和境遇以及对他们的褒贬来。这些正是初唐人物画家的重要成就之一。作为主流艺术形式的宫廷绘画，最早出现的人物画政教意义远大于艺术性上的审美意义，但同样创造了艺术形式的古雅雍容，使人感受到那个时代独有的气质。阎立本的山水画今已不存，宋代米芾《画史》记载"立本画皆著色而细锁，银作月色布地，今人收得便谓之李将军"。他的山水画风格大概和宫廷风格的金碧青绿山水名家李思训一致，故而有"唐阎立本画风，绝似李将军"[1]之说，言其山水画的成就与影响。

（二）吴道子的道释人物画

盛唐时期的画家吴道子代表了唐代绘画发展高峰时期的艺术成就，被后来画工视为"祖师"而供奉不止，亦被视为"画圣"而受到广泛的赞誉，并以其技艺法度之高妙受到各阶层人士赏识。吴道子是一个以绘画技艺名垂青史的画家，生卒无考，为玄宗皇帝所重，召到内廷授内教博士，遂更名为道玄。大概皇宫贵苑及敕建道观图壁，皆出吴道子之手本，道子之画名满天下成千古之定论。唐代以道

---

[1] 林海钟.以画体道——论五代北宋四家山水之古意[M].北京：中国美术学院出版社，2012：105.

教为国教，道教祖师李耳与唐皇同姓，自高祖时即立庙祀之，在秦岭楼观台建道教宫观，高宗追尊老子为太上玄皇帝。玄宗亦托言梦见老子，并命画老子像颁布天下，吴道子作为最受重视的宫廷画家，当然是重要的参与者和创作人。他在上清宫画过老子像，还画过《老子化胡经》与《朝元图》。对于道教题材的开拓是吴道子在创作上的重要贡献之一。吴道子还能丰富佛化的题材，创造出与中国文化相应的从佛教教义中派生出来的诸多形象，为中国佛教艺术奠定了全面基础。在这方面，吴道子最重要且为后世所称道的创作是"地狱变相"。此外，以唐代女性为蓝本的观音菩萨形象的确立，也是吴道子的重要贡献之一。以画鬼神著称的吴道子还创造了众多被中华民族所接受的鬼神形象，并创造了"地狱人间"形象，其中影响最大的是他首创的钟馗捉鬼。唐代著录中有吴道子所绘《十指钟馗图》传于世。此后钟馗便成了中华民族文化中最乐为人道的正义形象之一。

吴道子现有《天王送子图》摹本传世，藏于日本大阪市立美术馆。纸本长卷，墨笔，纵35.5厘米，横338.1厘米，又名《释迦降生图》，无款。卷首隔水有明洪武乙丑（1385）王廉观款。卷尾有楷书《瑞应经》语："净饭王严驾抱太子谒大自在天神庙时，诸神像悉起，礼拜太子足，父王惊叹曰：'我子于天神中更尊胜，宜字天中天。'"卷后有南唐昇元二年（938）曹仲元跋："右送子天主，吴生画，甚奇。"明光宗泰昌元年（1620）张丑跋："《天王送子图》为唐吴生笔，是天下第一名画……卷尾《瑞应经》语为李伯时（李公麟）小楷……按此图落笔奇伟，形神飞动，是吴生擅长之作。"但鉴赏家中也有认为此是摹本，更又以《瑞应经》语出于李伯时，而伯时师吴生，遂定为李伯时摹本。《天王送子图》中端坐的天王，双手按膝，愤怒的目光注视着奔来的神兽，天王的一个卫士

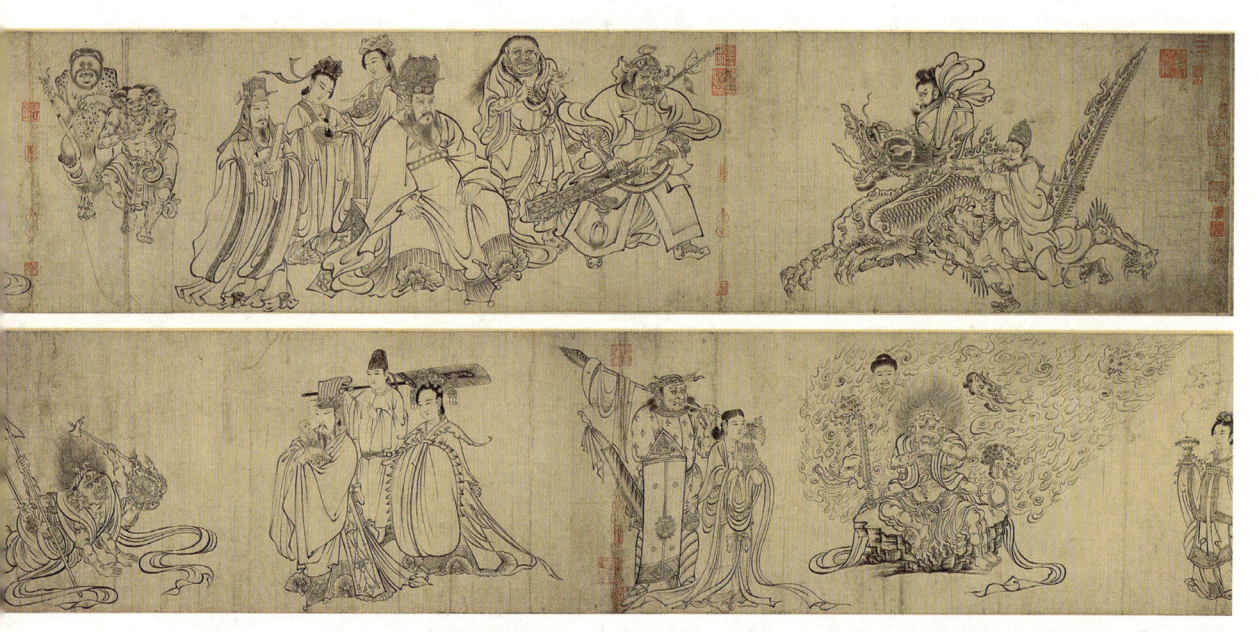

图2-3 唐 吴道子 天王送子图（局部）

使劲拉住兽的缰索，另一卫士正拔剑相向，共同制服了反对者；而天王背后，仕女磨墨，文臣执笏、秉笔，将此圣迹记入史册。

《天王送子图》中的净饭王怀抱非凡的婴儿，缓缓前行，王后拱手相随，侍者肩扇，他们神态安详，而且流露疼爱之情，尤其是对于得子这一事实，不仅有天女捧炉、鬼怪玩蛇的庆祝场面，更迫使另一神兽伏地而拜。作者通过人物和神兽之间的冲突与和解，分别表现出送子与得子的不同心理状态，更以激动趋于平静的气氛转换，展示了故事发展的层次，因此《天王送子图》堪称"以形写神"和寓时于空的一大杰作。实际上，"曹衣出水，吴带当风"已道出了中国画发展史中两个不同的用笔时代。吴道子为中国人物画创造了众多形象，并将佛教绘画的许多布局方式与组成方式应用在中国人物画中，形成了被称为"吴家样"的绘画范本。它影响着宋元明清的宗教画尤其是宗教壁画，例如北宋武宗元《朝元仙杖图卷》、元代永乐宫壁画、明代法海寺壁画等，但这些画在构思功力气势等方面与此图相比，已有些许距离了。

画史上以神佛画为突出成就的吴道子在唐代的所有绘画门类中几乎无所不精、无所不长，在山水画上有笔墨的开创之功，以至于五代的山水大家荆浩曾说："吴生有笔而无墨，项容有墨而无笔，吾当采二子之所长。"在技法发展方面，一是用笔上的成就，二是对中国画中众多形象的创造与构图规范化的确立，使其成为"吴家样"的定式定法。吴道子创造了"兰叶描"，如果说第一次笔法的形成是将用笔规范在"一律"的"高古游丝描"中，那么更重要的一次笔法的飞跃则是将"一律"的用笔变化成"统一而又自由"的"兰叶描"。这一飞跃是解放用笔的关键，也是之后中国画用笔能广泛吸取书法、篆刻等其他民族艺术造型元素特征而丰富自身表现的前提，更是中国画用笔更紧密完善地与画家主题气质技巧相结合的条件。吴道子的用笔，不但造就了后来皴、擦、点、染技法的全面开拓与发展，更造就了中国画用笔从"描"走向"写"的可能性契机。可惜吴道子没有山水画作品传世，从文献记载得知，他曾奉玄宗之命于大同殿画嘉陵江的山水画，三百里山水一日而成。故张彦远在《历代名画记》中有"山水之变始于吴"之论。吴道子作画风格遒劲，线条变化有运动感，点画之间时见缺落，有笔不周而意周之妙。后世将其与张僧繇并称"疏体"，以别于顾恺之、陆探微劲紧联绵较为古拙的"密体"。由此我们可以得知，作为人物画大师的吴道子也是山水画题材和技法的开拓者。

（三）唐长安兼善山水的画家韦偃

唐代花鸟画题材的出现和人物画的写实风格一样，也是时代发展和画家实践的必然。花鸟画的含义不仅是指题材上专门描绘花鸟草叶等物的绘画，也有文玩、虫鱼、走兽等。推动花鸟画最早出现的是擅长某一题材的鞍马画家，例如画史上擅长画马的韩干、擅长画牛的韩滉，都是花鸟画发展的有力推动者。花鸟画在唐代形成并发展成单独的门类,并为此而创造出一整套形色笔墨的规矩技巧。

韦偃,一作鹥。长安人,曾寓成都。杜甫称之为"韦侯",似曾入仕为官。擅画鞍马,并善山水、松竹、人物。《唐朝名画录》云:"居闲尝以越笔点簇鞍马人物、山水云烟,千变万态。或腾或倚,或龁或饮,或惊或止,或走或起,或翘或跂。其小者或头一点,或尾一抹。山以墨斡,水以手擦,曲尽其妙,宛然如真。"《历代名画记》云:"俗人空知鹥善马,不知松石更佳也。咫尺千寻,骈柯攒影,烟霞翳薄,风雨飕飗,轮囷尽偃盖之形,宛转极蟠龙之状。"米芾《画史》记其亲见韦氏之画古柏"枝枝如龙蛇,纠结甚异,石亦皱涩不凡"。韦偃几无现存作品,除了体现其人物鞍马面貌的《双骑图》之外,在李公麟的《临韦偃放牧图》中,差可窥见张彦远所谓"树石之状,妙于韦偃"的部分风采,亦可证实张、米所记之不虚。

图2-4 北宋 李公麟 临韦偃放牧图(局部)

第二节　秦岭与山水画的开创与高峰

　　从西周到唐1600多年间，地处周秦汉唐都城之南的秦岭山水和帝王将相、文人墨客联系在一起，文化繁荣的唐长安，发展绘画有着广泛的社会经济基础。在这种时代背景下，中国古代绘画领域成就卓然的山水画以其宏大的题材、深远的境界、丰富的内涵、诚挚的情感成就了中国艺术精神的经典表现，唐末至五代出现了山水画的第一个高峰，各种典范性的风格和样式在这一阶段形成，其间开宗立派的名家风格更是被后世画家奉为传承和发展的基点。

一、秦岭与山水画

宗炳的《画山水序》是我国最早的山水画论，产生于六朝时期，其中有："圣人含道映物，贤者澄怀味象。至于山水，质有而趣灵，是以轩辕、尧、孔、广成、大隗、许由、孤竹之流，必有崆峒、具茨、藐姑、箕首、大蒙之游焉，又称仁智之乐焉。夫圣人以神法道，而贤者通；山水以形媚道，而仁者乐。不亦几乎？"[①]山水的仁智之乐为中国山水画的形成作了文化性格上的铺垫，广袤的中国大地是山水画产生的土壤，然而使山水画真正成为独立画科并成就最具中国艺术形式的第一个高峰的则是长安秦岭。一般认为，山水画是画家理想中的山水而忽略了山水的本来存在，研究者也往往只看到笔墨的表现、画家的传承而轻视山水的自然神韵带给人的启示。然而不可忽视的是，山水画的形成却是从"外师造化，中得心源"（唐·张璪语）的自然山水中锤炼而来，秦岭山水以其绰约之姿幻化于画家笔下，是中国山水画表现形式和技法形成过程中的真本山水。

从魏晋以后，山水画艺术形式以再现或表现蕴涵在客观自然间深层的韵律、领悟和表现宇宙韵律作为创作的最高境界。在魏晋时代，虽然士大夫、诗人与画家对自然美的欣赏成为中国文艺史上一大特色而衍伸出了"魏晋风度"，在绘画形式上却只达到了"其画山水，则群峰之势，若钿饰犀栉，或水不容泛，或人大于山"的水平，山水在画家笔下并没有达到妙赏及洞见、深情与玄心的自如表达，仍是一个人物在主山水为辅的微末呈现。其中艺术手法上的原因是必然的直接原因，然而从深层来看，中国人的山水精神或自然意识还没有真正达到自觉，天人之间的关系还未协调，人们还不知道如何把握自然并表现它。山水画的独立成就是重大的改变，自古就崇尚天人感应的哲学

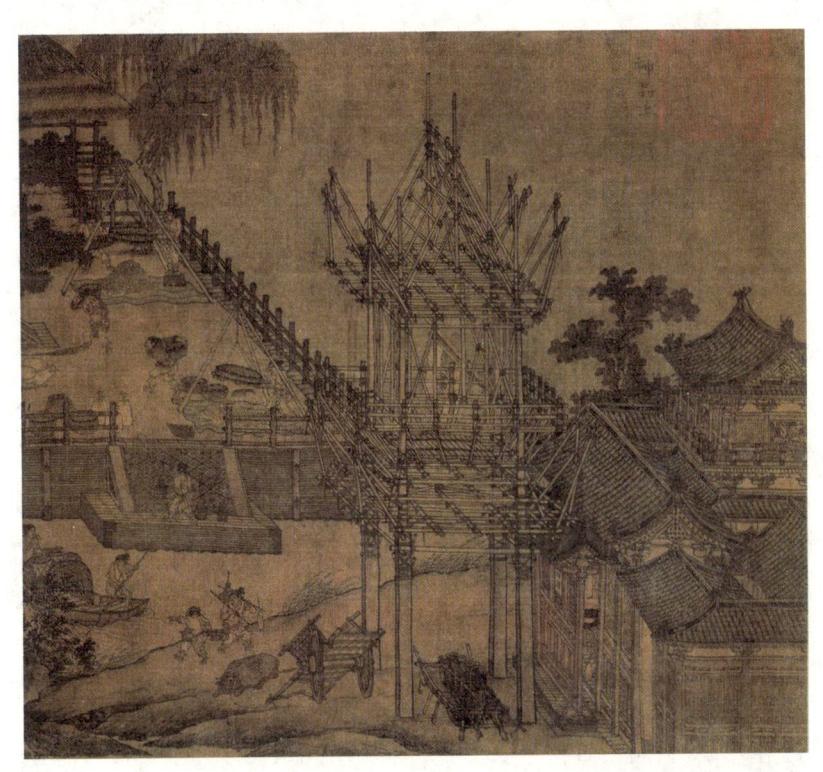

图2-5 五代 卫贤 闸口盘车图（局部）

[①] 周积寅.中国历代画论[M].南京：凤凰出版传媒股份有限公司江苏美术出版社，2013：53.

国度，何以在隋唐时代才出现眼界与心灵的真正接纳？为什么在五代之后，山水画会代替鼎盛一时的人物成为中国绘画的主流？

汉以前本土的中国绘画艺术主要表现为"成教化，助人伦"的社会服务功能，并体现着时代特有的物质发展水平——工具材料的时代特色。只有到了隋唐之际，随着中国山水画的正式出现，中国艺术的美学含义才真正包含了人对自然的关照。我国早期山水画论《叙画》中引用了南朝宋诗人颜延之的观点"以图画非止艺行，成当与《易》象同体"，这一理论在今天看来意义容易混淆，应该作以说明。文艺属于上层建筑的范畴在今天是共识，但在汉代以前属于工匠奴隶们的劳作，地位低下。"铸鼎象物""使民知神奸"（春秋鲁·左丘明《左传》）；"备表仙灵""广图圣贤"（南朝陈姚最《续画品》）；"以忠以孝，尽在于云台；有烈有勋，皆登于麟阁"（唐·张彦远《历代名画记·叙画之源流》）……这类宣教题材的宫廷绘画是工匠所作。汉以前士大夫阶层中无人从事这工作，汉末少数士大夫业余从事绘画，至魏晋文人士大夫大量加入绘画队伍，与绘画相关文论由玄谈而见诸文字继而为画论。《叙画》正是画家王微给当时文章冠绝一时的颜延之的回信，第一句为"辱颜光禄书"，颜光禄就是颜延之，光禄大夫是当时的高级官员，他和王微同朝做过官，都当过太子舍人。由于绘画的画者从一般工匠变为有地位、有视野、通文史的文化学者，自古以来文人士大夫必修的儒家文化思想便随之进入其中。其实，作为个人的"畅神"之道，绘画的产生有其必然的原因。

魏晋时代绘画思想出现了前所未有的人文关怀，这其中的宇宙观、心物论、性情说，标志着中国文人士大夫阶层艺术形式的产生，而这种精神取向使目光所及不再是神异鬼魅等超自然的祥瑞神话载体，而是深切的现实主义视角演化出来的"外师造化，中得心源"（唐·张璪语）。由此，秦岭在特有的时代背景下进入画家的视野，吴道子的千里嘉陵、李思训的"金碧山水"、李昭道的"明皇幸蜀"、王维的"辋川诗意"、关仝的"关家山水"、范宽的"谿山行旅"等无一不表现秦岭，这些作品像秦岭的一座座高峰，依次呈现出中国山水画的伟大境界："穷理尽性，事绝言象"；"虽不该备形妙，颇得壮气"；"风范气候，极妙参神"；"神韵气力"；"虽略于形色，颇得神气"……这一时期的山水画家，或游历于秦岭，或生长在秦岭地区，无一例外地心摹手追，锤炼笔法，造就山水，经营出各成一家的表现形式，这些表现形式在后来的山水画发展进程中成了区分不同风格派别的指标，从这个意义上讲这正是后世山水画流派的源头。

善画应宿源，达情本有因。自先秦就有的中国道家哲学"人法地，地法天，天法道，道法自然"与中国山水画思想根基同出一脉，中国山水画与哲学虽各成面貌，却是共同的"华夏根基，老庄意识"，这正是中国艺术精神中的道法自然。中国画的哲学核心是道，画即是道，体现着中国画特有的本质，也是中国画形式美的内在依据。秦岭意象，道法自然，是山水画开创期中国传统哲学理念在画道之成就。

二、秦岭与隋唐五代山水画

秦岭山水与山水画发展到底有多少联系，只有从绘画理论中关于创作的意与象的关系来探讨了。山水画追求山水之中形而上之"道"的观照，其实也是强调意求心取、畅神的审美体验。因此，从求客体之神而畅主体之神，完成了物我交融的要求，确立了中国绘画理论的主心骨。国画产生之前的绘画就有其存在的意象形式。据《佩文斋书画谱》第十一卷所辑关于先秦绘画的记载，大量的绘画是画在门窗、殿壁、青铜器、兵器等上面的；从现存先秦文物看，几乎没有一件作品是自然形象之表象再现，但也没有一件作品完全脱离自然形象而凭空抽象。就连青铜器上最抽象的图案，也是对云、雷、水、树叶和动物等形象的模仿。作为绘画本质之一的模仿在绘画技法形成之初是艺术规律使然，技法探索之必经之途，这也正是绘画始终是绘画艺术的根本。

对于古典山水画的欣赏与鉴定，从作品与自然关系的角度看，侧面反映出人们理解艺术作品的角度。例如，对于自然地理环境和鉴定绘画作品的关系，有观点认为地质学与文献学有着千丝万缕的内在联系，比如判别古代纪实性山水画、界画的时代和地域，正史和方志以及文人笔记提供的有关地质方面的文献材料，其细微程度和真实性，其准确程度和历史性，有许多是值得信赖的佐证材料，大大弥补了图像鉴定的不足。画家对某一地域的描绘，常常隐含着他的思想倾向。因而利用地质学研究古代实景山水画和界画，是一种值得尝试的鉴定方法和研究手段。这种鉴定方法的具体可证使人们在一定范围里对古代绘画有所理解，但是古代绘画的创作观念不是地图或导游图的别解，虽然画家一定是有创作动机和意图的，但并不能简单理解为是一个具体地理环境的解读，所以运用这种鉴定方法的前提条件是："在古画鉴定中运用地质学鉴定写实山水画时，首先应该鉴定该画是否为写实绘画，描绘的景物是否为实景，然后根据其记载确定所描绘的大体范围，在此基础上尽可能缩小地理范围，这就必须找出画中的风景名胜、地标性建筑为何名、在何地，一方面，这是该图所绘地域的实证，另一方面这与画家的经历、游历有着密切关系。"[1]这里所说的实景山水画是这种研究方法的前提。

特别应该注意宫廷画家和都城民间画界表现的对象常常是京畿地区的山川风物，对京畿地质文献的认识和了解有助于识别这类绘画的时代和画家身份。在正史中，古代与河道相关的建筑物等地志材料散见于帝王和大臣的一些事迹里，相对集中于《河渠志》等。《河渠志》是从整体上掌握全国水网

---

[1] 余辉.地质学研究与《闸口盘车图卷》[M]//上海博物馆编.千年丹青.北京：北京大学出版社，2010：124.

的地质文献，多涉及朝廷对自然山川的治理活动，对京畿地区的具体地形、地貌和水上建筑等也有描述，这些对鉴定京畿地区宫廷画家的画迹是相当重要的文献依据。

艺术创作来源于自然，山水画创作所描绘的山水与画家身份和游历密不可分。唐代宫廷画家展子虔、吴道子以及朝臣画家李思训、王维的游历与创作同样离不开唐长安的终南秦岭。《宣和画谱》著录有李思训的《山居四皓图》，从名称来看描绘的内容为秦岭"商山四皓"的典故。从秦岭山水的文化形态对山水画深刻影响的角度研究，深入分析历史文化因素，也是我们梳理山水画在隋唐发展过程的重要视角。我们从三个方面看待秦岭与中国山水画发展的这一阶段：

第一，山水画的创作源泉。一方面在这个阶段才完全形成山水画的独立艺术形态，出现了对后世有重大影响的专业山水画家，故而这一时期的山水题材及其技法具有开创意义。山水画作为中国画中最重要的门类之一萌芽于晋，在南北朝时代，画家们解决了山水画的基本观察方式与描绘方式，提出了关于山水画创作的基础理论。隋代统一给文化的交流与繁荣带来了契机，大运河的开凿与佛教的兴盛给南北流通与绘画发展创造了有利的条件。隋代统治者好奢华，又大兴土木，且善收藏书画名迹。史载隋灭陈后，即命元帅裴矩收取宫廷藏画八百余件，隋炀帝还在洛阳建造"妙楷台"与"宝迹台"，分别收藏古代书法与绘画作品，他还撰《古今艺术图》五十卷，"既画其形，又说其事"。隋炀帝游扬州时，亦携其所藏书画名迹，可见其对书画之喜好。后来载画船不慎中途覆没，书画大半被淹毁，成为古代书画流传中的一次惨重损失，也是今天难以见到魏晋绘画作品的重要原因。隋代绘画总体风貌"细密精致而臻丽"，奠定了唐代绘画的基本风格。展子虔《游春图》的画法样式，标志着山水画技法的初步确立和青绿山水形态的基本形成，展子虔被称为"唐画之祖"。继展子虔之后的唐代画家李思训、李昭道的山水画，则标志着青绿山水形态的确立与成熟，也是青绿山水画的高峰，在盛唐以后受到广泛的推崇，影响很大，不乏追随者。

另一方面，从盛唐开始长安出现了很多从事水墨山水画创作的画家，其中代表人物大多在长安长期居住或者曾在长安活动过，如郑虔、王维、张璪、朱审、毕宏、韦偃、杨炎等。在水墨画法上，吴道子的成就除了佛教造像外，以其"白画"技法兼涉水墨山水画的创变之功占有重要地位。王维学吴道子而创"水墨渲淡"的山水画法，继而为宋初水墨山水画的滥觞。王维原迹今不存，依画史所载，他善山水、神佛、人物，作品有着色、水墨两种。现传世《雪溪图》《江山雪霁图》《辋川图》可能为王维画迹的仿制品。其中前两图为山水画，水墨样式；《辋川图》亦山水，淡着色。盛唐以后的水墨山水画是在青绿山水画的基础上蜕变而来的，并未完全摒弃敷色，色彩只是退居到较为次要的位置，对水墨起着辅助作用。纯粹用水墨画的山水画大约出现在唐末五代时期，经五代、宋、元的发展，形成蔚为大观的山水画流派。

再有就是画家自成面貌的皴法的开创。"皴法"是中国画表现山石、树皮的纹理结构和明暗的笔法探索的结果，是山水画创作的基本技法形态，在没有形成定式之前是古人面对自然山川依据所看到的景物创造的笔法，并在绘画发展过程中不断演进和创造。"纵观文献所载隋唐画家，他们之中有许多人画山水偏重发展表现山石、树木、云水、楼阁等某种山水画要素的技法，这是山水画演进过程中必然要出现的现象。"[1]由于画家所处自然环境的不同，在状物象形的画学品评指导下的创作原则，必然要求各种要素的表现方法的再创造，于是一批画家分而攻之，朱景玄的《唐朝名画录》《历代名画记》等文献就著录有画家专长的"树石""云水""松石""楼台""山林"等内容。从局部攻克到整体突破的发展演进中，持续不断地面对自然山川完成技法的探索与锤炼，并不断汲取前人积累的成果，正是画家探索自然物象的必经过程。聚集长安的山水画家无论是隐逸秦岭，还是久居长安，创作来源无不关涉秦岭。山水画成为完整的图像形式也是经过中唐以迄五代，才于不知不觉之中逐渐完成而成为全景山水。五代画家范宽常年在秦岭隐居，他的著名的《谿山行旅图》多用豆瓣皴、雨点皴，是这两种皴法的开创与实践。

| 1 | 2 | 3 | 4 |

图2-6 北宋 范宽 谿山行旅图（局部）

第二，文人画的立论分界点。宋代苏轼倡导王维得意于象外之旨，"味摩诘之诗，诗中有画；观摩诘之画，画中有诗"；明代董其昌推出"南北宗论"，推李思训父子青绿山水为"北宗之祖"，而推王维水墨为"南宗之祖"，并断言"文人之画自王右丞始"，王维和李思训父子就分别成为文人画和院体画、"南宗"和"北宗"之祖。

从宫观山水到林泉山水，从青绿金碧的形式到水墨形式，由于山水画题材的开创性，唐代众多画家观察与表现方式虽不尽相同，但都表现出中国画家驾驭大自然的胆识。中唐以后，画家中作山水的比例

---

[1] 李星明.隋唐山水画简论[A]//西安美术学院五十周年院庆美术学论文集.北京：人民美术出版社，1999：302.

大增，水墨山水画渐成气候。文人之画早在魏晋就已出现，士大夫参与绘画的如蔡邕、顾恺之、戴逵、戴勃、宗炳、王微、萧绎等等，其中有诗、书、画三绝者，也有"传神"论、"畅神"论、"卧游"说、"心师造化"说的理论创建者（姚最），直到盛唐王维的水墨山水引起后世注意，王维成为影响深远的"文人画第一人""南宗之祖"。在唐代整个绘画领域，兼涉人物、山水题材以及兼涉青绿、水墨、白画技法的画家不在少数，文献记载王维"工画山水，体涉古今"，李思训一类的青绿，吴道子一类的疏体，以及后来蔚为大观的水墨，都有涉猎。他的绘画"笔踪措思，参于造化，而创意经图，即有所缺，如山水平远，云峰石色，绝迹天机，非绘者之所及也"。王维对后世绘画最重要的影响不在技法成就的高度，而在他的文人画家的心态、艺术趣味和处事原则。

当时以王维为代表的众多水墨山水画家中，吴道子"墨踪为之"，张璪"气韵俱盛、笔墨积微"，以至"陈氏水墨山水""项信水墨""水墨项容处士"等各种水墨山水画，在审美观念、技术表现的演进中无一例外的有顺应自然、体察微妙、托之毫素的创作观念及态度，其中张璪在理论上就有绘画史上流传千古的立论。张璪（生卒未详），字文通，吴郡（今江苏苏州）人。官检校祠部员外郎、盐铁判官，后被贬为衡州司马、忠州司马。《历代名画记》记毕宏见他的画叹服不已，问他由何人传授，他答："外师造化，中得心源。"这句千载相传的名言，正代表着那一时期画家面对自然的艺术法则，也成为后世绘画艺术的法则。荆浩《笔法记》里说他："气韵俱盛，笔墨积微；真思卓然，不贵五彩。"

中国传统绘画强调突出对象的地域特点，但并不是对景写生的实景图稿。这是中国画观念性表达上的突出特点，例如山水画派中江南画派的董源、巨然、米芾、倪云林等善写江南山水、平沙浅渚、草木葱茏，但并不确定为哪一座山；米芾画的《云山烟雨图》，虽不是紫金山，也不是金山、焦山，但一望便知是江南山，它完全可能包含了金山、焦山以及无数的江南山之复合，成为一种典型性景象。石溪、石涛、浙江画的黄山一般都不能指出画的是哪一峰、哪一角、哪一段、哪一处，而是某一带的总体印象在局部图画中的复合。因而，不同的画家画同一山峰、同一角度，结果常常大相径庭，显示了不同画家对因地而类之方法的不同把握程度。同样，在唐代山水画发展的过程中，由于地域特征不同形成南北两种水墨画传统，在南方的三吴和天台山地区有水墨重厚一路，北方地区有如吴道子的"白画"等。笔迹劲爽、墨法深重的破墨山水，以及韦偃、刘商、张璪等的"破墨"，王维的"渲淡"画法，也是基于秦岭本身地貌特点多样和画家各自再创造的不同。

王维和李思训同处唐代，如同一山分南北的秦岭一样，发端于六朝的青绿山水和水墨山水于此交汇才真正形成山水画体的创变，从而形成水墨山水之大观，在这里他们就像连接并区别着的山脊，一南一北形成了两种面貌，延伸出两种流变，在他们所处的峰岭上相互连接，而到影响所及的千年之后就如南北气候的差异一样形成南宗和北宗、文人画和院体画。同一座秦岭，同一片山水，成就了南北的分界，成为山水画南、北宗和文人画、院体画的界点坐标。

第三，山水画的开创与发展是中原文化生枝发叶的必然。历经周秦汉唐的中原文化无论出现怎样的艺术形式都与本身的文化渊源密不可分。自然山水浑然天成，本无所谓"善、恶""美、丑"之故意，而画家以胸中学养创造出山水画中的隐逸情怀、大境玄远、静穆恢弘，无不呈现出一派生机，表现出那个时代特有的意蕴，一方面超出了可视的形的本身，另一方面，无论物、象、理、道、意、情，又无不通过这可视的形来实现，最终仍归结于本体——艺术本身。这正是中国式的利用自然生态最大限度地发掘主体自然功能，使天人合一在艺术创作中完美体现。北宋初年出现了不同地域的山水画风格，长江以北地区以唐末荆浩和继后的李成、关仝、范宽三家为代表人物，构成北方山水画系，郭若虚评为"三家鼎峙，百代标程"；在江浙一代则以董源、巨然为代表构成南方山水画系。

唐末五代的荆浩在山水画发展史上与关仝并称为北方山水画派的承上启下者。荆浩（生卒不详），字浩然，河南沁水（济源）人。唐末隐于山西太行山的洪谷，自号洪谷子。博通经史，在山水画方面卓有成就。他曾对人说："吴道子画山水，有笔而无墨，项容有墨而无笔，吾当采二子之所长，成一家之体。"可见荆浩探求笔墨关系来表达对象的精神实质，他虽不身处秦岭却承接北方水墨一派风格，和游居秦岭的关仝一起开创了"全景山水"的图式。这种大气磅礴的山水创作，正是通过"远取其势，近取其质"的表现方法得到的。"大山大水"自平地而至山巅，山有宾有主，画中有开合曲直，成为山水画的典型构图。关仝初师荆浩，后获得"出蓝"之誉。他将秦岭的雄奇、峭拔气势表现得笔简气壮、景少意长，他的作品被称为"关家山水"。荆浩和关仝都强调"搜妙创真"的深入感受，又强调"不可执华为实"的艺术表现。

图2-7 五代 荆浩 匡庐图

同样师法荆浩的李成，也有"出蓝"之誉。李成是唐皇族后裔，世代为官、业儒，家学渊源上系正统的中原皇脉一系，在文化观念上直承长安风尚。唐末五代之初，全家随祖父迁至北海营丘，后李成又迁家至河南淮阳。他自幼博通经史，而以布衣终身。其家学渊源遂将深入骨髓的中国儒理传统经典正脉灌注于画中，从而成就了浑厚阔大、古朴旷达的"寒林平远"之格，表现了齐鲁山水与画家主观情趣熔铸而成的胸中丘壑。正是五代大家山水画雄浑刚健、气势磅礴的恢弘与内质的古朴深厚、意蕴悠远传达出的人文品质，使中国画具有与图理、图识相并列为图载的资格，登上"千载寂寥，披图可鉴"与"六籍同功，四时并运"的大雅之堂。

山水画自魏晋出现后，隋唐开始大发展。盛唐时代青绿山水画成为山水画独立形成后的主流，五代、北宋继续发展；而滥觞于唐中期的水墨山水画日趋兴盛，在唐末五代形成高峰并由此开启了中国绘画史上峰峦竞秀的山水画经典。画史上展子虔、吴道子、李思训、李昭道、王维、关仝、范宽、李成与秦岭息息相关，我们将以他们为标志的各个发展阶段概括为山水清音、古风唐韵、终南隐逸、正大气象，来呈现山水画的发展变化。

三、隋唐五代山水画代表画家及作品

（一）山水清音——展子虔《游春图》

现存有宋徽宗赵佶亲笔题"展子虔游春图"之山水画，被普遍认为是我国现存著名画家作品中最古的一幅，也是卷轴山水画最早的杰作，在中国山水画史上占有极其重要的地位。中国绘画史上所谓"顾（恺之）、陆（探微）、张（僧繇）、展（子虔）"，为美术史家推为唐以前最杰出的画家。

图2-8 隋 展子虔 游春图

展子虔，渤海人。据《历代名画记》所载，展子虔经历北齐、北周，到了隋代为隋文帝所召，从江南来到长安，成为隋朝对后世影响最大的画家。《游春图》为横幅绢本设色作品，横80.5厘米，纵43厘米，现藏故宫博物院。图一展开，金碧辉煌，一派旖旎春光夺人眼目，诗情画意融于一体。展子虔深具诗人气质，故《宣和画谱》称赞他是"能做难写之状，略与诗人同者也"。此图卷首有宋徽宗赵佶瘦金书"展子虔游春图"六字，钤有"宣和"连珠玺；后上角钤"皇姊图书"朱文大印（为元大长公主之印），又贾似道"悦生"葫芦印；后黄绢隔水上下钤"政和""宣和"小玺；后纸有元冯子振题跋七言歌行一首，又有赵岩、张珪题诗，末为明董其昌跋。图中左上有乾隆题七言二首。

《游春图》将春之精神、春之气息形诸笔端，可谓独得其奥秘，传与千古。作者以诗人的敏感，用细致的笔触写出江山二月桃杏争艳又略带寒意的早春风光，放目远眺：青山耸峙，江流无际，万木祥云涌起，一树一树的枝叶绿了，连远山也绿了，桃花杏花绣满了枝头，辉耀在山间水湄；游春的文人仕女也都来了，骑在马上的、岸边踏歌的、泛于中流的、倚门伫立的、翘首待渡的……坡岸盘曲，峰回路转，人马一路迤逦，不知其几许里程；屋舍掩藏，或篱落庭院，或朱栏玉砌，复不知其几许深，而一座赤栏桥临溪在望，最是照人眼目，青山外丘壑深藏，不知更有多少胜境。这些都不禁使人联想到唐长安的风光，从曲江湖水向南望去，那边应该是南山的迤逦景致吧！……这一切景物，布置得自然而又曲尽其妙。展子虔尤精于画台阁，"不得以窥其妙。写江山远近之势尤工，故咫尺有千里之趣"（《宣和画谱》）。在设色和用笔上古意盎然。山水青绿重着色，山脚则用泥金。山峦树石皆空勾无皴，唯以色渲染。其用笔甚细而备及变化，远山树木以细笔勾出填以深绿，望之如苔点，山上林木以赭石写主干，以水沉靛黄点叶。大树多勾勒，不细写松针，直以苦绿沉点。人物直用粉点成后，加重色于上分衣褶，船尾亦然。全幅在青绿金碧的背景上跳动着嫩白艳红的鸣奏，用色深具匠心又浑然天成，格调沉着而高雅。用笔如画山石树木，勾线多转折拗拙，以硬毫为之，意甚古拙；而画人物衣着，则纤如毫发，全以细笔尖毫勾描；画水波更是一丝不苟、绵延迢递、柔美流畅，将春水融融一派生机尽情写出，全是活笔，真是至难。线的节奏巧拙相应、互尽其美，如此微妙，不愧为千古瑰宝。"中国山水画是随着魏晋六朝以来山水诗的兴起发展而同步前进的。山水诗发展到何种水平，也必然在山水画中有所表现。试将展子虔《游春图》与同时代的乐府民歌或稍后的《春江花月夜》等名篇对读，一种山水精神、敏锐的诗感和沉挚的哲理令人沉醉不尽而含茹其间。"（丁羲元《中国名画鉴赏辞典》）

这幅画介于六朝山水画与唐代李思训青绿山水画之间，标志着中国山水画所达到的一个新的境界。汤垕《画鉴》云："展子虔画山水法，唐李将军父子多宗之。"南北朝至唐初是山水画形成与发展的重要阶段，《游春图》所展示出来的对山水画发展的重要贡献，主要在于布局上的变化与对山水题材中各类重要对象的形象描绘上，它能将作为早期人物故事场景的环境从平铺直叙转化为错落起伏，将平列的展示变成曲折的表现，将以位置定远近的布局手法发展成由转折错落的安排与前后的遮挡及大小的变化来定远近的构图方法，这些都是山水画发展中极其重要的变化。同时，作者在描绘树木、土石、水流等山水画中的重要对象时，选取了不同的造型方式，并相应地选择了不同的画法，虽然这些选择并不能成为定则，但相对于魏晋时代较为成熟的人物画法来讲，是一种尝试和改革，初步奠定了山水画的处理方式，为后来山水画的发展铺平了道路。没有对描法的动摇，就不可能找到新的笔法之途，而新笔法的出现与定则，也正是在后来山水画发展的实践中得以完成的。《游春图》像一首清新婉丽的乐曲，随着画卷的展开徐徐飘来，也带来了即将到来的新的山水画时代。

（二）古风唐韵——李思训父子与青绿山水

据画史记载，李思训一家有五人并善丹青。除其孙李湊善画绮罗人物外，李思训及其弟思诲、侄李林甫、子李昭道均以画山水见长，尤其是李昭道，在画史上的成就与其父齐名，甚至于"变父之势，妙又过之"。由于李思训最后官至左羽林大将军、右武卫大将军等职，李昭道虽官不至将军，然俗因其父呼之，将父子二人并称"二李"，或称"大小李将军"。

李思训（651—718），字建睍，为唐朝宗室李孝斌之子，唐高宗年间曾任江都令。由于青壮年时代正处于武后当权之际，重臣多遭杀戮，他为避祸患而弃官潜匿。唐中宗即位（705）后，他才复出，并以宗室地位而任宗正卿。玄宗即位（713）后，官至右武卫大将军，晋封彭国公，追封秦州都督。由于其地位显赫、战功卓著，著名书法家李邕为其书墓碑，即著名的《云麾将军李思训碑》。李思训一家均有相当的社会地位：弟李思诲任朝散大夫、扬州参军，追赠礼部尚书；侄李林甫官至中书令，为玄宗时期政坛要人；其子李昭道，官至太子中舍人，大约主要活动于唐玄宗时期。

李思训在山水画上的成就，画史上早有定论，被唐代美术史家一致推崇为"国朝第一山水"。他在画法渊源上沿革了展子虔一路，《清河书画舫》有"展子虔，大李将军之师也"的记载。张彦远在《历代名画记》中认为李思训"画山水树石笔格遒劲，湍濑潺湲，云霞缥缈，时睹神仙之事"，这一评价基本上概括了李思训的山水画特色：其一是题材多有一定故事情节或人物场景；其二是构图多为全景场面，从天上到人间，从林中到水上，多表现在同一画面之中；其三是用笔开始有一定的变化，重视轻重缓急而显出遒劲之勾斫。李昭道在绘画上继承了其父之风貌，进一步发展了工致精妙的特色，在对水的描绘方面有新的创造，成就可与其父并驾齐驱。

历代画史中，虽著录过不少李家父子的作品，但实际上可信的极少。一方面由于他们官高禄厚作画时间极少，另一方面也由于他们的作品场面广阔描绘精谨，要花更多的时间和精力。《唐朝名画录》记载了一则故事，玄宗命吴道子与李思训同时图嘉陵江山水，吴道子一日而出，李思训数月乃成，而明皇评之曰："李思训数月之功，吴道子一日之迹，皆极其妙也。"以李思训之生卒年可推知，这则记载纯属讹传，但如果从绘画风格来看，这记载却有一定的合理之处。在宋代，尽管皇家酷爱书画，但宫廷收藏亦只十余幅而已。唐张彦远《历代名画记》载"山水之变始于吴，成于二李"，"二李"所指即为李思训父子，一个"成"字道出了李氏父子的开创之功。由于李思训父子自创了一派山水画，其风格影响深远，尤其对前期山水画的发展贡献巨大，所以后世画山水者多有模仿。宋徽宗时期《宣和画谱》所载李思训作品为："《山居四皓图》二，《春山图》一，《江山渔乐图》三，《群峰茂林图》三。"宋代时已有"今人所画着色山水，往往多宗之，然至其妙处，不可到也"的评价，说明至少从宋代开始，人们普遍认为李思训父子以着色山水场景画著称，自创一派金碧辉映之家法。而后人便往往把工致富丽、带有楼阁人物画的青绿或金碧古代山水画托名李思训父子，故而各种著录与记载多难以辨析。流传至今被普遍认为可代表早期山水画风貌的传为李思训父子的作品仅存如下几件：

现藏台北故宫博物院的《江帆楼阁图》是历来研究者认为较接近李思训作品原貌的传世作品，它较能集中反映唐代早期山水画的风格。绢本青绿设色，立轴，纵109.9厘米，横54.7厘米。钤有"辑熙殿宝""安""仪周鉴赏"以及乾隆、嘉庆、宣统诸玺，盖经清代大收藏家安岐（字仪周）审定，后入清宫，但《石渠宝笈》则未著录。如以此图和《游春图》相较，可见山水画继承和发展的迹象。《江帆楼阁图》构图阔远，不画江岸边际，显得烟水浩瀚，境界宽广，较之《游春图》的全景处理有进步之处。山石丘壑虽仍平实，却已略有变化，画树已用交叉取势，比展子虔用上叉的鹿角枝显得顾盼多姿了。图的左下角植有老树两棵，一棵盘根错节、藤条绕柯，一棵枝杈交错状若曲铁。树叶形状有元宝形、枇杷叶形、三层包叠卷心形、双钩介子点叶形、槐树叶形等。作者画松针，先一片一片染以石绿，然后用花青（掺有石青）以两笔交叉的劲细笔势描画出松针，整体十分葱郁，富有装饰味，和有

图2-9 唐 李思训 江帆楼阁图

勾无皴的山石、起伏均匀的水纹、精丽工致的屋宇、形状各异的夹叶十分相称，而且还多少可以看到其中吸取域外绘画的痕迹。这幅画中的人物，也较前人在山水画中的摆布有所提高，显示了唐代山水画高度成熟的水平。此图用一种坚挺的小笔勾取物象的轮廓，故笔触线条坚硬劲挺，可见那时尚无"渲淡"，小硬笔专门用于勾框。明代沈颢在《画麈》中评论道："李思训风骨奇峭，挥扫躁硬，为行家建幢。"代表了长于骨法用笔的行家山水，有别于后代文人画家的山水。安岐在《墨缘汇观》卷三中对此图作了详细描述："上作江天阔渺，风帆泝流。下段长松秀岭，山径层叠，碧殿朱廊，翠竹掩映。具唐衣冠者四人，内同游者二人，殿内独步者一人，乘骑于蹬道者一人，仆从有前导者，有肩酒肴之具后随者，行于桃红丛绿之间，亦可谓游春图。傅色古艳，笔墨超轶，虽千里、希远（按：指宋赵伯驹、赵伯骕）不能辨。其青绿朱墨，传经久远，深透绢背，有入木三分之妙，的系唐画无疑，宜命为真迹。……元王叔明《稚川移居图》《太白山图》皆宗此法。"邵洛羊认为：作者融汇了山水丘壑和人物动态，阐明唐代山水画已着意于生活与自然之交织、辉映，比隋代又迈进一步；至于设色，二赵艳而不古，实有不及，而构思缜密，则被王蒙学得。"安氏考察精微，洵为可信。"[①]这件大幅青绿山水章法严谨，设色秾丽，场面恢宏，以从楼台上俯视江面及临江山麓情景为描绘对象，全图用笔有勾斫变化，但山石仍以细笔画出。尤其在整个构图上较为平铺直叙，对树石描绘上主次平均，虽有局部着意的穿插处理，但总体上似乎缺少变化，尤其在大型作品作立式构图的布局处理上，反映出从古代横向布局转成立式布局时的力不从心。

现藏台北故宫博物院的《明皇幸蜀图》和《春山行旅图》实际上是同一幅作品的两件不同摹本。前为横批，后为立轴。细细考察这两幅画的大体布局与人物神情动态，与文献中所描述的"帝乘赤骠起三骏，与诸王嫔御十数骑，出飞仙岭下，初见平陆，马皆惊，而帝马见小桥，作徘徊不进状"相符，皆应为描绘唐明皇（玄宗）为避安史之乱而车骑入蜀的故事，当以《明皇幸蜀图》为底本。现传题为《明皇幸蜀图》的古代绘画有数本，有的题为李思训画。据李思训生卒年，明皇入蜀时他已去世，故此图不可能为李思训手笔。但从画风与传世文献相对照来看，此图基本上反映出盛唐时代青绿山水画的风格，当属李思训一派的绘画，虽然此图后世摹本极多，但基本布局与画风的相似处均依稀可辨。其原本当属唐人佳作，也可能系李昭道所绘。因李昭道官居太子中舍人，掌管太子侍从、献纳、启奏等事务，是有可能随驾而行、亲身去蜀而耳闻目睹明皇幸蜀情景的。台北故宫博物院所藏此二件作品，以横批的《明皇幸蜀图》较有代表性，将其定为李昭道的作品，也是有一定道理的。

《明皇幸蜀图》为绢本设色作品，高55.9厘米，横81厘米，无名款，宋叶梦得《避暑录》等著录，清内府收藏。《石渠宝笈三编》著录时，题为《宋人关山行旅图》。据前所言，当与立轴《春山

---

① 中国名画鉴赏辞典[M].上海：上海辞书出版社，1993：145.

图2-10 唐 李昭道 明皇幸蜀图（局部）

行旅图》同为一幅作品之不同临本。但从艺术形式、表现技法上看，《明皇幸蜀图》远胜《春山行旅途》。图中安排了险峻的山岭，盘曲的石径，危架的栈道，云绕的天际……巧妙地描绘出这支庞大的帝王逃难队伍体味"蜀道难"的景况。作者匠心独运，将一群负带行李十分劳累的侍从和马匹安排在画面的中心部位，出现了一个生动有趣的"歇晌"场面；而把唐玄宗的"马惊不进"和嫔妃侍臣等贵人压缩在画幅的右角。苏轼对此图的艺术手法曾有过一段描写，从马的特征认出骑马的人便是李隆基，有趣的是乾隆皇帝却在图上题了一首和内容毫不相干的诗："青绿关山迥，崎岖道路长。客人各借宿，行李自周详。总为名和利，那辞劳和忙。年陈失姓名，北宋近乎唐。"把皇帝逃难变成了行商的艰苦，这同宋徽宗将李昭道的临摹本题作《春山行旅》用心一致，为的是不让逃难的"至尊"太丢面子，因此只好"讳莫如深"。从总体上看，这幅画在构图上较多保留着早期布局

图2-11 唐 李昭道 春山行旅图

的基本特点，山下林木描绘精细，大小安排得当，近处个别树木在错置上已颇多带上了后来临摹者的处理，但在大体上还不失为一幅有唐人风韵的青绿山水作品。

唐代画史上曾记李昭道"又创海图之妙"。元明人又著录有李昭道所绘的《海岸图》《海天落照图》等作品。元人汤垕在观《海岸图》时记载道："绢素百碎，粗存神采。"并认为李昭道的笔墨之源"皆出展子虔辈也"。明代都穆见到《海天落照图》真本时，赞为"唐人第一名画"。现辽宁博物馆尚存有明代仇英所临的李昭道《海天落照图》摹本，亦可作以参照。

如果说《游春图》的画法样式标志着山水画技法的初步确立和青绿山水形态的基本形成，李思训、李昭道的山水画则标志着青绿山水形态的基本成熟与正式确立。对比同一时期，"蜀地画家王宰画山水《唐朝名画录》记其山水图中所画树曰：'千枝万叶，交植曲屈，分布不杂。或枯或荣，或蔓或亚，或直或倚。叶叠千重，枝分四面。'这种精细繁杂的布景方法，与李思训父子略有不同，应与西南地区树木及地貌特征的影响有关。"① 由此可以推知，秦岭地区树木及地貌特征影响着李思训父子的创作。唐人张彦远《历代名画记·论画山水树石》中有："魏晋以降，名迹在人间者，皆见之矣。其画山水，则群峰之势，若钿饰犀栉，或水不容泛，或人大于山，率皆附以树石，映带其地。列植之状，则若伸臂布指。详古人之意，专在显其所长，而不守于俗变也。国初二阎擅美匠，学杨、展精意宫观，渐变所附，尚犹状石则务于雕透，如冰澌斧刃；绘树则刷脉镂叶，多栖梧菀柳。功倍愈

图2-12 明 仇英（临）海天落照图

① 赵权利.中国古代绘画技法·材料·工具史纲[M].南宁：广西美术出版社，2006：118.

拙,不胜其色。吴道玄者,天付劲毫,幼抱神奥,往往于佛寺画壁,纵以怪石崩滩,若可扪酌。又于蜀道写貌山水,由是山水之变始于吴,成于二李。"有研究者认为,"山水之变始于吴"是指山水画从魏晋时期发展而来的工谨细密变为笔意纵横的白描或者是淡妆的吴家样山水,而"成于二李"之"成"在于:李家父子将人物故事画中的山水作为陪衬发展成了山水为主而人物故事为辅的一种绘画定式,完成了盛唐时代特定社会条件下山水画的"定格"。"二李"能在笔意纵横之变上加青绿赋彩将山水画造就出一种唐代的定式来,这正是他们在山水画发展中的特殊贡献。

(三) 终南隐逸——王维绘画及思想

王维(701—761),字摩诘,太原祁(今山西省祁县)人。王维出身官宦之家,少年时人称"俊才",弱冠而中进士。王维的字"摩诘"来源于佛经中的《维摩诘所说经》,"尔时毗耶离大城中有长者名维摩诘"。维摩诘又号金粟如来,多智多才善辩,为佛家秀才,深得佛祖的尊重,被称为维摩诘居士。他享尽人间富贵,又善论佛法义理,妙语横生,最为六朝名士所向往,成为虔诚奉佛的王维理想中的楷模。王维人如其名其字,青年时虽有进取心但消极思想已有萌发,他的靠山张九龄罢相以后,他的消极思想更加严重。"中岁颇好道(佛道),晚家南山陲"是他生平的写照。《维摩诘所说经·方便品》记维摩诘"现有眷属,常乐远离","虽复饮食,而以禅悦为味"。王维三十丧妻不复娶,又他本富贵,其弟又为宰相,但他隐居辋川时,"室中只有茶铛、药臼、经案、绳床"①。王维一生信佛,他的诗和画皆受禅宗影响极大,文学史上称王维为"诗佛",与"诗仙"李白、"诗圣"杜甫并而为三。绘画上,明代董其昌称王维是"南宗画"之祖,都是和佛、禅联系起来的。山水画作为唐代绘画中更受上层士人重视的门类,在安史之乱后唐代由盛转衰的转折中,似乎以一种文化的诠释开始一改以李家山水风格为表率的盛唐气象,出现了以水墨晕染以及泼墨手法为特征、在题材上则更纯粹表现山境水情的水墨山水画,王维正是以此为代表的第一人。后世由苏东坡首先提出、至董其昌而大成的文人画立论,把文人画的内涵全部具体化于王维。王维的画风对后世的影响,不仅在于艺术手法更在于美学思想,后者是更加重要的。姚茫父的《中国文人画之研究·序》对此有很高的品评:"唐王右丞(维)援诗入画,然后趣由笔生,法随意转,言不必宫商而邱山皆韵,义不必比兴而草木成吟。"历代文人画对中国画的美学思想以及对水墨、写意画等技法的发展,都有相当大的影响。

王维隐居的辋川在秦岭山脉终南山东段,都城长安的东南方向。由于佛道两家历来都以终南山

---
① 陈传习.中国山水画史[M].天津:天津人民美术出版社,2001:43.

为理想的道场,故有"天下修道(佛),终南为冠"的说法,"终南辋川成为王维以琴诗为娱、以奉佛参禅为事的终老之地,王维居辋川亦官亦隐的时间跨度长达二十年左右"①。王维善画各种题材的绘画,人物、佛像、山水均有独到之处,但在山水方面能"笔踪措思,参与造化",且能"体涉古今"。王维精于山水画,尤长于水墨画,他的水墨画独具风格,《唐朝名画录》中记载,王维的山水画中所画山水松石,和吴道子的画风相近。王维的画虽然和其他画家的作品有相似之处,但其独特的水墨渲淡独得山水一门的墨彩韵致,用墨方法质朴而意趣高古,有别于当时的项荣、张璪、王墨三家用墨。董其昌以王维水墨渲淡的朴素作风而阐发南宗大义,在其《画旨》中对"南北宗画派"是这样陈述的:

"禅家有南北二宗,唐时始分;画之南北宗,亦唐时分也,但其人非南北耳。北宗则李思训父子著色山水,流传而为宋之赵幹、赵伯驹、伯骕、以及马、夏辈;南宗则王摩诘始用渲淡,一变勾斫之法,其传为张璪、荆、关、董、巨、郭忠恕、米家父子,以至元之四大家,亦如六祖之后,有马驹、云门、临济儿孙之盛,而北宗微矣。要之,摩诘所谓云峰石迹,迥出天机;笔意纵横,参乎造化者。东坡赞吴道子、王维画,亦云:'吾与维也无间然。'知言哉。"②

对于南宗绘画何以在后代的山水画中有广泛的影响,成就了山水画南北宗不同的气候,不妨从王维先为禅宗北宗信徒后成为南宗信徒的变化来探讨。

王维身居一山兼南北的秦岭,画史上又被推崇为南宗画鼻祖,而他本人在同代诸多礼佛文人中"一身南北禅兼修,顿渐并行不悖。以渐门戒律规范日常行止,以顿门妙悟实践艺术创作,佛教哲学思想浸染其内心世界并终其一生孜孜以求圆满……在接触南宗之前理佛虔笃,并师承诸高僧大德,深获北宗佛理精髓……初见神会之时,王维仅只接受北宗教义,及至与神会、惠澄论道数日,方在'大

图2-13 唐 王维 雪溪图

① 王陆建.从王维到范宽——终南山水与唐宋山水画的演变[D].陕西:西安美术学院,2007:15.
② 周积寅.中国历代画论[M].南京:江苏美术出版社,2013:785.

奇'感慨中首度接触到'自性真如'妙言"①。王维的南北兼修是在神会诸人不懈努力、主动游走朝野之后才有的，王维与神会禅师的问答过程在《南阳和尚问答杂征义》中有详述："门人刘相倩于南阳郡，见侍御史王维，在湍驿中屈神会和尚，及同寺僧惠澄禅师，语经数日。于时王侍御问和尚言：'若为修道得解脱？'答曰：'众生本自心净，若更欲起心有修，即是妄心，不可得解脱。'王侍御惊愕云：'大奇！曾闻大德，皆未有作如此说。'"②王维在惊愕中接受南禅理念，并受神会所托即时作成《六祖能禅师碑铭》，这篇铭文是画史之南宗为禅宗之南宗而作，"在南宗争取上层士人并'名渐闻于名贤'之时，王维受到南宗神会禅师弟子的拜谒，随之和神会等禅师交流佛理，其后受托撰《六祖能禅师碑铭》。南宗在逐渐取得正统地位的过程中，获得具有极大影响号为'诗佛'的王维的鼎力支持"③，在几百年之后王维自己也被冠以"南宗之祖"。而耐人寻味的是，中国山水画自唐以后的水墨画风几乎影响着中国山水画发展的全部历史，其源头也不得不让我们去体味《六祖能禅师碑铭》，似乎也可以由此窥见：山水画"南宗"在逐渐取得正统地位的过程中，南禅宗的影响不可忽视。

佛教自汉代传入并逐渐受到中国文人士大夫推崇，"禅宗是披着天竺袈裟的魏晋玄学，释迦其表，老庄其实"，文人士夫绘画表现这种思想的风格与精神取向同样合乎南宗的意象。北宋沈括在《梦溪笔谈》卷十七中有："王仲至阅吾家画，最爱王维画《黄梅出山图》，盖其所图黄梅、曹溪二人，气韵神检，皆如其为人。读二人事迹，还观所画，可以想见其人。"这些文字可以说明无论山水还是人物，王维的绘画表现力都可称道。王维的画禅意俱存也可以从沈括《梦溪笔谈》卷十七中这段文字窥见："书画之妙，当以神会，难可以形器求也……如彦远《画评》言：'王维画物，多不问四时，如画花，往往以桃、杏、芙蓉、莲花同画一景。'余家所藏摩诘画《袁安卧雪图》有雪中芭蕉……此难可与俗人论也。"在古代山水画里，"南宗画的创始人王维也是神韵诗派的宗师，而且是南宗禅最早的一个信奉者……在他身上，禅、诗、画三者可以算是一脉相贯"④。

现存古代山水画中传为王维所作的有《雪溪图》和《江山霁雪图》。《雪溪图》，小立幅，绢本，水墨设色，纵36.6厘米，横30厘米，图录于《中国绘画史图录》，藏处不明。画面无款，图前黄绢隔水，宋徽宗墨题"王维雪溪图"五字，上钤双龙方玺，中钤朱文连珠印，又一朱文方印，文难辨，下钤宣和连珠大玺。作者由高处俯瞰，颇似对景写生，于江村雪溪中撷取一景。小溪横贯画面，一木桥正斜对着右下角，桥边篱落人家，左侧溪流傍着山脚，小径弯曲直入溪边，而临溪又是屋舍寒

---

① 胡遂，胡果雄.论南宗兴盛之因缘及王维与神会之交往[J].求索；2012（7）：123.
② 胡遂，胡果雄.论南宗兴盛之因缘及王维与神会之交往[J].求索；2012（7）：123.
③ 胡遂，胡果雄.论南宗兴盛之因缘及王维与神会之交往[J].求索；2012（7）：121.
④ 钱钟书.七缀集[M].上海：上海古籍出版社，1985：16-17.

林，遮断视线。溪的对岸，更作远坡村落，而白雪皑皑，更添一番幽淡。尤其是构图错综奇妙，使人物之动与景物之静融为一体，气势通连，具有一种诗的境界，同时，令人联想起王维的辋川景物，全图浑穆而呈古意，山石坡原均无勾皴，仅以墨渍染，生动地凸显着白雪覆盖之状，使全图愈见单纯。然而单纯中却又显得错综复杂，几处篱落、台榭、屋舍、远村之正侧露藏，使画面生动有致，也表现出画者的别具匠心。王维是唐代大诗人，又是妙解音律、以奏《郁轮袍》琵琶新声夺魁的音乐家和精善六法的大画家，自称"当世谬词客，前身应画师"。诗、画、音乐集于一身，三者妙相生发，在他身上阐释了中国美学最富生命魅力的主题。王维的水墨画中综合了禅意底蕴的内敛，简淡生发出水墨画无尽的意蕴，一再被后人仿效追随，其"画中有诗，诗中有画"的古意深蕴成为画意境界之渊源。

（四）正大气象——北宋"三家山水"

从唐代至北宋，山水画在秦岭地区形成的脉络逐步壮大，水墨山水经荆浩、关仝、李成、范宽等相递发展、潜移传授，进入了完备而成熟的阶段。"北宋（或宋初）阶段的山水作品是史上最为崇高的成就，同时，也是客观描述性手法最为极致的体现，其旨在于重现自然。"①北宋郭若虚《图画见闻志·论三家山水》卷一中谈到五代宋初的山水画："画山水唯营丘李成、长安关仝、华原范宽，智妙入神，才高出类。三家鼎峙，百代标程。""夫气象萧疏，烟林清旷，毫锋颖脱，墨法精微者，营丘之制也；石体坚凝，杂木丰茂，台阁古雅，人物幽闲者，关氏之风也；峰峦浑厚，势壮雄强，抢笔俱均，人屋皆质者，范氏之作也……然藏画者方之三家，犹诸子之于正经矣。"把三家山水比作儒士必修的经史，是中国山水画史的鼎峙高峰。这三家无一例外的与秦岭地区有着直接或间接的关系，秦岭地貌的俊逸高迈、风骨雄厚，正是三家山水得以表现的内蕴。三家山水画共同的特点是上有天、下有水、中间为景物的全景水墨山水，并根据表现不同景物的需要逐步形成不同的笔触——皴法。皴法是为解决具体物象——山体形制、山石构成、山表植被的表达而创制的。山石的地质结构、肌理层次成为画家创造笔法的现实要求，"在皴法形成之初，山水画表现求'真''实'的要求，至元代文人画兴盛后，这种求'真'和求'实'的要求一变而为'不求形似'的山水画，皴法的作用和意义随之发生了变化……成为一种笔墨个性的样式，成为画家以其'逸笔'写'胸中逸气'的手段。……并进一步程式化"②。三家山水"创造发明了'皴法'，又大大提高了'墨法'的地位。这样把勾线填色的单线条技法变成皴法——复线条的画法，是山水画史上一个翻天覆地的巨大变革。三家山水在中国画史上具有的里程碑意义，即在于此"③。

---

① [美]高居翰.气势撼人[M].上海：上海书画出版社，2003：59.
② 赵权利.中国古代绘画技法·材料·工具史纲[M].南宁：广西美术出版社，2006：224.
③ 陈绶祥.宋代绘画史[M].北京：人民美术出版社，2000：16.

李成，字咸熙，祖籍京兆，为李唐王朝宗室后裔，世居长安（今陕西西安），因唐末避乱其祖父李觉迁徙到青州营丘，故出生在营丘，后人称之为李营丘。李成的山水画名重一时，推崇的人士众多。李成最初学荆浩，《宣和画谱·山水叙论》中称："李成一出，虽师法荆浩，而擅出蓝之誉。"《宣和画谱》中说他："气调不凡，而磊落有大志，因才命不偶，遂放意于诗酒之间。又寓兴于画，精妙，初非求售，惟以自娱于其间耳。"北宋郭若虚《图画见闻志》卷一中说李成的画"夫气象萧疏，烟林清旷，毫锋颖脱，墨法精微者，营丘之制也"。山水画中烟林平远之妙，始自李成。而这种表现手法也有论者认为是文人画的特点，明陈继儒在《盛京故宫书画录》中说："文人之画，不在蹊径，而在笔墨。李营丘惜墨如金，正为下笔时要有味耳。元四大家皆然。"这种追求笔墨简洁高逸的风格被《宣和画谱》推崇为古今第一，而这种画风与其个人的思想情志又密不可分，北宋刘道醇《宋朝名画评》卷二录李成语："吾儒者，粗识去就，性爱山水，弄笔自适耳。"宋人米芾在品鉴李成的画后说平生只见过李成真迹两本，赝作二百本，其欲作无李论。明董其昌评价李成："营丘作山水，危峰奋起，蔚然天成。乔木倚磴，下自成阴。轩畅闲雅，悠然远眺。道路深窈，俨若深居。用墨颇浓而皴斫分晓。凝坐观之，云烟忽生。澄江万里，神变万状。予尝见一双幅，每对之，不知身在千岩万壑中。"

李成今仅有一幅传世名作《读碑窠石图》，绢本，水墨淡设色，纵121.4厘米，横105.4厘米，藏于日本大阪市立美术馆。作者置景皆取近观。左下角用阔笔粗线条画出土坡边缘，坡面先皴擦后淡染，遂见起伏和雨水冲刷的痕迹。右侧坡崖转折，荆棘枯草别无他物，使中景远景一起消失于迷蒙的雾中。主题是读碑，碑由赑屃驮着，用淡墨作正侧面，形制古朴，显得斑驳漫漶，年代久远，这就引起读碑者的万千感触了。画中枯木不仅烘托出苍凉的气氛，而且枝干盘曲，往复下垂如蟹爪，有人世沧桑造化推移之感。山水画作为寄情托物的内心思想反映，其哲思和意

图2-14 五代 李成 读碑窠石图（局部）

蕴从一开始就紧密联系在一起，"李成的山水画，作为范宽等人的模范，是和终南山水相近似的。李成作为唐宗室后裔，写山水、寄情山水和纵情诗酒，不可能和山水画的寓意以及终南山所象征的家国意识无关"①。

关仝，又名童、同、穜。五代初（10世纪）画家，长安（今陕西西安）人，后人把他和荆浩并称为"荆关"。关仝最早学荆浩，刻意力学，又向唐代一些著名画家学习，画法益进，晚年山水画成就超过了荆浩，世称"关家山水"，在当时画名甚高，世人争求其笔迹。《五代名画补遗》记载关仝一幅画："坐突巍峰，下瞰穷谷，卓尔峭拔者，同能一笔而成。其竦擢之状，突如涌出，而又峰岩苍翠，林麓土石，加以地理平远，磴道邈绝，桥杓村堡，杳漠皆备。故当时推尚之。"这一记载正和存世的《关山行旅图》吻合。关仝所表现的山水是关陕秦岭地貌特征，米芾在《画史》中说："关仝粗山，工关河之势，峰峦少秀气。"清代恽寿平《南田画跋》说："关仝苍莽之气，惟乌目山人能得之。"北宋《宣和画谱·山水》卷十评其画说："尤喜作秋山寒林，与其村居野渡，幽人逸士，渔市山驿，使其见者，悠然如在灞桥风雪中，三峡闻猿时，不复有市朝抗尘走俗之状。"这些都反映出关仝绘画有秦岭地区的风貌。《图画见闻志》说关仝画山水的特点是"石体坚凝，杂木丰茂，台阁古雅，人物悠闲"，又说他"画木叶间用墨搨，时出枯梢，笔踪劲利，学者难到"。米芾《画史》说他画山水"石木出于毕宏，有枝无干"。关仝受了"秦岭、华山的真实山水感染而中得心源，形成了关家山水的独特风格"②，现存传为关仝的作品中，只有《关山行旅图》和《秋山晚翠图》是北宋以前的作品。《关山行旅图》现藏台湾，画山用重笔皴、勾，加很重的轮廓线，画得简单坚实，树形自地面起即分枝，符合"有枝无干"的记载，一般认为属于关仝风格。这一画派在北宋时仍在，但流传下来的作品颇少，其中旧题为王维作的《雪山行旅图》就是一珍贵的实例。此图画山较《关山行旅图》文秀，但仍属同一画法，山头连线雄

图2-15 五代 关仝 秋山晚翠图（局部）

① 王建玉.终南余韵——唐代以后终南山对山水画的影响[D].陕西：西安美术学院，2010：21.
② 陈传席.中国山水画史[M].天津：天津人民美术出版社，2001：74.

浑，一派北地风光，树具有典型的"有枝无干"特点。通过这两幅作品，可以知道关仝一派山水的面貌大体是属于浑厚雄放一类的。

范宽（约967—约1027），字中立，约与李成同时或稍晚。他也是一位"士"，和王维隐居不同的是，他一生布衣，嗜酒好道，"卜居于终南太华岩隈林麓之间，而览其云烟惨淡风月阴霁难状之景，默与神遇，一寄于笔端之间，则千岩万壑，恍然如行山阴道中，虽盛暑中凛凛然使人急欲挟纩……故天下皆称范宽善与山水传神，宜其与关、李并驰方驾也。"（《宣和画谱》卷十一）范宽性格宽厚大度，人们就以"宽"称呼他。范宽是陕西华原（今陕西耀县）人。《图画见闻志》记载他"仪状峭古"，"理通神会，奇能绝世"，"性嗜酒，好道"。从这些都可看出范宽行止旷达、好古好道，而且他通山林精神，能用画笔表现出绝世的气概。

图2-16 北宋 关仝 关山行旅图（局部）

范宽的隐居之地也在秦岭，他终日于林泉之间"神凝智解，得于心者，必发于外，则解衣磅礴，正与山林泉石相遇。虽贲、育逢之，亦失其勇矣。故能揽须弥尽于一芥，气振而有余，无复山之相矣"（《广川画跋》）。范宽对于真山实水的体悟领味，在他特有的雨点皴中得以展现。"范宽正是从写真入手，于'实处取气'的'深厚'体貌，才一洗唐人刻画之习，推动了宋代山水画艺术向前发展。至于宾虹先生所言的扬弃'貌似'获得'神似'本于写真，如果师承范宽而又不明终南山水之滋，仅从笔墨技法入手得到的只能是画面的形，而丧失的却是整个山水的意境与精神。"[①]范宽的山水画雄强浑厚，峻重老苍，深沉健壮，风格峻伟，主峰多正面，折落有势，构图宏大，块面感甚强，"具有重量感，线如铁条，皴如铁钉，山如铁铸，树如铁浇。范宽的所有画迹皆可印证"[②]。从现存的几幅范宽作品可以看到这

图2-17 北宋 范宽 谿山行旅图

---

① 王陆建.从王维到范宽——终南山水与唐宋山水的演变[D].陕西：西安美术学院，2007：60.
② 陈传席.中国山水画史[M].天津：天津人民美术出版社，2001：80.

些特点。现藏台北故宫博物院堪称其代表作的《谿山行旅图》，立轴，绢本设色，纵206.3厘米，横103.3厘米。此图高轴巨帧写"谿山行旅"，气势磅礴，款署"范宽"两字。在左下林木密叶间，全幅作巨峰矗立，屏障天汉，元气淋漓，极目仰视而不能穷其高；近景即大石横卧，直逼眼际，而山径溪谷掩映其间，山顶密林，林木丛鞠；近前山下一队旅人骡马由左侧穿林而来，似乎能听见得得马蹄声、溪声、人语声呼应，成全幅灵动的点睛之笔，谿山行旅由此而来。范宽画山水初师李成后宗荆浩，后感叹说："前人之法，未尝不近取诸物。吾与其师于人者，未若师诸物也。吾与其师于物者，未若师诸心。"于是脱去旧习，卜居终南，"居山林间，常危坐终日，纵目四顾，以求其趣。虽雪月之际，必徘徊凝览，以发思虑"（《圣朝名画评》卷二）。正是他强调写生，得山之骨法而自成一家，从而不愧为山水画史上卓具开拓伟绩的大师。

范宽的另一幅作品《雪山萧寺图》，立轴绢本，水墨淡设色，纵182.4厘米，横108.2厘米，现藏台北故宫博物院。此图无款印，为范宽巨迹，清代王翚曾尽力追摹，其摹本亦藏台湾。《雪山萧寺图》的表现手法与《谿山行旅图》有所不同，作者为了衬托白色的雪山，将背景天空烘染成暗灰色，显得阴沉迷茫；山形多取棱角之势，先用墨线勾出轮廓，复于阴凹处加以晕染造成立体感。为了丰富表现力，又用非常细小而稀疏的点子皴顺山势点簇。树法和山法一致，用墨色硬笔勾斫描画，枝枝杈杈皆有"寒"义，树杈粗壮，形体开放，伸展松爽。作者通过独特的造型手法寄情于物，那方硬坚实的山岩、皑皑无尽的白雪、迎风呼啸的寒林，都寄托着画家荒寒淡泊、宽博大度的自然观感和心灵境界。和《谿山行旅图》相比较，《雪山萧寺图》又有许多与之相同的表现特点，"山顶好作密林，水际作突兀大石"，山势取盘桓向上，在透视表现方面，作者本着近实远虚、近重远轻的原则，对近景山石林木加强黑白反差，用墨凝重，远景则轻擦淡然雾气笼罩。作者成功运用了墨色的丰富层次变化，浓淡对比层层减弱，虚实描绘步步推进，"落笔雄伟老硬，真得山骨"（《图绘宝鉴》卷三），铸成气韵磅礴之势。从《雪山萧寺图》可以体味到，范宽在此已不拘于刻意写实的传统风格，部分地脱离真山真水，表露出一种写胸中块垒、传意中山水的倾向；喜欢用更加概括简洁的

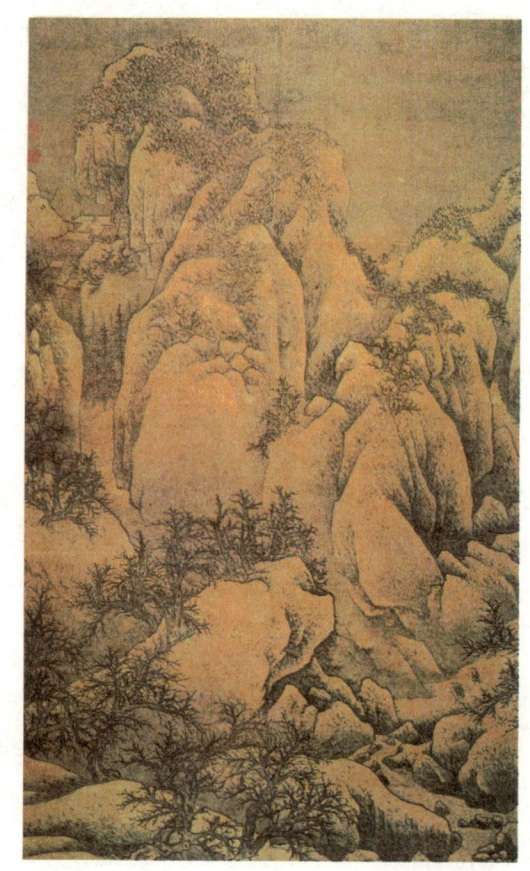

图2-18 北宋 范宽 雪山萧寺图

语言表述，上升到了一个更新的层次，即古人所评："求其气韵，出于物表，而又不资华饰。在古无法，创意自我，功期造化。"（《圣朝名画评》卷二）

范宽的《雪景寒林图》在《宣和画谱》中曾有著录，现存的这幅藏于天津艺术博物馆，是否为范宽真迹尚有争议。图立轴，绢本设色，纵193.5厘米，横160.3厘米。范宽很擅长描绘雪景，米芾说其"作雪山，全师世所谓王摩诘"，可见范宽"师心"是有"师造化"的基础，"师造化"是有"师传统"的基础。这幅雪景图虽不能定论为范宽作，但多被学者认为基本反映了范宽雪景的特点。①

图2-19 北宋 范宽 雪景寒林图（局部）

由于范宽能以真山为本，对景写意，所以创造出"落笔雄伟老硬，真得山骨"的独特风格。他的画以"雄杰"见长，北宋前期影响颇大，尤其是关陕一带，从学者不少；至北宋晚期文人画兴起，遂遭冷遇。苏轼对之曾有微词："近岁惟范宽稍存古法，然微有俗气。"（《东坡题跋》卷五）再加以米芾等大力推崇董源等人的江南画风，雄强之风更一蹶不振。直到北宋末年至南宋初年宫廷画院中出了一位李唐，才继承了范宽的画风，并进一步改造，嗣后又统治了整个南宋的宫廷山水画风格，但已与范宽原有的"雄强"相去很远了。山水画的传承与影响总是以个人面貌的最终形成为标志，较之面貌上的相似更重内在精神的传达，艺术作品是时代精神的写照。元代赵孟頫题范宽《烟岚秋晓图》说："所画山，皆写秦陇峻拔之势，大图阔幅，山势逼人，真古今绝笔也。"

王维以墨法完善"二李"的青绿之格，故得"重深"的画风，同时进一步完善吴道子的山水之变，而又创水墨之格，因此"水墨渲淡始于王右丞"。唐人将墨作为色彩之意提出时，带来的山水画风的变革是空前的，也因此开启了绘画之道的传承和发展。北宋沈括《图画歌》写道："画中最妙言山水，摩诘峰峦两面起。李成笔夺造化工，荆浩开图论千里。范宽石澜烟林深，枯木关仝极难比……"

---

① 陈传席在《中国山水画史》中说道："《雪景寒林图》则是范宽近于晚年的作品。此图山头密林葱郁，雨点皴以及树干画法都和《豀山行旅图》一致，房屋的画法和《雪山萧寺图》一致，稍有不同的是此图用笔略圆而中锋（和《豀山行旅图》比较而言）。一般画家晚年之作，皆要较早年温和，用笔总比早年偏于圆浑，这是一般的规律，范宽也没有例外。"

第三节　秦岭与南北宗山水画

　　自五代以后，以董源、巨然为代表的南方山水画逐渐兴盛，在宋代与北方李成、范宽的后继影响并行，在元明清逐步产生了不同画派。追溯山水画派的源流，宗源出处的脉络集中在秦岭。秦岭是南北宗的宗源祖脉，更是山水画发展过程中浓墨重彩的篇章。在五代出现了中国山水画史上的第一个高峰，在此之后，以宫廷风格为源出的北宗金碧青绿山水继续发展，以文人士夫为源宗的南宗水墨山水脉系逐渐壮大，并以关仝、范宽壮美，王维、李成秀美，为中国山水画奠定了两个基本的美学范畴，生发出时而亮丽时而浩荡的绵延，至元以后几乎占据了整个中国山水画坛，一波又一波师古开新的浪潮衍生开拓出新的范本，从而形成历代山水画派。

　　中国画流派的产生是绘画发展繁荣的表现，显示了画家在不断探索、开拓艺术道路。每个画派中都有一批有声望成就的画家及有影响的作品，对中国画坛做出了难以估量的贡献。关于画派的命名，就中国山水画史而言，主要的划分情况为：

　　1.以地域或跨时代为标志的北方山水画派和南方山水画派，以董源、巨然为代表的江南山水，以范宽、李成为代表的北方山水。

　　2.明清之际江南一带绘画繁荣，遂产生了以地名为标志的诸多画派，如"吴门画派""松江画派""新安画派""娄东画派""浙江画派""江西画派""虞山画派""岭南画派"等。

　　3.以时代划分，如"元四家"黄公望、倪瓒、吴镇、王蒙，"明四家"沈周、文征明、唐寅、仇英，"清四王"王时敏、王鉴、王原祁、王翚。

　　4.以美学思想差异为标志，如"文人画""院体画""南宗""北宗"等，王维、范宽、李成、董源都属南宗，而李思训、李昭道及之后的王希孟、赵伯骕、赵伯驹都属北宗。

　　隋唐五代山水画创作时期，画家及其绘画思想、艺术风格的影响还没有在实践中产生，因而也就没有画派形成。随着时代发展生发出的南北山水画派是山水画发展的历史沿革，风格影响的面貌、画派的相继出现正是画家推陈出新、生枝发叶、创造实践的结果。

一、南宗与南北山水画

以王维为代表的水墨渲淡画法自唐代开始出现，但在当时并未形成很大影响。传为王维作的《山水诀》第一段就说："夫画道之中，水墨为上，肇自然之性，成造化之功。"《历代名画记》也说王维"作破墨山水，笔迹劲爽，气势深重"，又有"若王右丞之深重"之语，都是指他的水墨法。《旧唐书》也说王维："笔踪措思，参于造化；而创意经图，即有所缺。如山水平远，云峰石色，绝迹天机，非绘者之所及也。"水墨渲染与"深""重"的墨色效果使王维创造了为后世历代推崇的南宗画风，传承者则依各自所处地域不同创造出了"肇自然之性"的南北方山水画。董源和李成一南一北，而在画脉上却同出一宗。明董其昌称两人为"文人画"之传承者，继承王维正脉嫡传，代表了文人画家在南北地理环境下对自然山川的参悟和领会，堪称后世画家之楷模。董源和李成生活环境不同，南北的自然山川风貌给了他们不同的滋养。董源画山水平淡天真，李成画山水萧条淡远，他们分别代表了南北山水画艺术的高妙境界，承接了王维山水画简淡质朴、意趣高古的人文内质，反映了格调古雅、静穆浑朴的中国山水画极为精彩的人文内涵。

（一）南方山水画

北宋初，除秦岭地区外，江南、西蜀都不是北宋的中心地区，描写其景物的画派在政权被消灭之初曾入汴梁，并以其风物新奇受到珍爱，但这两个画派都主要在本地延续，不能在中原地区长久流行。各家主要是结合所描绘的不同地域的不同景观，创造出一套有特色的表现手法，形成自己的面貌。中国山水画史中，和关仝、范宽同时的江南山水画家首推董源。

董源（又作元），字叔达，钟陵人，曾做过南唐的后苑（北苑）副使，所以被称为"董北苑"。《图画见闻志》说他："水墨类王维，着色如李思训。"可见他的画法兼宗王、李，而在北宋以前他是以着色山水著称的。《宣和画谱》明确地说："画家止以着色山水誉之，谓（董源）景物富丽，宛然有李思训风格。今考元（源）所画，信然。盖当时着色山水未多，能效思训者亦少也，故特以此得名于时。"《图绘宝鉴》说他"用色秾古"，尧自然《绘宗十二忌》也说："设色金碧……如唐李将军父子、宋董源、王晋卿、赵大年诸家可法。"另外，《宣和画谱》还说："大抵元（源）所画山水，下笔雄伟，有崒绝峥嵘之势，重峦绝壁，使人观而壮之。"这种景象又似北方荆浩、关仝风格。董源富有北方山水画风格的画没有流传下来，现在能看到的《潇湘图》《夏景山口待渡图》等基本上是江南派山水画风格。

在明代董其昌的"南北宗论"里，董源是南宗始祖王维的嫡传，主要指他的水墨渲淡、江山平远的江南绘画，这是与关、范所处地理环境不同造成的。绘画讲传承，年代相隔数百年的画家并不会因时间的间隔脱去传统的影响，相反绘画技法风格总是在继承传统的基础上推陈出新、不断向前发展，因而在中国画的发展上总是有继承和创新、师古和师造化的论题。实际上无论师古还是师造化，都是为了为己所用，创作出自成面貌的作品来。董源对南方山水画的自成面貌有开创之功，历史记载他善于写"山水江湖、风雨溪谷、峰峦晦明、林霏烟云，与夫千岩万壑、重汀绝岸"，唐代无人画"平淡天真"一格的江南山水，自宋人米芾评董源"近世神品，格高无与比""平淡天真多，唐无此品"以来，董源"峰峦出没，云雾显晦，不装巧趣，皆得天真。岚色郁苍，枝干劲挺，咸有生意。溪桥渔浦，洲渚掩映，一片江南"的南方山水画对宋代以后的中国山水画产生了深远影响。

流传下来的董源的作品中，以《潇湘图》较为著名。《潇湘图》是个短卷，描写江岸洲渚之间渔人、旅客的各项活动。这幅画不画水纹，只用荡漾的船只和摇曳的芦苇衬托出江面的空阔；不勾云纹，多留山头空白，以碎点来表现远树朦胧、云烟吞吐，远处的山头一片迷茫空蒙。启功先生谈到董源的风格成就时说："至于'足以助骚客词人吟思，则有不可形容者'。实际上，他的作品不但是'足助吟思'，它的本身就是美丽的诗篇。关于这一点，绝不仅仅是董源一个人的特长，而是中国山水画的一种优秀传统。"①

图2-20 五代 董源 潇湘图　　　　　　　　　图2-21 五代 巨然 万壑松风图

---

① 启功.启功谈中国名画[M].北京：中华书局，2002：54.

五代董源之后，与董源相似的江南画家是和尚巨然。北宋沈括《梦溪笔谈》说："董源，工秋岚远景，多写江南真山，不为奇峭之气；建业僧巨然祖述董法，皆臻妙理。"董源和巨然世称"董巨"，是江南山水画派的开创者，这一画派的影响至元代大盛。巨然（生卒未详），江宁（今江苏南京）人。早年出家，南唐后主李煜降宋时，巨然随他到汴梁，住开宝寺。《图画见闻志》记巨然山水"笔墨秀润，善为烟岚气象、山川高旷之景。但林木非其所长"。作为江南派山水的创始人之一，巨然师法董源，他的画多有"墨染云气、平淡天真"的画格，与董源有不少相似之处。米芾《画史》记载巨然的《万壑松风图》："岚气清润，布景得天真多。巨然少年时多作矾头，老年平淡趣高。"《圣朝名画评》说："度支蔡员外挺家有巨然画故事、山水二轴。而古峰峭拔，宛立风骨。又于林麓间多卵石，加松柏草竹，交相掩映。"所谓"矾头"，是指山顶的小方石，形如石矾，画它能增加山势的雄峻之气，而"古风峭拔，宛立风骨"更是直述其雄健之势，可见巨然早年的画近于北方派的山水画格。所以说，巨然和董源一样是兼有南北画风的人，也都可称为承北启南的画家。

（二）北方山水画

　　北宋时期的山水画，皆以荆关、李范之意为楷模。北方的山水画受北方山水人文的关照和熏养，体现了北方山水的雄浑刚健、俊俏奇丽、气势磅礴，内质却是古朴、深厚和沉静的，它与南方山水妩媚秀丽背后的朴素和温柔敦厚是相似的。按南北地域划分画派就是以不同的构图、山形轮廓、树石姿态和皴法来区分，北宋中后期李成画派大师许道宁、郭熙和范宽画派的李唐，将北方山水画派的风格承继并发展出各自的面貌。

　　受南宋画院影响很大的画家李唐是承继北方山水画的画家。李唐（约1083—1163），字晞古，河阳人。徽宗时画院待诏，后于绍兴十六年（1146）复入画院，自南渡临安至去世，在南宋度过了三十多个春秋。李唐山水初法李思训，他的《长夏江寺图》笔法厚重坚劲，以极浓的石青石绿设色。高宗赵构曾在卷上题注评语："李唐可比唐李思训。"但是他在南宋画院产生极大影

图2-22 南宋 李唐 万壑松风图

响的并非青绿画风，而是取法荆浩、范宽的水墨山水画。莫是龙说其《关山雪霁图》"人物、树石、笔势苍古，冲寒涉险之态，曲尽其妙"。现存作品《万壑松风图》，绢本设色，纵188.7厘米，横139.8厘米，藏于台北故宫博物院。于一座尖耸的远峰间，款署"皇宋宣和甲辰春，河阳李唐笔"，可知是他南渡前的力作。这个时期李唐还不到花甲之年，精力充沛，写深山万壑，气势磅礴，既是冈峦郁盘、峭壁悬崖，又是苍松叠翠。其间有飞瀑、幽涧，山上又有白云缭绕，极尽其对江山自然的无限赞美。深受李唐影响的南宋画家刘松年现存作品《四景山水》，笔意、皴法都有取意李唐处。

许道宁，长安籍画家，活动在宋初到仁宗皇祐四年（1052）左右。他出身贫苦，在汴京端门外设摊卖药，随药送画，画名渐为人知。一天，宰相张士逊邀其至府第绘制壁画与屏风，对其大加赞赏，赠歌有"李成谢世范宽死，唯有长安许道宁"句，遂使这位民间艺人声誉大噪。李成、范宽逝世后，郭熙尚未驰名，其间许道宁曾执当时山水画坛的牛耳。沈括在《图画歌》中写道："克明已往道宁逝，郭熙遂得新来名。"实际上许道宁的影响相当久，持续到北宋末，屈鼎的子孙作山水画就是学许道宁的。南宋一代的豪纵简硬之笔，虽主要脱胎于李唐，但多少也遥承许道宁的衣钵。许道宁山水画，源出李成，早年学屈鼎，并受李光成影响。《渔父图》是他的晚年精品。

《渔父图》描绘江上群峰参差罗列，而皆峻直陡峭；江边港汊纵横，迂回盘曲，水流潺湲；峰顶崖间，杂树丛生，木叶半脱；江心有短艇几艘，出没于烟水间，张网捕鱼，给江山增添了不少风致。全图笔力劲硬，水墨苍润，看来是画深秋季节，有一股清森峭拔的气氛。黄山谷有《观许道宁山水图》诗："醉拾枯笔墨淋浪，势若山崩不停手。数尺江山万里遥，满堂风物冷萧萧。"颇可译作《渔父图》的赞歌。《渔父图》卷在北宋山水画诸家中确可"别成一家体"[①]。许道宁也有一幅雪景山水，和王维、关仝、范宽的雪景不同，许道宁的雪景学李成，《关山密雪图》是许道宁中晚年的

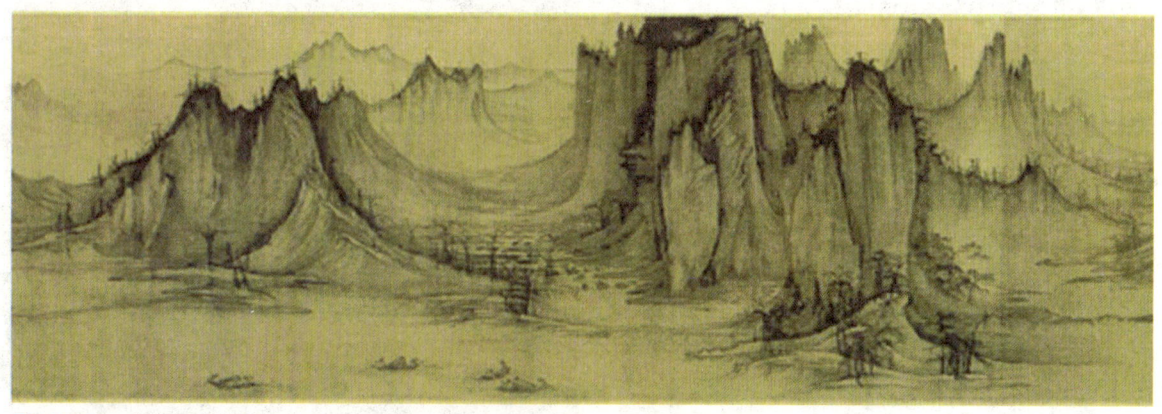

图2-23 北宋 许道宁 渔父图

---

① 中国名画鉴赏辞典 [M].上海：上海辞书出版社，1993：257.

作品，另具风貌，同样是北宋时期画雪景题材的佳作。是图款书"许道宁学李咸熙关山密雪图"十二字，是一幅全景山水，沿用传统的北宋山水画构图，而"崇山积雪，林木清疏"颇得李成的余韵。这些山水画大师都喜作秋山冬雪寒林萧木景象，有观点认为这与秦岭地区气候、自然植被的变化有直接关系。这种观点是有一定道理的，"从五代至北宋，山水画中的皴法的发明，是中国绘画史上极其重大的事件。必须认清的是：'皴法'的美学属性发展到明清时期遂发生根本性质的变化，但在它的初创时期（五代宋初），却是为了忠实地模拟物象而创造的"①。这种从写生中总结探索而来的表现技法，有着中国人独特的美学观念和审美要求，正是这种区别于西方写实的中国特色，逐步实现了中国画独有的面貌并实现了由形态到观念的古典山水画典型风貌。

郭熙（约1023—约1085），字淳夫，河阳温县（今河南孟县东）人，主要活动于北宋仁宗、神宗时，神宗熙宁初进入翰林图画院为艺学，很快升至待诏。作为画家的郭熙在山水画史上的地位没有他作为理论家在画史上的地位重要，郭熙根据前人和自己作画的经验，撰有画论《林泉高致》。文中肯定了当时流行的上下留天地、中间大山堂堂的构图特点，归纳出高远、深远、平远等表现不同景物透视关系的方法和山大于木、木大于人的比例关系。他又提出"春山淡冶而如笑，夏山苍翠而如滴，秋山明净而如妆，冬山惨淡而如睡"等表现景物气氛的观点，对山水画自单纯写林壑之美向表现一定气氛、意境方向发展做出贡献，奠定了他在画史上的不朽地位。

郭熙山水画师法李成而自成一家，郭若虚在《图画见闻志》中说他"工画山水、寒林，施为巧赡，位置渊深。虽复学慕营丘，亦能自放胸臆"，并称他是"今之世为独绝"的画家。和他同时代的

图2-24 北宋 郭熙 早春图

---

① 陈绶祥著《宋代绘画史》第120页提到："早期的'皴法'还以多寡的分布而显深浅，一般地以上部浅而下部稍深。详古人之意，亦为企图表现光线明暗的关系，故当时人又有'石分三面'之称。五代宋初的山水画，大略如此。同时，他们不仅对于明暗关系有所追求，对于'透视'亦颇加关注，也达到了西方绘画早期所谓'远景短缩法'（Foreshortening）的水平。但是，中国山水画中的'写实'形式，仍不能同西方高度'写实'形式和技巧相比，其描摹'光影'和'透视'关系的能力极其低下。尽管如此，它的美学属性仍不能不归入'写实'形式的历史范畴。"

大诗人苏轼、黄庭坚屡有赞咏郭熙山水的诗篇。黄庭坚说他在替苏才翁家临摹了六幅李成《骤雨图》后，笔力大进。政和七年（1117），宋徽宗接见郭熙之子郭思时说"今禁中殿阁尽是卿父画，画得全是李成"，可见他的画学自李成。

郭熙一方面向古代大师学习，另一方面强调向真山真水学习，主张"饱游饫看"。他的传世作品较多，署款并有纪年的有《早春图》、《关山春雪图》和《窠石平远图》三幅；又有《树色平远图》《山邨图》《幽谷图》等，一般也认为是他的作品。《早春图》是公认的郭熙代表作，立轴，绢本淡设色。纵158.3厘米，横108.1厘米，现藏台北故宫博物院。《早春图》内容十分丰富：近景、中景、远景的奇峰怪石重重叠叠，有的连成一片，有的孤峰特耸，有的互相揖让，回环起伏、变化多端；最引人入胜的是，人物的活动在山水景致之中，楼阁深藏，流泉飞瀑，疏密直敧，错落有致；山径、栈道，樵夫旅客往来，飞檐斗拱，楼台殿阁，颇费经营。这幅《早春图》反映了"春山烟云连绵"，余寒未尽，万物复苏，一片生机之景象。乱云皴还有李成的痕迹，有"营丘之秀媚""关陇之壮阔"。在李成真迹不传的今天，这幅画堪称是代表李郭画派最高水平的巨制。

二、北宗山水画的流变

在中国山水画史上，山水画的发展强调"变"，也就是在传承过程中主要的绘画风格要能集大成和产生飞跃，形成新的风格面貌。张彦远《历代名画记》中有"山水之变始于吴，成于二李"。唐代青绿山水的定式为李家父子所开创。李家父子一改山水在人物画中的陪衬地位而使其自成面貌，改变以勾填为基本方法的山水树石台阁题材的造型样式，并将这些题材内容组织成深远而有广度的气魄宏大的山水画，这是唐代美术史家们推之为"国朝山水第一"的实至名归，也是后世"南北宗论"的"北宗"原型。

唐代青绿山水之后，绘画史上再也没有出现过青绿山水在那个时代的辉煌。青绿山水系古法传

图2-25 南宋 赵伯驹 秋山仙逸

承经六朝顾恺之、张僧繇到隋代展子虔，山水画法远接古法传统，至盛唐经由李思训父子创变而成，之后宋代的王希蒙、赵伯驹、赵伯骕，元代的钱选、赵孟頫，明代的沈周、文征明、仇英、董其昌，清代的王翚，近代的郑昶、顾坤伯、张大千等人都是青绿山水的艺业卓然者。明代董其昌提出南北宗论，董氏"扬南抑北"的观点影响了大多数画家的取向，以南宗水墨画为正宗，故而以金碧青绿山水为代表风格而影响后世的鼎峙大家渐少。青绿山水由于画法细密精致，敷色浓重，因此有较严格的起稿、勾勒、敷色等过程，费时较多，制作性较强，这也是被人视为工匠气、作家气的原因。但简单理解敷色浓重即为工匠气未免失之偏颇，元代大画家赵孟頫倡导"作画贵有古意"是针对元初工笔重彩画法笔法纤细、敷色浓艳、渐趋媚俗的流弊而论的。赵孟頫《鹊华秋色图》《红衣罗汉图》中人物及马的画法，工整秾丽而不苟谨细，敷色浓重而非艳丽，山水树石造型皆古朴稚拙，多用干笔，描写精微，有唐风。事实上，金碧青绿山水的深远影响始终见诸于历代画家的笔下，虽未形成风云之势，却也未断其"敷色秾艳，笔墨超轶"之功。

图2-26 明 董其昌 设色山水

南北宗论是山水画论上浓墨重彩的一笔，人物画与花鸟画的形成更多受到艺术传承本体的作用，只有山水这个题材的物象限制，突出了秦岭这一地域概念的必须与必然。感于山水画之"千载寂寥"常萦绕情怀挥之不去，油然为往圣迹绝而言象之意愈重，渐成"秦岭意象"。在画家笔下，意与象是主观与客观的融合点，绘画是"形而有其实"的艺术，无形则无其实，因而意与象是一个不可分的整体，犹如烛与光，在耀眼光芒下莫见其烛也并不掩其烛的真实存在。无论何种画意均源自自然山川之形象，却又是人的情怀。秦岭意象是中国画家开创人与自然和谐共生的最佳艺术展现，是世界艺术发展史上瑰丽的篇章。

第四节 宋代以后有关秦岭的山水画作

由于政治文化中心南迁，中国绘画自宋代以后形成了以江浙地区为主的历代文化艺术的繁茂。隋唐时期山水画除了对画派的风格和技法传承产生影响，其中寓于精神内质的秦岭在人们心目中造就的丰碑，也成为历代山水画继承和发展过程中避让不开的主题。宋代以后秦岭山水在山水画中的原型意义减淡，逐渐成为一种精神面貌的影响形态。秦岭山水的这种影响，在宋代以后的绘画作品中一方面表现为画家深入秦岭画秦岭，另一方面表现为经典再创题材的绘画作品。

一、秦岭与《华山图》

华山属秦岭山脉，亦名太华山、泰华山、华岳、西岳，常与东岳泰山、南岳衡山、北岳恒山、中岳嵩山并提为五岳。华、夏古字音同，这片地区是夏族，也就是华夏族最早集中居住的地方。"周人称秦岭为华山，此处所指华山为山脉名，此名始自西周。周人以距京畿之地较近之处的山名曰华山，与华夏一词有关，有以华夏正统自居之意。"①宋代之后，壮游华山并以华山为题材进行创作的，最为人称道的是明代王履和清代戴本孝。

王履，字要道，江苏昆山人，约生于元至顺三年（1332），明洪武十八年（1385）尚在。他是医生兼画家，从医之隙，喜画山水。40岁以前从摹古入手，主宗南宋马、夏笔墨；40岁以后负笈远行，壮游华岳，大自然的壮阔景色给予他深刻启迪。在积累了丰富的写生素材后，他几易其稿，于54岁时创作完成了《华山图册》。四十幅图以"师法自然"为主旨，极尽华山之奇景佳趣；同时总结反思了

图2-27 华山图 　　　　　　　　　　　　　　　　图2-28 华山图

自己三十年来的学画道路，在图后自书了《画楷叙》和《重为华山图序》两篇画论，又作记4篇，题诗152首，合成一册，共65帧，成为仅存的传世之作，奠定了其在画史上的不朽地位。《画论》表明了他从"纸绢相承之故吾"中解脱出来的决心，立志"去故而就新"，提出了以"意匠就天"、以"造化为师"、"吾师心，心师目，目师华山"等著名观点。在明初复古风气甚浓的画坛，其画论可谓独特精辟。《华山图》在明代即负盛誉，明代"吴门画派"陆治就曾临摹一册。原图现分藏于故宫博物院和上海博物馆。王履"师华山"的力行和价值判断，一方面和华山、终南山雄伟壮阔风光的震撼有关，另一方面和崇尚汉唐文化的思想倾向有关。"汉唐文化得益于终南山水的孕育。唐宋时，终南、太华之间有王维、范宽等显赫于画史的高手，终南山秀美逶迤和壮美的风光是成就他们的因素。

---

① 刘安琴.长安地志[M].西安：西安出版社，2007：6-7.

王履在得出其要'师华山'的结论与立场时，意味着在超越时空的维度下，与成就终南山水间的王维、范宽等高手，站在了同样的起点。"①王履的美学思想在他的《重为华山图序》《画楷叙》中得以表现，也因此奠定了他在画史上的不朽地位。

戴本孝（1621—1693），字务旃，号鹰阿、鹰阿山樵、鹰阿子、天根道人、迢迢谷老樵、黄水湖渔父、太华石屋叟、碧落精庐主人、守砚庵老生等等。其远祖仲礼尝随明太祖征于和州，有功，赐其田宅，因立籍和州（今安徽和县）。本孝父戴重，少善武，后学文，曾参加过复社。明朝灭亡时，他组织义兵两千余人，与清兵血战于湖州，在战斗中被伏兵的流矢射中胸部，濒临死亡，被本孝背回藏在船上，逃回和州鹰阿山，尔后削发为僧，后因惭愧这种偷生生活，遂作绝命诗十五首，绝粒而死，年仅45岁（见光绪《直隶和州志·人物志》）。本孝十分悲痛，终生继承父志，并把自己所作诗文分开，45岁之前的汇为《前生稿》，45岁之后的汇为《余生稿》。戴重死前听闻南宋的慧兰禅师抗金自焚事迹颇为感动，尝想用其号建造碧落庐，以纪念慧兰禅师，但未能实现，本孝一直为实现其父的遗愿而努力。②戴本孝三上华山，作有《华山十二景图册》，该图册一套共十二开，有对题，于每开册页底部书写顺序。戴本孝与华山的关系，有研究者认为无不体现了秦岭终南山水的原型意义的影响。同样的，戴本孝游历华山而对写真、师造化尤显重视，与王履、范宽的师心、师目、师造化的绘画观遥相呼应。他在游华山之后，常自称"师真山"，而且常用"写心"印章，同时他认识到"师造化"而要"澄怀味象"出自"人心"。在《戴本孝·傅山书画合册》第一帧中，他题云："欲将形媚道，秋是夕阳佳。六法无多德，澄怀岂有涯。"

图2-29 清 戴本孝 华山十二景图之一

戴本孝山水画擅长枯笔，深得元人山水之貌。大幅罕见，所作卷册、小品十分雅致，用笔"饶有韵致"。对戴本孝影响最大的是元代王蒙的画法，王蒙干枯细柔的皴笔对他有所启示，他的笔上差不多全是墨而无水，他的线条或皴法是半写半擦而成，有时一笔划过，纸上仅留下似有非有的模糊笔迹，有时要反复擦写，所以无一实笔，其浓淡墨不是靠水调和，而是靠压笔速度、运笔快慢、反复擦写的次数决定的。

① 王建玉.终南余韵——唐代以后终南山对山水画的影响[D]：60.
② 陈传席.中国山水画史[M].天津：天津人民美术出版社，2001：505.

二、秦岭经典题材的再创作

秦岭山水自唐代成为山水画题材后多以雄浑俊伟的风貌出现在绘画作品中，不断有再创作的题材，其中《明皇幸蜀图》和《辋川图》最为历代画家心慕手追、乐而不疲。

1.吴彬的《明皇幸蜀图》

吴彬（1573—1620），字文中，又字文仲，自称枝莓发僧，福建莆田人。流寓金陵（今南京），以能书写授中书舍人，历工部主事，尝于都门阅邸报，见魏瑺擅权之旨，批评而訾议之，被逻者所侦，逮絷削夺。山水布置绝不摹古，佛像人物形状奇怪，迥别前人，自立门户。白描尤佳，脱唐宋规格，笔端秀雅，远即不能当道子，近亦足力敌孟頫，款字多用篆书。神宗故称赏之，御府有藏，外传甚少。

吴彬的《明皇幸蜀图》作于1603年①，用细而刚性的线条勾勒大概轮廓再填青绿色，用线细柔似唐人而又更细，类李思训画派所作之《明皇幸蜀图》。吴彬的《明皇幸蜀图》"似唐而比唐缛密，似北宋又比北宋清润，似南宋又比南宋细柔"②。构图高远深邃，造型夸张变形，用笔高古细微，形成了高耸幽深、奇峰插天、叠嶂重峦、陡峭险峻的奇美意境，在明代山水画中是特别突出而醒目的。在这个明代画家的笔下，意象在经过极富表现力的变形之后呈现出理想意象。以他的另一幅作品《方壶员峤图》而言，美术史论家高居翰作了如此推断："此画呈现出的理想意象，若要从存世古画中寻其源头，则以范宽作于11世纪初的《谿山行旅图》最为合适。"③我们从作品看到了时代，看到了心灵和精神的渺想。

图2-30 明 吴彬 明皇幸蜀图

---

① [美]高居翰.山外山[M].上海：上海书画出版社，2003：156-157："早在1603年时，他就已经展露出自己也有能力再创宋代的山水原型，而画出了出于自己笔下的《明皇幸蜀图》：画中山石系以强而有力的明暗对比及皴法塑造而成，而且其占据及组构空间的方式，也都符合11世纪山水的形制。而吴彬埋首于南北两京的藏画之中，研究宋代伟大山水作品一事，想必也为他这幅1615年的画作，提供了一些创作的手法及母题。"
② 陈传席.中国山水画史[M].天津：天津人民美术出版社，2001：391.
③ [美]高居翰.气势撼人[M].上海：上海书画出版社，2003：61.

2. 明月松间——张宏的《华子冈图》

张宏（约1577—约1652）是晚明的一位苏州籍画家。他的《华子冈图》用想象的方式，根据王维诗文体书信的内容，以绘画手法重新营造出当时的环境、景物及细节等，成就颇高。在美术史论家高居翰的笔下，这幅图是这样被描述的：

华子冈地近王维的乡居"辋川别业"的入口，王维在写给友人裴迪的书信中言及登辋一事：冬夜步游华子冈，途中休息感配寺，与寺僧共饭，随后则又续步前行。诗中写道：清月映郭，夜登华子冈。辋水沦涟，与月上下。寒山远火，明灭林外。深巷寒犬，吠声如豹。村墟夜舂，复与疏钟相间。此时独坐，僮仆静默，多思曩昔。携手赋诗，步仄径，临清流也……

开卷之初，张宏以暗淡的月色、几丛树叶落尽的寒冬树木作为起笔，明确点出了画中的时空感，由此寒林看出去，观者可以瞥见一堵墙面以及感配寺里的一栋屋舍。随着画面逐渐左移（这是手卷惯常的阅读方向），我们能过一座由木杆支撑的陋桥。远处之景依稀可见，仿佛有一段堤岸延伸没入江中。再向前走，则见一条上坡的山径。山脊直通冈顶，似乎是以写实的方式营造、传达出了山体的实体感与具体形状。……在通过树丛之后，山径直达冈顶，画中的王维坐在此处，眺望山谷，两名童仆侍立在侧。底下近景的部分，则见村落人家的屋顶；从我们的视野看下去，人家之中隐约可见两名村人正在舂米，左边有寒犬吠巷。此一手卷的结尾段落无法在我们的图版中看到，其景象乃是一条岚气迷离的河岸，以及几座受云雾笼罩的灰暗山丘与云天相接。

就这一作品而言，张宏并不可能在现场勘察并作下画稿：王维的辋川别业位居唐代都城长安之南，远在中国的西北方。张宏是用想象的方式，根据王维诗文书信的内容，重新营造出当时的环境、景物细节等，成就颇高。以文学作品为题入画，是吴门画派常见的作风。《华子冈图》最令人激赏的特色在于此作采取了一种"绘画性"的方式，让各段景致得以在一个绵延不断的空间中再现。画家将物形的轮廓模糊处理，使物象与周围大气融为一体。大体而言，画家超越了历来中国山水画以堆叠、结组为特色的典型画法。在他的笔下，树丛、山丘不但屹立在光和空气之中，同时也正因为有此空气与光，树丛、山丘才得有其形体。观者只能在有限的视觉能见度之下，隐约不全地看到景物，画家并未以解析的方式来认识、捕捉进而重新赋予景物的造型。①

从高居翰优美的文笔中我们能感受到这位美籍美术史论家眼中《华子冈图》的诗意之美，虽然山

---

① [美]高居翰.山外山[M].上海：上海书画出版社，2003：36-37.

水画最初是根源于对特定地方实景的描绘,但从元代以后山水画已脱离了地域性的写实,这也正是张宏并不依据所见实景便能创作的原因。因此《华子冈图》虽然极富写实性,却并不是画家对景写实的作品,相反是画家从文学作品的描述中用了绘画的写实性手法表现出来的。

3. 秦岭意象——《辋川图》

作为士大夫文人的避世心灵居所,从"圣人含道映物,贤者澄怀味象"到王维的"辋川别墅"渐成一种文化意象,代代相传。张彦远说:"人家所蓄,多是右丞指挥工人布色,原野簇成,远树过于朴拙,复务细巧,翻更失真。清源寺上画辋川,笔力雄壮。"王维作于清源寺壁上的《辋川图》,虽然寺湮图毁,却成为一代又一代人理想山川的卧游地。从郭忠恕《临王维辋川图》、张积素《临王维辋川图》、郭世元《摹郭忠恕辋川图》,到商琦、赵孟頫、王蒙、唐棣以及宋旭、王原祁等人所作形形色色《辋川图》,形成画学史上的一种辋川意境,"水墨""文人画""诗画一律"及其隐逸化的思想基础日渐成为后世文人画家的艺术追求。

元代王蒙的《辋川图》加入了更多主观演绎的成分。王蒙用密满构图配上牛毛细笔皴,令画面的阐释有了主观改动的痕迹,唯一保留的,大概只有诸景排列的顺序。这种对辋川的演绎,或者说是对辋川的臆想在后来繁衍得更为普遍。

被古人评为"雅极精妙,世称善本"的碑刻《辋川真迹图》,现存于蓝田县文管所,是明代郭漱六重摹刻制。《辋川真迹图》共9块(1~7为画,8~9为文字),7块图均为横幅单线阴刻,宽1.2米,高0.36米。

清代以后,《辋川图》的版本更是纷繁众多,冠以辋川题名的山

图2-31 《辋川真迹图》碑刻拓片

水单本、册页、手卷等层出不穷，文人画家"借题发挥"的现象更加明显。时至今日，黄宾虹先生也作有《辋川图》题名的山水画作。

山水画所体现出来的对人的终极关怀以此为起点，本身就蕴涵着一种人生美学意蕴。在辋川亦官亦隐长达二十年左右，王维以其隐逸思想和禅宗造诣所独具的审美意象使辋川成为一种稳定的文化和心理传统建构起的精神地标。正是王维的辋川使得历代有《辋川图》摹本，对于《辋川图》的珍视表明它的持续影响的存在。辋川是王维艺术思想形成的地理基础，画意之辋川成就了"秦岭意象"。

第五节　秦岭与长安画派

　　世纪更迭，自五代山水画高峰在秦陇地区的辉煌之后，政治经济中心南移，文化中心随之南迁，曾经辉煌灿烂的周秦汉唐中原文明不再是文化的中心地带，随之而起的南方江浙以及后来的京津地区成为中国文化新的引领地。时代发展近千年，沉重的旧王朝在世界激荡的变革中落下帷幕。中西方文明打开了互通有无的大门，巨大的时代变革促成了各种新的文化现象的诞生。在绘画领域，20世纪60年代以赵望云、石鲁、何海霞为代表的一批长安画家在中国画现代化转型过程中保持了传统文化的深厚底蕴，并在中国现代史波澜壮阔的时代背景下开拓出"具有民族气魄、具有民族精神"的中国画派——长安画派。一批以政治革命和美术革命为己任的艺术家承担了长安画派的主要角色，良好的社会政治环境给长安画派以成熟的契机，为新中国的画坛注入了新的力量。秦岭经长安画派画家的山水画作品再次进入到中国绘画史的篇章中。

一、赵望云的《重林耸翠图》

赵望云（1906—1977），原名新国，生于河北省束鹿县。其父务农兼营皮革。赵望云在家乡读完小学后，其父病故，于是辍学入皮店学徒。但赵望云自幼喜爱绘画、音乐、戏剧，1925年秋，靠表兄资助赴北京，入私立京华美专学习绘画。之后被聘为北京师范学校美术教员，结识了进步学者兼画家王森然，经常在王森然主办的《大公报》《艺术周刊》上发表关于中国画改革的文章及国画作品。此后又与李苦禅等人合办吼虹艺术社，提倡新国画运动，出版两期《吼虹月刊》，又出版《苦禅望云画集》两册。两年后回家乡，开始在农村写生，旅行冀南十余县，所得作品在《大公报》上连载百余幅，并辑为《赵望云农村写生集》，反应热烈，一版再版，印数达数万册。当年隐居在泰山的爱国将军冯玉祥有剪报题诗的习惯，在赵望云准备出第二版农村写生集时，他派人携带自己的全部题诗，与赵商议写生集的题诗本。于是，1933年前后《农村写生集》再版时辑入了冯玉祥题画诗百余首，成为诗画合印版。冯赵二人交往渐深，冯玉祥曾对赵望云说："我们应该共同搞我们的事业。"1934年赵望云与记者同行，作塞上旅行写生，出《塞上写生集》，之后再度与冯玉祥合作，制作了取材于泰山山麓民众生活的一组诗画，铭石刻于泰山，制成《泰山石刻集》一册。同年秋，赵望云赴苏鲁边界水灾区，作灾情速写。后来先后于江浙一带以及陇海、津浦铁路沿线描绘风景和人民生活，创作颇丰。抗日战争爆发后，赵望云在冯玉祥将军的支持下主编《抗战画刊》杂志，进行抗日宣传工作。《抗战画刊》停刊后，赵望云离开冯玉祥，开始了自由职业的艺术生涯。接着，他结识了张大千，得以欣赏张收藏的诸多古代绘画名作，并开始系统地研究中国画传统技法，还成功地在成都举办了两次画展。

1942年秋，赵望云首次赴大西北，至祁连山、河西走廊写生，西北气派的崇山峻岭逐渐改变了他的画风。次年元月赵回到重庆举办"西北旅行写生画展"，

图2-32 赵望云 重林耸翠图

7月出版了西北写生集《西北旅行画记》。大西北特有的自然风貌，激发了赵望云更加旺盛的创作热情。同年夏天，他第二次到大西北写生，深入少数民族地区，描绘了很多富有西北特色的作品，还在敦煌住了一段时间，对敦煌壁画的临摹，使他"在一个时期里的作品形式带显著的古典色彩和情调"（赵望云《自述》）。从这个时候起，赵望云的绘画题材由表现乡村生活、民众状况转为表现西北所特有的雄奇瑰丽的风光了。1964年，赵望云到秦岭写生，创作了《重林耸翠图》，这是他的一幅杰作，代表他一生山水画的最高水平。画中青松高耸，重重而上，当中夹有红花树（似桃花），松林中伐木工人正在伐木。画松树针，还是传统笔法；画松树干却不用皴鳞法，而是用大笔蘸墨写出，笔笔分明，又浓淡和谐，体现出赵望云驾驭笔墨的能力，秦岭的俊秀松林、重峦叠嶂得以展现。画中既有北方画派那种气势和雄浑厚重的特点，又有南方画派清润秀雅的美感，同时也体现了他传统功力的深厚。郭沫若曾写诗称赞赵望云："画法无中西，法由心所造。慧者师自然，着手自成妙。……独我望云子，别开生面貌。我手写我心，时代维妙肖。从兹画史中，长留束鹿赵。"赵望云的画在当时产生了巨大影响，他是长安画派形成的关键人物和实际领袖。

二、石鲁的华山图

石鲁（1919—1982），原名冯亚珩，出生于四川省仁寿县文公乡，乳名永康，在家中排行第九（因此后来曾刻"冯门九子"的印章）。冯家原籍江西景德镇，清末时高祖因避税举家迁至四川仁寿县，贩药售棉成为巨商，经过不断经营，逐渐成为仁寿当地大地主家族，是县里第一大粮户。建冯家大庄园，藏书10余万册。石鲁小时候即在衣食无忧的冯家庄园中度过，受到浓厚的文化熏陶；但也许命运注定他的叛逆性格，封建家规一直压抑他的心灵，小时候他是出了名的捣蛋鬼。但他聪颖、灵慧，特别喜爱画画。二哥冯建吾是颇有建树

图2-33　石鲁　华岳之雄

的画家。石鲁15岁的时候离家,在二哥执教的成都东方美专学了两年国画,打下一定的基础。19岁时母亲的逼婚终于导致他独特个性的爆发,石鲁与家庭彻底决裂,婚后三天离家出走,到成都华西协和大学文学院历史社会学系学习。次年元月他先是骑着脚踏车,后来又步行,带着一腔热情赴陕西抗日前线,成为一名普及革命美术的青年,后又到了延安,实现了人生的巨大转变。因仰慕石涛、鲁迅,他就把原名冯亚珩改为"石鲁",开始实现新的人生理想。在延安的10年(1940—1949),他在剧团工作过,做过宣传股长、美术组长和舞美设计,先后在西北文艺工作团、边区美术工作委员会、延安大学艺术系从事美术的宣传、创作和教学工作,并且创作了大量版画、连环画、插图、速写等,有《群英会》《打倒封建》《民主评议会》等诸多版画作品问世。1949年5月,石鲁赴北京出席第一届全国文代会,当选为中华全国美术工作者协会执行委员。1951年,石鲁出席西北文代大会,当选为西北文联常委、西北美协副主席,同年调任《西北画报》社社长,开始了中国画的创作,致力于中国画的继承和创新,有作品《幸福婚姻》《古长城外》等国画作品问世。1959年,石鲁赴北京为国庆十周年创作巨幅国画《转战陕北》(横361厘米,纵267厘米),并以此为标志,形成了石鲁在中国画创作上的第一个高峰期,这幅画也是中国画坛西北画风逐渐成熟的一个标志。石鲁成功地解决了重大历史事件与中国画创作的关系。1960年,为人民大会堂陕西厅创作巨幅《延河饮马》,并在这一年当选为全国美协常务理事,又有名作《南泥湾途中》问世。1961年,石鲁创作《东方欲晓》,同年"美协西安分会国画创作研究室习作展"在京展出,引起轰动,被誉为"长安画派"。

石鲁在山水创作上常以雄险的华山作为创作题材,有《华山之雄》《青青者长松》。1961年石鲁画的《秦岭山麓》,用墨笔画树,再用石色覆盖(勾写),而远山则用他改造了的米点法去表现。宋代二米的落茄点是用湿笔横点,不用色;而石鲁用干笔横皴,再加石青色。从石鲁存世的几幅精品看,石鲁对山水画发展做出过巨大贡献,他在美术史上应有崇高的地位。

三、何海霞的青绿山水

何海霞(1908—1998),满族人,生于北京。父亲何子元以写字刻板为业,工书法。其家原属赫舍里氏,后改姓何,母亲是满清贵族和珅的侄孙女。何海霞幼时家境贫寒,7岁读私塾,13岁高小毕业,因贫困辍学,拜琉璃厂民间画家韩公典为师,开始临"吴门画派"的画,并学会了包画、装裱字画等技术,而且见了很多名画真迹。三年出师后,他曾以伪造古字画和修补古字画为生。23岁时与京剧班叶家之女结婚。1924年,何海霞看到张大千在北京的画展,十分钦佩,次年经人介绍拜张大千为师。1926年加入中国画学研究会。1937年"七七事变"时,张大千困于颐和园中,何海霞冒险将他接回城里,次年张大千逃离北平,经沪、港返蜀,直到1945年张大千回北平时师生才得以重逢。1946

年，何海霞随张大千入蜀，遍游四川名胜，后遂滞留重庆，招赘王家，以画肖像谋生。

1951年，何海霞到西安，想通过赵望云求职，后在市卫生局从事美术宣传工作。1956年，赵望云、石鲁将何海霞调进西安美协成为职业画家。从此他的画艺大进，创作出很多作品。1961年，他与赵望云、石鲁等一起在北京举办了"美协西安分会国画创作研究室习作展"，并巡回展览于上海、南京等地。何海霞、赵望云、石鲁被誉为"长安三杰"，名声大振。1966年"文化大革命"开始，他被迫下乡，辗转于陕西、河南等地，直到1975年才得以回到陕西省美术家协会复职，次年他应文化部之邀去北京作画。1982年，何海霞被任命为陕西省国画院副院长，1984年，调入北京中国画研究院任研究员。从此，他在研究院中安心作画，并参加国内外的美术活动，举办画展，直到1998年去世。

何海霞早年学画，临摹了很多古画，打下了绘画的基础，直到拜张大千为师，才算开始了认真系统的学习。他的书法至死都未出张大千的藩篱，当然张大千的书法又出于李瑞清。他的画似张大千，但不完全似，其柔润不及而雄健过之。二人不同处的原因大抵有三：其一，大千是蜀人，海霞是满人，二人性格不同；其二，海霞学大千前后，都临摹了很多古人画，其师法并不全源于大千；其三，海霞在西安接受环境之影响、人文之影响都不同于大千。从何海霞1956年作《终南竹林寺》、1957年作《宝成铁路》图卷来看，他当时的画风用色浑厚浓重，用笔雄健粗壮，色墨并用互渗，虽然近于赵望云、石鲁，这是秦岭地理影响之故，但又比赵、石清秀一些，其中又有张大千的一些笔法。

何海霞的山水画到了90年代，又有一个飞跃，他把尝试投向青绿山水。他早年临摹古画、修补古画，在张大千门下，已熟悉很多古代青绿山水。几十年磨难和壮游，他又有了生活的基础，他的思想又开放，至少不保守，于是他大胆尝试。他的青绿山水不放弃摹古，他本有水墨山水的功底，以雄健的墨骨表现出山水气势后，或泼彩，或填彩，或点彩，或接染、复染，或浓彩重墨并用，多见其灿烂辉煌、光彩夺目而后止。有时他还在重彩上加点或加勾丙烯颜料，更浓艳；但气氛高雅，仍是中国的气派。他的泼彩也和乃师不全同，有时他用重石青或重石绿泼向山头或山腰，把原来很清晰的山石结构破坏掉，使之模糊，但却更能引人入胜。

何海霞又尝试金碧山水，在浓重的青绿山水上加金线勾、金粉点，有时加金后又加朱砂、朱磦，使画面金碧辉煌、五彩斑斓，而不失法度。金碧山水、青绿山水，一般都是很工细的，而何海霞的青绿、金碧却是写意式的，气势磅礴，雄浑厚重，在当时独树一帜。他还用青绿颜色画过巨幅《盛世海歌图》，似是水粉的画法，但骨子里却是中国山水画的气韵。

何海霞晚年曾向很多人说过，他应该花更多的精力尝试发展青绿山水，可惜已晚了些。这说明他很清醒。和他同时的"北李南陆"都在水墨山水画上建立起自己的特色，他已无法超过他们，只留下青绿、金碧山水这一领域，他应该更早并以更多精力投入研究。他到晚年才找到这条路，才发现自己的位置，虽然已取得当时无人超越的成就，但是距离时代所应有的高度似仍欠一尘，继承他这一画者似亦寥寥。从唐代开始的青绿山水自唐代兴盛之后虽代有所继，却再没有复现其光彩盛华的一面，这是令人遗憾同时也令人期待的华丽篇章。

长安画派所代表的艺术实践是平民化的，是以时代的新气象与鲜活感作为底蕴的，是以生活为核心的，是发扬民族传统的具有时代气派的绘画，是质朴的田园情结、凝重的时代课题和文人画传统相结合的新时代的中国画。长安画派以赵望云定居西安为发端，以石鲁带着延安文艺思想来西安为发展，以1961年北京的展览和随后展开的传统与时代新貌大讨论为形成。长安画派形成了解放笔墨、解放题材、走向生活、走向时代、回归质朴、回归自我的艺术道路，成功地实现了20世纪中国画从古典形态向现代形态的转化。

本章主要说明了中国绘画史上秦岭与山水画的关系。如果说文化之心在于雕琢出一条龙的话，以文献记载和遗存至今的画苑珍迹历数画史的辉煌，也构筑起一条画意之龙。虽然自然界龙之形象本不存在，谁又能怀疑那生动变幻的龙形龙姿的真实呢？蛇身、鹿角、牛鼻、鱼鳞、虎爪……这也正是我们所述意象皆源于自然，即使是浪漫的龙象之姿，也是构筑于真实的缘由吧。

附录

秦岭意象山水画作品选

隋·展子虔 游春图
绢本 设色 横80.5厘米、纵43厘米 现藏故宫博物院

唐·（传）李思训 御苑采莲图

第二章　丹青绘秦岭

唐·(传)李昭道　明唐幸蜀图（局部）
横幅绢本　青绿设色　纵55.9厘米、横81厘米　现藏台北故宫博物院

241

唐·（传）李昭道 春山行旅图
绢本 青绿设色 纵95.5厘米、横55.3厘米 现藏台北故宫博物院

第二章 丹青绘秦岭

唐·(传)李思训 江帆楼阁图
立轴绢本 青绿设色 纵101.9厘米、横54.7厘米 现藏台北故宫博物院

唐·（传）王维 江干雪霁图
绢本 墨笔 纵207.3厘米、横31.3厘米 日本私藏

（传）五代·郭忠恕 辋川图 现藏日本圣福寺

第二章 丹青绘秦岭

五代·（传）关仝　山溪待渡图

五代·（传）关仝 溪山幽居图

第二章　丹青绘秦岭

五代·关仝 关山行旅途

五代·（传）关仝 秋山晚翠图

五代·李成 读碑窠石图 藏于日本

第二章 丹青绘秦岭

北宋·范宽 谿山行旅图
立轴绢本 设色 纵206.3米、横103.3米 现藏台北故宫博物院

北宋·范宽 雪景寒林图
纵193.5厘米、横160.3厘米 现藏天津市博物馆

第二章 丹青绘秦岭

251

北宋·范宽 雪山萧寺图

北宋·郭忠恕 明皇避暑图
绢本 纵161.5厘米、横105.6厘米 现藏日本大阪国立美术馆

第二章 丹青绘秦岭

253

第一节 秦岭碑刻、摩崖概况　257
　一、秦岭碑刻整理
　二、秦岭碑刻的书法艺术价值
　三、秦岭摩崖景观的文化价值

第二节 秦岭地区重要碑刻群　264
　一、石门碑刻群
　二、灵崖寺碑刻群
　三、华山庙碑刻群
　四、华阴杨氏墓志群
　五、楼观台碑刻群
　六、重阳宫碑刻群

第三节 秦岭碑刻书法艺术　281
　一、秦岭篆书碑刻
　二、秦岭隶书碑刻
　三、秦岭楷书碑刻
　四、秦岭行书与草书碑刻

第四节 秦岭摩崖景观　314
　一、终南山摩崖
　二、华山摩崖
　三、紫柏山摩崖
　四、太白山摩崖

附录 经典碑刻摩崖图片选　325

第三章
翰墨刻秦岭

秦岭四库全书·文库

文心观止

秦岭地区拥有大量的碑刻。这些碑刻内容庞杂、功能多样，拥有诸多价值，我们关注的主要是其书法艺术价值。

我们所说的秦岭碑刻，不仅指现存于秦岭腹地、秦岭南北麓及秦岭山体蔓延部分的碑刻，而且指出土于或原来立于秦岭，今存藏于其他地方的有关碑刻；历史上的秦岭碑刻佚碑存拓，亦在考察之列。比如宝鸡地区发现的石鼓，现藏于北京的故宫博物院；唐太宗李世民的《温泉铭》原碑早已佚失，但佚拓尚存，仍应视为秦岭碑刻的重要作品。

秦岭地区历史上形成了几个碑刻的资料库。如褒河石门碑刻群，在东西两壁及褒河两岸悬崖上，凿有汉魏以来大量题咏和记事，仅石门内壁就留石刻34件，连同石门南北山崖和河石上的石刻，总数达104件。石门石刻是珍贵的石头书，特别是汉魏石刻，属国内珍稀之物。户县草堂寺、周至楼观台、略阳灵岩寺、华山西岳庙、汉中留坝张良庙等地都有碑刻群，这些碑刻群给我们研究秦岭碑刻提供了丰富的资料。

秦岭碑刻是支撑中国书法史的重要资料，在中国书法的书体演变和风格发展中，不能缺少秦岭碑刻资料。可以说，只秦岭碑刻就可以串起一部石刻书法史。我们在研究中把秦岭碑刻分为篆、隶、楷、行、草不同书体，把具体作品和书法史现象联系在一起，力图勾勒出秦岭书法的发展脉络。

摩崖是碑刻的一种，是山石上的刻字。秦岭摩崖众多，有的时代久远，极具文献价值与书法价值；大量的则是明清以来，尤其是近代以来的刻石，很多并无书者姓名，默默无闻，登不上书法史册。但是这些摩崖与秦岭自然风光相互辉映，具有很强的观赏价值，增添了秦岭的人文气息，成为一种文化景观。

本章有四节，第一节介绍秦岭碑刻的整理情况和研究方法；第二节介绍秦岭六大碑刻群；第三节介绍秦岭碑刻书法艺术；第四节介绍秦岭摩崖景观，着重阐释当代秦岭摩崖的文化价值。附录20幅碑刻图片，以供欣赏。

第一节　秦岭碑刻、摩崖概况

陕西省社会科学院的吴敏霞和党斌在《秦岭碑刻及其研究状况报告》中总结说："经初步的田野调查，从目前已经取得的数据来看，秦岭南北麓及西秦，现存与历史记载的碑刻共有5000余通。时间跨度上至先秦时期，下迄民国末年，共计2600余年。按历史朝代来分，先秦两汉时期的有21通，魏晋南北朝时期的有63通，隋唐五代时期的有440通，宋金元时期的有257通，明代的有462通，清代的有3181通，民国时期有495通，民国之前年代不详的有177通。"①

---

① 吴敏霞，党斌.秦岭碑刻及其研究状况报告[M]//陕西文化发展报告（2013）.北京：社会科学文献出版社，2013：133-144.

一、秦岭碑刻整理

秦岭碑刻根据形制可分为五大类：碑碣、墓志、塔铭、造像、摩崖。根据内容可主要分为四大类：箴言、纪事、述德、文学艺术。箴言类如官方文书、私家文书、乡规、民约、告示、诉讼、制诰、禁碑、劝诫碑等；纪事类如各种建筑及道路桥梁的创建或重修碑、兴修水利碑、族谱等；述德类如墓志铭、传记碑、德政碑、墓碑等；文学艺术类如诗词、警句碑。

秦岭碑刻的历史可追溯到先秦。随着甲骨文、钟鼎铭文的衰微，代之而起的是碑刻文字的兴起。在今陕西凤翔发现的秦代石鼓文，是我国迄今为止最早的石刻文字，世称"石刻之祖"。其后历汉魏南北朝隋唐宋元明清及民国，怀抱十三朝古都的秦岭地区，至今已镌刻了数以万计的碑刻，成为中国传统文化承续的重要载体。后世之人对此也多有记载，如宋人欧阳修的《集古录》、赵明诚的《金石录》、明人赵崡的《石墨镌华》、清人毕沅的《关中金石记》、王昶的《金石萃编》、孙星衍的《寰宇访碑录》、民国陆增祥的《八琼室金石补正》、武树善的《陕西金石志》等金石专著，以及清代沈青峰的《（雍正）陕西通志》、张聪贤的《长安县志》、李恩继的《同州府志》、民国宋伯鲁的《续修陕西通志稿》等地方志书，都有关于秦岭碑刻的文字记录。

秦岭碑刻中数量较多者为箴言类碑刻。此类碑刻或分为以下几种：

一是公文案牍碑，为各级政府颁布的公文碑刻。如陕西周至楼观台存藏的《宗圣宫设五品提点所公文碑》，陕西户县重阳宫存藏的《大蒙古国累朝崇道恩命之碑》。

二是乡规民约碑，为民众自发议定的规约碑刻。如陕西洋县上溢水村存藏的《乡规民约碑》，记载上溢水村村民共议的乡约十条；洋县智果寺存藏的《智果寺成立保甲联防碑》，是智果寺合乡公议的抗击盗贼条款碑刻。

三是告示碑，为政府或乡里或社会贤达就某事发布的告示碑刻。如陕西城固县桔园镇存藏的《禁止赌博碑记》，甘肃两当县广香苑存藏的《禁赌博碑》，都是官府明令禁止聚众赌博、伤风败俗，违者严加治罪、决不姑息的告示。

四是诉讼碑，为某事诉讼结果的碑刻。如陕西户县草堂镇大园寺存藏的《争山讼碑》，陕西渭南临渭区崇凝乡存藏的《崇凝碑》。

五是制诰碑，为皇帝为某事某人所作的嘉许或诰命碑刻。如现藏于陕西户县文庙的《御制训饬士子文碑》，是康熙皇帝亲自撰文书丹的敕谕碑刻，要求学子们"先立品行""朝夕诵读""躬修实践""敦孝顺以事亲，秉忠贞以立志""穷经考义""取友亲师"等。

六是歌颂碑，为对某物某事的赞颂碑刻。如原立华山西岳庙现藏西安碑林的《述圣颂碑》，记载祭祀华山及西岳庙的历史，并赞颂当时统治者的丰功伟绩。

七是劝诫碑，为政府、官员或某人反对或提倡某事某物的劝诫碑刻。如陕西洋县博物馆存藏的《劝农文碑》。

八是奏疏碑，为官员上奏皇帝的奏疏碑刻。如周至楼观台存藏约金代晚期的《祝延圣寿疏》碑拓，为全真教栖霞长春子丘真人上疏朝廷，"伏愿当今皇帝永寿齐天，四时协律无灾，万国倾心顺化，乃至邪风不起，道教长兴"的奏疏。

秦岭碑刻中最多的为纪事类碑刻。记事或作叙事留存，以飨后世。此类或分为以下几种：

一是记叙寺庙、道观、学堂、营署等建筑及道路桥梁等设施创建和重修的碑刻。陕西略阳白水江镇小河村青崖湾组与甘肃徽县大河乡瓦泉村高家山组交界处，有北宋嘉祐二年（1057）刻立的《新开白水路记》摩崖题刻，记载时任利州路主客郎中的李虞卿，以秦蜀要道青泥岭旧路高峻险拔、泥泞难行，特自凤州（今凤县）河池驿至兴州（今略阳）长举驿，新修五十一余里长的白水路以便公私之行的修路历程。

二是记叙兴修水利改良农田碑。如陕西户县重阳宫存藏的《栖云王真人开涝水记碑》，记载栖云王真人率众凿渠引终南涝谷之水绕重阳宫，又绵延二十余里，普惠大众，使周边村镇潇然有江乡风景的事；陕西周至二曲镇存藏的《改良农田碑》，记周至县官员倡导乡民开垦荒地，并改旱田为水田，发展农业经济等事。

三是某姓某族的宗祠碑刻。如陕西周至仓峪村存藏的《创修宗祠碑》，记载邓家后代因此地幽静雅观，为纪念祖先迁移之功，创建宗祠一座，及宗祠四至、庙产等。

四是记录事件经过或自然环境的碑刻。陕西略阳灵岩寺的《顺政郡药水窟述记》摩崖题刻，较为详细地记载了时称药水窟今为灵岩寺的旖旎风光。陕西户县白庙乡望仙坪存藏的《望仙坪碑》，是记载望仙坪名称由来及其景致的碑刻。陕西城固五门堰存藏的《唐公车湃水利碑》，详细地记载车湃水利事件首发人及历汉唐宋元明清各个朝代的变化等。陕西汉中天台山存藏的《天台胜迹汇志碑》，记述了天台山十八处胜迹。

五是游记碑。如陕西略阳灵崖寺存藏的《游灵崖记碑》，现藏西安碑林的《华山记碑》。

秦岭碑刻中第三大类为述德类碑。述德即称颂功德，多为后人或后代对著名历史人物或先祖功德的称颂，刊刻于石即为述德碑。秦岭碑刻中的述德类碑有以下几种：

一是墓志铭。与逝者同室而置埋葬于地下，记载墓主生平、事迹、籍贯、族系、职官、妻、子、葬地等内容的称为墓志。记载僧（道）人事迹之塔铭，亦是墓志之一种。

二是神道碑。神道即墓道，神道碑是指神道前的石碑，上面记载死者生前事迹等。

三是德（道）行碑。如陕西周至楼观台宗圣宫存藏的《尹宗师道行碑》，记载尹宗师名讳、籍贯、生平事迹及道行、封赐等。陕西户县重阳宫存藏的《皇元孙真人道行碑》，记述了任陕西五路西蜀四川道教提点兼领重阳宫事的孙德彧的生平、出家、修行经过、师承关系及其道行和封赐孙真人等。

四是传记碑。如陕西宝鸡陈仓区磻溪宫存藏的《全真第五代宗师长春演道主教真人内传碑》，详细记载了全真教第五代宗师丘处机的生平事迹，是一通个人传记性质的碑刻；发现于陕西长安鸣犊镇、现藏于西安碑林的《皇甫诞碑》，记述了皇甫诞的名讳字号、祖籍祖先及在隋为官的经历、获得的荣誉等，于志宁撰文，欧阳询书丹，故世称"三绝碑"；陕西户县重阳宫存藏蒙古至元十二年（1275）刻立的《全真教祖碑》，记载全真教祖王重阳的生平、道行、封赐等。

五是墓碑。如陕西留坝张良庙西北二里方丈坟的《潘一良方丈墓碑》，介绍方丈自河南来紫柏山修炼成道等生平事迹。

秦岭碑刻中第四大类为路标类碑刻。这是秦岭碑刻中特有的一类。在秦岭中，深山老林道路迷幻，方位无法辨识，道路无从寻找，极易迷路。在这种情况下，路标类指路碑的竖立，就为人们出行提供了极大的方便。陕西城固董家营乡存藏清代刻立的《指路碑》，内容记述"东从庙后走孙家坪六十里，南走天明寺三十里，北走城固三十里，西过沙河走汉中府五十里"，额书"指路碑"三字，供经过此地的人们辨识路径。陕西汉中石门著名的"石门"摩崖题刻，华山中"最高峰""玉女峰""朝阳台""迎阳洞"等，都是指路性质的摩崖题刻。

秦岭碑刻中有大量艺术类碑刻，大致分诗词、警句碑刻等。

诗词碑。如陕西勉县武侯祠存藏的《琴吟自叙诗碑》，内容为诸葛亮感叹大汉刘氏政权的覆灭，激励自己为恢复大汉江山鞠躬尽瘁、死而后已的壮举。

警句碑。如原存陕西华阴敷南村太白庙今藏西岳庙的《弃恶从善箴言警句碑》，警戒人们不要"轻秤小升""压良为贱""贪婪无厌""嗜酒悖乱""轻慢先灵""违逆上命""损子堕胎"，否则"如是等罪，司命随其轻重，夺其纪算，算尽则死，死有余责，乃殃及子孙"，再告诫人们"一日有三善，三年天必降其福……一日有三恶，三年天必降之祸"。又如甘肃徽县文化馆存藏的《程子言箴碑》，告诫人们发言必谨慎。原立于陕西临潼县学现藏西安碑林的《程子四箴碑》，是宋代儒学大家程颐所撰视、听、言、动四箴警言碑刻。

二、秦岭碑刻的书法艺术价值

秦岭碑刻有很多类别，曾经有不同的功能，有着很丰富的历史文献价值，同时有着不同的书法价值。应该说，不同时期、不同类别的秦岭碑刻都有着或高或低的书法价值，书法价值包括书法水平和书法影响，是我们观察秦岭碑刻的切入点。当然，书法价值往往与文物价值、文献价值、文学价值等有关。

秦岭地区历史上形成了几个碑刻的资料库。秦岭中南部汉中地区的石门、灵崖寺、张良庙、武侯墓、武侯祠、洞阳宫、智果寺、蔡伦墓，秦岭东部华山地区的华山庙、玉泉院、五方村，秦岭北麓的重阳宫、草堂寺、楼观台，大多是历史悠久的人文胜迹，累计了很多有价值的碑刻，再加上后来为整理碑刻而汇集于此的周边碑刻，形成了一个个碑刻群。这是研究秦岭碑刻的重要资料库，其中有些碑刻具有极高的书法价值。

有几方秦岭碑刻历史地位更为特殊，堪称"开山之作"，包括《石鼓文》《大开通》《温泉铭》。

以字体去分类，秦岭碑刻可大致分为篆书碑刻、隶书碑刻、楷书碑刻、行书草书碑刻四类。在篆书碑刻中，有光辉灿烂的《石鼓文》。隶书碑刻中的"石门十三品"极为重要，《郙阁颂》《唐公房碑》也是汉隶精品，《华山庙碑》曾被清人誉为"汉隶第一"，是代表成熟汉隶的极佳范本。楷书《石门铭》在北朝摩崖中最负盛名，是北朝碑刻的杰出代表。行书《温泉铭》是唐太宗为秦岭骊山温泉所作，其书法艺术价值很高。《王求古墓志》和《王求焉墓志》是两方唐代行书墓志，非常珍贵。

三、秦岭摩崖景观的文化价值

秦岭绵延1600千米，西起甘肃，东到河南，贯穿陕西，因秦而得名。古来人们在终南隐逸、太白寻仙、华山览胜，更因为南北交通，要征服其间的险峰要道，于是这座大山留下了众多的人文胜地。秦岭山脉的摩崖很多。摩崖，是以浩大的书写把历史刻印在秦岭的山体上。

为了使石刻文字具有更大的规模，更能垂之久远，又免去开采和运输的困难，人们利用某些山崖较为平整的石壁、石坡、石坪，代替人工开采的碑料，创造了摩崖。这种风气始于汉代，最早的摩崖是秦岭褒斜道的《汉鄐君开通褒斜道摩崖石刻》，俗称《大开通》。

据说更早的是陕西宁强县境的禹王碑摩崖，原有八字，后遭破坏，现仅存两个半字，字形古怪，不可辨识，相传为夏禹王所刻，不能确证。

秦岭摩崖众多，不管赫赫有名还是默默无闻，当时的实用价值已经失去了，但文献价值仍存，有的也颇有书法价值。

有些是官方或地方的文书。如《唐敕赐山田摩崖》，唐武德八年（625）刻，在陕西宁强新矿乡；《禁运盐榷摩崖》，在陕西勉县金泉乡，南宋绍熙五年（1195）刻，刻工随意，虽不甚佳，亦有别趣。

有些是记事。如陕西旬阳县关口乡的《唐黄土摩崖》，刻于唐开元十七年（729），初唐书风，介于欧阳询和虞世南之间，不知书者名姓；略阳的《新开白水路摩崖》，刻于北宋嘉祐二年（1057），雷简夫撰文并书，书风似颜真卿《颜氏家庙碑》。雷简夫曾推荐"三苏"父子，对苏氏父子有知遇之恩，在当时有书名。

有些是游记题刻。如《韦行规等游记摩崖》，刻于唐开成二年（837），楷书字形宽扁，倒有些隶书趣味，在陕西略阳县灵崖寺；《张百药等游记摩崖》是北宋熙宁八年（1075）所刻，也在灵崖寺。

秦岭摩崖，大量的还是明清以后，尤其是近代以来的刻石，很多并无书者姓名，有些书者没有在书法史上留名。但这些摩崖同样具有一定书法价值，更重要的是，这些并不著名的摩崖与秦岭自然风光相互辉映，增加了秦岭的人文价值。

摩崖作为一种景观，本身就具有审美价值。秦岭摩崖是秦岭山水的一部分，也成了秦岭山水旅游的重要内容。石刻的内容既有一定的历史内蕴，又有造境的功能。如被称为"天下奇险第一"的华山，在第一险境"千尺幢"之前有摩崖"回心石"三字迎面而立，看似在提醒游人还可回心转意，转身下山，实则更勾起了游人欲放手一试、挑战极限的兴趣。

　　整理这些书法价值不一的秦岭摩崖，不仅是从书法审美角度出发，而且把书法美与自然美结合在一起，进一步观察摩崖书法与秦岭山脉的血脉联系，阐释秦岭地区优秀的书法文化传统。

第二节　秦岭地区重要碑刻群

　　秦岭地域广阔、碑刻众多，其中有不少碑刻群。秦岭中南部汉中地区的石门、灵崖寺、张良庙、武侯墓、武侯祠、洞阳宫、智果寺、蔡伦墓，秦岭东部华山地区的华山庙、玉泉院，秦岭北麓的重阳宫、草堂寺、楼观台，大多是历史悠久的人文胜迹，累积了很多有价值的碑刻，再加上后来为整理碑刻而汇集于此的周边碑刻，形成了一个个碑刻群。这些分布于秦岭地区的碑刻群是研究秦岭碑刻的重要资料库，其中有些碑刻有极高的书法价值。本节介绍其中最重要的六个碑刻群：石门碑刻群、灵崖寺碑刻群、华山庙碑刻群、华阴杨氏先茔碑刻群、楼观台碑刻群、重阳宫碑刻群。

　　褒斜道是秦岭中一条著名的古栈道，南端是石门隧道，曾有大量的摩崖，后因修建水库，将其中最重要的13件摩崖取下保存在汉中市博物馆，人称"石门十三品"，文物价值和书法价值极高。

　　灵崖寺，位于秦岭南麓的嘉陵江畔，始建于唐，风景奇特，吸引着历代文人墨客。唐代杜甫、宋代苏轼都曾泛舟嘉陵江，一游灵崖。此地碑刻众多，尤其以游览题刻著称。

　　华山从汉武帝以来建庙祭祀山神，西岳庙受到历代帝王重视，形成了一个庙碑碑刻群。这也是秦岭碑刻中很有特点的一类。其碑刻往往文辞华美，工艺精湛。从汉隶到唐楷，均有佳作。

五方乡的华阴杨氏墓志群也在华山脚下，其中几方碑刻仍存于西岳庙（也叫华山庙）中。但这些北魏墓志与华山庙的庙碑是两种性质，应区别看待。北朝墓志书法是中国书法发展中非常重要的一环，华阴杨氏墓志群是秦岭碑刻中墓志类的代表，其中不乏魏碑精品，完全可与一些著名的魏碑经典相提并论。

楼观台，本名楼观，是中国道教圣地。碑刻多与道教有关，其中的唐代碑刻极为珍贵。重阳宫也是道教圣地，是全真教祖庭，曾在元代受到高度重视，重阳宫碑刻以元代碑刻最为重要。秦岭寺庙道观众多，其间都少不了碑刻，有些虽然没有形成很大规模，但不乏艺术珍品。

秦岭碑刻群是不同地域长期形成的人文景观。一个碑刻群的众多刻石不仅在文献方面有关系，在书法风格上也会出现一些共通之处。比如石门碑刻群的古拙之风，这种书风不仅体现于汉代摩崖，也表现在宋代的隶书摩崖中。比如西岳庙碑刻群的庄严之风，碑刻本就追求庄重，在庙碑中，这种严肃性表现得更为突出，影响很明显。灵崖寺的很多题刻显得比较随性自然，符合游览题刻的特点，不追求严整，不经意间流露出韵致。五方乡的华阴杨氏碑刻群在风格上则趋于秀丽，这与墓志形式的精巧有关，其内在联系也值得研究。

一、石门碑刻群

石门摩崖是最重要的秦岭碑刻群。

秦岭山脉中，有一条贯穿关中平原和汉中盆地的山谷，南口曰褒，北口曰斜，故称褒斜道，全长约235千米，是所有蜀道之中年代最早、长度最长、历史最悠久、文化遗存最丰富的一条。战国秦惠王时，为了克服秦岭阻隔，就已经在此修筑栈道。此后历代多次增修。《史记·范雎蔡泽列传》载"栈道千里，通于蜀汉"，即指此栈道。

褒斜道最南端是石门隧道，隧道的打通大大缩短了路程，是创造性的伟大工程。汉明帝永平六年（63），汉中太守鄐君奉诏遣广汉、蜀、巴三郡刑徒3690人，用火焚水激的古老方法，历时3年打通隧道，永平九年（66）四月建成。《大开通》就是为纪念这件事刻的。此后因为战争，石门被不断修建和破坏。

石门是世界上人工开凿的第一座隧道，在我国古代交通史上占有重要地位。石门的开通和摩崖先例，激发了过往文人和士民题刻的情怀，此后在隧道东西两壁及褒河两岸悬崖上，凿了大量题咏和记事的摩崖。仅石门内壁就留石刻34件，连同石门南北山崖和河石上的石刻，总数达104件。石门的这些石刻，是珍贵的石头书，特别是汉魏石刻属珍稀之物。正因如此，褒斜道石门及其摩崖石刻，于1961年被确定为全国第一批重点文物保护单位。

1969年至1971年，国家因修建石门水库，将水库淹没区内最受推崇的13件摩崖石刻搬迁至汉中博物馆。这些石刻书法作品号称"石门十三品"，被誉为"国之瑰宝"。"石门十三品"中，有汉刻8件，曹魏和北魏石刻各1件，宋刻3件。

"石门十三品"包括：

《汉鄐君开通褒斜道摩崖刻石》，俗称《大开通》，东汉永平九年（66）刻，原在石门洞南右侧石崖上，高142厘米、宽288厘米，16行，每行6～11字不等，隶书。

《鄐君碑释文》摩崖，南宋绍熙五年（1194）刻，高270厘米、宽215厘米，27行，每行30字，楷书。《大开通》刻于山崖，千余年被泥沙、青苔遮掩，宋代欧阳修、赵明诚等金石学家都未曾发现著录。到了南宋绍熙四年（1193）夏秋之际，因连日雨水冲刷，才显现出来。当时的南郑县令晏袤组织在这块汉代摩崖之下刻上《鄐君碑释文》，以说明发现情况、诠释文字内容。

《石门》摩崖，两个字径37厘米的大字，隶书。原在石门洞南右侧石崖上，没有书写时间和书者姓名，相传是汉永平四年（61）凿通石门时所刻。

《李君表》摩崖，东汉永建元年（126）刻，原在石门北口右侧石崖上，高75厘米、宽44厘米，7行，每行8～10字，隶书。记录当时地方官李寓主持修复褒斜道的功绩。此摩崖也是常年被泥沙遮掩，至清同治年间才被重新发现，所以在前代金石书籍中没有著录。

《石门颂》摩崖，东汉建和二年（148）刻，原在石门洞内西壁，高261厘米、宽205厘米，27行，每行30字，隶书。赞颂杨涣主持修复褒斜道的功绩。

《杨淮表记》摩崖，东汉熹平二年（173）刻，原在石门洞内西壁、《石门颂》左侧，高216厘米、宽67厘米，7行，每行26字左右，隶书。熹平二年，四川犍为人卞玉宦游返蜀，路过石门，看到歌颂同乡前辈杨涣的《石门颂》，很有感触，就将杨涣的孙辈杨淮、杨弼兄弟的官职、政绩，追述刻石于《石门颂》之左，简称《杨淮表记》。

《玉盆》摩崖，高63厘米、宽103厘米，右行横刻，隶书，传说为西汉张良题写。"玉盆"二字原刻在石门南3千米褒河水中巨石上，此石色白如玉，中凹似盆，故有玉盆之名。南宋时有人两次重刻"玉盆"两小字于原刻之侧。

《石虎》摩崖，"石虎"两大字，字径30千米，隶书。原在石门南约9千米处，有一山峰其势如虎，峰下刻"石虎"二字，旁刻"郑子真书"四小字，传说为西汉成帝时著名隐士郑子真垂钓处。

图3-1 《石虎》摩崖

《衮雪》摩崖，原刻在石门南约半里褒河水中一巨石上，右行横刻，字径45厘米，隶书。左侧竖刻"魏王"两小字，传为魏武帝曹操所书。传说东汉建安二十四年（219），曹操驻兵汉中褒河谷口，见褒

图3-2 《衮雪》摩崖

河流水汹涌而下，撞石飞花，挥笔题写"衮雪"二字，随从提醒：衮字缺水三点。曹操抚掌大笑：一河流水，岂缺水乎！

《李苞通阁道》摩崖，魏元帝景元四年（263）刻，原在石门洞北口外右侧崖上，千余年为泥沙所封闭，至清同治十年（1871）才被发现，摩崖高36厘米、宽24厘米，隶书两行："景元四年十二月十日，荡寇将军浮亭侯谯国李苞字孝章，将中军兵、石、木工二千人，始通此阁道。"

《潘宗伯、韩仲元》摩崖，晋武帝泰始六年（270）刻。原在石门洞南口外右侧崖上，隶书一行："潘宗伯、韩仲元以泰始六年五月十日造此石。"

《石门铭》摩崖，北魏永平二年（509）刻。高180厘米、宽225厘米，26行，每行22字，魏体楷书。也是对当时地方官修复褒斜道功绩的赞颂，书法价值极高，是魏碑中的精品。

《重修山河堰》摩崖，南宋光宗绍熙五年（1194）刻。原在石门洞南右侧崖际。高225厘米、宽500厘米，16行，每行6～9字，隶书。西汉初年，丞相萧何就在褒河修建山河堰，历代多次修复扩建，南宋绍熙五年，南郑县令晏袤具体主持施工，竣工后，晏袤作文记录这项工程，摩崖刻石。

石门石刻早在宋代便为人们所重视，赵明诚《金石录》中曾收入多篇石门石刻，苏轼、欧阳修等文学家也对石门石刻多有吟诵的文字。清中叶后，碑学大兴，石门石刻更因康有为、杨守敬等人的极力推荐而声名大噪。清人不似宋代的研究者大多伏于书斋、依据拓片著述，他们不辞辛苦，跋山涉水、披荆斩棘地踏勘访碑，注重第一手的资料，建立感性认识，王森文、吴大澄、缪荃孙等清代知名学者都曾涉足石门，寻访探求，为石门石刻影响的扩大付出了努力。

在"石门十三品"中，《大开通》《石门颂》《石门铭》在我国书法史上特别有名，被古今中外习练书法者奉为楷模。清代书法家罗秀书观石门石刻后赞美它们"其古横也，如龙蟠深壑而其鳞角权枒，其飘逸也，如凤舞晴空而其羽毛鲜丽"[1]。近代康有为在《广艺舟双楫》中赞美它们是"书中之仙品，并列入名碑之列"[2]。

二、灵崖寺碑刻群

灵崖寺，又名灵岩寺、药水窟、药水崖或药水洞。位于陕西省略阳县城东南3千米处、秦岭南麓

---
[1] 郭荣章.石门摩崖刻石研究[M].西安：陕西人民美术出版社，1985：85.
[2] 包备五.中国书法简史[M].上海：上海书画出版社，1983：34.

的嘉陵江畔，始建于唐开元年间，距今已有1200多年历史。灵崖寺依山傍水，坐东向西，依托山岩上两个天然大溶洞而建，有"灵崖洞天"的美誉。

灵崖寺素有"陕南小碑林"之称，寺内藏有汉代至今的近200通碑碣，著名的汉代书法名碑《郙阁颂》也在寺内。寺内有两方唐代碑刻：唐开元年间的《药水窟画图记摩崖刻石》、唐开成二年（837）的《韦行规等游记摩崖》；宋代碑刻有多方，都是游览题刻：北宋至和三年（1056）的《刘异等游灵崖寺摩崖》和《刘异游药水寺题诗碑》、北宋熙宁三年（1070）的《鲜于侁游灵崖寺题诗碑》、北宋熙宁八年（1075）的《张百药等游记摩崖》、北宋元丰元年（1078）的《刘忱等游灵崖寺摩崖》、南宋绍兴九年（1139）的《杨德远等游灵崖寺摩崖刻石》等。此外还有明清以来的众多碑刻。

灵崖寺碑刻多为游览题刻，内容有文有诗。比如《药水窟画图记摩崖刻石》，系当时兴州刺史韦同彝于某年端午节，陪同上司游览灵崖寺后绘图作记而刻的。它将灵崖寺内外景物描绘得淋漓尽致。《鲜于侁游灵崖寺题诗碑》刻五言古诗一首，隶书书写，描绘灵崖寺的来历和胜景，开篇曰："千峰环郡宇，二水绕城堞。每怜山水佳，况复开岩穴。"①

《郙阁颂》是东汉灵帝刘宏建宁五年（172）刻的一方摩崖，是为纪念汉武都太守李翕修剑阁栈道而书刻，原在略阳徐家坪街口村郭家地（古名析里，又名白崖）。位于古桥址西侧的石刻，因长时间的风化裸露，或是涨潮时的冲刷，或是撑船人的无意磨损，摩崖左上角和右下角刻字大片剥落。20世纪70年代，因当地修建乡间公路，《郙阁颂》受损，被迁至灵崖寺，粘接复原，嵌在前洞石崖边。现存残字240余字，不足半数。

《郙阁颂》的书法，自成一家、独具丰标，为标准的汉隶八分——结构严整、章法茂密、俊逸古朴，早在魏晋南北朝时期，盛名就遍及海内外，为历代文学家、书法家所推崇，各种金石学专著、杂记以及各种书法专论或专著多有著录。因书法价值极高，长期以来传为书法家"蔡邕撰并书"，此为误传。根据碑文，当为仇靖作文，仇绋书。

图3-3 《郙阁颂》摩崖

---

① 陈显远.汉中碑石[M].西安：陕西人民美术出版社，1985：115.

在原碑迁入之前，灵崖寺已有《郙阁颂》翻刻碑。南宋理宗绍定三年（1230），沔州（今陕西略阳）太守田克仁到任，见原刻露处江边，受风雨侵蚀，剥落日甚，恐久而绝迹，使仿原刻形制大小，重刻于灵崖寺，即今灵崖寺奈何桥边的石崖上，至明万历时，刻石右上角剥落，知县申如埙补刻，并在石尾加上"知县申如埙重刻"七字。

图3-4 韦行规等游记摩崖

《韦行规等游记摩崖》，唐开成二年（837）刻石，韦行规等题。在灵崖寺大佛像左侧出口处崖顶上。长方形，高50厘米、宽40厘米。楷书7行："兴州刺史韦行规、河中府参军裴思獸、处士刘防、进士孟元植，大唐开成二年丁巳岁十一月十九日同游此。"每行2～9字不等，共42字。

此碑刻虽处于中晚唐时期，但从字迹看，似有南朝时期风味，字形偏于方扁，捺画有隶书笔意，不是明显的唐楷风格。可见唐代书法并未被经典书风笼罩，书写是多样化的。

《张百药等游记摩崖》，北宋熙宁八年（1075）刻石，张百药题。在灵崖寺前洞右侧石崖上。

摩崖正方形，高宽俱70厘米，楷书字7行，每行7字，共49字："虞部元外郎权知军州事张百药，秘书丞签书军事判官厅公事蒲安，行权军事推官刘表，泛舟同来游此。熙宁乙卯四月廿日。"保存完好，未见著录。

此碑书法是颜真卿的楷书风格，近于颜真卿的《颜氏家庙碑》和《麻姑仙坛记》，字形宽博，字距茂密，转折用圆笔，朴拙厚重。颜真卿楷书在宋以后影响很大，很受士大夫阶层推崇，被视为堂堂正正的君子之风。

图3-5 张百药等游记摩崖

《药水窟画图记摩崖刻石》，此摩崖图文并茂，是研究灵崖寺的珍贵资料。

《孙应龙等游记摩崖刻石》，南宋嘉定八年（1215）刻石，孙应龙等题记。字体是隶书，又融合一些篆书意趣。格调平平，比较拘谨。

图3-6 孙应龙等游记摩崖刻石

三、华山庙碑刻群

西岳庙也叫华山庙，在华山以北5千米的岳镇街上，面南背北，庙门正对华山，是供奉西岳大帝华山神的庙宇。华山庙始建于汉武帝时代，后成为历代帝王祭祀华山神的场所。

庙碑是碑刻的一种，最初的作用是祭祀庙神。华山庙碑刻众多，最早的且书法艺术价值最高的是西汉的《华山庙碑》，是汉隶的代表作之一，曾被誉为"汉隶第一品"。遗憾的是碑石已毁，只有拓本传世。

《华山庙碑》，东汉延熹八年（165）立于华山庙内，高254厘米，宽119厘米。碑额篆书"西岳华山庙碑"六字，碑文隶书22行，每行37字。东汉隶书碑刻。明嘉靖三十四年（1555）毁于地震。以后该庙所存者为重刻。《华山庙碑》有"华阴本""长垣本"等著名拓本传世。华阴本现藏于北京故宫博物院。

《汉碑阴题名记》，也是东汉碑刻。清乾隆四十二年（1777）在西岳庙掘出，1949年移入西安碑林博物馆。高103厘米，宽32厘米，隶书7行，每行12～18字不等。石断为三，字迹漫漶，但尚可识读，是工整秀丽的汉隶。

《华岳颂碑》，也叫《西岳华山神庙之碑》，北周天和二年（567）立，万纽于瑾撰，赵文渊书。

图3-7 汉碑阴题名记

万纽于瑾，字附璘，本姓唐，北周宇文泰的亲信大臣，有文名，史称其著碑文数百篇。该碑为其杰作。碑文的内容记载了华山郡守杨子昕对西岳庙重新进行维修，栽柏树二千余株。碑高409厘米、宽112厘米、厚32厘米。额篆"西岳华山神庙之碑"，隶书20行，每行50字，字径3.5厘米。

赵文渊，字德本，南阳宛（今河南南阳）人，生卒年不详。《周书》及《北史》中有传，在这两本书中，由于要避唐高祖李渊讳，皆写作赵文深。赵文渊少年时学楷隶，谓有钟（繇）王（羲之）之风。天和元年（566）因为题榜有功，任赵兴郡守。擅长楷书和隶书，在当时书写碑文很多，还在西魏时奉命编定了一部六体书法字典。赵文渊书写的这方碑刻是隶书，却用了很多楷书笔法，同时又用了篆书的结体，非常独特。对《华岳颂碑》这种混搭型的写法，评价不一，有人认为不好，如明代郭宗昌在《金石史》中说此碑违背古法、粗浅鄙陋，让人"一见欲呕"。清代叶昌炽的《语石》也认为此碑虽有险劲之姿，却没有脱掉北碑常有的粗鄙丑陋习气。但也有肯定的声音，认为《华岳颂碑》的书法别有风味，例如清代张廷济的《清仪阁金石题跋》评其为："楷隶参杂，山阴遗则渺难寻，然于魏齐诸刻中独见矫健。"而清末民初的杨守敬在《评碑记》中也给予其正面的评价："文渊在周甚有书名，是碑，前人嗤为恶札，为分书罪人。余谓以分书论之，诚不佳，若以其意作真书，殊峭拔。"

此碑碑阴为《华岳精享昭应碑》。唐德宗兴元元年（784）关中大旱，朝廷命许国公苏梃到华山求雨，事后感谢华山神，立碑作纪念，就刻在了《华岳颂碑》的背面。旧物利用，在这方碑石上达到了极致。碑的左侧还刻有颜真卿题记，右为贾竦诗刻。另有多处唐宋人题名。颜真卿的题记是四行楷书，是乾元元年（759）颜真卿与友人拜谒华山庙时书刻。书法恢弘端庄，是典型的颜体风韵。贾竦的题诗是元和元年（805）所作，字体为行楷，书写较为随意，在唐代碑刻中不算佳作，但也别有意趣。

《华岳精享昭应之碑》，唐开元八年（720）立。刘升书写，李休光篆额。篆额"精享昭应之碑"。隶书20行，每行49字，字径3厘米。字迹清晰，保存完整。

图3-8 华岳精享昭应碑

《西岳华山碑铭》，唐开元十二年(724)立。唐玄宗李隆基撰并书，是拜谒华山庙后写的一篇赞颂之文。原碑在唐末毁坏，明代重刻，由杨九经书写，是娟秀的欧体楷书，已非李隆基的字迹。

《述圣颂碑》，立于唐开元十三年(725)，是颂扬唐玄宗作华山碑铭的一篇文章，由吕向书写，楷书。今藏西安碑林博物馆。此碑背阴还刻着《韩赏告泰华府君文》，是开元年间御史韩赏作的一篇昭告华山神的文章，由韩择木书写。韩择木是唐代的隶书名家，作品留存极少，这方隶书碑刻非常珍贵。

《程琳、叶清臣岳庙石柱题记》，北宋庆历七年(1047)刻。程琳、叶清臣撰并书。此题记镌刻于八面棱柱体石幢上。棱体高247厘米，棱面高160厘米，宽26厘米。楷书，24行，每行19字，字径6厘米，字迹清晰、保存完整。石幢也是碑刻的一种，是古代祠庙中刻有经文、图像或题名纪事的大石柱。

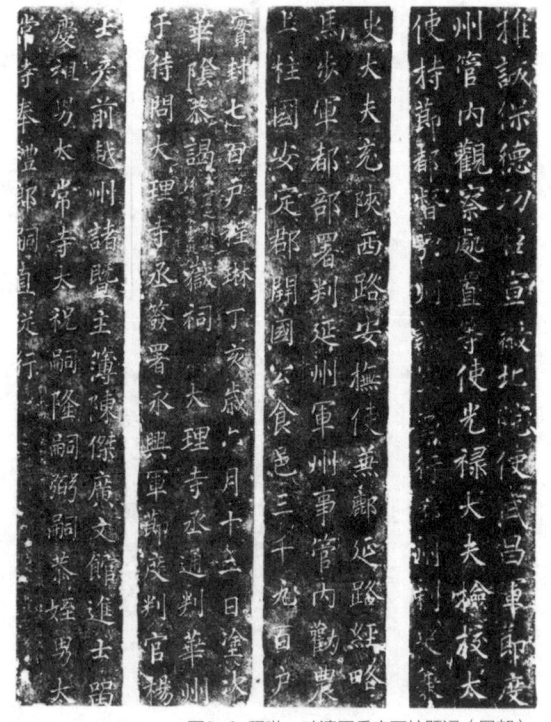

图3-9 程琳、叶清臣岳庙石柱题记（局部）

另有《太华山记》石幢，也很著名。同样为八棱柱形，由座、身、顶三段组成。下部为须弥座，束腰，浮雕仰覆莲花两层。六面为明代嘉靖时李攀龙撰、郭宗昌书的《太华山记》。其余两面为清代康熙年间华阴县令董盛祚作跋书丹。明代的郭宗昌在当时不是很有名气，但从石幢上看其所书的隶书书法却非常神似《曹全碑》，证明此人书艺功底不凡，而他自己又能亲自琢石镌刻。清代华阴县令董盛祚见到此石幢后深受感动，情不自禁地在石幢的两空面书写了跋文，赞美郭书"结体入微"，刻石"星流电转"，并将此幢由外地移入西岳庙，以便永久保存。《太华山记》石幢文笔生动流畅，书丹又神似《曹全碑》，刻功"星流电转"，跋文发自肺腑、情深意切，因此，后人称此幢为"四美幢"。

《唐玄宗御制华山铭碑》残石，位于西岳庙五风楼西北角、灵星门前西南侧，现残高380厘米、宽480厘米、厚340厘米，因其体量之大，人常误以为是巨大山石，因有"五岳石"之名。其实残石的高度已不及原碑的十分之一。据《开天传信记》记载，此碑原名玄宗自书制碑，碑高50余尺，阔丈余，厚4尺5寸。其绘制扈从太子王公以下官名，镌琢精巧豪华，当时被称为天下第一碑。高50余尺，真如一座小山，体制之大的确很难想象。即就其现存体积重量，在碑中出其右者也很少见。可惜此碑只完整矗立一百多年，就被黄巢起义军一把火破坏了。碑身南面还残存着当年碑文的几个字，以其笔划字迹看，和西安碑林《石台孝经》书体相似，笔画丰润，转折流畅，有楷书笔意，是唐玄宗李隆基的隶书风格。

华山庙内的石碑种类很多，各代名碑林立，篆、隶、草、行各展风彩，琳琅满目，有"小碑林"之称，是一座古代石刻艺术宝库。从碑的雕刻艺术方面讲，北周的《西岳华山神庙之碑》《唐玄宗御制华山铭残字碑》，明朝的《昭示五岳河渎碑》《乾隆御书岳莲灵澍碑》《乾隆四十二年重修西岳庙碑》等，以体态宏大、造型优美、雕刻精良而著称，体现了华山庙历代以来受到尊崇的独特地位。

四、华阴杨氏墓志群

杨氏先茔在华阴市五方乡境内，是葬埋杨氏先祖的地方。

北魏弘农华阴杨氏墓志，是华山附近的重要碑刻。弘农杨氏，亦称华阴杨氏，是汉魏以来的高门望族。西汉时的杨敞、杨恽"家方隆盛时，乘朱轮者十人，位在列卿，爵为通侯，总领从官，与闻政事"（《汉书·杨敞传》）。东汉时杨震至杨彪，"四世太尉"（《后汉书·杨震传》），子子孙孙屡任要职，更是当时的显赫鼎族。晋时的杨骏，其侄女为武元杨皇后，其女为武悼杨皇后（《晋书·杨骏列传》）。《弘农杨氏族谱》有记载杨氏先茔蜿蜒十八冢的情况。

北魏墓志在陕西出土绝少，但在华山脚下的五方村从20世纪70年代以来陆续出土16方墓志。

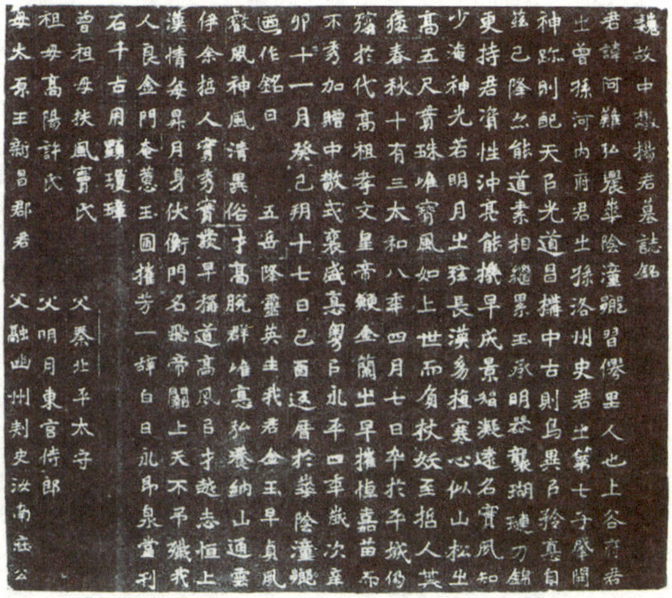

三国时期，魏王曹操反对铺张、厚葬，提倡俭朴、薄葬，禁止为个人树碑立传，一般的士大夫阶层就把死者的生平介绍及颂词镌刻在一较小的石面上，把这块石刻放在棺内随葬，后经出土，被称为墓志。有的碑文结尾有"铭"，即整齐押韵的赞颂文辞，所以也称"墓志铭"。墓志的书

图3-10 杨阿难墓志铭

法往往能体现当时的书法水平，具有很高的艺术价值。此外，由于受破坏少，墓志往往保存得较好。

《杨阿难墓志铭》是杨氏墓志群中书法水准最高的一方墓志。北魏永平四年(511)制，1971年出土于五方村杨氏墓茔。原藏西岳庙，1990年入藏陕西省历史博物馆。方形，长47厘米、宽41厘米，魏书21行，每行19字，字径1.8厘米。文字清晰，保存完整。此碑刻风格近于著名的《爨龙颜碑》，字形宽扁，撇捺间仍有对称之意，带有明显的隶书风味。字间非常注重呼应，偶有不工之字，也通过相互间的补救和谐一体。《爨龙颜碑》在云南省陆良县，比《杨阿难墓志铭》早50多年，清道光年间被阮元发现，被康有为誉为"神品"。两相比较，《杨阿难墓志铭》比《爨龙颜碑》书写更为成熟，当然古拙之感也少一些，两碑在艺术上各有千秋。

《杨椿妇崔氏墓志铭》，北魏永平四年(511)制。1986年出土于五方村杨氏墓茔。长方形，子母扣套合式，志盖并存。长23厘米，宽18厘米，盖无文。魏书8行，每行6字，字径2厘米。字迹清晰，保存完整。比起《杨阿难墓志铭》，此墓志刻痕较重，相对来讲书写趣味保留较少，而这也是魏碑的一个特点。

《天水吕夫人墓志》，北魏正光四年(523)制。1993年出土于五方村杨氏墓茔。志盖并存。现藏西岳庙。正方形，边长33厘米。盖为覆斗形，题魏书"故恒农杨简公，第四子妇吕，夫墓志盖"。志文魏书9行，每行11字，字径2厘米。文字基本清晰，字间划有界格，这也是墓志常见的形式。

墓志的形式上承刑徒砖。刑徒砖是古代犯人死亡后用以记录其名籍、生卒年月等内容的刻划砖铭，与死者尸骨共埋，秦至东汉中期一直存在。在统治者的眼里，刑徒墓中放块残砖断瓦足矣。到汉末魏晋，墓志被官僚阶层接受，用以记述赞颂主人生平事迹。志料由残砖变为优质方整之砖，进而由陶质变为石质。石质墓志迅速兴起之后，陶质墓志就很少见了。墓志在北魏达到一个高峰，"魏碑体"在墓志中得到了最充分的展示，给后世书法发展留下了宝贵的财富。华阴杨氏墓志群，充分体现了北朝墓志书法的多种风格，体现了由隶书到楷书转化中的书法艺术的丰富性。

图3-11 杨椿妇崔氏墓志铭

图3-12 天水吕夫人墓志

五、楼观台碑刻群

楼观台位于秦岭北麓之终南山,在周至县。据传,楼观台在春秋时代为函谷关令尹喜的居宅,后来老子西游入关,尹喜在楼观筑台请其讲经。到唐代,高祖李渊以老子李耳为远祖,扩建楼观台,名"宗圣宫",在老子说经台建祠为"老子祠"。楼观台由此成为道教圣地。宋、元、明、清各朝均予重建、修葺。至今,楼观台存有历代碑石70余件,分布于殿阁和碑厅。

《大唐宗圣观记》,唐武德九年(626)二月十七日建碑。高200厘米,宽94厘米。欧阳询撰序并书,隶书,字形方正,不似汉隶的宽扁体形。碑额楷书阳刻"大唐宗圣观记"。欧阳询书碑均为楷书,而只有这一方是隶书,非常罕见。碑阴为戴佾隶书,书于天宝元年(742)。戴佾在唐玄宗时期以善写隶书著称。

《重模苏灵芝书唐老君显见碑》碑高255厘米,宽97厘米。苏灵芝书,行楷。款署"开元廿九年六月一日武功苏灵芝书",推算时间,应是公元741年。此碑原名《梦真容碑》,又名《梦真容敕》,记录了唐玄宗李隆基梦见老子真容,命诸道士寻访仙踪、尊崇纪念的事。原石刻于诸州,后遗失。现在传世的除楼观台的"陕西本"外,还有河北易州的翻刻碑。"陕西本"也叫"周至本"或"楼观本",宰相署名改牛仙客为张九龄。

图3-13 大唐宗圣观记

《大唐尹奠师碑》，唐开元五年(717)建碑。高277厘米，宽131厘米。半千撰文，书者不详，隶书，爽朗秀逸。碑阴有宋著名书法家吴琚行书"天下第一福地"，笔力雄厚，气势夺人，字径约60厘米见方。

《楼观大宗圣宫重修说经台记》，此碑四面刻字，碑高175厘米，宽91厘米。李道谦撰文，孙德彧篆额，李忠宗书丹。撰文时间为元至元二十一年(1284)，立碑时间为元皇庆元年(1312)。碑阳额篆阳刻"终南山古楼观"，碑阴额篆阳刻"说经台重修记"。正文楷书，端庄秀润，用笔活泼，有赵孟頫的楷书韵味。碑两侧是隶书，左刻"皇庆元年岁次壬子八月甲子朔初七日庚午立石"，右刻"太上老君自周昭王廿五年癸丑岁至楼观至大元皇庆元年壬子岁计二千三百四十年"。

楼观台碑刻书法甚佳者尚有：

《说经台梁公道行碑铭》，曾天义书丹并篆额，楷书，清乾隆十一年(1746)刻；

《重修古楼观说经台记》，朱文炳撰文，王容书，清雍正十三年(1735)刻，行楷，有王羲之书风；

《重修终南山古楼观说经台记》，施阳烈撰文，滇南花红洞湛富书并篆额，富平张忠义、杜之孝刻字，楷书，有褚遂良笔意，石质坚润，碑阴记雍正六年(1728)至乾隆二年(1737)十年间，各乡里万余人捐款重修楼观台银两数；

《重修楼观碑记》，清乾隆五十八年(1793)立，和宁撰并书；

《新建楼观台碑亭记》，清道光五年(1825)立，康承禄撰，户县张玉德书丹，行书，有赵孟頫笔意。赵孟頫书风在清代影响很大，非常流行。

楼观台老子祠(说经台)内，西侧有明代高文举古篆碑两通，高350厘米、宽130厘米；东侧有《道经碑》楷书，书者不详，高200厘米、宽100厘米，碑阴有宋

图3-14 楼观台"上善池"大字碑

米芾榜书"第一山",碑侧有苏轼游览题名。另有《德经碑》,书者不详,楷书,高185厘米、宽95厘米,碑阴有榜书"道德"二字,平山楷书,笔力丰厚,甚为壮观。

老子祠"配极元都"殿东西两侧墙壁,镶嵌宋、明、清文人雅士游诗题记刻石若干,东墙有宋代名家薛绍彭书"王工部元丰四年七月二十五日题诗,十二月十二日作诗"二首,西墙有薛绍彭元祐元年(1086)三月楷书《题楼观南楼》及《留题楼观》。楼观台山门前草坪的上善池亭内,立有元代书法家赵孟頫隶书"上善池"大字碑(图3-14)。碑高225厘米,宽96厘米,赵孟頫的隶书比较灵动,也有些古趣,但缺少苍劲浑朴之感,他的行楷书也有这个问题。祠后有近现代和今人书法石刻若干。

六、重阳宫碑刻群

重阳宫,全称大重阳万寿宫,位于秦岭北麓的陕西省户县祖庵镇,为我国著名道教宫观,是全真教祖师王重阳修道创立全真教与归葬之地,有"天下祖庭""全真圣地"之称。重阳宫起于金,盛于元,衰于明,毁于清末,后又重建。

重阳宫以王重阳而命名。王重阳(1112—1170),中国金代道士,全真道创始人。原名中孚,字允卿。后改名世雄,字德威。入道后,改名嚞,字知明,号重阳子。祖籍咸阳大魏村,出身庶族,家业丰厚。幼好读书,崇文尚武。先中文举,金天眷元年(1138),应武略,中甲科。做过小吏,47岁那年,深感"天遣文武之进两无成焉",常纵酒泄愤,行为疯狂,对金人统治的社会现实予以消极反抗。《全真教祖碑》以曲笔感慨地写道:"幼之发秀,长而不群,工于谈笑,妙于斯文,又善骑射,健勇绝伦,以文非时,复意于武,勘定祸乱,志欲斯举,文武二进,天不与我。"①久之便愤然弃家,隐栖山林。金正隆年间,"创别业"庵居刘蒋。自称正隆己卯(1159)

图3-15 "天下祖庭"碑

遇异人授以秘辞，悟道出家。金大定元年（1160），在南时村自挖穴墓，取名"活死人墓"，穸居其中，潜心修持三年，又迁居刘蒋村，居庵演道。大定七年（1166），自焚庵舍，东出潼关，前往山东布教，传化全真道。其善于随方施教，尤长于以诗词歌曲劝诱士人。在山东宁海等地宣讲教法，建立教团，广收门弟，其中有高徒丘、刘、谭、马，亚徒王、郝、孙，后世称"全真七子"。大定十年王重阳携弟子马钰、谭处端、刘处玄、丘处机4人返归关中，卒于开封途中。归葬于终南刘蒋故庵，门弟称为祖庭（今陕西省户县祖庵镇）。金章宗赐庵名为灵虚观。元太宗加封为重阳宫。元世祖至元六年（1269）封王重阳为重阳全真开化真君；至大三年（1310）又加封为重阳全真开化辅极帝君，全真道北五祖之一。其死后三年间，全真道传教范围遍及陕西关中、河南、河北、山东大部分，遍于社会各阶层，在组织上、理论上为全真道的兴盛发展奠定了基础。

重阳宫元代的殿宇建筑今已无存，而所立碑石却多数保存了下来，人称"祖庵碑林"。碑林中有40多通碑石，大多是元代碑刻，其中元代皇帝亲敕圣旨碑8通，有4通是蒙古八思巴文与汉文对照合刻的圣旨碑。

若论重阳宫碑刻的书法价值，首推元代书法家赵孟頫所书的《敕藏御服之碑》和《孙真人道行碑》。这两方碑刻均为赵孟頫中年以后所书，书法个人风格已经形成。《敕藏御服之碑》为奎章阁大学士、中书平章政事赵世延撰文，赵孟頫书丹，翰林学士、秦国公李孟篆额，且此碑石拍之鸣声，谓曰"响石"，故人称"三绝碑"。

元代僧人溥光书的《敕赐大重阳万寿宫》碑，字径50厘米。刻在《敕藏御服之碑》的碑阴，笔法苍劲，神足韵胜。溥光俗姓李，号雪庵，特封昭文馆大学士，是赵孟頫很赞赏的书法家。据说赵孟頫曾在酒肆中看到溥光写的"帘"字，说"当世书法没有超过我的，这个字超过我了"。经打听他才知道此字是溥光所写。

《披云宋真人道行碑》是一方行书碑刻，翰冲书写。这方碑刻工极佳，很好地保留了书写意趣，其书法是王羲之《圣教序》的路数，可知书者对王羲之书法用功极深，完全能自如地化用。

《宸命王文碑》的汉字译文遒劲秀逸，有宋代书法家黄庭坚的笔意。《重阳仙迹记》书丹者姚燧，在书法上也有名气，明《石墨镌华》称该碑："书全法颜平原，但波拂钩磔稍不及，因以知胜国

① 重阳宫碑石[M].西安:三秦出版社，1985：27.

时不乏能书者也。"此外，还有李道谦书的《全真教祖碑》，明王世贞称该碑书法"精劲有法"。商挺用隶书题额的《玄门掌教诚明真人道行之碑》亦是书法的佳作。

图3-16 《敕赐大重阳万寿宫》碑

图3-17 披云宋真人道行碑

第三节 秦岭碑刻书法艺术

秦岭碑刻非常丰富,是中国碑刻重要的资料库,其中一些碑刻有很高的书法艺术价值,对中国书法发展产生了很大影响。有几方碑刻历史地位更为特殊,堪称"开山之作",包括《石鼓文》《大开通》《温泉铭》。

《石鼓文》被誉为"刻石之祖",出土于秦岭支脉的陕西陈仓,古雍邑,也叫《雍邑刻石》。唐兰在《中国文字学》中说:"锲刻文字从战国初年的《雍邑刻石》起,主要的对象,由铜器转移到碑刻。铜器不易铸,器形也窄小,不足以发挥书写者的天才。到了《雍邑刻石》的文字,每篇几十字,每字有两寸见方,这种伟大,是前所未有的。因之,有了《诅楚文》,更有了秦始皇时的几个刻石,穹碑巨碣比较铜还是容易得的,所以汉代的铜器,不过记些年月工名,而宏篇巨制,就以碑为主了。"[①]这先秦鼓形石上的十个刻字,是成熟的石刻文字,是碑刻风气的开端。在它之前的一些疑似文字刻石,远没有达到这样的水平。《石鼓文》恢弘典雅的书风自唐代重新面世以后受到方家广泛的赞誉。

秦岭褒斜道的《大开通》是已知最早的摩崖,是隶书而包含篆意,又充分体现了摩崖书法随意自然的特点,被清人誉为"神品"。

唐太宗李世民书写的《温泉铭》也是开风气之作,是行书入碑的重要标志。

---

① 唐兰.中国文字学[M].上海:上海古籍出版社,1979:121.

以字体去分类，秦岭碑刻可大致分为篆书碑刻、隶书碑刻、楷书碑刻、行书及草书碑刻四类。篆、隶、楷，是不同时期的规范书体，都属于正书范畴，可看作文章中的韵文；行书、草书是出自快捷书写的实用书体，书写更灵活，应用范围更广，如同文章中的散文。在追求庄重的碑刻书法中，行、草书较少见，但从唐代以后也出现了不少，尤其是在游记题刻之类内容较为轻松的碑刻中。不同字体的秦岭碑刻都不乏书法经典，在中国书法史上的地位非常重要。本节内容主要是分字体探讨秦岭名碑的书法艺术价值。

《书谱》中说"篆尚婉而通，隶欲精而密，草贵流而畅"[①]，是说不同书体的美感：篆书多圆笔，更多圆通之美；隶书结体多排叠，注重笔画空间的布置；草书活泼生动，动感明显。秦岭碑刻中，诸体皆备，每种字体呈现不同的美感，一种字体的不同碑刻也是众美纷呈。

篆书碑刻中，前有光辉灿烂的《石鼓文》，后有唐代李阳冰所书的《栖先茔记》和《三坟记》。李阳冰是唐代篆书大家，是篆书艺术发展中承先启后的人物，所作篆书被称为"铁线篆"。另外，用篆书书写碑额也是碑刻的一般形制，秦岭碑刻中的很多篆书碑额都很有欣赏价值。

秦岭的隶书碑刻最具代表性，"石门十三品"中有十一品是隶书摩崖，其中的汉代摩崖尤为重要，同在秦岭深处的《郙阁颂》《唐公房碑》也是汉隶精品，《华山庙碑》曾被清人誉为"汉隶第一"，是代表成熟汉隶的极佳范本。秦岭的摩崖，尤其是古朴的汉代摩崖，最能体现这座山脉悠久的人文历史，不仅铭刻了人们征服自然的不懈努力，也以苍劲浑朴的书法美呈现了一种文化品格。这些刻在秦岭山体中的字迹，与秦岭山水浑然一体，年代久远，书法高古，是秦岭碑刻中的瑰宝。

魏晋时期，朝廷屡申刻石之禁，碑刻发展受阻，进入第一个发展高峰过后的低谷期。公元 205 年，曹操以天下凋敝之由，下令不得厚葬，又禁立碑，使刻石局限于统治阶级上层。此后魏晋统治者曹丕、曹髦、司马炎一再重申禁碑之令，墓碑在魏晋几乎绝迹。

---

① 孙过庭.书谱译注 [M].郑州：河南美术出版社，2007：131.

北朝无碑禁，碑刻得到进一步发展。这一时期碑的形制更加规范化，碑文书体是隶书向楷书演进的过渡字体，后世称"魏碑体"，是我国古代书法艺术宝库中的一朵奇葩。

秦岭地区的北朝碑刻不乏书法精品，《石门铭》摩崖是魏碑中的特立独行之作，被评为"不食人间烟火的书中仙品"。

华阴地区近几十年陆续发现了一些墓志，有的完全可以和一些著名碑刻争辉，倘使早被识家发现，必已载入书法史册。

辉煌的唐代书法更是在采自秦岭的花岗岩上刻下了浓墨重彩的一笔，欧阳询、虞世南、褚遂良、颜真卿、柳公权等书法大家，可以说在秦岭脚下完成了对中国书法之"法"的最充分的探索。隋唐承北朝余风，并发扬光大，是我国碑刻的成熟和鼎盛时期。当时由于统治者的提倡，刻石成风，官方民间都喜欢用这种方式记功弘德。名家书碑盛行，真草隶篆各体皆有，保留了大量名家真迹，反映了唐代书法艺术之盛。

宋元时期，以书法为主的碑刻继续发展，大书法家苏轼、黄庭坚、米芾、蔡襄、赵孟頫、鲜于枢等人的佳作，在秦岭地区被翻刻的不少，他们的墨迹也以碑刻的形式充实了秦岭的书法王国。

明清以来，秦岭地区的碑刻遗留下来的比较多。书法价值不如以前，一是不够稀有，二是风格平庸化。很多碑书写相当精美，但已经很难引发观者的激情。文人应试锻炼出的"馆阁体"太缺乏艺术个性了，由此引起了重返碑学的潮流。

从清末到民初，有识之士从北魏民间书法中吸收新的影响，甚至在笨拙的书写和拙劣的刻工中寻找灵感，以打破精熟的书写规范的束缚。从此中国书法又走出了一条生路。陕西三原人于右任是这个潮流的集大成者，他在秦岭地区留下的众多碑刻，有很高的书法价值。

一、秦岭篆书碑刻

篆书是大篆、小篆的统称。大篆指甲骨文、金文、籀文、六国文字，它们保存着古代象形文字的明显特点。小篆也称"秦篆"，是秦国的通用文字，是大篆的简化字体，其特点是形体匀停齐整，字体较籀文容易书写。

《石鼓文》的字体是秦国篆书，属于秦系文字，与《虢季子白盘》《秦公簋》一脉相承。字体更匀整，可以说上承大篆、下启小篆。在书法风格上，《石鼓文》章法整齐、气象森森，既活泼又匀净，兼得大篆与小篆之美。

图3-18 石鼓

秦代统一文字，这项工作由李斯主持完成，小篆也被称为"斯篆"。唐代李阳冰善写小篆，自视为李斯的继承者，曾说"斯翁之后，直至与冰"。他在笔法上有自己的特点，笔画更细、更硬朗，变李斯的"玉箸篆"为"铁线篆"。他的《栖先茔记》和《三坟记》是小篆写法，碑刻最初立于秦岭北麓的凤栖坡，现藏于西安碑林博物馆，同样藏于西安碑林的李斯《峄山刻石》，已经不能算作秦岭碑刻了。

小篆在西汉依然是通行文字之一，多用于高级的官方文书和重要仪式典礼，如天子策命诸侯王、诏书、枢铭、金石刻辞、官铸铜器上的铭文、碑额、印章、宫殿砖瓦等。这种习惯，在以后也一直保持了下去。随着隶书的普及并逐渐成为汉代朝野通行的主要书体，篆书受到同期隶书的冲击，纯正的小篆作品已非常少见，后世将这种渗入许多隶变形构的篆书称为汉篆。《华山庙碑》的碑额属于汉篆，是汉代篆书碑额中的上品。在秦岭碑刻中，用篆书书写的碑额也是重要部分，往往由擅长篆书的专人书写。就其书法来看，往往中规中矩，并无太高的艺术价值。

《石鼓文》

唐代初年，在陈仓（今陕西宝鸡）出土了10个石鼓，质地为关中一带山中所特有的青石，其形若鼓，上刻文字。这些石鼓形制相近，高45~60厘米，直径约60厘米。每件石鼓上阴刻70字左右。文字内容为10首诗，一鼓一首。石鼓现藏于北京故宫博物院，是极为珍贵的中国早期文字和书法研究的实物资料。

石鼓出土于陈仓，后经安史之乱，至德二载（757）二月十日，肃宗平叛，进驻凤翔，石鼓迁于此地。唐末五代到宋元时期，因常年战乱之故，石鼓累遭迁徙，时失时得。宋皇祐四年（1052），凤翔知府向传师在民间搜寻失散的石鼓，最后找到的一件上面竟被凿成米臼。北宋之末，宋徽宗赵佶酷爱古物，命人将石鼓搬到京城汴梁，并以黄金填字，以示其珍贵。但后来发生了"靖康之变"，徽钦二帝被俘，金人将汴梁的宝物悉数北掳，10面石鼓亦被运往燕京。金人剔出所填黄金之后，便将石鼓弃之不顾，此后不知何时被埋入地下，历经多年而无人过问。到了元代，才又被人发现启出，安置在北京国子监，朝廷还在四周修筑栏杆来保护石鼓。直至抗日战争爆发，石鼓一直保存于此，不曾移动。抗战期间，日本侵略军逼近北平，为了防止这些国宝被侵华日军掠走，国民政府决定将石鼓等一批珍贵文物转到后方，几经辗转，长途搬迁到四川峨眉山。抗日战争胜利之后，才由峨眉山移入南京博物院。新中国成立之后，又将石鼓由南京迁入北京故宫博物院，保存至今。

石鼓做于何时？究竟为何人所书？自唐以来，历代学者关于石鼓的制作凿刻时间各依其据，有周、秦、汉、后魏、北周等几种说法。宋代学者郑樵最早认为石鼓应是秦人之物；金代的马定国定其为西魏大统十一年(545)宇文泰在西岐狩猎时所作；清人震钧认为应是秦文公东猎所制。到了近世，专家学者对石鼓之谜更是多方考证，才逐渐弄清它的来龙去脉。王国维、马衡、唐兰、郭沫若等学者相继对石鼓的年代进行研究，所提出的具体年代虽未必一致，但基本都定为先秦之物。近几十年来，学界倾向于春秋之初到战国之初的说法。值得注意的是，著名考古学者唐兰先生先是定在公元前422年的秦灵公时期，后著文改为秦献公十一年，即公元前374年。其《石鼓年代考》一文，写作时间距今较近，作者比较历代说法，搜罗各种文献资料，进行严格的逻辑推理，具有相当的说服力。至于石鼓文当时为何人所书、何人所刻，因无任何资料可做印证，至今不得而知。

石鼓的发现，对古代文字和书法的探究具有重大的价值。有趣的是，陈仓石鼓在唐代刚一出土就受到文人们的重视。

欧阳询、虞世南、褚遂良等人对石鼓上的大篆极为赞赏，著名书法理论家张怀瓘在其《书

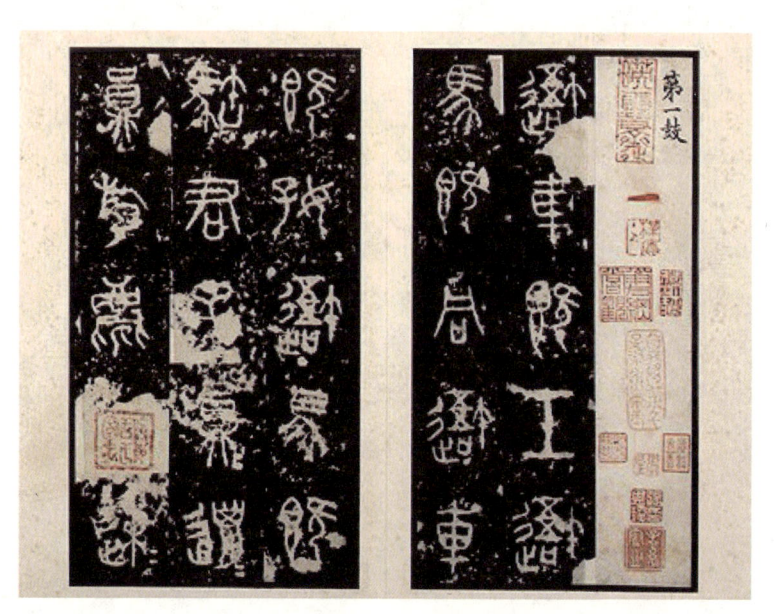

图3-19 石鼓文

断》中对石鼓大加肯定，杜甫、韦应物、韩愈等也竞相吟咏诗作赞扬石鼓的发现和与此有关的各种故事。后世大家诸如苏轼、梅尧臣、董其昌等纷纷著文赋诗发表高见。

诗人杜甫《李潮八分小篆歌》中有对字体发展的梳理，其中有句："陈仓石鼓久已讹，大小二篆生八分。"

韦应物写了一首《石鼓歌》：

周宣大猎兮岐之阳，刻石表功兮炜煌煌。石如鼓形数止十，风雨缺讹苔藓涩。今人濡纸脱其文，既击既扫白黑分。忽开满卷不可识，惊潜动蛰走纭纭。喘息逶迤相糺错，乃是宣王之臣史籀作。一书遗此天地间，精意长存世冥寞。秦家祖龙还刻石，碣石之罘李斯迹。世人好古犹共传，持来比此殊悬隔。

诗的开头"周宣大猎兮岐之阳，刻石表功兮炜煌煌"，便提出对石鼓之产生年代与制作原因的看法。此后历代，不少诗人和学者均有赞颂、考证石鼓的诗文留传。

韩愈也有一首长诗《石鼓歌》，他支持韦应物对石鼓的基本看法，并强调了石鼓作为历史文物的重要价值与意义。其中谈到读文辨字的体会，对《石鼓文》的书法美也是高度赞扬："辞严义密读难晓，字体不类隶与科。年深岂免有缺画，快剑斫断生蛟鼍。鸾翔凤翥众仙下，珊瑚碧树交枝柯。金绳铁索锁纽壮，古鼎跃水龙腾梭。"

苏轼在他的《石鼓歌》中说："上迫轩颉相唯诺，下揖冰斯同鞭笞。"认为石鼓文的书法上接初文，下启篆字。

唐张怀瓘《书断》中赞其"体象卓然，殊今异古，落落珠玉，飘飘缨组，仓颉之嗣，小篆之祖"①，列之为神品。

清康有为《广艺舟双楫》中称《石鼓文》为"中国第一古物，书家第一法则"，并赞其如"金钿落地，芝草团云，不烦整截，自有奇采"。

《石鼓文》字形结构仍有金文之遗貌，但不同于金文过多的装饰，而显示出自然、质朴的艺术特征，线条粗细比较一致，匀圆对称，脱尽金文中字形大小错落的面目，渐趋于匀整，字的写法与《虢季子白盘》《秦公簋》等青铜器上的秦系文字一脉相承。虽然整齐恢弘，又不像秦代小篆那样光润简

---

① 历代书法论文选[M].上海：上海书画出版社，2007：159.

单，兼具大篆小篆之美，有雄浑高古之气，难怪被学者们推崇备至。

《栖先茔记》和《三坟记》

李阳冰，字少温，祖籍赵郡（今河北省赵县），后徙居云阳（今陕西泾阳）。生于唐开元九、十年（721—722）间，卒于唐贞元初年（785—787）。唐代文学家、书法家，李白族叔，为李白作《草堂集序》，工篆书。初师李斯《峄山碑》，以瘦劲取胜。自诩"斯翁之后，直至小生，曹喜、蔡邕不足言也"。他的篆书劲利豪爽，代表作有《栖先茔记》和《三坟记》，两块碑刻均藏于西安碑林。

《三坟记》碑承李斯《峄山碑》玉筋笔法，结体纵势而修长，线条遒劲，笔画从头至尾粗细一致，婉曲翩然。原石早佚，乃宋代重刻。

秦代以后的篆书发展，因远离了文字的实用功能而渐呈衰颓之势。至唐代，篆书开始得到了一定程度的发展，风格面貌也较为多样，有悬针篆风格类型，如唐瞿令问的《峿台铭》；装饰性风格则以《唐剑州长史李广业神道碑》篆额和《张漪墓志》盖为代表；又有字法奇古、字体介于篆字与古文之间的《碧落碑》；甚至也有结字方正的风格类型，如《修定寺记碑》额、《皇甫慎墓志》盖等。但只有李阳冰独具风格的玉箸篆艺术，真正代表了唐代篆书的至高成就，又使篆书在中唐之际得到了中兴。

李阳冰弱冠之际以词学入仕，于天宝二载（743）先任江宁县尉，后历任缙云县尉、缙云县令、当涂县令、京兆府法曹参军、国子监丞、将作少监，直至从四品的秘书少监。李阳冰虽然宦途平平，但在书法上却是成就斐然，尤以小篆擅名当世。其小篆风格精严圆劲、婉转流畅，一变秦以来平整开阔之风气，对唐以后千余年间篆书艺术发展的影响极为深远，故后人将其与秦代李斯并论。李阳冰篆书的传世作品，在宋代时尚可多见，

图3-20 《三坟记》拓片

但也开始逐渐散佚。据文献统计，传世的李阳冰篆书作品共计60件。其中大部分已经不存，部分有重刻或有拓本传世，如现存缙云县的《城隍庙碑》为北宋宣和五年（1123）重刻，现存西安碑林博物馆的《栖先茔记》为北宋大中祥符三年（1010）重刻，现存的《三坟记》也在宋时即已重刻。其中只有《崔祐甫志》篆盖和"倪翁洞"石刻是保存比较完好的原石之作。

《栖先茔记》，唐大历二年（767年）李季卿撰，李阳冰书，碑残，高171厘米、宽79厘米。14行，每行26字。栖，是迁字的古字。李季卿迷信风水，把他祖先的坟墓由灞河岸迁到凤栖原。碑文即记此事。现碑系北宋大中祥符三年（1010）姚宗谔等摹刻。笔画比《三坟记》碑丰神尚差。

李阳冰小篆的一个重要贡献，是在篆书领域引进了取"象"（自然之象）立"意"观。对取诸自然之象的意趣、意蕴的重视，使有着严谨法度的李阳冰小篆"法"与"意"相得益彰，充分体现了富有生命韵律的内在精神与独特情趣。两宋以后，由于对"法"与"意"的不同程度的偏重，使"法"与"意"出现了分离状况，这种由自然之"象"得书法之"意"的审美观念，是中国书法的基本美学观念。

图3-21 栖先茔记

南宋陈槱曾亲见李阳冰小篆真迹，他生动地描述了李阳冰篆书用笔的细微之处，认为"其字画起止处，皆微露锋锷。映日观之，中心一缕之墨倍浓，盖其用笔有力，且直下不欹，故锋常在画中"①。从传世篆书《三坟记》可见，其中段无不中锋行笔，涩势逆行；在宛转流畅中蕴藏着丰富的提按顿挫变化，正如清刘熙载在《书概》中所指出的，是由于李阳冰善于运用"长力"："阳冰篆活泼飞动，全由力能举其身。一切书皆以身轻为尚，然除却长力，别无轻身法也。"李阳冰篆书的"长力"，即是节节换锋而又节节生发得势所产生的绵绵不绝的笔力，这正是由于李阳冰对小篆笔法有着高超的控制力。

李阳冰的篆书独步有唐三百年，其意义与影响非同一般，主要表现在以下三个方面：

首先，在一定程度上恢复了正统的篆法。篆书自秦代之后渐趋式微，篆法中舛误渐多，或笔画随意

---

① 历代书法论文选[M].上海：上海书画出版社，2007：376.

增减，或线形盘绕变形。而李阳冰不仅擅长篆书，也精于文字学，通过刊定《说文》，修正笔法，使篆法逐渐规范化，为后世习篆者开启了方便之门，也在一定程度上促进了篆书艺术的健康发展。

其次，使小篆在唐代得到了中兴。自秦李斯之后的千余年间，因为汉字实用功能的主导作用，使字体由小篆逐步向隶书、楷书与行草书演变，小篆在各种字体中也逐渐被边缘化而趋于衰落。而李阳冰的出现，则使唐代篆书重新达到了一个历史高度。李阳冰自认为是李斯之后的篆书第一。唐代吕总在《续书评》中十分中肯地指出："阳冰篆书，若古钗倚物，力有万钧。李斯之后，一人而已。"[1]

再次，对唐以后篆书的发展起到了较大的作用。自五代、宋以至于清，习篆者多以李阳冰为师。如五代的徐铉，宋代的郭忠恕、梦英、王寿卿，元代的赵孟頫、吾衍，明代的李东阳，清代的王澍、钱坫等书家，无不深受李阳冰小篆的影响。清代开一代篆书风气的邓石如，其篆书也是在取法李斯、李阳冰之后，熔铸各家之长，终成自家风貌。

篆书碑额

篆书在汉代渐渐失去实用价值。在碑刻中，常常见于碑额，主要起装饰作用。碑额也具有很高的艺术性，如《华山庙碑》题额，充分表现出毛笔的柔软性，将碑刻中较为单一、缺少变化的篆书用笔，变为有提按变化的线条，姿态丰富，委婉而华美。

唐代公卿仕臣阶层立碑铭志，不仅非得名书家书写碑文，而且要篆书题写碑额，否则视为"不孝""不尊"。唐代一度出现了"颜真卿书碑，辄由阳冰题额"的风气。从西安碑林博物馆统计分析，唐代贞观三年（629）至咸通十年（869）刻立的50多通碑刻，其中45通是碑额题文篆书，约占90%。宋代建隆三年（962）至宣和四年（1122）刻立的40余通碑刻，其中34通是碑额署衔篆书，约占85%。

碑额发展到隋唐时期，篆书书写出现了以讲究花样而增减笔画以求装饰效果的现象。由于篆书笔画伸缩性较大，可长可短，能屈能伸，所以在建筑

图3-22 《华山庙碑》题额

[1] 历代书法论文选续编[M].上海：上海书画出版社，2007：31.

物、器物的关键部位利用篆书的体态来装饰，以饰神美化。

唐开元二十四年(736)为慈恩寺和尚大智禅师义福刻立的《大智禅师碑》，碑首雕饰相互盘结的蟠龙，碑额雕饰坐佛，衬以云纹，额中署衔篆书"大唐故大智禅师碑"，篆法纯熟，宽博自然，瑰丽袅娜，构成了整个碑首。

唐天宝四载(745)刻立的唐玄宗李隆基亲自作序、注释并手书的《石台孝经》，其碑首中呈方额，中署衔篆书"大唐开元天宝圣文神武皇帝注孝经台"16字，4行，每行4字，篆书用方笔，古拙宽博，气势雄壮，加上左右各浮雕威武苍劲的瑞兽，上下刻饰奇突缠绕的云纹，很是壮观。

二、秦岭隶书碑刻

隶书是在篆书基础上，为适应书写便捷的需要产生的字体。

关于"隶"的意思，有不同解释，一解释为"隶人"，即掌管文书的小官吏，"奏事繁多，篆字难成，即令隶人佐书，曰隶字"；一是解释为"附属"，隶书是"佐助篆所不逮"的，是小篆的一种辅助字体。隶书在秦代或更早的战国时代就已经出现，到西汉渐渐脱去篆体的结构、笔画特点，东汉时期发展得就很成熟了。

隶书的出现是中国文字的又一次大改革，使中国的书法艺术进入了一个新的境界，是汉字演变史上的一个转折点，汉字从此成为方块字，奠定了楷书的基础。隶书结体方正、工整，成熟的隶书，点画富于装饰性，风格也趋多样化，极具艺术欣赏价值。

碑刻兴于两汉，那时的字体多为隶书。秦岭的汉代碑刻非常著名，"石门十三品"中的《大开通》《李君表》《石门颂》《杨淮表记》，略阳县的《郙阁颂》，城固县的《唐公房碑》，华山的《华山庙碑》《汉碑阴题名记》，长安县的《朝侯小子碑》等，都是汉碑中的精品，书法价值极高。目前全国仅存汉碑五六十方，秦岭地区的八方汉碑（《华山庙碑》已毁，只存拓本）尤为珍贵。

秦岭的汉碑，书法风格多样，《大开通》古朴天然，《杨淮表记》《郙阁颂》也以奇古著称；《华山庙碑》《汉碑阴题名记》《唐公房碑》《朝侯小子碑》秀丽端严，各有妙处；《石门颂》更是洒脱出尘，飘飘欲仙。

魏晋以后汉字字体逐渐向楷书过渡，但隶书仍作为装饰性很强的字体被沿用，不过在碑刻中就比较少见了。汉以后有影响的秦岭隶书碑刻还有一些。

北周时期的《华岳颂碑》，其隶书与汉隶风格不同，体现了由隶到楷的过渡迹象，具有很重要的书法研究价值。

唐代是楷书发展成熟的时期，隶书碑已经很少。唐隶工整圆熟，结构更严谨，笔法更连贯，但缺少了汉隶潇洒的神韵。原在华山庙而今藏西安碑林的《述圣颂碑》，碑阴有唐代隶书名家韩择木书写的《韩赏告泰华府君文》，是珍贵的唐代隶书资料。

南宋时期，由晏袤书写的《重修山河堰》摩崖，也是一方隶书碑刻，因受石门摩崖影响，风格自由古朴，反倒比唐代隶书有趣，这一点也呼应了"唐人尚法""宋人尚意"的书法史观。唐代书法注重法度，对楷书的笔法、结体有严格的要求，把楷书推向了成熟，而宋人为突破前人，稍加己意，对法度既遵守又有意破坏，"宋四家"中的苏轼、黄庭坚、米芾，书法风格都非常强烈，是"尚意"的代表。晏袤的隶书，也有一种任意而为的洒脱气质，和唐代韩择木隶书进行比较，别有一番趣味。

《大开通》

《汉鄐君开通褒斜道摩崖刻石》，俗称《大开通》《开道碑》，镌刻于公元66年，是可考的最早的摩崖文字。

汉明帝永平六年（63），汉中太守鄐君（巨鹿人）奉诏遣广汉、蜀、巴三郡刑徒3690人打通褒斜隧道，建桥5座，修复桥阁623间，还修葺了沿途的邮驿亭、管理刑徒的公署及褒中县署等建筑物64所，历时三年，到永平九年（66）四月完成，工程的庞大和组织工作的繁杂可想而知，这个摩崖就是为纪念这件事而造的，铭文内容具有重要的史料价值。

这块摩崖被泥沙苔藓遮盖，长期不为人所知。到南宋光宗绍熙五年（1194）三月，才被南郑县令晏袤发现。晏袤是词人晏殊的四世孙，政绩突出，后来做到宰相，他笃好金石，擅长书法，被后人誉为宋人隶书第一。晏袤发现《大开通》，极为珍视，又作释文、题记，刻于其下。此后600余年，《大开通》又满被苔藓，无人知晓，不见著录。清乾隆四十六年（1781），陕西巡抚、金石家毕沅撰《关中金石志》时，复搜访而得之，遂为世所重，广受赞誉。

《大开通》在中国书法史上意义非凡。秦代统一文字，后人称为小篆，追求规整平稳，代表了官方的文字形态。而在民间，书写却远没有那么规范，我们现在看战国时的睡虎地秦简，虽然尚存有较多的篆书写法，但笔画已变成方折、平直，已有了以后隶书的雏形。东汉初期的《大开通》，字体仍应称为古隶，是带有篆书遗意的尚不成熟的隶书，实为汉字由篆而隶的转化阶段的产物。清人方朔《枕经金石跋》说："玩其体势，意在以篆为隶，亦由篆变隶之日，浑朴苍劲。"其书写中还没有出现蚕头燕尾的装饰性笔法，所以清代翁方纲在《两汉金石记》里说："此实未加波法之汉隶也。"

以书法欣赏的眼光来看，《大开通》最大的特点是朴拙，这种感觉源于摩崖文字的特殊美感，也与字体的不成熟有关。其字有大有小，很不统一，书写者未必在追求乱石铺阶的趣味，更可能是因陋就简，勉强而为，类似于孩子书写的幼稚状态，本没什么艺术自觉，却暗合了天趣和自然。

历代对此刻石书法美的推崇都是从这个角度出发的。清代杨守敬将其论为"神品"，说"其字体长短广狭，参差不齐，天然古秀若石纹然"。字就像石头上天然的纹路，这个评语非常有趣，摩崖虽出于人工，却有人力难为的自然之趣。中国书法审美中对"古意"的追求，其根底就是返璞归真，回到自然。古代书论中的如锥画沙、如印印泥等对笔法的比喻，行云流水对行气的比喻，乱石铺阶对章法的比喻，都是对自然趣味的追求，多看看《大开通》，或许有助于理解这种追求的真谛。

《大开通》的书法品格，主要表现为天趣，这很难被初习书法者所理解，喜欢它的多是学书日久、被法度束缚、欲有突破者。它的书法趣味只能体会，不能照搬，并不是一般意义上的学书范本。

图3-23 大开通

《石门颂》

《石门颂》，全称为《故司隶校尉楗为杨君颂》，又称《杨孟文碑》。原刻通高261厘米，宽205厘米，22行，每行30或31字。此刻石是东汉建和二年（148）由汉中太守王升发起，颂扬原司隶校尉杨涣重开石门之功，刻在石门洞内西壁上。《石门颂》被誉为"汉隶之极品"，为古今中外学者所推崇。北魏郦道元，宋欧阳修、赵明诚、洪适及清冯云鹏等诸家皆曾对它作过考释。

与隶书字体方正、姿态安静的一般风格不同的是，此刻石笔势纵放、挥洒自如，似有行草书的飞动之势，被称为"隶中之草"。清杨守敬《评碑记》云："其行笔真如野鹤闲鸥，飘飘欲仙，六朝疏秀一派皆从此处出。""隶中之草"不是说字体，而是说风格，赞扬的是《石门颂》在书法上的自由气息，是与《礼器碑》《乙瑛碑》《华山碑》等法度成熟的汉碑相对而言的。杨守敬所说的"疏秀"，是一种放纵洒脱之美，也是相对于严谨成熟而说的。

清张祖翼评说："三百年来习汉碑者不知凡几，竟无人学《石门颂》者，盖其雄厚奔放之气，胆怯者不敢学也。"的确，学隶书之法度，是不可从此入手的。

《石门颂》的这种风貌也是摩崖书法的一个特点，唐代以前的摩崖石刻基本上都是直接上石书写的，而不是先写在纸上。崖壁虽然经过平整，毕竟还很粗糙，很难精雕细刻。第三行的"命"字，笔画粗壮有力，一笔贯穿下去，像是汉简的写法，显得格外不羁。如果不看原石，人们会以为是书写者故意突出这一笔，是情感宣泄的表现，如清康有为在《广艺舟双楫》中就这样认为。实际上，这一笔是为了避开原来石头上的一处明显凹凸，不得不为之，和整个摩崖的笔法并不协调。

褒谷石门的石质不是太好，属"页岩"，容易片状脱落。这一点我们看看《开通褒斜道刻石》表面和拓片情况就知道了。这不同于《石鼓

图3-24 石门颂

文》《莱子侯刻石》等石刻，后者都是精心挑选打磨过的石料，可以表现更细小的刀工。所以，在石门石壁上刊刻，很怕会刻裂、刻爆，只能追求文字的大气感和保证完整，整体感和左右关系变得重要起来。人们更多的看到的是文字结构间架的搭配以及行与行之间的协调，忽视了刀痕对毛笔笔锋的细腻刻画。这也是包括《石门颂》在内的石门摩崖看起来比较率意洒脱的原因。

《郙阁颂》

可与《石门颂》相提并论的还有《郙阁颂》。

《郙阁颂》于公元172年镌刻于今陕西省略阳县徐家坪乡罝口村嘉陵江西岸山崖间，记录武都太守李翕修析里桥郙阁栈道之事。《集古录》《金石录》皆有所解释，为古人所重视。《郙阁颂》为"汉三颂"中经历最为坎坷、保存最不完整的摩崖石刻。本位于古桥址西侧的石刻，因长时间的风化裸露，或是涨潮时的冲刷，或是撑船人的无意磨损，摩崖左上角和右下角刻字大片剥落，幸而20世纪70年代后期，略阳县文物部门将其迁至南七里的灵崖寺。公元1230年，此碑被沔州太守田克仁重刻于灵崖寺，当时右下角尚无缺字，左上角也依稀可辨。明万历年间，略阳知县申如埙将田克仁仿刻之作左上角缺字予以补刻。以《石索》及《金石萃编》录文为依据，计所补入者，共有125字。右下角一至八行缺38字，左上角九至十九行缺63字。文中有"从史位下辨仇靖字汉德为此颂。故吏下辨仇绋字子长书此颂"，故为仇靖作文，仇绋书。因《郙阁颂》摩崖的书法价值极高，长期以来传为书法家"蔡邕撰并书"，此为误传。

另外，地处甘肃境内的秦岭《西狭颂》也是同一时期的汉隶摩崖，与《石门颂》《郙阁颂》并称为"汉三颂"。

《西狭颂》于公元171年镌刻于今甘肃省距成县10千米处天井山北部崖壁的转角处石英岩上，其上部及两侧皆有山峦为屏障，崖壁下是湍流不息的响水河，因而保存甚好。宋曾巩《南丰集》、洪适《隶释》，清顾南原《隶辨》、翁方纲《两汉金石记》、钱大昕《潜研堂金

图3-25 郙阁颂

石文跋尾》、毕沅《关中金石记》、王昶《金石萃编》等著作均有记载。此文记叙了武都太守李翕修治西狭栈道之事，主在为其记事颂功。《西狭颂》位于天井山下鱼窍峡中，崖壁凹进几米深，上凸下凹，既不被日晒，又避免雨淋，所以保存完好。杨守敬在《平碑记》中说它"方整雄伟，首尾无一缺失，犹可保重"。

三颂书体同为汉隶，论其风貌，各有千秋。《石门颂》以放纵飘逸称奇，《郙阁颂》古朴厚重，《西狭颂》则取二者之中，方整雄强又不失洒脱跌宕之姿。就其用笔而言，《石门颂》《西狭颂》有锋芒外露之感，《郙阁颂》则是相当内敛，显示出一种底蕴。《石门颂》点画开张，《西狭颂》点画遒劲飘逸，《郙阁颂》则在雍容稳健中得以自立。

汉三颂有如下几个方面的特征：第一，都产生于东汉桓、灵两帝间，创作时间前后仅二十几年。尤其是《西狭颂》与《郙阁颂》书写间隔仅一年。书体相似性因素可见一斑。第二，碑刻形制以摩崖的形式记录，使得书法作品的美感有了自然环境的因素，并且原碑传世至今，为今人的考察研究提供了有力的依据。第三，同为汉人所书，有书写者姓名可查。汉代碑刻署名者甚少，汉三颂书者虽有异议，但依据文章内容不难确定。第四，文体同为汉颂，文章内容都是对古修栈道人的歌功颂德，其艺术价值与实用价值并存。第五，书体相同，汉三颂在隶书成熟时期完作，其风貌堪称隶书代表。汉三颂中也有个别隶字篆写，与书写环境、书写者的文化水平及其具体操作不无关系。

李翕，生卒不详，字伯都，出身于官宦家庭，东汉汉阳郡阿阳（今甘肃静宁）人。东汉建宁三年（170），出任武都郡太守。到任以后，他了解到本郡西峡道是通往蜀地的重要通道，但这里地势险绝，行走十分不便。为了打通这条险道，李翕与府丞功曹李昊等人商议，决定修筑道路。他命令属官仇审修治东坂，李瑾修治西坂。道路修成后，人们作颂刻石，颂其德政，镌刻了摩崖石碑《西狭颂》。建宁四年，李翕又主持修建郙阁栈道。建宁五年（172）刻的《郙阁颂》摩崖，就是为纪念汉武都太守李翕重修郙阁栈道而书刻的。

李翕勤政爱民，每到一个地方，政绩卓著，万民称颂，无论是修建崤山险道，还是建西峡阁和郙阁栈道，既是施工难度极大的工程，又是利益民众的好事，因此赢得了百姓赞叹，后人赞之为"汉之良吏也"。甘肃武都有李翕祠，又名雪爷庙，历代香火不衰。

《杨淮表记》

《杨淮表记》，亦称《杨淮碑》，汉著名摩崖刻石之一，原镌刻在陕西褒城石门西壁，后迁入汉中市博物馆，为"石门十三品"之一。刻于东汉熹平二年（173），全称"司隶校尉杨淮从事下邳湘弼表记"。杨淮、杨弼兄弟是《石门颂》中司隶校尉杨孟文（杨涣）之孙。东汉熹平二年二月，同郡卞玉过石门，见《石门颂》，有感于杨氏祖孙业绩，因作此表纪，故又称《卞玉过石门颂表纪》。

《杨淮表记》为摩崖隶书，碑文7行，每行25、26字不等，共计173字。该碑书法奇逸古雅，与《石门颂》相近。

清康有为在《广艺舟双楫》中评此石云："润泽如玉，出于《石门颂》，而又与《石经论语》近，但疏荡过之。"[1]诚如康氏所言，此碑最大的书法特色就是古奇纵逸、疏荡天成，后世之《爨龙颜》《嵩高灵庙碑》大概都受了它的影

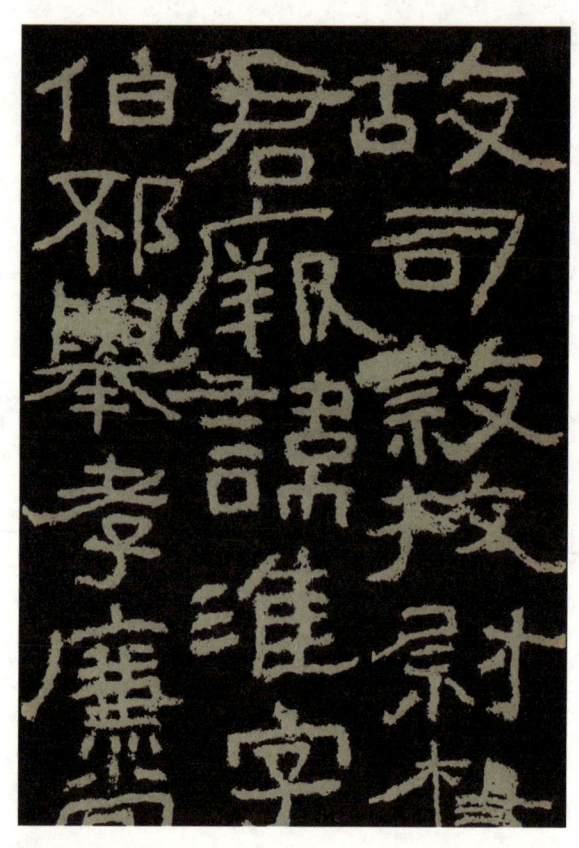

图3-26 杨淮表记

响。其字朴拙真率，似乎毫不拘束，而又不是任意胡来，书法雄古遒劲，笔势开张，用笔沉着扎实，结字参差古拙。其章法，像是随着石面的纹理而书写，因势赋形。纵成列，横不成行，字态因字立形，疏宕天成。如第六行"也"字，为此行末字，故形体较大，第七行"过、此、追、述"四字，波笔舒展，极尽开张之势。石壁上部宽而五、六、七行行距远，下部窄而行距密，浑然天成，有巧夺天工之妙。康有为认为观此碑有超越俗世、飘然物外之感，可见对其书法的赞赏。

《杨淮表记》可与《石门颂》《大开通》等视为一组，都属于古拙一类，与同时期山东曲阜一带《史晨碑》《孔彪碑》等严谨恢弘的碑刻相比，风格迥异。前者是山林之气，后者是庙堂之气。

《华山庙碑》

隶书从西汉时期发展到东汉末期，在300多年中达到精熟的程度，尤其在桓、灵时期，真是流派纷呈、美不胜收。这时的刻碑之风很盛，朝廷也很重视书法，于鸿都太学中附设书法一科，影响了碑刻的发展。

---

[1] 历代书法论文选[M].上海：上海书画出版社，2007：798.

汉碑的代表作众多，其中原立于华山西岳庙中的《华山庙碑》影响很大。

此碑全称《西岳华山庙碑》，简称《华山碑》。东汉延熹八年（165）立于华山北麓的西岳庙内，高254厘米，宽119厘米。碑额篆书"西岳华山庙碑"6字，碑文隶书22行，每行37字。

碑文首先引证《周礼》《春秋左氏传》《易经》《礼记》等书记载，交待自尧帝、夏商周以来祭祀山川的活动；之后追溯汉代高祖、文帝、武帝、平帝、王莽、光武帝等朝代祭祀华山，树碑立石的历史；接下去写光武帝之后的100余年，祭祀仍然不断，但是碑石文字磨灭，已经难以识读，延熹四年（161），弘农太守袁逢遵照古制修复庙宇，撰碑勒铭，延熹八年（165），接任的弘农太守孙璆完成了这件事；最后记录与立碑有关的令、丞、尉、掾、书佐、刻工等数人姓名。碑文后有"郭香察书"。原碑在唐宋时期尚保存完好，上有唐宋人题名，后毁于明嘉靖年间，在清代曾屡有重刻，现矗立庙中的碑石，乃由陕西省人民政府于2007年重刻。

《华山碑》在唐代被指认为蔡邕所书，首见于徐浩《古迹记》。蔡邕笔法在后世一直有着深远的影响，传说钟繇为得到蔡邕笔法而盗韦诞之墓。《法术要录》所收录的无名氏所撰《传授笔法人名》中，描述了这样一个笔法传递的谱系：神人—蔡邕—蔡文姬—钟繇—卫夫人—王羲之。

宋代开始确立的金石学为汉碑及汉隶的研究开拓了一片新的天地，其意义非同寻常。针对《华山碑》，欧阳修、赵明诚、董逌、黄伯思、吴曾、洪适等学者，围绕碑文中的地名、人名、通假字进行较为深入而细致的考察，并结合文献资料，力求自圆其说，独立、求实、理性、严谨的学风业已取代唐人的臆断。

目前所见，第一个为《华山碑》作详细考证的是宋代欧阳修，考证文字收在《集古录》中。更珍贵的是，欧阳修题跋《华山碑》的墨迹也一并传世，其后有赵明诚、米芾、洪迈、尤袤、朱

图3-27 华山庙碑

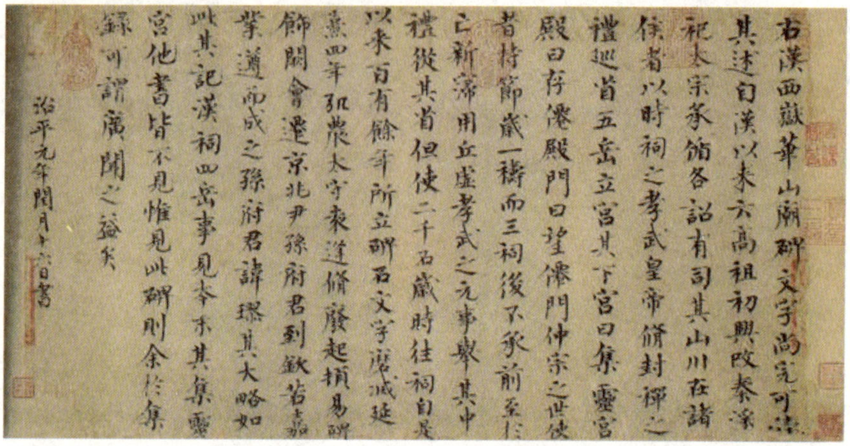

图3-28 欧阳修题跋

熹等人题跋，成为我们研究《华山碑》在宋代以后如何被传播被接受的重要参考资料。

康熙三十九年（1700），朱彝尊在《华山碑》后题跋，纵论汉碑书法风格特征：

汉隶凡三种：一种方整，《鸿都石经》《尹宙》《鲁峻》《武荣》《郑固》《衡方》《刘熊》《白石神君》诸碑是已。一种流丽，《韩敕》《曹全》《史晨》《乙瑛》《张表》《张迁》诸碑是已。一种奇古，《夏承》《戚伯著》诸碑是已。惟延熹《华岳碑》正变乖合，靡所不有，兼三者之长，当为汉隶第一品。

《华山碑》在清代被热捧，除了原石已毁，拓本以稀为贵的原因之外，还缘于其本身的两大问题引人瞩目：一、书碑者是不是蔡邕；二、其隶书水平能否担当起"汉隶第一"的称号。《华山碑》有多种三个拓本："华阴本"经"关中声气领袖"王弘撰传播，已经名动北方；"长垣本"归于声望颇高的宋荦，再经文坛翘楚朱彝尊题跋为"汉隶第一品"，又在南方产生轰动效应；金农拥有的"顺德本"虽然终归扬州盐商马氏兄弟，但其"华山片石是吾师"的宣言振聋发聩，其求新求变的隶书改革，确立了其在书法史上的坐标；而陆瓒仅仅凭借一本《华山碑》钩摹本的再度钩摹本，就可以建立隶书的自信，其广为传播的《华山碑》临本也能令人啧啧称赏。

在"扬州八怪"这些风格突出的书画家中，金农的书法成就最高。其求新求变、戛戛独造的隶书，尤为人所称道。金农初到扬州时，书写的隶书也风从时尚，取法郑簠。后来，金农直接师法汉碑，并成功地摆脱了郑簠隶书的影子。他曾经一度拥有过一部《华山碑》的宋拓本，而《华山碑》是金农一生不变的至爱，他不仅高唱"耻向书家作奴婢""华山片石是吾师"，更在书法实践中，专以《华山碑》为取法蓝本，并从木版书刻中汲取丰富的营养，不断进取、大胆创新，其令人瞩目的隶书成就，为师法《华山碑》提供了最成功的范例。

小金农6岁的陆瓒,是清代笃志临写《华山碑》的又一案例。陆瓒与金农同为何焯弟子,又同以隶书名世,共同推动了《华山碑》的"经典化"进程,并对雍、乾时期的书坛产生过不小的影响。

时至当代,在陕西书坛,有一位隶书大家值得一提,那就是陈泽秦。陈泽秦(1914—2006),字少默,陕西安康人。书法从颜真卿入手,中年专攻何绍基、翁同龢两家,70岁前后对隶书发生兴趣,即从汉《张迁碑》着手,直入汉隶高古峻奇门径。其后又广临《石门颂》《西狭颂》《华山碑》等汉隶名石,晚年研习汉隶,喜用鸡毫,独具风格。自称觅得存世的三种《华山碑》拓本,研习并双钩了好几遍,受益很深。

《唐公房碑》

在秦岭深处,有一块晚于《华山庙碑》的《唐公房碑》尚没有引起足够的关注。

此碑全名《仙人唐君之碑》,约在汉灵帝熹平、光和年间(172—184)立于陕西城固县境内,无撰书人姓名。碑圭形,圆额,高190厘米,宽66厘米,厚17厘米,碑额篆书"仙人唐君之碑"。原在城固县许家庙乡唐仙馆小学,唐仙馆大约是东汉时期为纪念唐公房修的庙,由汉中太守郭芝主持修建。20世纪70年代此碑迁到西安碑林博物馆。

此碑记录了西汉王莽居摄二年(7)的一个传说故事:城固人唐公房,当时为郡吏,学道得仙,服了师父真人李八百给的丹药,一天中午,举家升天,妻子恋家不忍离去,又给房屋涂上仙药,给六畜喂了仙药,也带着上了天。成语"一人得道,鸡犬升天"即出于这个典故。

唐公房举家升天的时候,女婿因事未还,未得同行,仍在凡间居住,当地"婿乡""婿水"的名称,皆由唐公房的女婿居此而来。此事在郦道元《水经注》中有记载。

《唐公房碑》是成熟的汉隶,字形宽方,布白匀称,平正端严,波画蚕头燕尾的特征很清晰,与东汉名碑《乙瑛碑》风格近似。属于汉隶中法度规范的一路,有很高的

图3-29 唐公房碑

研究价值，因保存不及《礼器》《乙瑛》，所以在学书者中没有那么大的名声。

《唐公房碑》除了一小部分字迹漫漶外，大部分内容都清晰可辨。欧阳修也认为这是一通汉朝的碑，他在《集古录》中对此碑作了一段简短的提要。《金石萃编》也记录了这通碑。陈垣的《道家金石略》则记录了艺风堂保存的一份较早的唐碑拓片。

据北魏郦道元《水经注》卷二十七《河水》篇载："（婿水）北发听山，山下有穴水，穴水东南流，历平川中，谓之婿乡，水曰婿水。川有唐公房祠。唐君字公房，城固人也，学道成仙，入云台山，合丹服之，白日升天……公房升仙之日，婿行未还，未获同偕云路，约以此川为居，言无繁霜、蛟、虎之患，其俗以为信然，因号为'婿乡'，其水亦即名焉。百姓为之立庙于其处也，刊石立碑（即指此碑）表述灵异。"这说明今城固"婿乡""婿水"的名称，皆由唐公房的女婿居此而来。祠北有"升仙村"，南有"望仙桥"（在斗山东，桥上有亭，毁于"文革"）、"望仙营"（在城固县小西门外）等地名，都与唐公房升天的故事有关。

有关唐公房的香火与传说，也被完好地保存下来了。其传说主要流传于城固地区，迄今为止并不十分引人注目。相关的记载除了上述碑文外，其他文献几乎都是南北朝时代的。然而，它的重要性在于它是一个完全地方性的道教现象，已有2000多年的历史，而且至今依然存在。从汉朝到当代，历经王朝更迭，似乎完全不受外界因素的影响而保留了自身的独立性，也不见任何官方的影响或文学的褒誉。

《朝侯小子碑》

> 笔锋无恙字如新，
> 体态端严近史晨。
> 虽是断碑犹可宝，
> 朝侯小子尔何人。

这是启功先生题赞《朝侯小子碑》的一首诗。

此碑出土于陕西西安长安区，碑阳存14行，每行15字，碑阴漫漶，只存10字。今藏北京故宫博物院。碑阳残石首行有"朝侯之小子"等字，故得名。残石年月无存，曾有人定为西汉刻石，但观其书法，是成熟的隶书风格，应是东汉时期的作品，字体秀美飘逸，笔法劲健，其笔画完好。秦文锦评论此残石说："书体在《孔宙》《史晨》之间，逊其浑厚而劲利过之。亦妙刻也。"

《孔宙碑》全称《汉泰山都尉孔宙碑》，延熹七年（164）立碑，碑书体为隶书。碑主孔宙，是孔子的第19世孙，是大名鼎鼎的"建安七子"之一的北海太守孔融的父亲。碑文称颂孔宙，书法精美，是汉隶中的精品。

《史晨前后碑》是并刻于一石的两碑。碑阳碑阴分别为《史晨前碑》《史晨后碑》。东汉灵帝建宁二年（169）立。

《孔宙碑》与《史晨前后碑》都是方整秀润、规矩端肃一路汉隶书风的代表，被视为学写隶书的入门范本。

人们把《朝侯小子碑》与这两块汉代名碑并论，因为它们在风格上比较近似。此碑文字清晰秀丽、端庄典雅，有较高的书法价值。启功先生极为推崇这方碑，认为是汉碑中的精品，不逊于郑季宣、杨叔恭等所作之残碑，只是因为出土较晚，没有乾嘉名辈的品题，所以名声不大。

图3-30 朝侯小子碑

《朝侯小子碑》定名据首行"朝侯之小子"几字，"朝"字上应有一字，即为某朝侯，惜已残毁。碑主人应当为某朝侯之子，碑文记其学识品格及仕宦后政绩。大意是朝侯小子虽遭受两次居丧的打击，但仍努力于个人的修养，这是他人所不能做到的。在郡任职时，他能知人善任，对于自己信任的人，从不原谅其过错；对自己憎恨的人，从不忘记其优点。因办事干练，被光禄勋推荐为地方官。在任上，他讨伐豪强，整顿治安，宣扬德政，施行无为而治的政策。碑文颂扬了朝侯小子为政清廉、知人善任、实行王道的个人品格和政绩，反映当时人们对清官和清平安定的政治环境的祈求。

《告岳神文》

韩择木是唐代隶书名家，与史惟则、蔡有邻、李潮并称"中唐隶书四大家"。其中公推韩为第一，被誉为"中郎中兴"，把他比成唐代的蔡邕。从他的字也可看出唐代隶书严谨秀丽的特点。华山西岳庙《述圣颂碑》的碑阴，刻有唐代题记多则，其中刊刻于开元十三年（725）的《告岳神文》就是韩择木的手笔。韩择木的作品留存极少，所以非常珍贵。

图3-31 告岳神文

图3-32 宋山河堰落成记

《宋山河堰落成记》

  《宋山河堰落成记》也是"石门十三品"之一，又名《重修山河堰》，南宋光宗绍熙五年（1194）刻。原在石门洞南右侧崖际。高225厘米，宽500厘米，16行，每行6~9字，隶书。西汉初年，丞相萧何就在褒河修建山河堰，历代多次修复扩建，南宋绍熙五年，南郑县令晏袤具体主持施工，竣工后，晏袤作文记录这项工程，摩崖刻石。据传清嘉庆年间"绍熙"二字被石匠取石不慎损毁。刻石所述内容为绍熙四年夏水患，官府百姓集资修堰，特铭功为纪。刻石未注明撰书者姓名，但据其书迹，推测为晏袤所书。晏袤是南宋绍熙年间的南郑县令，性嗜古，尤工隶书。

  《宋山河堰落成记》堪为宋代隶书中的佳品。字的结体在宽博平稳中追求变化，有些字上部取平直，下部圆转，参差错落，在方正与舒展的和谐中略带篆意。用笔横细竖粗，撇捺波势写法放纵，增强了字的动感。此刻石的书法艺术，继承了汉魏书体的厚重雄强，唐楷结构的规正严谨，又具有宋人笔法的流畅生动。

三、秦岭楷书碑刻

  碑刻一般采用规范书体，秦的规范书体是篆书，两汉规范书体逐渐变为隶书，汉以后又在变化，渐渐变为楷书，到唐代楷书高度成熟，一直沿用至今。碑刻中楷书碑刻最多，秦岭碑刻也是这种情况。

  楷书也叫正楷、真书，是从隶书逐渐演变而来，比隶书更为规范，部首的书写已经定型，更注重书写的连贯性，讲究点画的呼应和承接，所以点画变化更多，结构也更为紧凑。"用字八法"所概括的8种基本笔画写法，"侧"（点）、"掠"（长撇）、"啄"（短撇）、"磔"（捺）、"踢"（直钩）等，显示出比隶书更丰富成熟的书写变化。楷书是非常成熟的汉字书体，在演变过程中逐渐形成了完整的规范，成了书写的样本、楷模，所以称为楷书。

东晋以后，南北分裂，书法亦分为南北两派。北派书体带着汉隶的遗型，笔法古拙劲正，而风格质朴方严，长于榜书，这就是所说的魏碑；南派书法，多疏放妍妙，长于尺牍。南北朝时期，因为地域差别、个人习性、书风迥然不同。北书刚强，南书蕴藉，各臻其妙，难分上下。南方沿袭曹操禁碑的传统，碑刻很少。北方的碑刻，包括摩崖、墓碑、墓志铭、造像题记等，代表了这一时期中国书法的辉煌成就。这些碑刻沿袭汉制，大都不署书者姓名，也不以书者名传，在很长的一段时间内并未受到重视。到清中期，随着碑学的兴起，才成为书家竞相模仿的范本。

秦岭摩崖《石门铭》在北朝摩崖中最负盛名，是北朝碑刻的杰出代表。华山脚下的杨氏先茔墓志群，书写水品很高，体现了北朝书法的诸多风格。

颜真卿楷书代表了唐代楷书的高度成熟，风格上独树一帜，我们可以从华山庙颜真卿书写的题记看出其鲜明风格，也能在其他众多秦岭楷书碑刻中看到颜体的影响。

赵孟頫书写的重阳宫碑刻也是秦岭楷书碑刻精品。赵孟頫是元代书法家，他的字继承王羲之一路的南朝书风，端庄雍容，很受读书人喜爱，是唐代以后的楷书大家。

明清以来的秦岭碑刻，自然是以楷书为主。承袭前代书风，大都工稳成熟，因艺术个性不足，不再详述。

《石门铭》

《石门铭》，全称《泰山羊祉开复石门铭》。北魏宣武帝元恪永平二年（509）刻。原刻在石门洞内东壁上。高180厘米，宽225厘米，26行，每行约20字。

《石门铭》全文讲述自东汉开凿石门后，随着东晋的南迁，褒斜道废弃不用，石门因而闭塞。正始三年（506），梁秦二州刺史羊祉奏请修复褒斜道，重开石门，魏廷派遣左校令贾三德率领工徒一万人、石匠百名，进行修复。工程至永平二年（509）竣工，由梁秦州典签王远写了这篇歌颂羊、贾二人功绩的铭文。近人张祖翼跋此刻云："文亦舒卷自如，不事雕琢，可称而美。"

《石门铭》在书法上有很高的价值，在清朝中后期崇碑以来，它一直被视作魏碑中的上品，受到的赞誉很多，最为精当明白的是康有为的评价："体态飞逸，不食人间烟火，书中仙品也。""《石门铭》飞逸奇浑，分行疏宕，翩翩欲仙，源出《石门颂》《孔宙》等碑。"①在众多的北魏石刻中，《石门铭》有着特殊的韵致。

逸，即洒脱自由，不受羁挽。《石门铭》极为舒展，笔势开张，有隶书般的横向舒展，又有纵向的舒展，打破均衡平稳，姿态非常自如，似乎不受俗法约束，有仙风道骨。

据说五代宋初的著名高士陈抟书法出自《石门铭》，形神毕肖。在洛阳龙门石窟有号称陈抟所书的"开张天岸马，奇逸人中龙"一联。其实这并非陈抟亲笔，而是明代人集《石门铭》的字。不过《石门铭》与高士的比附倒是深得人心，这副对联很符合《石门铭》超凡脱俗的精神气质。

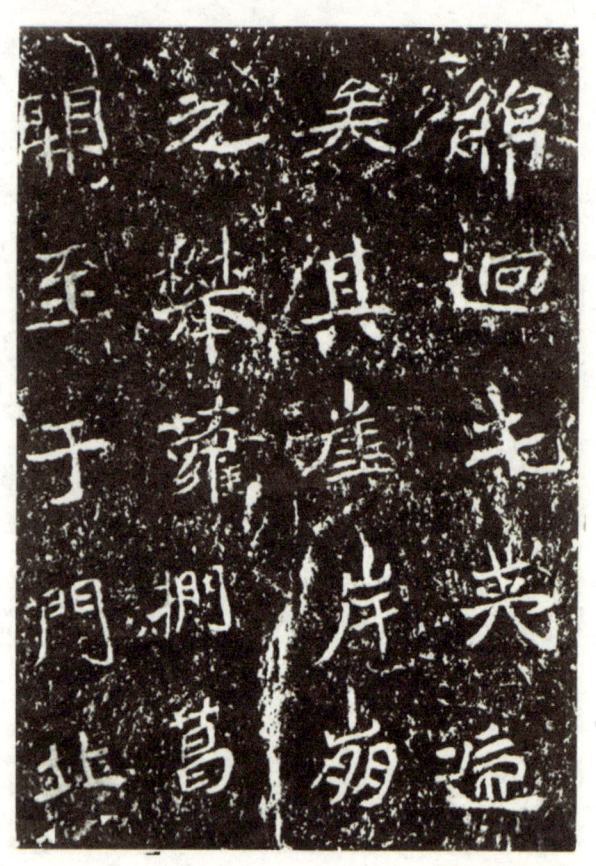

图3-33 石门铭

《蜀丞相诸葛忠武新庙碑》

陕西省汉中地区勉县西4千米处，有一座明代建的武侯祠，推其前身，系蜀汉后主刘禅从步兵校尉习隆、中书郎向充之请，于"景耀六年(263)春，诏为(诸葛)亮立庙于沔阳"定军山下诸葛亮的墓所。其年冬，邓艾入川，蜀汉即亡。因此可知勉县武侯祠较成都武侯祠早建约50年，为全国各地现存武侯祠最早建立者。该祠规模宏大，建筑雄伟，布局适宜。祠内共有七进院落，有汉、晋、唐、宋、元时期历代碑刻数十座，祠前有一座高10米有余的牌坊，上书"汉丞相诸葛武侯祠"的字样。

勉县武侯祠始建于汉水南十里定军山下诸葛亮墓所，其后屡经培修、重建，至明武宗(朱厚照)正德八年(1513)，乃迁建于汉水之北，距墓十里，即为今祠。坐南向北，背濒汉水(古称沔水)，面临公

---

① [清]康有为.广艺舟双楫[M]//历代书法论文选.上海：上海书画出版社，1979：818.

路，七院56间庙舍，面积约30亩，规模宏大，壮丽美观。

今祠内碑碣林立，唯以唐碑为最早，它是中唐时期在诸葛亮墓所重建武侯祠后，于唐德宗李适贞元十一年（795）刻立的，沈迥撰，元锡书。较成都武侯祠的唐碑（刻于宪宗李纯元和四年，即809年），早刻14年。以刻立时间而论，又为全国现存武侯祠石碑之首。估计它是在明正德八年（1513），随勉县武侯祠的迁建而迁至今祠的。

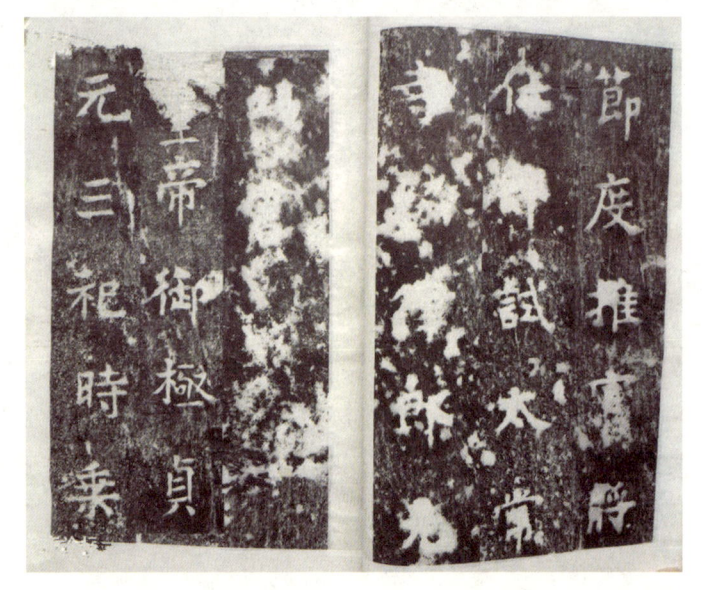

图3-34 蜀丞相诸葛忠武新庙碑

蜀汉末年始建的武侯庙，经过五百多年，至中唐时期已经破烂不堪，不能再做祭祀诸葛亮的场所，乃在原地重建了一座武侯庙，故名"蜀丞相诸葛忠武侯新庙"。这通唐碑，就是记叙修建"新庙"的动机和经过的。

碑额有元代题记，记述这通唐碑在南宋末年一次大风暴雨中仆倒了；碑阴左半有南宋高宗绍兴七年（1137）的祈雨题记；碑阴右半有明代甘为霖题诗一首；碑左侧棱上有一行"嘉靖十一年（1532）五月七日，嵩山张鲲过谒"的题记。

这通唐碑集唐、宋、元、明刀迹于一石，是研究历代对诸葛亮评价和勉县武侯祠变迁以及历代政治风尚的很好的实物资料。此碑因其历史价值和艺术价值极高，于1979年被国务院公布为"全国第一批书法艺术名碑"。

书者元锡，史书上记载很少。《唐书·宰相世系表》载"（元）锡字君贶，与宰相元稹同系"。只载其官淄王傅，而此碑结衔，乃为节度推官，将仕郎、试太常寺协律郎。又据《韩文考异》记载他曾书写过韩愈撰文的《衢州徐偃王碑》。元锡善书，但在书家辈出的唐代，并没有太大的影响。

此碑风格有些类似初唐欧阳询的《九成宫醴泉铭》，以瘦硬见长，点画没有《九成宫》精严，反倒多些北碑的质朴气质。这通碑在名家辈出、名碑林立的唐代并不特别显眼。

《敕藏御服之碑》

重阳宫有两方元代书法家赵孟頫书写的碑石：《敕藏御服之碑》和《孙真人道行碑》。

赵孟頫（1254—1322），字子昂，号松雪道人，又号水精宫道人、鸥波，中年曾作孟俯，吴兴（今浙江湖州）人，故画史又称"赵吴兴"。元代著名画家，与欧阳询、颜真卿、柳公权并称"楷书四大家"。

此碑字体为楷书，而略带行书意味，是赵孟頫书法常见的面目，点画精致，布局匀称，得王羲之笔意而自成一家，没有王书的奇纵而显得平稳雍容。《敕藏御服之碑》充分显示了赵孟頫书法的特点，是赵孟頫中年以后的成熟之作。

赵孟頫书法在元代就因得到皇帝的喜爱而被大力推崇，朝野文武百官学习赵体成风，文人墨客更是以模仿赵体逼真而自豪。这种风气延续到明清，在乾隆时期尤盛。"楷书四大家"的局面形成，前三位欧阳询、颜真卿、柳公权都是唐代大家，赵孟頫则是唐以后得到公认的唯一的楷书大家。四大家的影响笼罩了明清书法，读书人为应试必须要写一笔好而快的小楷，欧颜柳赵的字成了他们学习的最

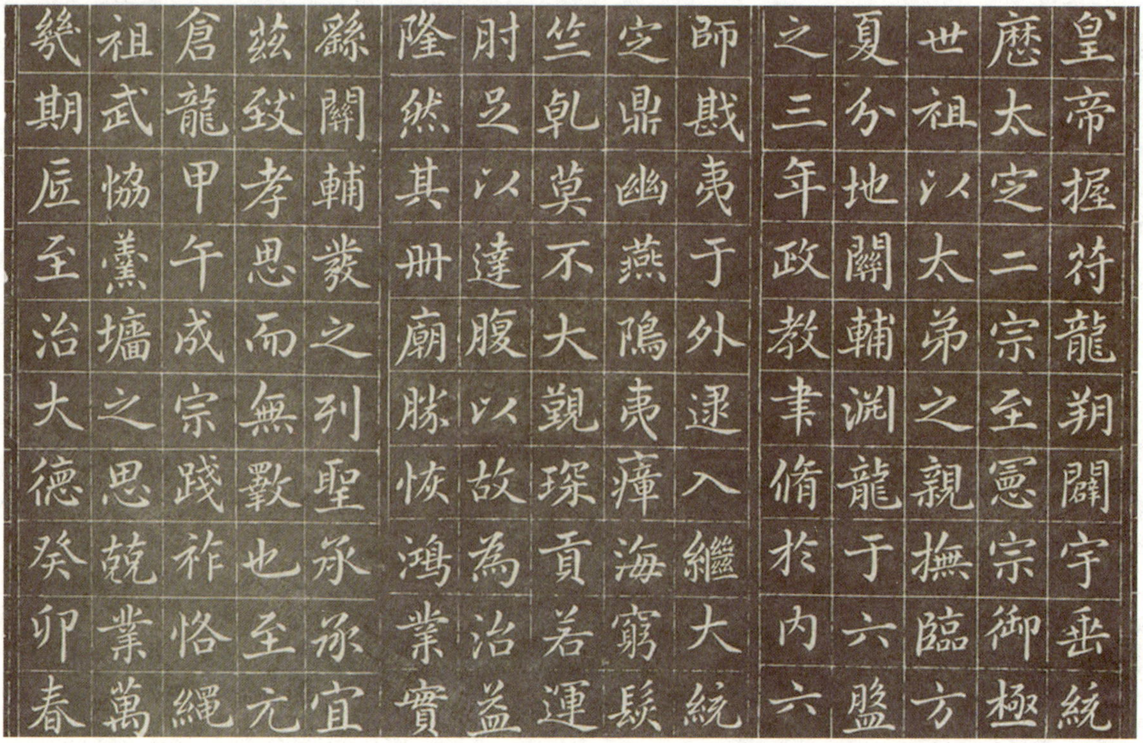

图3-35 敕藏御服之碑

好范本，尤其是赵体，略带行书意味，特别适于快写。于是在读书人中渐渐形成了较为稳定的书写风气，被称为"馆阁体"，就是考试体、官家字。这对于书法的普及是好事，但同时又抑制了书法艺术的活力。

在秦岭碑刻中，我们可以看到明清以来的许多碑刻，楷书的书写水平很高，但它们已经不可能像唐碑那样让观赏者激动了，这正是馆阁体多继承而少发展的一种体现。

四、秦岭行书与草书碑刻

行书和草书属于实用书体，是书写便捷化的产物。行书和草书产生于隶书通行的东汉时代，随着字体由隶到楷的演变逐渐演变。东汉时期的草书叫章草，字字独立，带有隶书意味，东晋以后渐变为连绵贯通的今草。行书也发生着一些变化，东晋时期文人尺牍是行书发展的第一个高峰期，代表人物是王羲之与王献之。

行书碑刻的出现比较晚，在唐代由于唐太宗李世民的首倡才真正出现。在此之前，虽然碑刻中也出现过潦草的书写，却不能算作真正意义上的行书。李世民书写的《晋祠铭》和《温泉铭》分别刻碑，《温泉铭》是为秦岭骊山温泉所作，书法艺术价值更高，原碑已毁，今有拓本传世，可以让人一睹其风采。

《王求古墓志》和《王求焉墓志》是两方珍贵的唐代行书墓志，发现于秦岭北麓的长安细柳，其字如行书手札般活泼自然，艺术价值很高。

行书和草书出现更多的还是诗文题刻，书者书写胸中情感，不拘于正书，而显出纵情挥洒之意。有的为刻碑而书，有的书写并不是为刻碑，而是他人为保留墨迹而刻。如秦岭多地出现的"第一山"碑刻，字原出于宋代书法家米芾，人们喜爱这气宇轩昂的三个字，在很多名山竞相摹刻，成为一种碑刻现象。

近现代两位书法家于右任和王世镗，他们在秦岭留下的碑刻也是碑刻书法艺术中的珍品。

行书和草书更强调笔墨趣味，点画间笔触比较细腻，更适于直接书于纸帛，刻在碑上难免会失去一些韵味。当然，同正书碑刻一样，摹刻上石也能增加字的苍劲感和质朴感。但总体来说，相对于书写精准的正书，字迹较为率意的行书和草书在碑刻中失去的美感比增加的要多一些。

《温泉铭》

　　唐太宗李世民不但在文治武功上出类拔萃，书法修养也非常高。历代帝王中，擅长书法的很多，唐太宗要算其中的佼佼者，他字体多样，风格俊迈，尤擅行书。唐太宗的字，特别是他的行书和草书，笔势和字势都与王羲之的书风相近。因为他酷好王书，是王羲之书风的忠实继承者。他曾不惜重金遍求羲之遗迹，竟设计从王氏后人手里"诓"得《兰亭集序》真迹，"夜半把烛学兰亭"，死后还要陪葬昭陵。他亲自为《晋书·王羲之本传》作《赞》，赞扬王书"尽善尽美""古今第一"。又设弘文馆，诏令五品以上京官子弟去弘文馆学书，并将书学立为国学，书学由此蔚然成风。当时，太宗征得羲之遗墨甚多，让褚遂良等作了详细的鉴定，编定《右军书目》，藏于内府，为以后研究王羲之书法做出了杰出的贡献。

　　贞观二十二年（648），唐太宗书写《晋祠铭》和《温泉铭》，这是他书法艺术的代表作，其中《温泉铭》更胜一筹，个人风格尤为显著。

　　《温泉铭》是唐太宗为骊山温泉撰写的一块行书碑文。原石早佚，从记载上看，唐代《温泉铭》原拓不下几十部，尾题"永徽四年八月三十一日围谷府果毅（下缺）"墨书一行的，证知为唐初物。后来原拓失传，清光绪二十六年（1900），道士王圆篆于甘肃莫高窟第一十六窟发现藏经洞（今编号为第17窟），里面就有三件唐拓本，其一为唐太宗行书《温泉铭》，残存50行，另两件为欧阳询《化度寺碑》和柳公权《金刚经》，也是残本。这三件东西都被劫往国外，《温泉铭》今藏巴黎国家图书馆。

　　唐太宗贞观二十年到汤泉宫游幸沐浴，御制《温泉铭》抒发情怀。他对秦皇汉武迷信神仙、寻找不死之药持批评态度，这由序文"秦皇锐思，不免兹山之尘；汉帝穷神，终郁茂陵之草"两句，便可以看出究竟。说他们神仙鬼怪闹腾，到头来一个化作"丽山"之尘土，一个肥了茂陵之野草，反不如

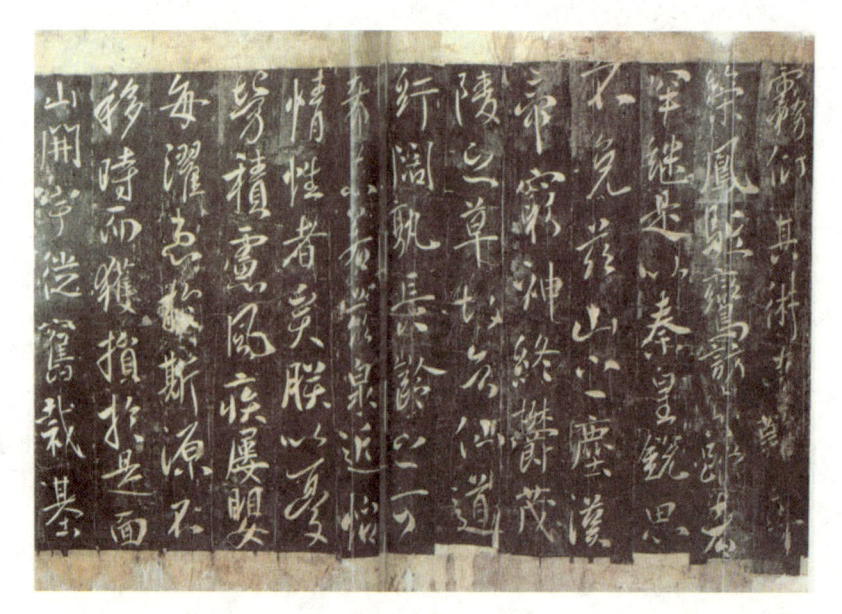

图3-36　温泉铭

到骊山温泉洗澡疗疴,可以"怡神驻寿"。他下令"面山开宇,从旧裁基""疏檐岭际,杭殿岩阴。柱穿流腹,砌裂泉心",重修"汤泉宫",以"蠲疴荡瘵,疗俗医民"。这篇赋仍继承了北魏元苌《振兴温泉之颂》的体例,行文如流水,气魄豁达不羁,认为"人世有终,芳流无竭",尊重客观规律,对人生看得很开。

《温泉铭》书风激越跌宕,字势多奇拗。俞复在帖后跋云:"伯施(虞世南)、信本(欧阳询)、登善(褚遂良)诸人,各出其奇,各诣其极,但以视此本,则于书法上,固当北面称臣耳。"对其评价极高。此碑书风不同于初唐四家的平稳和顺,而有王献之的欹侧奔放。有人认为太宗书法在大王和小王之间,但从作品看似更多的得之于王献之。然而,出于帝王的威严,他对王献之却极为不恭,曾云:"观其字势,疏瘦如隆冬之枯树;览其笔踪,拘束若严家之饿隶。"他讥讽小王之动机,后被宋米芾窥破,米芾《书史》中说得很清楚:"太宗力学右军不能至,复学虞行书,欲上攀右军,故大骂子敬。"唐太宗扬大王抑小王,曾影响了初唐的书坛,直至孙过庭《书谱》亦据此论。这一过错,一方面抑制激厉、奔放一路的书风,另一方面也使志气平和的大王书风逐渐抹上了宫廷色彩而渐失光辉。

唐太宗对弘扬王羲之书风推动作用极大。《圣教序》为保存王字做出了极大贡献,这使我们在王书真迹已失的情况下,还可借此略窥王之眉目。而《圣教序》的出现和随后的李邕以行入碑而名世,都离不开真正用行书书体创作碑文的开创者——唐太宗的实践与努力。

当然,单凭一夫之力,唐太宗也是无法完成这样的创变的。书法至初唐,承六朝与隋风最为切近,也表现得最为明显。在碑刻方面,初唐书风亦是以承袭北朝及隋碑刻为多,但也出现了新的变化。南北朝社会动荡,各个阶层的人士为躲避战乱,不得不到处辗转迁徙。而人口的流动,特别是士大夫阶层的迁徙,在客观上也促成了书法人才的流动和南北书风的融合。这正如南北朝虽然处于分裂时期,却在分裂中孕育着统一一样,书法的南北交融也是一个历史的总趋势。行书作为帖学的流行书体,又是一种日常较为实用的书体,在南朝流行漫衍,在南北交融中,对书碑产生影响亦在情理之中。

《王求古墓志》

《王求古墓志》和《王求舄墓志》均是1999年西安碑林博物馆在长安区细柳乡征得的馆藏文物。这是两方行书墓志,纵观历代墓志,用行草书者甚少。这两方墓志书法以拙寓巧,藏巧于拙,线条有涩中之流畅,笔力有柔中之刚强,气势开张,任意挥洒,融合魏碑笔意,更兼章草笔致,是研究墓志书法的重要资料。

《王求古墓志》志石呈方形，长、宽均为49厘米，志题"唐故符宝郎王府君墓志铭并序"。志盖长、宽均为48.5厘米，盖题为篆书"大唐故王府君墓志铭"。墓志无撰、书者姓名。此碑字距紧凑，行间宽绰，其中夹杂一些草书笔意，信手写来，仿佛晋人书札，是难得一见的"墨迹"碑刻。

"第一山"题刻

在西岳华山，玉泉院位于"自古华山一条道"的登山起点。在这座著名的全真道观的大殿右侧，立着一块碑——"第一山"，书者是米芾，非常引人注目。

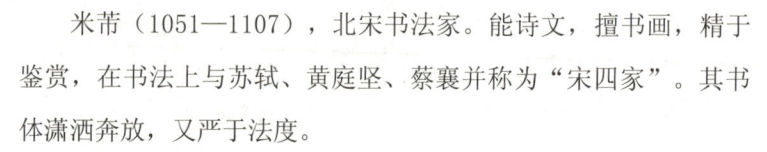

图3-37 王求古墓志

米芾（1051—1107），北宋书法家。能诗文，擅书画，精于鉴赏，在书法上与苏轼、黄庭坚、蔡襄并称为"宋四家"。其书体潇洒奔放，又严于法度。

在"宋四家"中，米芾的书法功力可以说是最深厚的。米芾称自己的作品"集古字"，这是一种很自负的说法，体现了他对书法经典的全面师法，对古代大师用笔、章法及气韵的深刻领悟。米芾未卷入政治旋涡，生活相对安定，后当上书画博士，饱览内府藏书，见到的法帖很多，有绝大多数学书者不可能有的眼界。他小时候苦学颜、柳、欧、褚等唐楷，打下了厚实的基础。苏轼被贬黄州时，他去拜访求教，东坡劝他学晋。元丰五年（1082）开始，米芾潜心魏晋，以晋人书风为旨归，寻访了不少晋人法帖，把自己的书斋也取名为"宝晋斋"。他模仿的一些古人法帖，混迹于真迹之中，几乎难以辨认。今传王献之墨迹《中秋帖》，可能就是米芾的临本。

图3-38 王求乌墓志

以文名而论，米芾当然不如苏黄，所以排名在苏黄之后。但就书法艺术而言，米芾传统功力最为深厚，尤其是行书，实出二者之右。明代董其昌《画禅室随笔》就认为米芾书法是宋代第一，在苏轼之上。米芾书法姿态雄奇、精神饱满，在后世影响很大。当然也有不喜欢米书的，认为他的字过于恣肆，不够平和含蓄。的确，米书风格太过鲜明，学过之后往往很难走出来，这也是学习米芾书法的人应该注意的。

"第一山"的题刻并非华山独有,中国地域广大,山峦众多,其中雄伟峻拔、风景优美的名山很多。标榜"第一"者不在少数,诸如天下第一山、关东第一山、东南第一山、江淮第一山、佛教第一山等等,不胜枚举,且都有古今名贤题诗、题字为证。更有意思的是,在许多名山胜迹都能看到北宋书法名家米芾题写的"第一山"大字石刻,而且写法如出一辙。

　　在全国各地20多处米芾"第一山"石刻中,大多不提字迹的来源,唯有华山这块碑石上明确指出"南宫此刻向在盱眙"。玉泉院"第一山"碑高210厘米,宽85厘米,平顶。碑石右侧有行书一行:"米芾书。华阴令燕山董盛祚刻。"碑石左下侧有清初陕西名士康乃心(1643—1707)篆书题记云:"南宫此刻向在盱眙,摹刻于兹永壮名岳。康熙戊辰清明后六日,有莘康乃心太一氏云台观记。"可知此碑系华阴县令董盛祚命人摹刻,立于康熙戊辰年(1688)。秦岭楼观台也有米芾"第一山"石刻。晚明陕西金石学家赵崡《石墨镌华》云:"宋米芾'第一山'大字,此刻在盱眙县中,终南楼观石乃摹刻耳。纵逸飞动,殊有一夫当关之势。"

　　米芾于1097年、1102年、1106年三次游览江苏盱眙的南山,并留下题刻。"第一山"原刻已毁于兵火,现在所见各地"第一山"碑均为翻刻。

图3-39 华山"第一山"石刻

张良庙的于右任题刻

　　留坝县张良庙,相传是张良(字子房)于西汉立国后的辟谷隐居地。因这里流传着有关张良在庙后的紫柏山上跟随赤松子修仙学道的故事,于是后人在这里建立了"汉张留侯祠",俗称张良庙。

　　张良庙依山傍水,建筑古朴,其中匾额、对联、题词、碑刻荟萃,蔚为大观,多有佳句。其中的摩崖,后文有专门介绍。楹联也很值得欣赏,只是暂不在我们的论说范围。石刻中也有精品,尤以于右任的题字最引人注目。

　　辛亥革命元老、书法大家于右任先生,曾先后两次为张良庙题字。

　　1942年秋,于右任视察西北路过这里,书写了一些楹联和题词。现存于拜殿右侧的"送秦一椎,辞汉万户"八个大字,就是其中之一。

这八个字概括张良一生，非常独到。张良的祖父和父亲做过韩国的宰相，侍奉过韩国的五代君王，张良也忠诚于韩国。为报丧国之仇，张良于公元前218年秦始皇东游至博浪沙（今河南原阳县）时，曾雇力士刺杀秦始皇，用一百二十斤重的铁椎误击中了秦始皇的副车。"送秦一椎"代表了青年张良反抗强秦的事迹。"辞汉万户"是指张良在辅佐汉室天下统一后，辞去刘邦封他的万户留侯，隐居于山林的故事。"送秦一椎，辞汉万户"，一首一尾，以云淡风轻的口气道出了张良的传奇一生和英雄气概。

1948年3月，于右任又为张良庙题写了一副楹联："不从赤松子，安报黄石公。"赤松子是传说中的神仙，神农时的雨师，能随风雨上下。张良辞官隐居，正是要跟从赤松子学道，作逍遥游。"黄石公"是指张良"椎秦"失败以后，逃亡江苏下邳（今邳县）在圯桥上遇见的那位老人。那老人有意使鞋坠落桥下，要张良去捡起来，张良拾鞋以后，老人又叫给他穿上，张良都照办了。那老人又约张良五日后在桥上相见，前两次张良都到迟了，老人批评了张良。最后一次张良没有睡觉，在桥上等了一夜，终于赶在了老人的前头，受到了那位老人的称赞，并赠给张良一册兵书，即《太公兵法》。张良得书以后，在下邳苦读细研十年。时逢陈胜、吴广农民起义，张良也在下邳组织青少年百余人，投靠了刘邦。张良后来就依靠从这部兵书学得的知识，为刘邦出谋划策，终于灭秦亡楚，统一了天下。"赤松"与"黄石"意义不凡，天然对仗，在张良庙的众多楹联中常能见到。

于右任（1879—1964），原名伯循，字右任，后以字行。笔名神州旧主、骚心、太平老人等，号髯翁，陕西三原人。

青年时代的于右任，曾广研汉隶和唐楷，其后，他在工行楷的根基上，专攻北碑。清末在沪办报时期，他深入研究北魏碑帖，精心临摹《张黑女墓志》等，又临习《石门铭》及"龙门二十品"等北魏碑铭中的精品，再从魏碑魏帖扩及各体各派，博采其精，加以融会贯通，因之书艺大进，渐成一格，名噪沪上。

至陕西靖国军时代，于右任以文人而绾兵符，在战事

图3-40 张良庙的于右任题刻

间隙出巡之际，仍然"洗涤摩崖上，徘徊造像间"，在陕西耀县药王山北朝造像碑记间寻幽探胜，流连忘返。20世纪20年代中期，他又在中州求得历代碑石甚众，其中仅北魏墓志就有80多块。正因为他苦心搜集长期不懈，精研苦练持之以恒，才能对魏碑博采约取融会变通，写出具有浓郁个性特色的书法作品。

于右任这一时期的书法作品，以行书为主体，以魏碑为根基，并参入隶、草诸法。既重视继承传统，又不拘泥某一流派理法的限制，取舍变化，收放由心，终于开拓出自己的路子。《华县杨松轩先生墓表》、《赠大将军邹君墓表》和《秋先烈纪念碑记》等，都是他这一时期的代表作。其特点是笔力雄健，险劲峭拔，爽朗明快，浑成朴茂。他善于将民间碑志书法中笔势豪宕、粗犷直率、散漫奇崛的成分自然地化入到自己的笔势、字势中，由此而书写的行楷书作品可谓巧妙险绝、烂漫天真、情趣横生、意蕴无穷，充分体现了于氏书法艺术强烈的个人风格。他有一首诗："朝临石门铭，暮写二十品。辛苦集为联，夜夜泪湿枕。"这首诗是于右任先生前期书法追求的真实写照。

1927年前后，于右任先生开始广泛搜集前代草书家的书作、书论，潜心于书理、书法之研究。1932年，他在上海发起成立"标准草书社"，邀请刘廷涛、胡公石等同好，共同研究整理历代草书，提出了"易识、易写、准确、美丽"四大原则，在今草基础上创立了影响深远的"标准草书"。20世纪50年代到60年代，于右任先生老年变法，其草书作品在形体上仍恪守标准，然而在用笔、结字、章法上则不断追求形式美的再创造，使之更加完美，更加抒情，更加个性化。

第四节 秦岭摩崖景观

摩崖，就是山石上的刻字。"摩崖"一词由宋代欧阳修提出，字面含义是"磨光崖面"，清代金石学家冯云鹏在《金石索》中说："就其山而凿之，曰摩崖。"

为了使石刻文字具有更大的规模，更能垂之久远，又免去开采和运输的困难，人们利用某些山崖较为平整的石壁、石坡、石坪，代替人工开采的碑料，创造了摩崖。这种风气始于汉代，最早的摩崖是秦岭褒斜道的《汉鄐君开通褒斜道摩崖刻石》，俗称《大开通》。

据说更早的是陕西宁强县境的《禹王碑摩崖》，原有8字，后遭破坏，仅存两个半字，字形古怪，不可辨识，相传为夏禹王所刻，不能证实。

秦岭山脉的摩崖众多，古来人们在终南隐逸、太白寻仙、华山览胜；更因为南北交通，要征服其间的险峰要道，于是这座大山留下了众多的人文胜地。摩崖，则是以浩大的书写把历史刻印在秦岭的山体上。

秦岭摩崖众多，不管赫赫有名还是默默无闻，当时的实用价值已经失去，但文献价值仍存，有的也颇有书法价值。

秦岭摩崖，大部分还是明清以后尤其是近代以来的刻石，很多并无书者姓名，有些书者没有在书法史上留名，但这些摩崖同样具有一定书法价值。

摩崖作为碑刻的一种形式，是书法艺术的重要载体和形式。有些秦岭摩崖就是书法史上的经典书作，如《石门颂》《石门铭》《杨淮表记》。宋代兴起金石学，早期的金石学家如欧阳修、赵明诚、洪适是最早记录摩崖石刻的学者，他们都着迷于摩崖书法的研究。清代发起的碑学也沿着这个方向发展，对书法艺术发展产生了很大影响。摩崖因刻于经过平整的山石上，在书写、雕刻上受条件限制，刻字效果不能像碑石那样精细，加之在自然环境中雨淋日晒日久侵蚀或人力损毁，历时较久的摩崖字迹不那么清晰，甚至字迹漶漫，难于辨识，但也因此有了一种人力难为的独特美感。

摩崖刻于山石，往往是自然景观的一部分，它的艺术美常常是与自然景观不可分的。尤其是名山古刹摩崖题刻越来越多，具有点景、衬景的作用，本身已经成了景观的一部分。摩崖与周围的自然环境配合得当，常能形成融自然与人文风味为一体的摩崖景观。

优秀的摩崖景观，是秀丽的自然风景与文字书法美的有机组合。秦岭，有众多的名山古刹，拥有优美的自然风光和悠久的人文历史。其间的摩崖景观，就是风光与历史的一部分，具有独特的审美价值。

摩崖题刻书法装饰的目的是衬托自然山水环境之美。因此，题刻书法必须适应自然山水环境的主体，否则会破坏自然美甚至喧宾夺主。作为装饰的摩崖题刻书法是从形式构造和内容上与自然山水环境的构成相协调，其中有几种相互关系已成为定则：一是"藏"与"露"的关系。对于以雄伟、险峻、畅旷为自然美形象特点的山水，摩崖题刻书法以"露"居多，即在高耸裸露的天然石壁上多题辟窠大字。而对于以秀丽、平静、幽深为自然美形象特点的山水，摩崖题刻书法则以"藏"居多，即在山涧、岩洞等处多题相对小的字。二是"远视"与"近视"的关系。华山山石上题刻的书法在整体上有高远的层次感，远视主要适用于观赏的整体形象，所以题刻书法多得山川之体势，或崔嵬、或嵯峨、或雄浑、或苍阔、或明秀，总之，以特立者为胜。近视主要是对局部的、细微的、体积范围较小的以及一些特殊景观的欣赏，因而题刻书法多得山石之质理、崖壁之走势，或娴雅、或丰润、或幽静、或婀娜，总之以多姿统一为胜。三是"人工色"与"天然色"的关系。"人工色"是指摩崖书法刻成后再人为填涂的色彩，"天然色"是指自然山水所固有的色彩。为了让色彩尽情展示自身的魅力，人工色与天然色必须有机组合。对于山水的天然色彩，人们都用"青山绿水"来形容，如果摩崖题刻的周边植被茂密，那么对题刻书法施以红色，就能起到对比凸现的作用。如果题刻的周边是大面积的岩石，那么对题刻书法施以石绿或石青，易得宁静；当然也可施以红色或土黄色，可使其热烈而沉着。

一、终南山摩崖

终南山是较笼统的称谓，是秦岭西自武功县东到蓝田县这段山岭的总称，包括王顺山、太兴山、嘉午台、翠华山、南五台、小五台、青华山、圭峰山、紫阁山、万花山、清凉山、望仙坪、朱雀森林公园、楼观台等。主脉为东西走向，支脉多呈南北走向，排列较为整齐。这些南北走向的支脉，为数多达175道，长度多在10千米左右，高度多在2千米左右，逶迤连绵，峰峦秀美。

终南山佛教文化苑

"终南山佛教文化苑"地处南五台。终南山人文资源极为丰富，佛教文化非常发达。"终南山佛教文化苑"题名由著名佛教领袖、书法家赵朴初先生（1907—2000）题写，一块大石打磨平整，形如巨碑，置于山路边，颇为自然。刻字以绿色填涂，与周围环境十分协调。赵朴初题字很多，他的行楷稳健灵动，兼有苏轼和董其昌的风味而自成一家，传统韵味浓厚，在当代书坛影响很大。此刻石实际起到的是牌匾的标识作用，选择自然山石，能与环境更好地融合。

图3-41 "终南山佛教文化苑"摩崖

王维《终南山》

翠华山山石上刻着王维著名的《终南山》："太乙近天都，连山到海隅。白云回望合，青霭入看无。分野中峰变，阴晴众壑殊。欲投人处宿，隔水问樵夫。"竖排楷书，没有题写书者姓名。翠华山是终南山的支峰，又名太乙山。山上名胜古迹很多。这首诗题写在终南山石上，还算贴切。石上的楷书写得比较工稳，碑刻多用正书，但诗词题刻往往字体更灵活一些，这块王维诗摩崖在石头上显得过于实、过于满了。以红色填涂更加醒目，也似乎突出了这种过满和过实的效果。

图3-42 《终南山》诗刻

翠花遥临

由右至左"翠花遥临"四个篆书字，刻在翠华山的一块巨石上，由当代书法家刘自椟（1914—2001）书写。刘自椟一生笃行不倦地探索大篆艺术。他将小篆形体修长的特点加之于大篆，从而使之显得舒展畅达。另外，刘先生又在"取象"上格外用心，撷取万象之美赋之于书，使字的形象变得丰

图3-43 "翠花遥临"摩崖　　　　　　　　　图3-44 "玉女峰"摩崖

富、生动和美观。将这些单字组合起来，又能够做到彼此顾盼，形成一个有机的整体，生气勃发，虎踞龙飞，再配上他那颇具章草意味的草书落款，与正文十分谐调。

二、华山摩崖

华山以山势险峻著称，也以人文历史悠久而闻名，是一座文化名山。

华山，亦称花山，自晋代起就有名僧高士在此隐居。历代文人墨客来此赏景游览，吟诗作赋，留下了众多的摩崖题刻。题字难免受环境气氛的感染，山石上题字不宜过于纤巧，否则很难坐得住。摩崖体量往往比较大，大字本来就不宜笔画细弱，留白太多。在华山这样高峻雄伟的整体氛围下，字更要显得有分量才好，宁可笨一些也行。

沿着山道攀爬，道旁巨石夹径，怪石耸立，巍峨的山岩崖壁上依次镌凿着"撞山""隔凡""出尘崖"等字体不一的题刻，点出了各处形胜。刻有"龟头""蛇头""夜叉"等题字的自然象形石也无不生动。另有以自然石岩凿成的"天洞""支公洞""观音洞"等石窟。"五十三参"则是在整块山岩上鐾凿的五十三级石阶，其上有拔地而起的"秀屏"，其旁立壁悬崖上题有"凿险通幽"四字，比起曲径通幽更多一番意味，十分切题。清康熙、乾隆两帝曾多次"驾幸及此""驻跸凭眺"。众多的题刻，字迹各异，笔力遒劲。华山既富于山水，又富于古迹。自然景观幽静秀丽，摩崖题刻遍布全山。

玉女峰

玉女峰为华山中峰，居东、西、南三峰中央，是依附在东峰西侧的一座小峰，古时曾把它算作东峰的一部分，今人将它列为华山主峰之一。峰上林木葱茏，环境清幽，奇花异草多不知名，游人穿行其中，香浥襟袖。峰头有道舍名玉女祠，传说是春秋时秦穆公女弄玉的修身之地，因此此峰被称为玉女峰。

史志记述，秦穆公女弄玉姿容绝世，通晓音律，一夜在梦中与华山隐士萧史笙箫和鸣，互为知音，后结为夫妻，由于厌倦宫廷生活，双方乘龙跨凤来到华山。

中峰多数景观都与萧史弄玉的故事有关。如明星玉女崖、玉女洞、玉女石马、玉女洗头盘等。玉女祠建在峰头，传说当年秦穆公追寻女儿来到华山，一无所获，绝望中只好建祠纪念。祠内原供有玉女石像一尊，另有龙床及凤冠霞帔等物，后全毁于天灾人祸。今祠为后人重建，玉女塑像为1983年重塑，其姿容端庄清丽、古朴严谨。

"玉女峰"三字为行楷书，绿色填涂，笔势雄壮，有飞白书的效果。飞白书笔含枯墨，能传达灵动苍劲之势，传为东汉蔡邕所创。其摩崖落款小字为"康熙乙酉夏日白山达礼善书"，竖排三行。白山达，字礼善，清代湖南人，其他不详。康熙乙酉年即1705年。华山脚下"王猛台"三个字也为白山达所题。

韩退之投书处

苍龙岭是指救苦台南、五云峰下的一条刃形山脊，属华山著名险道之一，因岭呈苍黑色、势若游龙而得名。苍龙岭上端有"韩退之投书处"的摩崖石刻。相传唐朝大文学家、诗人韩愈当年登华山览胜，游罢三峰下至苍龙岭时，见苍龙岭道路如履薄刃，两边绝壑千尺，不由得两腿发软，寸步难移，坐在岭上大哭，给家人写信诀别并投书求救。华阴县令闻讯便派人把韩愈抬下山。

苍龙岭西临青柯坪深涧，东临飞鱼岭峡谷，长约百余米，宽不足三尺，中突旁收，游人在上面行走，心旌神摇，如置云端，惊险非常。加之当年手无扶处，足无踏阶，仅沿山脊些许石窝。人行其上，焉能不惧。抑或韩老夫子患有轻度恐高症，到此病犯遭受惊吓也不得而知。

"韩退之投书处"六字竖排，字体为楷书，书宗魏碑。魏碑书风自清末以来从馆阁体的统治中走出，民国时期风行，尤其在北方书坛影响更大，当时有"北于南沈"之说，陕西人于右任和浙江人沈尹

图3-45 "韩退之投书处"摩崖

默代表了北南两派书风，北派书风就是宗魏碑的。华山的许多摩崖是民国时候所刻，大多属于魏碑书风，这类字风格质朴，笔画提按不够精巧，更注重整体效果，适于摩崖。

"韩退之投书处"旁另一摩崖内容为"雄震关中"四字，楷书而有行书笔意，字迹端庄，气势反比"韩退之投书处"弱一些。落款小字是："三十四年夏，偕内子张初静遍游诸峰，□□书此，然余于斯已三履矣。冯翊，赵松泉。"冯翊，大荔县的旧称。赵松泉，大荔县乡绅，巨商。今大荔县有赵松泉民居，为县级文物保护单位。此应为赵松泉1945年携妻游华山时留下的字迹。

莲屏松柱

华山峪石门上1千米处，有莎萝坪，又名洞天坪，因坪上栽植莎萝树（菩提树）而得名。莎萝坪东南侧，有一块天然巨石，叫混元石。传说盘古开天辟地时，此石就在这里，女娲炼石补天，曾选中此石，然而此石顽冥不化，无意补天，只想成为洪荒时期的见证，故名混元。由于石的高大与平整，石上题刻较多。石南有"莲屏松柱"四字。石西有诗刻："华岳在天上，飞烟荡浩胸。苍生伫雷雨，比翼跨苍龙。"石对面西崖壁有飞瀑奇观。

"莲屏松柱"四字亦是魏碑书体，笔力雄厚，方正敦实，横平竖正，拙多于巧，略显拘泥，似乎可看出书写时的虔敬的宗教情绪。

守身崖

"守身崖"三字是米万钟书写，李人龙刻字。守身崖本叫舍身崖，在华山西峰顶摘星石北，因孝子舍身救亲的传说得名。民间传说古时有个孝子，父母身染重病，久治不愈，听说岳神灵验，便登山拜神求医，许愿说只要双亲病愈，愿舍去自己的性命来报答神灵。等到孝子返回家中，父母都已康

图3-46 "莲屏松柱"摩崖

图3-47 "守身崖"摩崖

复，且下田耕作去了。孝子来到华山虔诚还愿，毫不犹豫地从此处跳下深渊，可他却觉得身体若有人托起，似乘长风，飘飘欲仙。待清醒时，他依然躺在家中，似梦非梦。孝子知道是华山神暗中相助，便告别父母到华山西峰做了道士。后人被孝子的诚心感动，就将此处命名为舍身崖。后来又有人认为舍身救双亲的行为并不可取，也称此崖作"守身崖"，以警醒后人生命可贵，不可轻掷。书者米万钟，明代书家，字仲诏，号友石，是北宋大书法家米芾后裔，行草得米家法，与邢侗、董其昌、张瑞图并称"明末四大书家"，并有"南董（其昌）北米（万钟）"之称。"守身崖"三字楷书，端庄质朴，并没有米芾书法的恣肆之气。

志高云汉

华山山峰摩崖，在平坦的巨石上有多处题刻，最醒目的是"志高云汉"四字，署名"朱松柏题"，楷书，唐人书风。大字以点画厚重为宜，字间空白宜密不宜疏，这四个字符合这些原则，虽不是名家手迹，自是神气饱满。旁有"华岳叠翠"行书刻字和"壮游"楷书刻字。一块石上多处题刻的情况在华山也很常见。

图3-48 "志高云汉"摩崖

三、紫柏山摩崖

张良庙又叫留侯祠，为道教主流全真派圣地，在距汉中留坝县城17千米处的庙台子，坐落于秦岭南坡的紫柏山麓，依山而建。张良庙主体是明、清建筑，6大院，有房舍150余间，占地14200平方米，为陕西大型祠庙之一。建筑众多，古朴典雅，其中匾额对联、文字题词多有佳句。庙内现存摩崖石碑100多块，木匾50多面，木、石刻对联30多副，各种书法流派纷呈。

张良，字子房，汉初大臣。据《史记·留侯世家》载，张良早年图谋恢复韩国，结交刺客，在博浪沙狙击秦始皇未果。后遇黄石公，并得《太公兵法》，助刘邦亡秦灭楚。功成身退，从赤松子学道。张良庙的大量碑刻摩崖都表达了对张良功成不居、急流勇退的崇敬之情。另外，抗战期间张良庙一度是国民党汉中地区行营所在地，这里也留刻了许多国民党将领的墨迹，借张良抗秦事迹表达爱国热情。

英雄蝉蜕

张良庙内有小山拾级而上，上建亭台，沿阶石壁有摩崖多处。历代文人墨客在云梯石径的摩崖石壁上刻下了不少诗词，别有妙趣。一副"山月借栖隐，天风度步虚"的石联，配以"志高云汉"的石额，道尽了飘然欲仙之感。其他诸如"其犹龙乎""云山苍苍""步云""云梯""松石""飞翠"等题词，也都隽永深沉，其味无穷。

"英雄蝉蜕"是光绪时期刻字，赞扬张良从功名富贵中抽身而去，不失英雄本色。字体为隶书，结字比较紧密，字距也很小，有别于汉隶松散的写法，显得庄重有余、潇洒不足。

图3-49 "英雄蝉蜕"摩崖

知止

"知止"也刻在小山石壁上，其寓意也是以张良急流勇退的精神警醒世人。字迹敦厚饱满，平和而有力度。

成功不居

刻于小山阶边石壁。民国二十九年（1940）夏，陈立夫巡视西北政务，路过留侯张良庙留下"成功不居"字迹，语出《老子》第二章："万物作焉而不辞，生而不有，为而不恃，成功不居。夫唯不居，是以不去。" 楷书四字简静有力。

图3-50 "知止"摩崖

图3-51 "成功不居"摩崖

还我河山

"还我河山"四字刻于抗战时期,有鲜明的时代特色。从书法角度看,这四个字脱胎于魏碑,有很高的水准,字形方中寓扁,偏于唐以前的古朴书风,字势沉雄,气势开张,与文字内涵呼应得很好。

图3-52 "还我河山"摩崖

四、太白山摩崖

太白山是秦岭的重要山峰。

太白山在《尚书·禹贡》中谓之"惇物山",《说文解字》云:"惇者,物之丰厚也。"可见古人早对其得天独厚的物产有所发现,以"惇物"名山,也可见当时经济发展与此山关系密切。《汉书·地理志》谓之"太乙山",传说为太乙真人修炼之地。《录异记》载"金星之精,坠于终南圭峰之西,其精化白石若美玉,时有紫气复之,故名",大抵是取太白金星之意称为"太白山"的。《古今图书集成》《关中胜迹图志》《郿县志》等均有记载,而"太白山"之名最早见于《魏书·地理志》中,隋、唐后一直沿用至今。《水经注》载:太白山"于诸山最为秀杰,冬夏积雪,望之皓然"。过去,太白山气势岿然,风雨无时,仅在六月盛暑时,始通行人,俗呼"开山"。六月以外,雾雪塞路,人迹罕至,俗称"封山",以至《水经注》有"山下行军,不得鼓角,鼓角,则疾风雨至"的近乎神话之说。

太白山摩崖并不突出,山上少有名家题刻,大都是现代刻石。

哮天犬

太白山峰的一块巨石上刻着"哮天犬"三字。刻字填充红色，无题款。三块巨大的条形和方块形石头耸立于路旁的山壁上，形如"狗头"。哮天犬，又叫"细犬"，是二郎神座下神兽。

神州南北界，华夏分水岭

山顶刻石，"神州南北界，华夏分水岭"，字体为行草书。字面内容概括了秦岭在中国地理位置上的独特地位。当然这荣誉没有为太白山独享，在秦岭的其他山峰也有此刻字。

图3-53 "哮天犬"摩崖

高山流水

太白山崖壁所刻"高山流水"，无题款。字体为草书，刻在一块相对平整的石壁上，这四字更宜于竖排，但因条件所限，改为横排，因陋就简大概也是摩崖书法的一个特点。

图3-54 "神州南北界，华夏分水岭"摩崖

图3-55 "高山流水"摩崖

附录

经典碑刻摩崖图片选

汉鄐君开通褒斜道摩崖刻石

东汉明帝永平九年（66）立，在陕西汉中市褒城镇北古石门以南崖壁上。此石俗称《大开通》和《开道碑》。东汉永平六年（63）汉中太守巨鹿鄐君奉诏遣广汉蜀郡巴郡刑徒3690人修建栈道，历时三年开通。现藏于陕西汉中博物馆。

华山庙碑（华阴本）

东汉隶书碑刻。篆额题"西岳华山庙碑"。延熹八年(165)立于陕西华阴县西岳庙中（一说作于延熹四年）。《金石萃编》载：碑高七尺七寸，宽三尺六寸，字共二十二行，满行三十七字。明嘉靖三十四年(1555)毁于地震。以后该庙所存者为重刻。华阴本现藏于北京故宫博物院。

杨淮表记

全称《司隶校尉杨淮从事下邳湘弼表记》，亦称《杨淮碑》，刻于东汉熹平二年（173），为摩崖隶书，碑文7行，每行25、26字不等，共计173字。"石门十三品"之一。原镌刻在陕西褒城石门西壁，后迁入汉中市博物馆。

朝侯小子残石

出土于陕西西安长安区，今藏故宫博物院。《朝侯小子残石》碑阳存14行，每行15字，碑阴漫漶存10字。残石首行有"朝侯之小子"等字，故得名。残石年月无存，但论其字体风格，应是东汉时期的作品。

郙阁颂

汉灵帝建宁五年(172)二月刻。原在略阳县徐家坪乡，因修公路，于1977年11月凿迁至略阳县灵崖寺文物保管所粘接复原。摩崖长方形，高170厘米、宽125厘米，隶书19行，满行27字，共计472字。因处于嘉陵江西崖拐弯处，古代拉船纤夫借石省力，在摩崖左上方勒下七道绳痕，最长者70厘米，短者20厘米。又因露处江边，东距水面8米，常受嘉陵江夏秋洪水冲刷及风雨剥蚀，左上角和右下角各剥落一大片，损字200余。

汉碑阴题名记

东汉(25—220)立。清乾隆四十二年(1777)在西岳庙掘出，1949年移入西安碑林博物馆至今。竖方形，高103厘米，宽32厘米，隶书7行，每行12~18字不等。石断为三，字迹漫漶，但尚可识读。《金石萃编》有载。

石黑奴造像碑

约南北朝时(420—589)刻石。原在城固县原公镇青龙寺，现存城固县文化馆。造像碑尖顶方底，通高45厘米，宽32厘米，厚14厘米。雕释迦牟尼佛像一尊，高28厘米，宽16厘米，下坐莲台。背面刻魏体字铭文7行，每行14~18字不等。保存完好，未见著录。

杨阿难墓志铭

北魏永平四年十一月十七日(511年12月22日)制。1971年出土于五方村杨氏墓茔。原藏西岳庙,1990年入藏陕西省历史博物馆。

方形,长47厘米,宽41厘米。魏书21行,每行19字,字径1.8厘米,文字清晰,保存完整。1984年《考古与文物》有载。

杨椿妇崔氏墓志铭

北魏永平四年十一月十七日(511年12月22日)制。1986年出土于五方村杨氏墓茔。

长方形，子母扣套合式，志盖并存。长23厘米，宽18厘米，盖无文。魏书8行，每行6字，字径2厘米。字迹清晰，保存完整，未见著录。

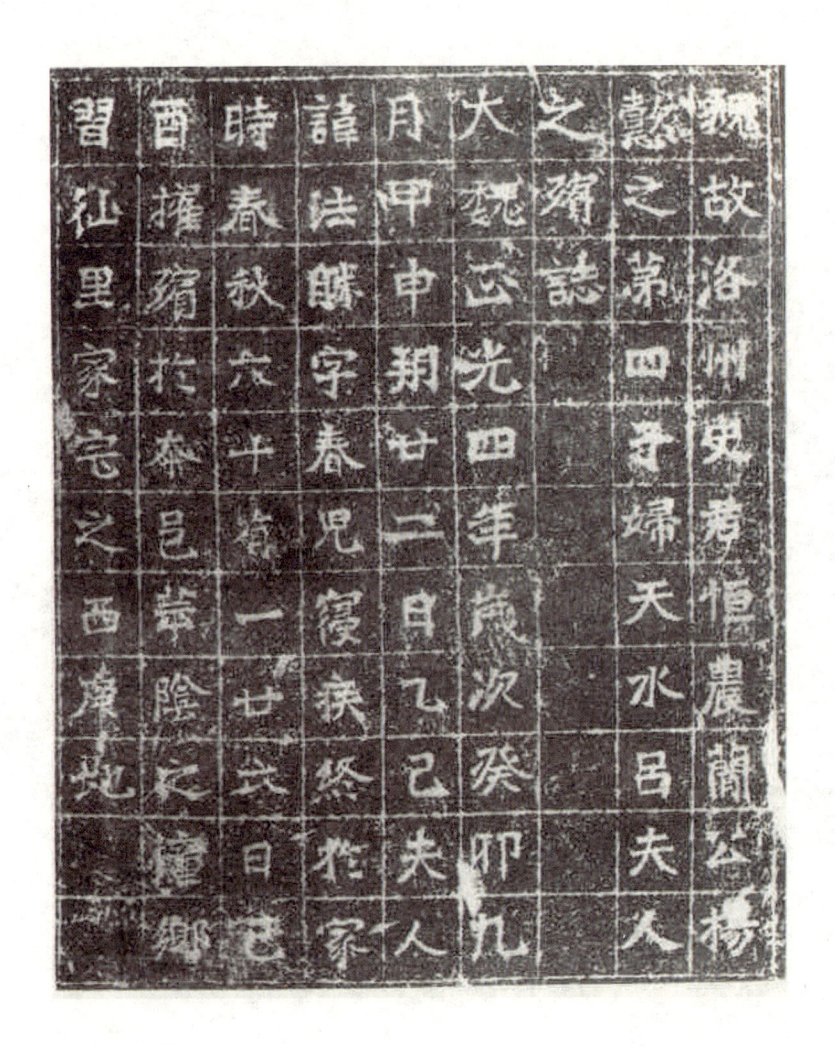

天水吕夫人墓志

北魏正光四年九月廿六日(523年10月20日)制。1993年出土于五方村杨氏墓茔。志盖并存。现藏西岳庙。

正方形，边长33厘米。盖为覆斗形，题魏书"故恒农简公，第四子妇吕，夫墓志盖"。志文魏书9行，每行11字，字径2厘米。文字基本清晰，保存完整，未见著录。

温泉铭

唐太宗为骊山温泉撰写的一块行书碑文。此碑立于贞观二十二年（648），即唐太宗去世前一年。原石早佚，从记载上看，唐代《温泉铭》原拓不下几十部，尾题"永徽四年（653）八月三十一日围谷府果毅（下缺）"墨书一行，证知确为唐初物。后来原拓失传，清光绪二十六年（1900），道士王圆箓于甘肃莫高窟第一十六窟发现藏经洞（今编号为第17窟），里头就有三件唐拓本，其一为唐太宗行书《温泉铭》，残存50行。

第三章 翰墨刻秦岭

王求古墓志

此墓志是1999年西安碑林博物馆在长安区细柳乡征得，现藏于西安碑林博物馆。志石方形，长、宽均为49厘米，墓志题为"唐故符宝郎王府君墓志铭并序"。志盖长、宽均为48.5厘米，盖题为篆书"大唐故王府君墓志铭"。墓志无撰者、书者姓名。《王求古墓志》是比较少见的行书墓志铭，唐时行书墓志大都属于行楷，这方墓志书写得非常自如随意，行书中又夹杂一些草书笔意，信手写来，仿佛晋人墨迹书札，有很高的书法艺术价值。

韦行规等游记摩崖刻石

唐开成二年十一月十九日(837年12月20日)刻石。韦行规等题。在略阳县灵崖寺大佛像左侧出口处崖顶上。

长方形，高50厘米，宽40厘米。楷书7行，每行2~9字不等，共42字。

谒金天王神祠题记

乾元元年十月十二日(758年11月17日)刊于《西岳华山神庙之碑》左侧。

正书4行，每行22字，字径6厘米。字迹清晰，保存完整，《华阴县志》《华岳志》《全唐文》有载。

张百药等游记摩崖

北宋熙宁八年四月二十日（1075年5月7日）刻石。张百药题。在灵崖寺前洞右侧石崖上。

摩崖正方形，高宽俱70厘米，楷书字7行，每行7字，共49字。

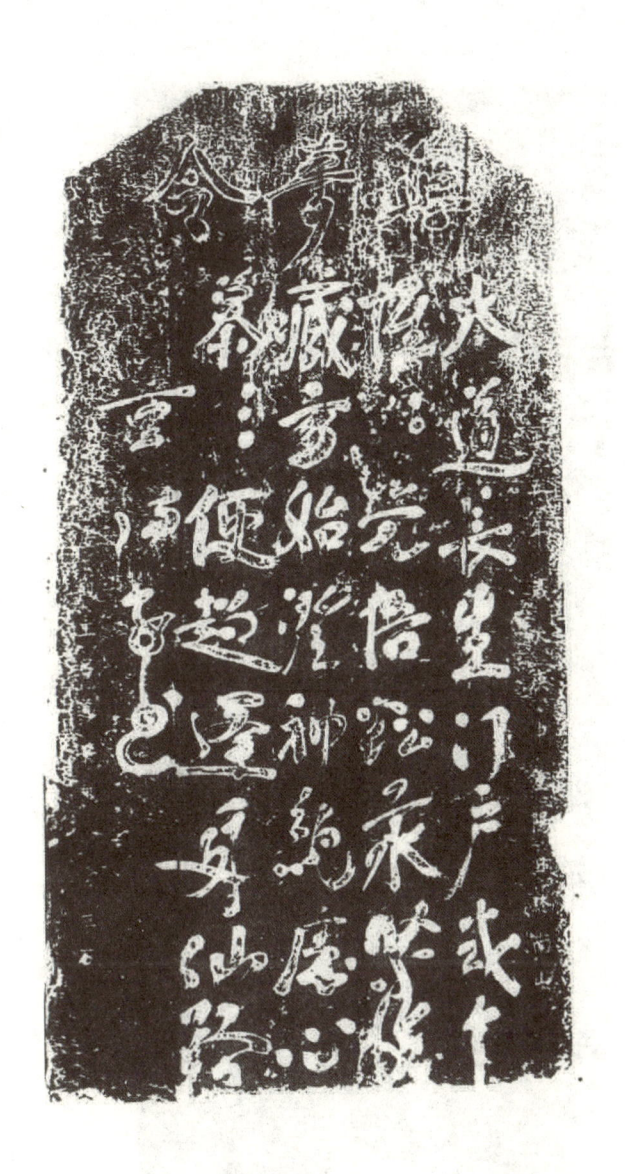

王重阳书无梦令碑

金承安五年(1200)刻立。王重阳撰书。吕道安、毕知常立石。原散置在陕西户县祖庵镇北郊王重阳墓侧田野，1962年移竖于户县重阳宫后院集中保护。

此碑圆首方座，身首一体。通高230厘米（其中座高50厘米），宽94厘米，厚27厘米。碑额横题行书"无梦令"三字。碑正文行草，共5行，满行9字，字径20厘米，前后款小字正书。保存完好。

贾竦岳庙诗刻石

元和元年十月二十八日(806年12月11日)刻制。镌于西岳华山神庙之碑右侧。

行书8行，每行8~26字不等，字径3厘米。《金石文字记》《曝书亭集》《关中金石记》《雍州金石记》《华阴县志》《华岳志》《金石萃编》有载。

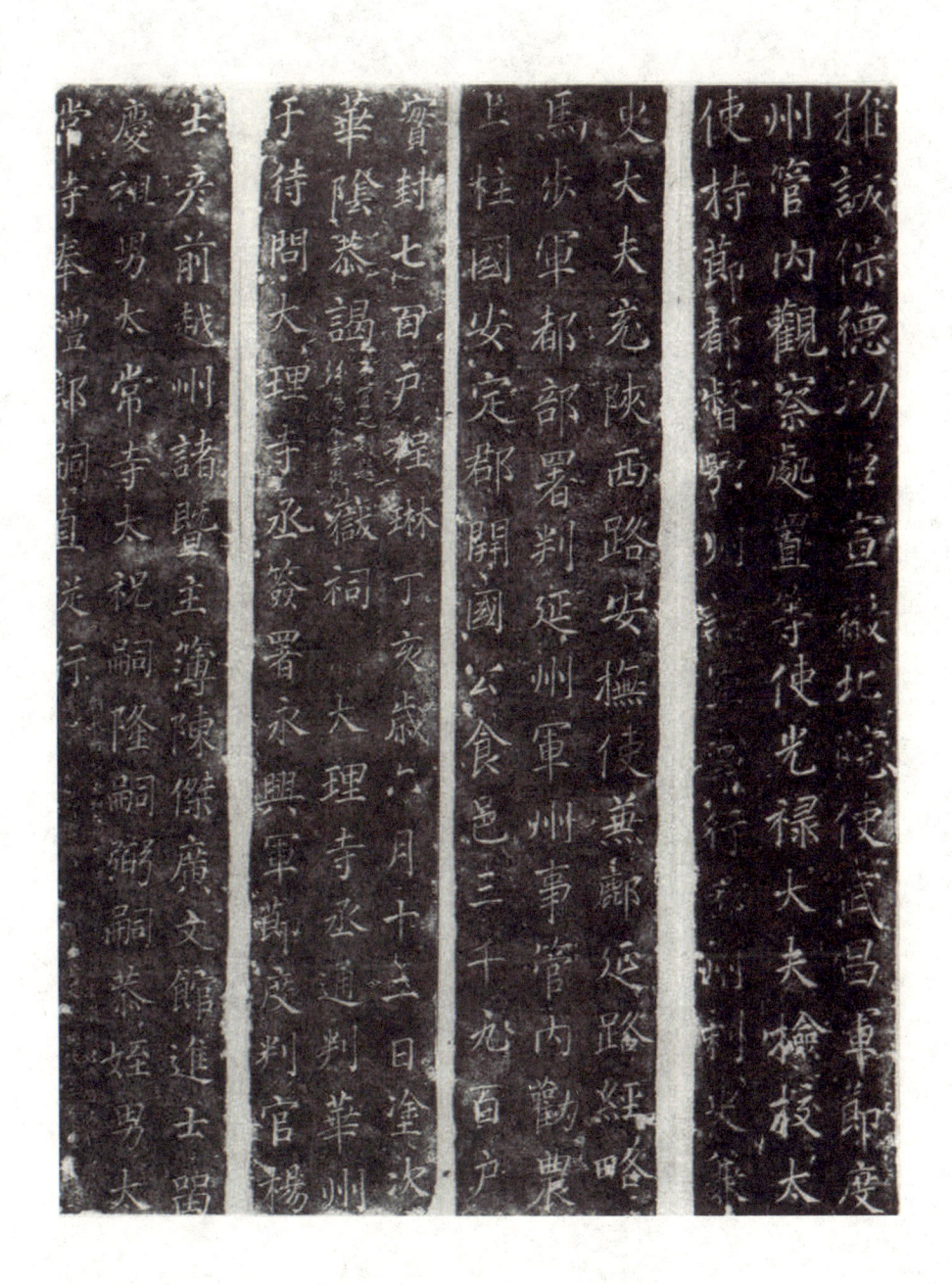

程琳、叶清臣岳庙石柱题记（局部）

庆历丁亥六月十二日(1047年7月7日)刻制。程琳、叶清臣撰并书。置于西岳庙。此题记镌刻于八面棱柱体上。棱体高247厘米，棱面高160厘米，宽26厘米。楷书，24行，每行19字，字径6厘米。字迹清晰，保存完整，《华阴县志》有载。

第一节 赋与秦岭 … 347

一、京都赋中的秦岭
二、畋猎赋中的南山
三、地理赋中的华山
四、纪行赋与关中
五、怀古赋与骊山
六、山水赋与秦川渭水

第二节 游记与秦岭 … 368

一、古代典籍中的秦岭影像
二、华山游记
三、太白山游记
四、终南山游记
五、辋川游记
六、骊山游记

附录 历代秦岭赋、游记选 … 405

第四章
文人颂秦岭

秦岭四库全书·文库

文心观止

《文心雕龙·物色篇》说："山林皋壤，实文思之奥府。"①历代文人以他们各具个性的审美眼光、深厚的艺术修养、卓越的文字功力描写着山水的美。可以说我国的山水美文遗产丰厚。

陶弘景的《答谢中书书》称道山水之美，可谓经典。一句一景，一景一意，次第井然：

山川之美，古来共谈。高峰入云，清流见底。两岸石壁，五色交辉。青林翠竹，四时俱备。晓雾将歇，猿鸟乱鸣；夕日欲颓，沉鳞竞跃。实是欲界之仙都。②

最后一语道破山水美景的妙用。

《黄州快哉亭记》是一篇著名的散文，出自苏辙之手。文中苏辙称赞朋友张梦得"不以谪为患""而自放山水之间"，"濯长江之清流，揖西山之白云，穷耳目之胜以自适也哉"，并认为"此其中宜有以过人者"，其实这些正是开启我们认识山水、移情山水、纵情山水的经典话语。

我们知道，纵情于自然山水是放松身体、缓解压力的良方。同样，大量阅读山水美文，不仅可以放松身体、缓解压力，还可以提升我们的精神品位和审美水平，对我们修身养性、享受人生也不无启迪。

中国古代描写山水的文章主要是赋与游记。我们从历代文集、《四库全书》、《续编四库全书》中将与秦岭有关的作品搜集整理出来约400篇，将这些作品按照文体、内容的不同进行分类研究。从古代赋与秦岭、古代游记与秦岭两大文类展开论述，旨在厘清古代文人眼中、心中、文中的秦岭。同时筛选出50篇与秦岭密切相关的经典文章，以供阅读。

---

① 刘勰著.王运熙，周锋译注.文心雕龙译注[M].上海：上海古籍出版社，1998：483.
② 严可均.全上古三代秦汉三国魏晋南北朝文[M].北京：中华书局，1958：3215-3216

第一节　赋与秦岭

赋是介于诗文之间的一种特殊文体，其特点是："铺采摛文，体物写志。"[1]赋的形成是复杂的。班固《两都赋序》说："赋者,古诗之流也。"章学诚在《文史通义》诗教篇指出："古之赋家者流，原本诗骚，出入战国诸子。假设问对，《庄》《列》寓言之遗也；恢廓声势，苏、张纵横之体也；排比谐隐，韩非《储说》之属也；征材聚事，《吕览》类辑之义也。"总之，赋是由众多支流汇集而成的一种特殊文体。

也有学者指出赋与地理学关系密切，主要原因有两个：一是早期地理著作对"九州"的铺叙影响了赋体的形成；二是赋体直陈描写的方法最适宜对山川形胜的再现。

我国地理学的开山之作《尚书·禹贡》就用1100多字按照江、河、湖、海划分"九州"，铺写中原地区地理概貌。将政区与物产、交通、贡赋等方面结合起来，使自然区、经济区与行政区融为一体，构成综合自然地理的整体图式。其中：

黑水、西河惟雍州。弱水既西，泾属渭汭，漆沮既从，沣水攸同。荆岐既旅，终南惇物，至于鸟鼠。原隰底绩，至于猪野。三危既宅，三苗丕叙。厥土惟黄壤，厥田惟上上，厥赋中下。厥贡惟球琳琅玕。浮于积石，至于龙门西河，会于渭汭。织皮昆仑析支渠搜，西戎即叙。

导岍及岐，至于荆山，逾于河；壶口雷首，至于太岳；底柱析城，

---

[1] 刘勰著.王运熙，周锋译注.文心雕龙译注[M].上海：海古籍出版社，1998：59.

至于王屋；太行恒山，至于碣石，入于海。①

句式整饬，韵散兼有。

其他典籍如《周礼·夏官·职方氏》：

职方氏掌天下之图，以掌天下之地，辨其邦国、都鄙、四夷、八蛮、七闽、九貉、五戎、六狄之人民，与其财用、九谷、六畜之数要，周知其利害。

乃辨九州之国，使同贯利。东南曰扬州，其山镇曰会稽，其泽薮曰具区，其川三江，其浸五湖，其利金、锡、竹箭，其民二男五女，其畜宜鸟兽，其谷宜稻。

正南曰荆州，其山镇曰衡山，其泽薮曰云瞢，其川江、汉，其浸颍、湛，其利丹、银、齿、革，其民一男二女，其畜宜鸟兽，其谷宜稻。

河南曰豫州，其山镇曰华山，其泽薮曰圃田，其川荥、雒，其浸波、溠，其利林、漆、丝、枲，其民二男三女，其畜宜六扰，其谷宜五种。

正东曰青州，其山镇曰沂山，其泽薮曰望诸，其川淮、泗，其浸沂、沭，其利蒲、鱼，枲其民二男二女，其畜宜鸡狗，其谷宜稻、麦。

河东曰兖州，其山镇曰岱山，其泽薮曰大野，其川河、泲，其浸卢、维，其利蒲、鱼，其民二男三女，其畜宜六扰，其谷宜四种。

正西曰雍州，其山镇曰岳山，其泽薮曰弦蒲，其川泾、汭，其浸渭、洛，其利玉石，其民三男二女，其畜宜牛、马，其谷宜黍、稷。

东北曰幽州，其山镇曰医无闾，其泽薮曰貕养，其川河、泲，其浸菑、时，其利鱼、盐，其民一男三女，其畜宜四扰，其谷宜三种。

河内曰冀州，其山镇曰霍山，其泽薮曰杨纡，其川漳，其浸汾、潞，其利松、柏，其民五男三女，其畜宜牛、羊，其谷宜黍、稷。

正北曰并州，其山镇曰恒山，其泽薮曰昭余祁，其川虖池、呕夷，其浸涞、易，其利布、帛，其民二男三女，其畜宜五扰，其谷宜五种。②

---

① 郭仁成.尚书今古文全璧[M].长沙：岳麓书社，2006：58-61.
② 杨天宇.周礼译注[M].上海：上海古籍出版社，2004：479-485.

句式整齐，各州物产说明准确。

《禹贡》《周礼》中形成的早期地理空间表述方式，尤其是从东南西北全方位铺陈，对汉代大赋地理空间的叙述方式有明显的肇始意义。而关于汉代的地理知识，不仅在《史记·货殖列传》《汉书·地理志》中有较多的反映，而且还可以通过司马相如《子虚》、《上林》及班固《两都》、张衡《二京》等汉代赋中有关山川地舆的描绘，得到更为形象的了解。

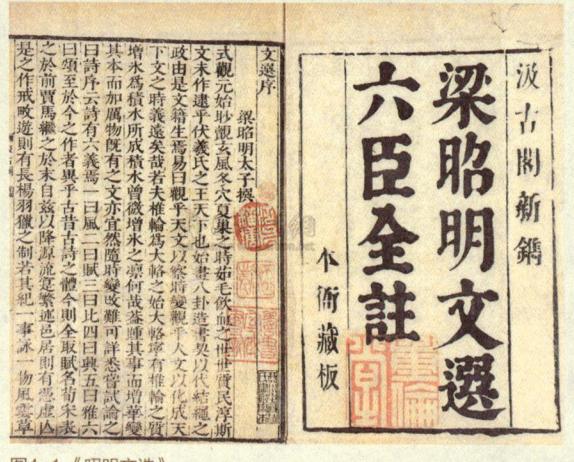

图4-1 《昭明文选》

在中国古代文体中，诗、赋地位崇高。我国现存最早的一部诗文总集《昭明文选》（也称《文选》），共收录作家130位。诗、赋所占比重最大。《文选》的编者们按内容把赋分为京都、郊祀、耕籍等15门，把诗分为补亡、述德等23门。其中京都赋、畋猎赋中所收的赋作多与秦岭有关。

清代陈元龙奉旨编辑的《历代赋汇》正集140卷，外集20卷，逸句2卷，补遗22卷，共184卷，收自战国至清代的赋3834篇，是目前研究中国古代赋的重要参考文献。据《历代赋汇·凡例》所述，《历代赋汇》正集所收为有裨于"经济学问"及可为"格物穷理之资"的作品，外集所收则为"劳人思妇，触景寄怀，哀怨穷愁，放言任达"之作。正集分30类，依次为：天象、岁时、地理、都邑、治道、典礼、祯祥、临幸、搜狩、文学、武功、性道、农桑、宫殿、室宇、器用、舟车、音乐、玉帛、服饰、饮食、书画、巧艺、仙释、览古、寓言、草木、花果、鸟兽、鳞虫。外集分8类，依次为：言志、怀思、行旅、旷达、美丽、讽谕、情感、人事。正集与外集的这种类次的安排，大体上是承袭唐以来的类书如《艺文类聚》《太平御览》和文学总集如《文苑英华》之类，代表着帝王和宫廷文人对文化包括文学内容先后主次的看法。《历代赋汇》中的地理、览古、行旅等卷中都收录了与秦岭有关的作品。

中国古代赋的名篇主要出现在两汉、六朝与唐代，本节主要以这一时期辞赋大家的作品为论述的重点。

一、京都赋中的秦岭

京都是全国的政治、经济、文化中心，因而历代帝王在新王朝建立前夕或伊始，首先要慎重考虑建都问题。《周礼·天官冢宰》云："惟王建国，辨方正位，体国经野。"刘勰论京都赋时特别指出其"体国经野，义尚光大"的功用，正是从这个角度着眼的。

《文选》将班固的《两都赋》放在第一篇，既是对皇权时代政治文化统领一切的清醒认识，也是对汉代散体大赋在文学创作中的重要性的反映。《两都赋》从大处着眼，比较真实地描写出了两汉时期帝都长安、洛阳宏大的地貌特征。例如《西都赋》中描写关中平原时说"封畿之内，厥土千里"，关中平原沃野千里；描写秦岭山脉时说"崇山隐天，幽林穹谷"，是一派山高林密的景象；描写黄土高原时说"沟塍刻镂，原隰龙鳞"，沟塬相间，地形坎坷。寥寥几笔，将关中地区中部、南部、北部的地貌差异勾勒得一清二楚。张衡《西京赋》云：长安"左有崤函重险"（东界崤山函谷关），"右有陇坻之隘"（西界陇山山脉），"前则终南太一，隆崛崔崒"（南界秦岭山脉），"后则高陵平原，据渭踞泾"（北界黄土高原），凸显了长安独特的地理环境。

"秦岭"一词两次出现在《两都赋》中，这是现存文献中最早出现"秦岭"一词的材料，值得关注：

及至大汉受命而都之也，仰寤东井之精，俯协《河图》之灵。奉春建策，留侯演成。天人合应，以发皇明，乃眷西顾，实惟作京。于是睎秦岭，睋北阜，挟酆灞，据龙首。图皇基于亿载，度宏规而大起。肇自高而终平，世增饰以崇丽。历十二之延祚，故穷奢而极侈。

遂乃风举云摇，浮游溥览。前乘秦岭，后越九嵕，东薄河华，西涉岐雍。宫馆所历，百有余区。行所朝夕，储不改供。礼上下而接山川，究休佑之所用。采游童之欢谣，第从臣之嘉颂。

高从宜认为，班固在《两都赋》中不仅使用"南山""终南"等旧称，而且大胆使用新概念"秦岭"一词，完全是想贬低前朝："秦岭一词的出场，拉开了中国王朝地理学之序幕。秦岭的命名，直观就是王朝（秦）加地理（岭）的命名，直接就是王朝地理学的到场。""（班固）站在当朝皇都洛阳的至尊立场，将周秦汉（前汉）的国脉南山，在秦岭的陪都河山背景与定性下，立即出现双重贬低。与前朝（秦）相连捆绑，政治地理与形象大为矮小，瞿然失容于当朝河山……这是秦岭南山政治形象上的巨大变化和沦落。"①

高从宜先生的说法是符合《两都赋》写作主旨与文本内容的。班固所赋者虽为两都，但主旨却

---

① 高从宜，王小宁.终南幽境秦岭人文地理与宗教[M].西安：西北大学出版社，2010：19.

在推尊一都,即以东都的政治制度与礼乐文化作为讴歌的对象。《两都赋》的主旨在于"以极众人之所眩曜,折以今之法度"。《西都赋》极力夸耀西都的奢侈,以极众人之所眩曜,《东都赋》则着重叙述东都的仁德礼义,折以今之法度。前者赞叹形势之胜、宫阙之丽、畋猎之壮,礼义法度尽泯;后者则颂扬礼义法度之行、仁义成德之广。前者主讽喻,后者主歌颂,前者主要是形象描写,诉诸人的直觉;后者主要是驳难,促人思索。东都主人斥责西都宾:"子实秦人,矜夸馆室,保界河山,信识昭襄而知始皇矣,乌睹大汉之云为乎?""秦人"这个字眼不是说西都宾时间上属于秦,而主要是说他持守的政教伦理取向属于秦。这里将"西都宾"称为"秦人",与将"终南山"改称为"秦岭"用意相同,都是在贬低对方、批评对方。东都主人认为西都宾虽识旧典,却无以知晓汉德的究竟。所以东都主人对他的批评,实际上是班固对西汉政教伦理的批评。汉德之根本不在于《易》《诗》《书》《春秋》等儒家典籍的字面上,而在于其精髓和现实的深刻融会中。

《两都赋》和《二京赋》所描述的汉代长安和洛阳,范围十分广博,大体说来,包括下列九项:京都形势,环境,市内繁荣,帝王宫室,后宫情形,其他建筑,畋猎壮观,游娱盛况,节日礼仪。其中《西都赋》《西京赋》都从长安形势、环境的铺陈开始,赋中提及终南山、华山、九嵕、秦岭。

汉之西都,在于雍州,实曰长安。左据函谷、二崤之阻,表以太华、终南之山。右界褒斜、陇首之险,带以洪河、泾、渭之川。众流之隈,汧涌其西。华实之毛,则九州之上腴焉。防御之阻,则天地之隩区焉。是故横被六合,三成帝畿,周以龙兴,秦以虎视。及至大汉受命而都之也,仰寤东井之精,俯协《河图》之灵。奉春建策,留侯演成。天人合应,以发皇明,乃眷西顾,实惟作京。于是睎秦岭,睋北阜,挟酆灞,据龙首。图皇基于亿载,度宏规而大起。

——《西都赋》

汉氏初都,在渭之涘,秦里其朔,实为咸阳。左有崤函重险、桃林之塞,缀以二华,巨灵赑屃,高掌远蹠,以流河曲,厥迹犹存。右有陇坻之隘,隔阂华戎,岐梁汧雍,陈宝鸣鸡在焉。于前则终南太一,隆崛崔崒,隐辚郁律,连冈乎嶓冢,抱杜含鄠,欱沣吐镐,爰有蓝田珍玉,是之自出。于后则高陵平原,据渭踞泾,澶漫靡迤,作镇于近。其远则九嵕甘泉,涸阴冱寒,日北至而含冻,此焉清暑。尔乃广衍沃野,厥田上上,实为地之奥区神皋。昔者,大帝说秦穆公而觐之,飨以钧天广乐。帝有醉焉,乃为金策,锡用此土,而翦诸鹑首。是时也,并为强国者有六,然而四海同宅西秦,岂不诡哉!

——《西京赋》

两篇赋均按照空间顺序有层次地描写长安周边地理形势,这样就呈现出全景式的壮阔场面,气势宏大,不仅反映了长安帝都的宏伟,更体现了"大一统"的盛世。当然,我们也可以感受到汉人积极进取、蓬勃向上、试图控驭外部世界的信心和英雄情结。

综观汉代赋"京都"一类,最能总览史实,而《两都赋》《二京赋》都是千古不朽的佳作,我们欣赏其艺术成就之余,更应重视其历史价值。

二、畋猎赋中的南山

畋猎赋是《文选》赋中的一大类,位于京都赋、郊祀赋、耕籍赋之后,居第四类,应该说在《文选》中占有主要的地位。其中收有司马相如的《子虚赋》《上林赋》,扬雄的《羽猎赋》《长杨赋》,潘岳的《射雉赋》等。

《广韵》先韵云:"畋,取禽兽也。"《说文》云:"猎,放猎逐禽也。从犬,巤声。"意思是猎犬捕捉禽兽。总之,"畋猎"二字其本义,一为以网猎取禽兽,一为以犬猎逐禽兽。

西汉帝王畋猎的主要场所是秦岭北麓的上林苑。上林苑是中国秦汉时期的皇家园林,秦朝始建,汉武帝建元三年(前138)加以扩建。

图4-2 上林瓦当

扬雄的《羽猎赋》中有记载:"武帝广开上林,东南至宜春、鼎湖、御宿、昆吾;旁南山,西至长杨、五柞;北绕黄山,滨渭而东。周袤数百里。"

司马相如的《上林赋》则指出:"终始灞浐,出入泾渭。酆镐潦潏,纡馀委蛇。经营乎其内,荡荡乎八川,分流相背而异态。东西南北,驰骛往来。"

班固的《西都赋》中说上林苑"缭以周墙,四百余里"。

张衡的《西京赋》说:"上林禁苑,跨谷弥阜。东至鼎湖,邪界细柳。掩长杨而联五柞,绕黄山而款牛首。缭垣绵联,四百余里。"

以上四篇赋中均涉及汉代上林苑的大体范围,尤其是扬雄《羽猎赋》中的"旁南山",明确指出上林苑沿着南山由东向西至长杨宫、五柞宫的布局,所以汉代帝王畋猎的场所上林苑,实际就是秦岭北麓（西安段部分）至渭水南岸的广大区域。

《上林赋》第四段以不同的手法描写山，这里所写的山就是秦岭。从这一段中，我们可以感受到司马相如眼中的秦岭具有三大特征。首先，高耸危峻。赋家先用大量的叠字和双声字，如叠叠、峨峨、巃嵸、崔巍、参差等，极写山势的高耸危峻。其次，山势起伏不平，高低错落。赋家从正面展开形象描写，山峦中，有的地方是蓄水的山溪，有的地方是流水的山谷，有的地方形成曲折的溪沟川流；在空旷的山谷中又分布着连绵不绝的一座座小山。作者对溪谷、沟渎、阜陵的地貌描写，形象地再现了山势起伏不平、高低错落的特点。这山势的变化莫测，令人回味无穷。再次，山势广阔。赋家用夸张之笔，写漫漫原野中生长着各种奇花香草，以它"应风披靡，吐芳扬烈，郁郁斐斐，众香发越"的芬芳之美，使秦岭更加迷人。

汉赋以体制宏大、内容丰富著称。赋家作赋时务求面面俱到，穷形尽相，极尽铺张扬厉之能事。因此，汉代大赋所表现的内容大多事无巨细。司马相如曾言："赋家之心，苞括宇宙，总览人物。"这种内容上的极致追求，折射出别具一格的审美追求。正如《子虚赋》《上林赋》中亡是公所言"君未睹夫巨丽也"，一语道破其中玄机。"巨丽"是当时赋家极力追求的一种美。

为了突出上林苑的巨丽与天子游猎的壮观，司马相如在铺叙描绘之中往往不受现实时空、上林实景的局限，时时融入带有浪漫主义色彩的夸张虚构。如写长廊之长，则曰"步檐周流，长途中宿"；写高台之高，则曰"颓杳眇而无见，仰攀橑而扪天"；写天子游猎驱车驰骋之疾，则曰"然后扬节而上浮，凌惊风，历骇猋，乘虚无，与神俱"。出人意料的夸张，增强了文章的韵味，使人掩卷长思，玩味不绝；虚实参差的夸张，给人以强烈的艺术感受。

司马相如以"控引天地，错综古今"的气魄在《上林赋》中塑造了大一统的帝国形象。在这里，奇花异草，珍禽异兽，美酒佳肴，巧夺天工的池苑亭台，气象万千的楼阁宫殿，应有尽有；可以搏虎的勇士，曼妙赛仙的佳人，贤良方正的大臣，无不聚于仁政爱民的帝王周围；诸侯宾服，四海晏然，君民同乐，富庶无边。这样一个大帝国形象的塑造，实际上也是大一统意识的表现。这种意识的表现在扬雄的《羽猎赋》《长杨赋》中更进了一步，这两篇赋在对天子游猎进行批评的基础上，从天子的自身休养到与民休养的措施，一一铺陈，从而有力而含蓄地传达了维护和巩固封建大一统的赋旨。从枚乘《七发》的谏止诸侯到司马相如《子虚赋》《上林赋》的尊君抑藩，再到扬雄《羽猎赋》《长杨赋》的劝谏天子，大一统精神始终贯穿于畋猎赋的创作中。

三、地理赋中的华山

华山，在今陕西华阴县城南，古称西岳。《水经注》云"远而望之若花状"，因得名华山。华山北瞰黄河，南连秦岭，以"奇拔峻秀"冠天下。千百年来，历代皇帝为之倾倒，顶礼膜拜，无数文人为之赋诗填词，咏唱不绝。

《历代赋汇》卷十五地理类收录了有关华山的赋12篇，分别是：唐代杨敬之的《华山赋》、达奚珣的《华山赋》、尹枢的《华山仙掌赋》、喻餗的《仙掌赋》、房元洛的《仙掌赋》、吕令问的《掌上莲峰赋》、潘存实的《晨光丽仙掌赋》、关图的《巨灵擘太华赋》、阎隋侯的《西岳望幸赋》、姚干的《谒华山西岳庙赋》，明代许瓒的《华山赋》、乔宇的《华山西峰赋》。张天喜、石干注译的《华山赋译注》（三秦出版社2003年出版）整理了历代华山赋16篇，比起《历代赋汇》多出了4篇，分别是唐代杜甫的《封西岳赋》、唐代达奚珣的《华山赋》、金代赵秉文的《华山感古赋》、明代王祖嫡的《太华赋》。

唐代华山赋数量较多，这与唐王朝经济繁荣、文化发达有关，加之华山是长安东面的屏障和交通要道，才子文人多会于此，东西往来，登临华山者络绎不绝，华山赋就大量产生了。

其中达奚珣的《华山赋》是一篇难得的佳作，它围绕华山的壮美来写，从华山的诞生写到华山的千秋功德，从地势写到山水，从自然写到人文，穷形尽美。

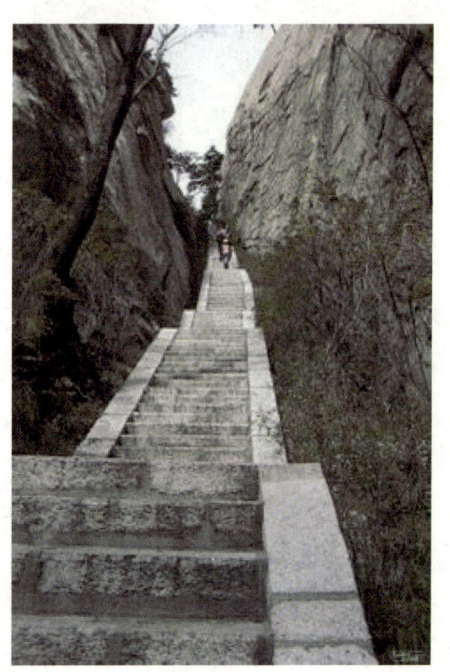

赋文小序，先以"五千仞""群岳之雄"的惊人之笔，推出华山高峻雄伟的气势，令人神往迷恋。接着交代了写作此赋的原因——"往因行迈，望之不及"，流露出昔日对华山的神往，今日有幸"因而赋之"，欣喜庆幸之情溢于言表，"以歌厥美"便成为本赋的主题。

赋文共有五段，分别对华山形成的历史、地理形势、壮美景色、无量功德等逐层描写。首段以"华山维岳，群岳之雄"作总的赞美，引领全篇，扣人心弦。岳为山之大者，而华山则为五岳之雄，这是神功造化的结果。《搜神记》中有记载说："二华之山，本一山也。当河，河水过之而曲行。河神巨灵，以手擘开其上，以足蹈离其下，中分为两，以利

图4-3 华山 千尺幢

河流。今观手迹于华岳上，指掌之迹具在。足迹在首阳山下，至今犹存。"赋文中所述"神元再造，拓崖而两分；仙掌常存，倚天而回列"，说的就是华山这段神奇的来历。到了大禹时代，平治了洪水，华山才成为祭祀封禅之地。第二段由历史回到现实，纵横笔墨突出华山地理形势之胜。从四方观照，巧妙地在广博空间中写尽了华山的雄壮。接着由远而近，具体描绘华山峰峦石壁的峻峭凌空之势。这里，作者运用了对比、衬托、夸张、渲染等手法将华山高耸险峻的形象展现了出来。第三段具体描写了华山自然景色的多姿多彩。华山的石、泉、岩、洞、树林、幽谷各显奇美，作者以"故难详鞠"作结，留给读者无穷的遐想。第四段作者以独特的思考总结了华山的两种功德：一是华山为"邦之礼物"。古人总以天地自然象征人事，正是"国家南正司天，北正司地；人神不扰，方岳定位"，以华山定岳，山河稳固，确保了政事通达、国家安稳。二是华山为"神之叶赞"。华山神灵护佑万物，施泽于百姓，风调雨顺，年年五谷丰登。最后一段抒写游览感受，言有尽而意无穷。作者由"揔被山岳，非无壮丽"想到人居此山的乐趣，甚至产生了"何贵人间之事"的感慨。不过，这里表露的迷恋之情，乃是对华山壮美的一种烘托。

达奚珣的《华山赋》从大处落笔，又能展开精细描摹，语言骈散结合，以排偶句为主，间以散文化的长句，奋藻骋辞，豪纵自如，既有整齐之美，又有错综之丽，再现了大赋遗风，是现存华山赋中的代表性作品。

四、纪行赋与关中

萧统《文选》赋部有"纪行"类，收录有班彪《北征赋》、班昭《东征赋》、潘岳《西征赋》等羁旅之赋作。刘勰以"述行"赋称之，《文心雕龙·诠赋》云："夫京殿苑猎，述行序志，并体国经野，义尚光大，既履端于倡序，亦归余于总乱。"盖因此类赋作以"述行序志"为旨趣，作者足迹所履，往往纪之于文，所以陈元龙《历代赋汇》收录于"行旅"一类。《历代赋汇》外集卷九、十"行旅"类收录述行赋作30篇，补遗卷十九"行旅"类又收录7篇，共计37篇。

无论称"纪行"或"述行""行旅"，归结此类赋作的创作动机，正如谢灵运在《归途赋》中指出的："昔文章之士，多作行旅赋。或欣在观国，或怵在斥徒，或述职邦邑，或羁役戎陈，事由于外，兴不自己，虽高才可推，求怀未惬，今量分告退，反身草泽，经途履运，用感其心。"可见纪行作品的产生，肇因于文士逐臣离乡怀国、转涉异地之际，客途迢递，感物华之变迁，或欣或怵，因此悼仕途挫败，或叹壮志难伸，因而述写悲喜之情，借以抒情言志。

自"风""骚"以来，中国文学就形成了以赋、比、兴为主要方式的抒情传统。在这种抒情传统中，《楚辞》借诗人途中所见之景来抒情的方式更为后世所借鉴。《楚辞》中的《涉江》《哀郢》等诗歌对后世纪行赋的进一步发展有不可替代的作用。两汉之际班彪的《北征赋》，无论从题目还是从内容上看，都是一篇真正意义上的纪行赋，对后世此类赋的创作有较大的影响。

班彪(3—54)，字叔皮，扶风安陵(今陕西咸阳东)人。班彪的《北征赋》是较早的一篇纪行赋，《文选》卷九收录了此赋。李善注引挚虞《文章流别论》说："更始时，班彪避难凉州，发长安，至安定，作《北征赋》也。"说明这篇赋是作者从长安城出发一路向西到凉州避难途中所作，赋中感时伤乱，既表现了自身"遭世之颠遗兮，罹填塞之厄灾"的流离之悲，又反映了乱世之中社会的动荡和民生的疾苦，尤其应该肯定的是，除吊古伤今外，还即景生情，通过对塞外荒野的描绘，抒发内心情怀。

曹植的《述行赋》则在赋中追述了军队所及之处的历史：
寻曲路之南隅，观秦政之骊坟。哀黔首之罹毒，酷始皇之为君。濯余身于秦井，伟汤祷之若焚。

曹植行经骊山，引发对秦始皇暴政的抨击和对百姓苦难的同情。

潘岳的《西征赋》是六朝时期最重要的咏史类纪行名篇。

潘岳（247—300），字安仁，荥阳中牟人。永平元年（291）三月，晋惠帝的皇后贾南风发动政变，诛杀了反对其干预政事的太傅杨骏及党羽千人。身为杨骏主簿的潘岳虽赖旧友公孙宏援手相救，但还是受到了"除名"的处罚，以戴罪之身赋闲家中。一年之后，也就是元康二年（292）五月，潘岳被任命为长安令。

《西征赋》是潘岳到任之后，根据赴任途中的见闻感受而创作的。这是一篇体制宏大的纪行赋，历来被视为潘岳的代表作。由于潘岳西行的洛阳长安一线，曾相继为周秦汉魏的统治中心，活动于这一地域的历史人物成千累万，发生于这一地域的历史事件数不胜数，这就为《西征赋》的创作提供了丰富素材。于是潘岳便因地咏史，发表议论，经西周王都而追忆周代兴亡，过渑池凭吊蔺相如、廉颇之事，登崤坂而述蹇叔哭师，蹊函谷而叙秦凭天险称霸，蹈湖邑而叹戾太子横遭巫蛊之祸，涉骊山而叱周幽王伪举烽火，至长安则美西汉人才汇集。赋中作者列述所经之地70多处，所写人物140多位，涉及历史事件数十件，洋洋洒洒四千言，可谓规模宏大，臻历代纪行赋"因地怀古"之巅峰。

除因地怀古外，潘岳还在《西征赋》中描绘了长安周围的地理形势和自然景色：
倦狭路之迫隘，轶崎岖以低仰；蹈秦郊而始辟，豁爽垲以宏壮。黄壤千里，沃野弥望。华实纷敷，桑麻条畅。邪界褒斜，右滨汧陇，宝鸡前鸣，甘泉后涌；面终南而背云阳，跨平原而连嶓冢。九嵕嶻嶭，太一巃嵸；吐清风之飂戾，纳归云之郁蓊。南有玄灞素浐，汤井温谷；北有清渭浊泾，兰池周曲。浸决郑、白之渠，漕引淮海之粟，林茂有鄠之竹，山挺蓝田之玉。班述陆海珍藏，张叙神皋隩区。此西宾所以言于东主，安处所以听于凭虚也，可不谓然乎？

长安一带沃野千里、花实纷敷，有青山环抱、绿水流涌，实天府之地、四塞之国。凭借优裕的地理条件，成为秦汉王朝的都城所在。当其全盛之时，这里宫殿林立，繁华富庶。而今呢？班固《西都赋》与张衡《西京赋》所描写的繁华景象已荡然无存，呈现在作者眼前的尽是破败与萧条：

于是孟秋爰谢，听览余日，巡省农功，周行庐室。街里萧条，邑居散逸。营宇寺署，肆廛管库，蕞芮于城隅者，百不处一。所谓尚冠脩成，黄棘宣明，建阳昌阴，北焕南平，皆夷漫涤荡，无其处而有其名。尔乃阶长乐，登未央，泛太液，凌建章；萦驭婆而欤骀荡，辚桙诣而轹承光；徘徊桂宫，惆怅柏梁。鹙雉雊于台陂，狐兔窟于殿旁；何黍苗之离离，而余思之芒芒！洪钟顿于毁庙，乘风废而弗县；禁省鞠为茂草，金狄迁于灞川。

这是作者到任后，在长安城中的所见所闻，昔日皇家宫殿成为野雉狐兔出没的场所，难怪潘岳会发出"何黍苗之离离，而余思之芒芒"的慨叹。

庾信的《哀江南赋》以作者的亲身经历为线索，历叙梁朝由兴盛而衰亡的经过，具有史诗性质。篇制宏大，头绪纷繁，感情深沉，叙事、议论、抒情结合一体，在古代赋作中是"横绝千古，永世不磨的压卷之巨作"。

《哀江南赋》写了四个主要内容：一、自己的家世及侯景之乱前的经历；二、侯景之乱产生的背景、发展过程及其平定；三、江陵败亡、陈氏篡梁；四、回顾家世及播迁经历，羁留长安思念故国。赋的最后写到长安的地理环境，有二处：

水毒秦泾，山高赵陉；十里五里，长亭短亭。饥随蛰燕，暗逐流萤；秦中水黑，关上泥青。于时瓦解冰泮，风飞雹散，浑然千里，淄渑一乱。雪暗如沙，冰横似岸。逢赴洛之陆机，见离家之王粲，莫不闻陇水而掩泣，向关山而长叹。

日穷于纪，岁将复始。逼切危虑，端忧暮齿。践长乐之神皋，望宣平之贵里。渭水贯于天门，骊山回于地市。幕府大将军之爱客，丞相平津侯之待士。见钟鼎于金、张，闻弦歌于许、史。岂知灞陵夜猎，犹是故时将军；咸阳布衣，非独思归王子！

庾信以典故比附秦川、渭水风物之色变和情绪之悲哀，进行气氛的渲染，在强烈的痛惋之间对家国变故进行了深刻的思考。庾信悲悯仁爱之情虽为梁代末年之战乱而发，但由于作者深厚的历史学养与高超的表现技巧，使得产生的艺术效果远远超越一时一事的是非成败的追寻，转至更为遥远更为深沉的历史思考。王夫之曰："六代文士有心有血者，惟子山而已。"①

庾信的切身痛苦与对故国苦难的忧愁，自然转化为一种悲悯与仁义，又推己及人，将此仁悯转至一切相同境遇之罹难群体。在此种情绪笼罩之下，常人因无以排遣、难于承受而憔悴，作者却因之产生强烈的创作意愿并付诸笔墨。这是一种思想的境界，一种个体的超越，一种文学价值的提升。对于文学作品而言，由个体的悲苦推及群体的悲苦，由现实的伤痛联想到历史的伤痛，使得一种个别的情绪提升至一种普遍的情感，由此产生历史的整体的沧桑之感，并延续至久远的将来，引起一代代群体的探究、类比、共鸣与震撼，使得号为"诗圣"的杜甫亦在《风疾舟中伏枕书怀三十六韵奉呈湖南亲友》中得出"哀伤同庾信"②的感叹。

五、怀古赋与骊山

中国文学史中，对怀古赋与咏史赋的概念讨论得不多。仔细辨析，二者略有区别。怀古赋是作者在一定触媒（山川、古迹等）的作用下，抚今思昔或睹物思人；咏史赋是作者直接铺陈古人古事，进而生发感慨。总之，两者都是在特定环境的影响下联想起曾经与这一环境相关的历史上的人和事。

徐寅的《过骊山赋》是怀古赋中最优秀的作品之一。

徐寅为晚唐律赋大家之一，当时很有名气，据《全闽诗话》卷一载："寅赋脍炙人口，渤海高元固来言，本国得《斩蛇剑赋》、《御沟水赋》及《人生几何赋》，家家皆以金书列为屏幛，其珍重如此。"徐寅本人也很自负，曾在诗中写道："词赋有名堪自负"（《长安述怀》），"赋就长安振大名，斩蛇功与乐天争"（《偶题二首》其一）。

徐寅现存律赋，咏史怀古之作最多。宋洪迈在《容斋四笔》中说："晚唐士人作律赋，多以古事为题，寓悲伤之旨。"徐寅咏史怀古之作也是如此，他身处唐代末期，昔日强盛的帝国不复存在，睹物思情，便把悲伤凄凉之情融入赋作之中。徐寅凭吊骊山脚下的秦陵，不免要思考强秦的速亡历史留给后人的启迪和教训。

---
① 王夫之评选.张国星点校.古诗评选[M].保定：河北大学出版社，2008：77.
② 彭定求等编.全唐诗[M].北京：中华书局，1960：2575.

《过骊山赋》第一段以"六国血于秦，秦皇还化尘。尘惊而为楚为汉，路在而今人古人"把秦吞并六国、秦帝死亡和当时的风云变幻概括得精炼而生动，首句来得突兀，下二句对比映衬得鲜明，使人读后为之震惊。尽管"时迁而金石非固，地改而荆榛旋新"，强秦倾覆已成为历史，但是秦王朝灭亡的过程及教训早留在每个古人、今人的心中，那"愁云黯惨，叠嶂嶙峋"大概也会使人悲愁地回顾当年秦亡时那一幕幕惊心动魄的惨景吧。第二段回顾了秦统一天下初期始皇的专横、刻毒。作者以周赧王贫弱衰败作比，十分鲜明地突出了秦始皇的残忍暴虐。作者还用夸张之笔描写了始皇欲统摄阴间、操掌鬼神的野心："扶桑几里，我鞭石以期通。溟海几重，我驱山而要塞。"进一步写出始皇不可一世的狂态。之后列举了始皇的专制、严刑、重赋，使人民苦不堪言。第三段回顾了秦统一天下后期始皇骄奢愚妄及秦帝国迅速灭亡的结局。起义的云雷兴起后，就连"叠叠层层，不骞不崩"的秦始皇陵墓，也在"骊山三月"大火中化为一片废墟。最后一段以古喻今，暗寓忧患。

　　本文题为"过骊山"，但通篇不着"骊山"，对骊山景致极少描写，以"吊秦陵"为由，以"想秦史"为体，构筑了独特的结构。主要内容以古感发，意在醒世，然而文字隐约。作者不敢锋芒直露，怕因此招来祸端，从最后两句貌似赞颂"皇唐"而实际却是针砭的话中，读者可以窥出作者的良苦用心。

　　徐寅律赋的唯美特点和他那种抑扬激昂、感伤衰飒的情思特色相融合，共同构成了清丽流变的风格特征。他常在华词丽句中表现出浓厚的感伤之情，以华丽的语言感慨世事与身世。他的《再幸华清宫赋》，铺陈了一系列凄冷愁苦之景，以寓世事沧桑之感："但见禁柳愁烟，宫槐暮蝉，苔昏而镜落金殿，岸改而汤拥玉莲。蝼首蛾眉，遗迹而空存处处；落花流水，无言而但送年年。"可以说，徐寅的赋自由洒脱，被认为"唐赋之后劲，宋赋之先声"，风格上既有唐赋的雅正冠冕，又具宋赋清丽流便、意致平浅之特征。

图4-4 骊山　　　　　　　　　　　　　　　　　　图4-5 丹凤县 武关遗址

第四章　文人颂秦岭

此外唐代以关隘为题的赋作大多也有怀古的内容。

王棨《武关赋》写出了和平时期作者登临武关的历史感怀。武关是战国时秦之南关，在今陕西商南县西北。《史记·楚世家》载楚怀王三十年（前299），秦昭王与楚怀王曾会于武关。《史记·高祖本纪》载汉高祖刘邦亦曾于此入咸阳。作者开篇描写了武关的地理位置及形势之险："路入商山，中横武关。倚重门之固护，屹峭壁以屠颜。""观乎地势争雄，山形互对。西连蜀汉之险，北接崤函之塞。"有如此险要之形势，武关不愧为一座雄关。作者用了对比的手法来表现武关的今昔。"昔在危时，屯千夫而莫守。今当圣日，致一卒以长闲。""世乱则阨限区宇，时清乃通流外内。"作者在文中不乏对当世的赞美："今则要害何虞，隆平已久。虽设险而如在，顾戒严而则不。""斯盖文修武偃，国泰时雍。"

唐初阎伯玙作《函谷关赋》。函谷关，在今河南灵宝县北，前为弘农涧水，河岸峻峭，关即设于谷中。早在战国时代函谷关就已经成为天下雄关之一。描写函谷关的，此前有汉代的李尤、晋代的江统，他们的构篇各不相同，李尤是将函谷关置于四方险关要塞的观照中映衬其形胜，江统则是直接描写其地理位置，而阎伯玙的《函谷关赋》则是着眼于函谷关的管辖区域及其人文胜迹。函谷关"城小而固"，能使"圣人以兴"，所以历代都有贤者志士"憧憧往来"，入关求学，图谋治世。赋中作者从三个不同的历史时代列举了三个代表人物：春秋时的老子入关而为周朝典藏史；商鞅是卫国人，仕魏后西入秦国，辅佐秦孝公使国家富强；汉代终军曾徒步入关求学。他们皆"知结草之可守，故习坎以无虞"。最后作者提出了治国既要"怀德"，又要"凭险"，深刻地体现了函谷关作为重要关隘的丰富内涵。

唐代张翌作《潼关赋》。潼关，故址在今陕西潼关县，古称桃林塞，秦代名华阳，无关。至东汉建安中，始建潼关，而且从此取代函谷关。张翌的《潼关赋》把潼关和函谷关看成一个关口，说明作者没有仔细考证，更没有实地考察。在古人以山川为题的赋中，这种情况是很常见的。赋中作者提出关防的重要性，他讲了两个历史故事：一个是战国时的孟尝君从秦国逃难，天没有亮而关不开，靠着手下人善学鸡鸣，侥幸蒙混过关。这事是从反面说明关防门禁的作用。另一个是秦朝将亡，刘邦先入关中为汉王，待项羽弃关中东归，便暗渡陈仓，略定三秦，夺取天下，定都长安。作者的结论是"故知建功定霸，期乎此关"，强调了作为帝都长安户牖的潼关的战略意义。

唐代这类登临关隘而怀古的赋作有一个共同的特点，就是作者登临此地时很自然地想起了与之相关的古人古事，从某种意义上说，怀古赋也可以算是作者在文化上的故地重游、沟通古今。

六、山水赋与秦川渭水

刘勰在《文心雕龙·诠赋》篇中说:"故其叙情怨,则郁伊而易感;述离居,则怆怏而难怀;论山水,则循声而得貌;言节候,则披文而见时。"可以看出,刘勰认为赋分四体,即怨情赋、述离赋、山水赋、节候赋。近代林纾继承刘勰的分类方法,较为直接地将赋按题材划分为叙情怨、述离异、论山水、言节候。现代学者程章灿教授在其《魏晋南北朝赋史》中将山水赋界定为:"所谓的山水赋,是指以描写山水从而体验山水的自然美为主体的作品。"

由汉至唐,有关秦岭的山水赋重要作品有杜笃的《首阳山赋》、班固的《终南山赋》、张衡的《温泉赋》、张正见的《山赋》、白居易的《泛渭赋》等,现依次介绍如下。

(一)杜笃《首阳山赋》

首阳山是秦岭第二主峰,海拔2720米,位于周至县九峰乡耿峪,东距西安60千米,西距周至县城30千米。景区人文景观星罗棋布,自然景观目不暇接。史载,商周交兵时,商朝上大夫伯夷、叔齐阻拦周武王大军未果,逐南行入山隐居,采薇而食,义不食周粟。每天清晨迎来第一束阳光,叹曰:奇哉美哉首阳山。所以此山得名首阳山。伯夷、叔齐在首阳山死后,儒家尊二人为圣贤,道家尊二人为大太白神和二太白神。首阳山上庙宇林立,景点众多,文化积淀深厚,留下许多美丽的传说。

杜笃(?—78),东汉学者,字季雅,京兆杜陵(今陕西西安)人。学识渊博,今存《首阳山赋》《论都赋》等10余篇。《首阳山赋》是最早以首阳山为题材的作品,赋文由写景和颂人两部分构成。

作者首先总体描写首阳山的地理风貌:"嗟首阳之孤岭,形势窟其盘曲。面河源而抗岩,陇堁隈而相属。"首阳山孤岭独立,山势高峻,曲折盘旋,面临黄河,峭岩叠起,山峦蜿蜒。接着六句逐层描绘山中的长松、卉木、青萝、穴溜、高岫、洞房,不仅显示出首阳山风景极有层次的立体美感,也渲染了伯夷、叔齐所居之地的隐秘深邃,尤其是"隐于云中",更给人留下了云雾缥缈的深刻印象,产生可望而不可即的神往之情,为下文颂人作了有力的铺垫。

后段歌颂伯夷、叔齐饿死首阳山的高洁美德。作者借助丰富的想象力,虚构了"我"邂逅二位贤者的情节,采用主客问答形式,通过二老自叙以介绍伯夷、叔齐不食周粟、饿死首阳山的故事,直接表现了他们的高尚节操。这样写既有文学的生动趣味,又有真切感人的力量。

本赋将写山与颂人相融一体,表达了作者正直不苟的情操,并在客观上以伯夷、叔齐的形象衬托了首阳山，增添了首阳山高朗俊杰的精神风貌，增强了山水审美的情趣。

（二）班固《终南山赋》

班固（32—92），字孟坚，扶风安陵（今陕西咸阳）人，东汉著名史学家、文学家。其《终南山赋》现为残篇，是现存最早的以"终南山"为题的赋作。这篇小赋记载于《初学记》，从现存的三段文字来看，作者选择了三个不同的视角，写来颇具特色。

赋文首先从空间角度描写终南山的奇美景致。作者以"伊彼终南，岿巖嶙囷"正面描绘终南山的高大挺拔。之后张衡《西京赋》中有"终南太一，隆崛崔崒"，傅玄在《叙行赋》中写"终南郁以巍峨"，孙楚《登楼赋》中也说"青石连冈，终南嵯峨"。这些说法均能显示终南山高峻的特征。班固在正面描写后，又奇想出"概青宫，触紫辰"的虚境，夸张形容终南山高入天际，已经高达天帝所居住的天宫了。山中吞云吐雾，飘忽不定，瞬息万变，"若鬼若神"，极为传神。这里既描绘出云雾缭绕的动态美，又烘托出山势的高耸入云。山中瀑布飞泻，泉水流淌，作者用"荣期绮季"的典故，表明这里是让人静心的佳境。

图4-6 班固画像

第二段从时间上来描写终南山的春色之美。如果说第一段是远眺，那么这里便是身临其境的游览了。在春末夏初天气明朗的日子里，作者游览终南山，山中风景别致：树木碧玉般挺立，蜂巢相连，凤鸟翔鸣，清泉潺潺。作者认为自己终于找到修身养性的福地了。

第三段作者提出了"至德为美"的理想追求。他希望社会能像终南山那样永世美好。这体现了班固自然审美思想的极高价值，他将自然美与社会美、人情美融合成一个整体，宣泄着自己热爱自然、热爱生活、热爱社会的激情。

本赋当是作者随从帝王祭祀终南山时所献的作品，既是献赋之作，就少不了对帝王的颂扬。但从现存的文字来看，本赋主旨不在颂扬，而是借以表达作者的政治理想。

（三）张正见《山赋》

张正见（？—575），字见赜，清河东武城人。著有文集十四卷（《两唐书志》作四卷），其五言诗尤佳，大行于世。

以山为题材的赋作很多，而此赋独具一格。因为它不是具体地展现某座山的景色，而是着眼于九州天下，总体描写祖国大地万山的风采，从这个意义上来看，此赋是绝无仅有的佳作。

一山一水，在赋家的笔下往往是数百千言而欲罢不能。张正见的《山赋》仅用不足二百字的篇幅，就揽括了天下万千群山。这尺幅万山之势的高明技巧在哪里？作者构篇的精巧就在于总体和具象相错综，典型和一般相辉映。以总体构象，突现九州群山之多之美；以具体描写，展现天下群山之奇之险。

赋文首段是总体描绘。开篇"何神山之峻美，谅苞结之所成"，饱含着作者对祖国群山的热爱，赞颂了群山神奇、高峻、秀美的风采。

第二段具体描绘群山峻美的形态特征。作者没有以五岳为对象，而是有精巧的选材。五岳作为天下名山，似乎盖全了万千群山的风貌，"五岳归来不看山"的审美心理，正说明了群山再美也超不过五岳，那么群山之美则淹没在五岳盛名之中了。其实，九州群山有数不尽的奇美是五岳不可替代的，正是出于这种审美追求，作者选择的不是五岳，而是一般的山岳，"武当太和，武功太白，昆仑五门，扶宁三石"，即武当山、太白山、昆仑山、扶宁山，它们才足以反映群山之美。

武当山，又名太和山，为道教七十二福地之一。昆仑山，又称昆仑虚，是中国的一座神山，万祖之山。扶宁，位于河北省东端，今隶属于秦皇岛市，与辽宁接壤，东南临渤海。

武功太白，是指秦岭主峰太白山。汉代有民谣："武功太白，去天三百。孤云两角，去天一握。山水险阻，黄金子午。蛇盘鸟栊，势与天通。"大意是武功县的太白山很高，离天只有三百尺，环绕太白山的云，离天只有一拳那么近；太白山战略地位十分重要，位于秦岭的子午谷；山势曲折险峻，高耸接天。整体而言，这首民谣说的是太白山势雄壮高拔，突出的是一个"高"字。因这首汉代歌谣广泛流传，也就有了"武功太白"的说法。太白山，位于今陕西宝鸡眉县、太白县、西安市周至县，海拔3767米，因山顶终年积雪，银光四射，故称太白，为秦岭的主峰。这是中国古代赋中第一次出现"太白山"，虽然简略，但也反映出了太白山的特点——高耸挺拔，冬夏积雪。

这段赋文中，赋家变换三个角度，逐层渲染群山之美。"峰高一万，峭峙三百"，这夸张之笔，极显山峰高耸入云、陡峭险峻的雄姿。"登而眺之，则千里无极；俯而临之，则万仞难测。"远眺、俯视，从不同的视角来描写，衬托出群山高大雄伟的态势。"映白鹤而同高，混青天而共色。"群山凌空而起，同直上青天的白鹤一般高，与苍茫的青天浑然一体。这里连用"一万""三百""千里""千仞""同高""共色"等夸张词语，多面烘托，形象鲜明而强烈。

（四）王昌龄《灞桥赋》

灞桥位于西安城东12千米处，是灞河上一座颇有影响的古桥。春秋时期，秦穆公称霸西戎，将滋水改为灞水，并修"灞桥"。王莽地皇三年（22），灞桥水灾，王莽认为不是吉兆，便将桥名改为长存桥。

灞桥一直居于关中交通要冲，它连接着西安东边的各主要交通干线。《雍录》中指出："此地最为长安冲要，凡自西东两方而入出崤、潼两关者，路必由之。"唐朝时，在灞桥上设立驿站，长安人送别亲友，一般都要送到灞桥后才分手，并折下桥头柳枝相赠。久而久之，"灞桥折柳赠别"便成了特有的习俗。

唐代有专门写灞柳的诗篇，如罗隐的《柳》："灞岸晴来送别频，相偎相倚不胜春。自家飞絮犹无定，争解垂丝绊路人。"也有专门写"折柳送别"的诗篇，如戴叔伦的《赋得长亭柳》："濯濯长亭柳，阴连灞水流。雨搓金缕细，烟裹翠丝柔。送客添新恨，听莺忆旧游。赠行多折取，那得到深

图4-7 灞河美景

秋？"杨巨源的《赋得灞岸柳留别郑员外》："杨柳含烟灞岸春，年年攀折为行人。好风傥借低枝便，莫遣青丝扫路尘。"

据《唐诗纪事》记载："雍陶有一次送别故旧，行至灞桥，问随从曰：'此桥为何称情尽桥？'随从道：'因送别到此为止点，故称之情尽桥。'雍陶有感惜别之情：'从来只有情难尽，何事名为情尽桥。自此改名为折柳，任它离恨一条条。'"这就是脍炙人口的《折柳桥》。悠悠千年，灞桥柳年年见绿，柳絮飞舞如雪，它见证了人间多少的离别，又成为多少游子思妇梦中的思念伤心之地！

王昌龄的《灞桥赋》分三层来写。第一层写圣人造舟、车以利天下。以大禹开凿山川、治水，通畅河道，并架桥、修路使舟车行驶至四方要荒为例说明。第二层写在灞水上架桥，这座桥成为秦地交通要冲，连接着东西交通干线。灞桥宏伟，如长虹横空，桥下灞水湍急，声响巨大。东陵人来往于此桥，眺望远方，常常感叹王朝更替不断，由周到秦覆亡不止，唯有灞水浩浩荡荡不曾改变。人们在感叹历史荒谬的同时，更多体会到的是这座桥的价值。第三层写灞桥四周风光旖旎，桥上人流如织，东往西来。最后作者感叹这座桥见证了王朝的兴盛，而自己只能偏于一隅，仰视云霞，倚柱叹息。

这篇赋虽短小，却意义深邃，既写出了灞桥的重要性，如便利了人们的交通，又将架桥与圣人明君相连，赋予桥更宏大的政治意义。同时，王昌龄以清醒的头脑认识到王朝的变迁是难以阻挡的，桥的存在可以超越有限的时间，见证历史，评判历史。

（五）白居易《泛渭赋》

《泛渭赋》是一篇抒情小赋，也是一首感恩戴德、歌颂升平的赞歌。

唐德宗贞元二十年（804）春，白居易为校书郎，徙家下邽故里，写下了《泛渭赋》。序中表明写作此赋的目的是："既美二公佐清净之理，又荷二公垂特达之恩，发于嗟叹，流为咏歌。""二公"指高公、郑公。高公，高郢（740—811），字公楚，拜太常卿。贞元十九年冬，进位银青光禄大夫，守中书侍郎、同中书门下平章事。郑公，郑珣瑜（738—805），唐代宰相，字元伯，河南荥泽（今郑州市）人。白居易在序中特地强调二公掌贡举、领选部，也就是说这两位是他参加科举考试的主考官，由于二公赏识白居易，才有了白居易在德宗贞元十九年高中及第。知遇之恩不可不报，对于年轻的白居易来说，最方便的做法就是拿起笔来，把这种感激之情"发于嗟叹，流为咏歌"。

白居易较为顺达的仕途，奠定了这篇赋的色调：明快、乐观、热情、自信。

赋正文紧紧围绕泛舟渭水之"乐"写来,"乐"字在不足500字的正文中出现9次,可谓显眼极了。赋正文分三层:第一层写亭亭华山、三峰白云、沿渭水百里清流泛舟,作者"乐天和而不忧",感叹自己有幸生逢和平时代。第二层写唐德宗在位重用二位贤相(高公、郑公),朝廷四门大开,招引天下儒生才俊,所以作者有幸到朝廷做官任职。家离京城百里,每月可以回家两次,自家院落距渭水仅百步之遥,一天去水边三次都可以,即使傍晚日暮时分泛舟渭水也是可以的。紧接着作者用最富有诗意的语言描绘了渭水美景:"夜分兮扣舷,天无云兮水无烟。迟迟兮明月,波澹滟兮棹夤缘。日暮兮舟泊,草萋萋兮沙漠漠。习习兮春风,岸柳动兮渚花落。"此时此刻,鸟有鸟的乐,鱼有鱼的乐,人有人的乐,即"我乐兮圣代,心融融兮神泄泄"。这一层为本赋最精彩的部分。第三层,作者指出万物各得其乐的根本原因在于"圣贤相契",即君臣关系融洽,彼此默契。这就能聚成五福、消除六诊,带来社会的安泰。作者认为鸟兽只知快乐而不知感恩,比较于鸟兽,作者在享受快乐的同时更有对圣君的感激、对赏识重用自己的贤相的"愧疚"。"愧"中隐含着白居易初入朝廷想有所作为但不知如何作为,想报效朝廷但不知如何报效的焦急与不安。

总之,这篇赋是白居易初入仕途所写,真实反映了这位青年才俊踏上政治舞台后的无限感激、难以抑制的兴奋、积极昂扬的政治热情。显然,渭水的美景折射出的是青年白居易巨大的政治热情与有为追求。

除白居易的《泛渭赋》外,唐代还有三篇与渭水有关的赋,即卫次公的《渭水贯都赋》、刘珣的《渭水象天河赋》、独孤授的《泾渭合流赋》。

卫次公的《渭水贯都赋》,主要反映了唐人"天垂法,君必取""君德配天,故法于上帝"的理念,在这些理念的支配下,对帝都的规划、建设处处体现、运用天象知识。咸阳城横跨渭河,以地势高亢之渭河南北区为主体,呈俯瞰全城之势,从而显示帝都之尊。如果再结合以咸阳城为中心的全国水运交通网络来观察,更令人感到这套规划结构的磅礴气势和君临天下的宏伟壮观。当然,这篇赋的主旨是篇末提出的祝愿,这种祝愿是每个个体、每位有识之士共同的心声:盛世永驻。

刘珣的《渭水象天河赋》,在铺叙汉代长安城与渭水的密切关系中强调的是渭水像天河般的清明。清明的渭水,喻示着清明的政治。如何实现政治清明?关键在于要明白"坎德之灵而主乎渭"。此为这篇赋的主旨所在,反映了作者及唐人的政治观。《易·说卦》:"坎为水。"又《易·谦》:"谦谦君子,卑以自牧也。"坎德,指水就下的性质,因以喻君子谦卑的美德。谈政治时,坎德指帝王应具有谦卑的政治素养,实施体恤万民的政治制度。

独孤授的《泾渭合流赋》对泾之浊有独到之见解。"惟浊也,含垢之义形。共导金气,咸通井星。"一个"义形",一个"金气",启人疑窦,细思时,才明白独孤先生另一层深意,泾以其浊秉义惠民,含金气而"殷富神州",真让人如醍醐灌顶。此外,这篇赋强调清、浊只是河流颜色的不同,究其本质来看,凡河水均利万物。泾、渭"同功一体,叶灵通气"的说法,是破除清、浊之辨的有力说法。赋篇结语"彼独清而无偶,非达识之所谓",已由泾渭二水合流问题上升到个人与他人、群体、社会的关系问题。显然作者更强调的是个人与他人的"和",个人与群体的"和",个人与社会的"和",反对的是"独清"。

《泛渭赋》等四篇与渭水有关的赋作,篇幅均不长,为小赋。赋中均以四、六字句为主,杂以七、八、九等长字句。每位赋家都能将一篇咏物之作与时政联系,小中见大,可谓上乘之作。除此,这四篇渭水赋具有唐代赋的共同特点,即"雅正",此说来自清代李调元《雨村赋话》中"以雅正为宗"一语。唐代无论官试、私试,抑或个人创作,大多数作品完成的是儒家经义的"现代化"写作,存有一种"儒家经典再解读"倾向,即题目(包括限韵)、立意、典故等多从儒家经典中进行取义,甚至直接地撷摘。白居易在《赋赋》中指出:"我国家恐文道浸衰,颂声陵迟。乃举多士,命有司。酌遗风于三代,详变雅于一时。全取其名,则号之为'赋';杂用其体,亦不违乎《诗》。四始尽在,六义无遗。是谓艺文之警策,述作之元龟。"白居易把赋的特点称为"四始尽在""六义无遗",且"不违乎《诗》",实未脱离传统儒家文论范畴。从这四篇赋创作的实际情况来看,白氏之论较为中肯。

山水赋作为一种独特的类型,它所体现出的审美特征是博大雄奇、宏伟壮丽。它是中国文人审美意识和艺术表现力不断提高的风向标,也是他们审美观照力不断增强、审美活动不断深入的历史记录。

第二节 游记与秦岭

  中华民族是一个对山有浓烈情感的民族。就中国山水游记形成而言，先秦、秦汉时期，中国人的山水意识已经形成，是山水游记的萌芽时期。魏晋南北朝时期是中国游记形成的重要时期。这个时期对游记形成影响较大的是地记（对所记对象的地理方位等有关信息的记录）和行记（游客旅游行踪的记录）。总的发展趋势是：随着历史的发展，地记、行记逐渐演变为游记。因为地记、行记自然而然地包含了行踪、景观、感受，这实际上也就是游记文体的三要素：游踪、游观、游感。我国游记正式形成的标志应当是郦道元的《水经注》。唐代是我国游记文学发展的重要时期，经过宋元的再发展，明清时达到顶峰。

  中国古代游记可分为两大类：一为文人游记，二为学者游记。前者以描摹自然景色、表现作家审美情趣为主；后者以记载地理知识、利于地理考订为主。称文学游记为文人之游，并非指这类游记的作者不是学者，而是强调这类游记以模山范水为主。称舆地游记为学者之游，亦非说这类游记无文学艺术价值，只是说这类游记更注重地理知识的记载。因此，舆地游记与文学游记相互区别的主要标志，是游记文体要素中景观描写、游踪、游感记载的详与略。秦岭游记也可以大致分为舆地游记和文学游记两大类，而以文学游记为主。

秦岭是中华民族的父亲山，自古就是中华民族的文化家园。有关秦岭的游记，也大体经历了这样的发展过程。总的看来，秦岭游记主要围绕着两个方面来写，一是秦岭的山势与景色，二是秦岭的宗教（佛教和道教）历史文化渊源。秦岭游记的主要特点是集山水之美和深厚的文化底蕴于一体，有着非常鲜明的特色。秦岭游记是中国山水游记的重要组成部分，其中华山游记和太白山游记更是中国山水游记的精品。

本节主要以终南山游记、华山游记、太白山游记、辋川游记、骊山游记为重点。

一、古代典籍中的秦岭影像

秦岭横贯华夏大地东西，是中国南北方的界山。它既是中国乃至世界重要的生态系统，更是中国历史和文化的见证。

秦岭古称"南山"、"终南"或"华山"。先秦文献《尚书》《山海经》《周礼》《诗经》《国语》《吕氏春秋》《商君书》《尔雅》《晏子》《列仙传》等均有提及。

《尚书·禹贡》中有："荆岐既旅，终南、惇物，至于鸟鼠。"[1]这里的"终南"，就是终南山，指秦岭山脉。《诗经》中"南山"诗、"终南"诗，记录了周人对"南山"山势的高险、物产的丰富、景致的美丽等的描写，从《诗经》有关记载看，秦岭已经成为周人的生活家园。这些记录对后世关中地志产生了重要影响。

《山海经》是我国最早的地理著作，其渊源很早，而大部分作于战国时期。《山海经·山经》总共有5篇，记录的山系有26种，山名477个。在可以确认的山系中（如华山、东泰山、昆仑山、日月山、洞庭山、螺壳山等），首要的就是华山。《山海经》的华山是山脉，就是今天的秦岭山脉。有学者认为，《西山经》是《山海经·山经》原始首篇的经文，与周人崇尚周王故地，把西周京畿之区视为首要之地相符合，因此，应当是关中地方志的雏形。《西山经之首》《中山经之首》《中次五经》《中次六经》都以华山为中心。下面以《西山经》为例说明。

《西山经》："西山经华山之首，曰钱来之山，其上多松，其下多洗石。"[2]

《西山经》里的华山有两种意义：就狭义而言，即今天的华山；就广义而言，是指山脉，即今天的秦岭[3]。这里的华山，指山脉，这个山脉最东端就是"钱来之山"。古者"钱""泉"通字，钱来之山以"泉来"得名。其山乃与华山同一山脉而在其最东，即所谓"华山之首"。而周人以距京畿之地较近之处的山名曰华山，与华夏一词有关，华、夏古字音同，有以华夏正统自居之意。

再看《西山经首经》紧接着的一系列记载：

---

[1] 十三经注疏[M].北京：中华书局，1983：150.
[2] 郭郛.山海经注证[M].北京：中国社会科学出版社，2004：72.
[3] 刘安琴.长安地志[M].西安：西安出版社，2007：7.

在钱来山"西四十五里，曰松果之山"①，松果之山"又西六十里，曰太华之山，削成而四方，其高五千仞，其广十里，鸟兽莫居"②。

"太华之山"就是后来意义上的华山，这里主要突出了华山的形状、险峻、寒冷。

又西八十里，曰小华之山，其木多荆杞，其兽多㸲牛，其阴多磬石，其阳多㻬琈之玉。鸟多赤鷩，可以御火，其草有萆荔，状如乌韭，而生于石上，赤缘木而生，食之已心痛。③

"小华之山"即今天的少华山。

又西五十二里，曰竹山，其上多乔木，其阴多铁。有草焉，其名曰黄雚，其状如樗，其叶如麻，白华而赤实，其状如赭，浴之已疥，又可以已胕。竹水出焉，北流注于渭，其阳多竹箭，多苍玉。丹水出焉，东南流注于洛水，其中多水玉，多人鱼。有兽焉，其状如豚而白毛，大如笄而黑端，名曰豪彘。④

竹山，俗名大秦岭，也叫箭谷岭，在今渭南市东南20千米。

又西百二十里曰浮山，多盼木，枳叶而无伤，木虫居之。有草焉，名曰薰草，麻叶而方茎，赤华而黑实，臭如蘼芜，佩之可以已疠。⑤

浮山，即临潼区东南与骊山连麓的浮山，一名地肺山，即今天的商山，商山四皓隐居处，也就是终南山。

又西七十里，曰羭次之山，漆水出焉，北流注于渭。其上多棫橿，其下多竹箭，其阴多赤铜，其阳多婴垣之玉。有兽焉，其状如禺而长臂，善投，其名曰嚣。有鸟焉，其状如枭，人面而一足，曰橐𩇯，冬见夏蛰，服之不畏雷。⑥

羭次之山，即周民族的发祥地岐山，也有说是太白山，是雄绵羊的神山。

又西百五十里，曰时山，无草木。逐水出焉，北流注于渭，其中多水玉。⑦

时山，在终南山东，今长安区正南的秦岭。

又西百七十里，曰南山，上多丹粟。丹水出焉，北流注于渭。兽多猛豹，鸟多尸鸠。⑧

---

① 郭郛.山海经注证[M].北京：中国社会科学出版社，2004：74.
② 郭郛.山海经注证[M].北京：中国社会科学出版社，2004：76.
③ 郭郛.山海经注证[M].北京：中国社会科学出版社，2004：76.
④ 郭郛.山海经注证[M].北京：中国社会科学出版社，2004：76.
⑤ 郭郛.山海经注证[M].北京：中国社会科学出版社，2004：76.
⑥ 郭郛.山海经注证[M].北京：中国社会科学出版社，2004：90.
⑦ 郭郛.山海经注证[M].北京：中国社会科学出版社，2004：93.
⑧ 郭郛.山海经注证[M].北京：中国社会科学出版社，2004：93.

南山即今终南山，《尚书》叫"终南山"，《左传》叫"中南山"，《诗经》叫"南山"。

又西四百八里，曰大时之山，上多榖、柞，下多杻、橿，阴多银，阳多白玉。涔水出焉，北流注于渭。清水出焉，南流注于汉水。①

大时之山即今太白山。"大时"即泰畤，五畤之一，起于黄帝，大禹因之，秦襄公时作西畤，祠白帝，是古代举行盛大典礼或祭祀最神圣的图腾神、最崇拜的祖先的地方，故名大畤。

以上引文中所记诸山，今天看来都属于秦岭山脉，都在西安周围。《西山经》总名之为华山。山的范围本来就不好确定，因此，尽管今天看来《西山经》所指范围不是十分明确，也有同名而指不同的现象（如华山），但大致还是可指实的，如上述的太华山、少华山、箭谷岭、浮山、商山、终南山、太白山等。在上述所有山中，有两座山最有地位，一是华山，一是太白山。《西山经》最后总结：

凡西经之首，自钱来之山至于騩山，凡十九山，二千九百五十七里。华山冢也，其祠之礼：太牢。羭山神也，祠之用烛，斋百日以百牺，瘗用百瑜，汤其酒百樽，婴以百珪百璧。其余十七山之属，皆毛牷用一羊祠之。烛者，百草之未灰，白席采等纯之。②

这里的"华山"，就是今天的华山。华山是关中的门户，也是关中的标志和镇山。贾谊《过秦论》曰："秦王续六代之余烈……然后践华为城，因河为池。"③可见华山地位的重要。祭祀在古代是头等大事，周人处华山和太白山之间，华山、太白山就成了周人心目中的神圣之山，在祭祀中地位最高。这种定位，大概和这两座山高峻奇险及其地理位置有关。从上述《西山经》的有关记载可以看出，《西山经》可以看作最早的系统的对关中周围山河的记载，可视为后世关中地志的雏形。

就游记而言，《山海经》的意义是：

第一，山名、水名、里数、物产的记载十分明确。因为种种原因，虽然《山海经》所记的山、水名，特别是山名，现在大多数不可考，但可考者三分之一多。具体记录方式是：由大到小，先言山系走向，按照一定里数逐次记录，主次分明。每座山先言位置（什么方向、多少里），次言物产及其作用。上引《西山经》诸例记录方式的特点是以华山为中心，由东而西。先记山名，次记里数，再次记河流、物产。且记录中皆以华山为初始的标识。上述诸山的记载，皆言物产、里数等，只有太华山

---

① 郭郛.山海经注证[M].北京：中国社会科学出版社，2004：95.
② 郭郛.山海经注证[M].北京：中国社会科学出版社，2004：113.
③ 司马迁.史记[M].北京：中华书局，1959年标点本：1963.

（即今天的华山）例外，不记山名、里数，而是突出了太华山的形状、险峻、寒冷，这可算是突出华山的一笔。上引诸条可以视作先秦时期最集中的对于秦岭山脉及其河流的记录。这虽不是后世意义上的地记，但就游记文学而言，《山海经》的这种记录方式也可以看作游踪的雏形。

第二，记录中突出丰富奇特的物产。《西山经》的物产记录，可视作对《禹贡·导山》"荆岐既旅，终南、惇物"之"惇物"的生动具体的解释，这里的"物"，有植物，有动物，有矿物。这些物产主要是生活所用的材料，如木、石、竹、草、动物、矿物等，也有的是医病、致病的药物。古代生活艰难，山上的动植物是非常重要的生活资料的来源。这些貌似客观的记录，也流露着一种对大好河山的热爱和好奇，为后世历代游记中常见。这也可以看作游记文学中游观、游感的雏形。

第三，《山海经》文字简练、老到，字里行间显露出极深的文字功夫。这种文风开《水经注》《徐霞客游记》一路的先河，形成一种特有的游记行文格式，影响非常大。

总之，《山海经》的这些特点既是后世地记的重要渊源，也是后世舆地游记的重要渊源。

秦汉以后，地记的数量更多，也更加系统。《史记·秦始皇本纪》有"郡书""郡国之书""郡国地记"的记载，《萧相国世家》记载得更加具体：

沛公至咸阳，诸将皆争走金帛财物之府分之，何独先入收秦丞相御史律令图书藏之。沛公为汉王，以何为丞相。项王与诸侯屠烧咸阳而去。汉王所以具知天下阨塞，户口多少，彊弱之处，民所疾苦者，以何具得秦图书也。①

萧何虽秦小吏出身，但他知道"丞相御史律令图书"的价值。在这些书中，最有价值的当推"具知天下阨塞，户口多少，彊弱之处，民所疾苦者"的书，这些主要应当是地记的内容。秦都咸阳，汉都长安，有关关中的山水记录也自然更加系统、详细。《汉书·武帝纪》载，汉武帝曾经在甘泉宫亲自受计，每年一次，即使边远地区也不能偶尔或缺。计书实际上是地记的一种记载形式，是后来地方志的雏形。可知撰述郡国地志不仅为当时一项要政，也有其传统渊源。这些书为朝廷太史所藏，其中也有流传到社会上的，由此可以推想，当时的计书撰述已经相当普遍。不幸的是，这些资料在流传过程中失传了。魏晋南北朝时期，长安无疑是最重要的地区之一，有关地记也应不少，只不过时久而散佚。据统计，秦汉、魏晋南北朝时期关中散佚的地记有《三秦记》《三辅宫殿名》《三辅耆旧传》《关辅古语》《京兆耆旧传》《雍州图》《雍州记》《关中图》《关中记》等多种。所幸，上述典籍的一些记载，保存在有关类书或相关典籍里，现在还可以零星地看到几条。如据有关资料所引、张澍

---

① 司马迁.史记[M].北京：中华书局，1959：2014.

辑佚的《辛氏三秦记》：

咸阳，秦所都也。在九崚山南，渭水北，山水俱阳，故名咸阳。胡亥时，阎乐为咸阳令。①

龙首山长六十里。头入渭水，尾达樊川。头高二十丈，尾渐下，高五六丈，土赤不毛。昔有黑龙从山出，饮渭水，其行道因成土山。今长安城即疏山为台殿，基址不假筑。②

由上可以窥见咸阳、长安的一些情况及记载方式。

因为秦汉以后关中地记多已散佚，有关秦岭的记载也就不得而知，但从《水经注》、《文选》注和唐代类书中可窥见一些。《水经注》《文选》成书于南北朝，《艺文类聚》成书于唐高祖李渊武德七年（624），《初学记》成书于唐玄宗李隆基在位期间，这些书所录秦汉隋以前古书，据统计现在已经十不存一。为了行文的方便，在各有关专节里介绍。

天下名山，莫奇于华山，莫险于太白。秦岭游记是中国游记里的重要内容，尤其是华山游记、太白山游记，堪称中国游记的精品，中国游记因它们而增色。

二、华山游记

华山被称为"西岳"，是我国著名的五岳之一。

华山游记也是在历代地记、行记的基础上逐步形成的。据《艺文类聚》等记载，唐前有一部《华山记》，应该是专门的华山地记。南宋陈振孙《直斋书录解题》云："《华山记》一卷，不知名氏。"③可见已经较古。宋以后亡佚。《艺文类聚》摘录如下：

《华山记》曰："华山高岩四合，重岭秀起，上有石池，北有石鼓，父老相传云，尝有闻其鸣者。"④

《艺文类聚》还摘录《述征记》⑤有关华山的记载：

《述征记》曰："华山对河东首阳山，黄河流于二山之间，云本一山，巨灵所开，今睹手迹於华岳，而脚迹在首阳山下。"⑥

---

① 刘安琴.长安地志[M].西安：西安出版社，2007：27.
② 刘安琴.长安地志[M].西安：西安出版社，2007：28.
③ [宋]陈振孙.直斋书录解题[M].上海：上海古籍出版社，2005：261.
④ [唐]欧阳询.艺文类聚[M].上海：上海古籍出版社，2007：132.
⑤ 此书《直斋书录解题》《郡斋读书志》均不载，从《初学记》引录看，可能与《华山记》有一定关系。
⑥ [唐]欧阳询.艺文类聚[M]上海：上海古籍出版社，2007：132.

徐坚《初学记》卷五所引《华山记》《述征记》不同于《艺文类聚》，引录如下：

《华山记》云："山顶有池，生千叶莲花，服之羽化，因曰华山。"（又《白虎通义》云：西方为华山，少阴用事，万物生华，故曰华山。）

郭缘生《述征记》及《华山记》云："山下自华岳庙列柏，南行十一里，又东回三里，至中祠。又西南出五里至南祠。南入谷口七里，又至一祠。（凡欲升山者皆祈祷焉。）又南一里至天井。天井才容人上，可长六丈馀。出井如望空视明，如在室窥窗矣。出井东南二里，至峻坂斗上，又东上百丈崖，皆须攀绳挽葛而后行。又西南出六里，又至一寺，名胡越神寺。又行二里，便届山顶。上方七里，有灵泉二所，一名蒲池，一名太上泉。池北有石鼓，尝闻其鸣。其上有三峰直上，晴霁可睹。"[1]

从上述引录看，《述征记》《华山记》应该是典型的地记，注重里数、方位、地势、山的成因等的记载，可见舆地型游记与地记有十分明了的渊源关系。这种情况最典型的表现在《水经注》里。

郦道元（470—527），字善长，汉族，范阳涿州（今河北涿州）人，我国著名的地理学家。他博览奇书，幼时曾随父亲到山东访求水道，后又游历秦岭、淮河以北和长城以南广大地区，考察河道沟渠，搜集有关的风土民情、历史故事、神话传说，撰《水经注》四十卷。

郦道元写《水经注》，既离不开自己的考察走访，特别是北方的河山，他基本走遍了；同时也参

图4-8 《水经注校证》

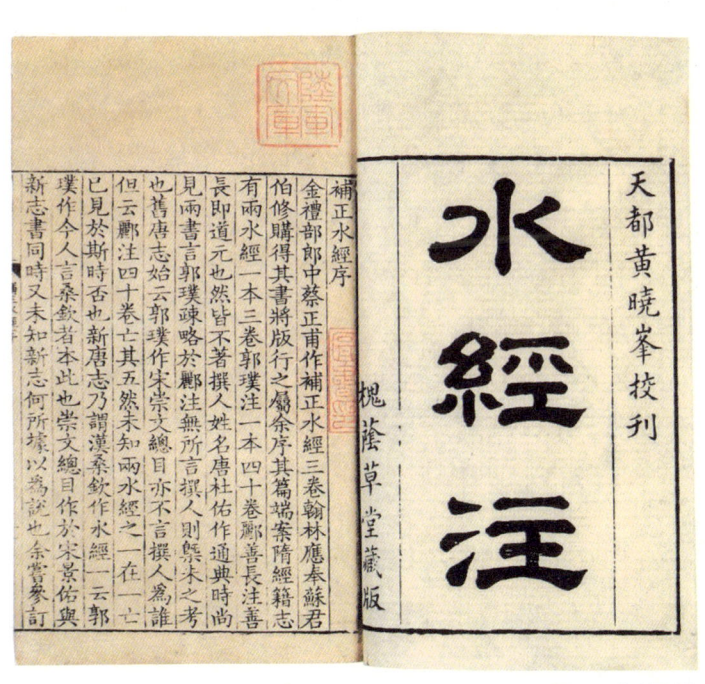

图4-9 《水经注》

---

[1] [唐]徐坚.初学记[M].北京：中华书局，2004：98-99.

考了大量前代相关典籍。如文学史上久负盛名的《水经注·江水·三峡》一段，其实并不是郦道元的手笔，而是借用了之前的一位地理学家的材料。由此我们可以窥见北魏前有关地记、行记发达的情况以及《水经注》与之前地记、行记的渊源关系。

郦道元被誉为我国游记文学的开创者，对后世游记散文的发展影响颇大。《水经注》卷四《河水注·华山》、卷十九《渭水注·华山》是华山游记形成的标志，也应该是中国游记文学形成的标志之一。由此可见华山游记在中国游记文学中的地位。华山游记是中国名山游记中数量较多、秦岭游记中数量最多、质量一流的游记。

从发展阶段上划分，华山游记大致分为两个阶段：宋以前为第一个阶段，宋以后为第二个阶段。第一个阶段是华山游记的形成发展时期，第二个阶段是华山游记的顶峰时期。从游记本身的内容看，可以大致分为两大类：一是舆地游记（或者叫学者游记），一是文学游记（或者叫文人游记）。

（一）华山舆地游记

郦道元是华山游记形成的标志性人物，《河水注·华山》《渭水注·华山》是华山游记形成的标志性作品。

《渭水注下·华山》是典型的地记、行记，主要记载华山有趣的传说。先记载了华阴县的来历，其次叙述了华山的记载和多种传说故事：先述上引《西山经》的有关记载，接着讲了秦昭王登华山、卫叔卿逍遥华山顶峰的故事，接着又叙述了有关的碑和庙，使我们知道当时华山的碑、庙等人文景观的情况。《渭水注下·华山》也十分传神地记载了郦道元观看华山两大瀑布的感受："山上有二泉，东西分流，至若山雨滂湃，洪津泛洒，挂溜腾虚，直泻山下。"这个记载在今天所能看到的华山游记中是比较早的。

相比之下，《河水注四·华山》集中记载了游华山的经历和感受，游踪、游观、游感一应俱全，应当视作最早的华山游记，也是中国文学中较早的游记。

游踪清晰：郦道元从下庙这条线路开始登，至中祠、南祠、"石养父母"、"天井"、百丈崖、胡越寺、夹岭（搦岭）、峰顶。地名与地名之间记里数、方位。一路写来，游踪清楚。

游观、游感生动：如天井的奇险："井裁容人，穴空迂回，顿曲而上，可高六丈余。山上又有微涓细水，流入井中，亦不甚沾。人上者皆所由涉，更无别路。欲出井，望空视明，如在室窥窗也。"①登百丈崖时的情景:"升降皆须扳绳挽葛而行矣。南上四里,路到石壁,缘旁稍进,迳一百余步。"②

游踪的真实是判断游记不可或缺的因素。从《河水注四》的有关记载及其他有关史实推断,我们有理由说,郦道元登上了华山的顶峰,是身游万仞,不是神游万仞。因为游踪是真实的,因此游观、游感也是真切生动的。

如从后世有关游记的分类看,郦道元的华山游记可归入学者的舆地游记一类。其特点是科学考察与艺术描摹有机结合,这是他在前人基础上的创造发明,对后世也产生了重要影响。

郦道元之后,出现了更多华山的舆地游记,最典型的就是《徐霞客游记》中的《太华山游记》。

徐霞客(1586—1641),名弘祖,字振之,号霞客,南直隶江阴(今属江苏)人。明代的地理学家、旅行家和探险家。以问奇于名山大川为志,自22岁起出游。30余年间,东涉闽海,西登华山,北及燕晋,南抵云贵两广,游历了今日的江苏、浙江、山东、河北、山西、陕西、河南、安徽、江西、福建、广东、广西、湖南、湖北、贵州、云南等地。

太华山即华山。《太华山游记》是文学性舆地游记的代表,是文学与地学的二重奏。此文写自己登山之感的篇幅不多,也没有像其他登华山的游记那样详细记录华山的奇险。所以其特点鲜明:

第一,对日期、道里、行程、路况、登临方式等的详载。如:

"(天启三年,即1623年)三月初一日,入谒西岳神,登万寿阁。向岳南趋十五里,入云台观。……循溪随峪行十里,为莎萝宫,路始峻。又十里。为青柯坪,路少坦。五里,过寥阳桥,路遂绝。攀锁铁链上千尺㠉,再上百尺峡。从崖左转,上老君犁沟,过猢狲岭。去青柯五里,有峰北悬深崖中,三面绝壁,则白云峰

图4-10 徐霞客画像

---

① 杨守敬,熊会贞.水经注疏[M].南京:江苏古籍出版社,1999:313.
② 杨守敬,熊会贞.水经注疏[M].南京:江苏古籍出版社,1999:314.

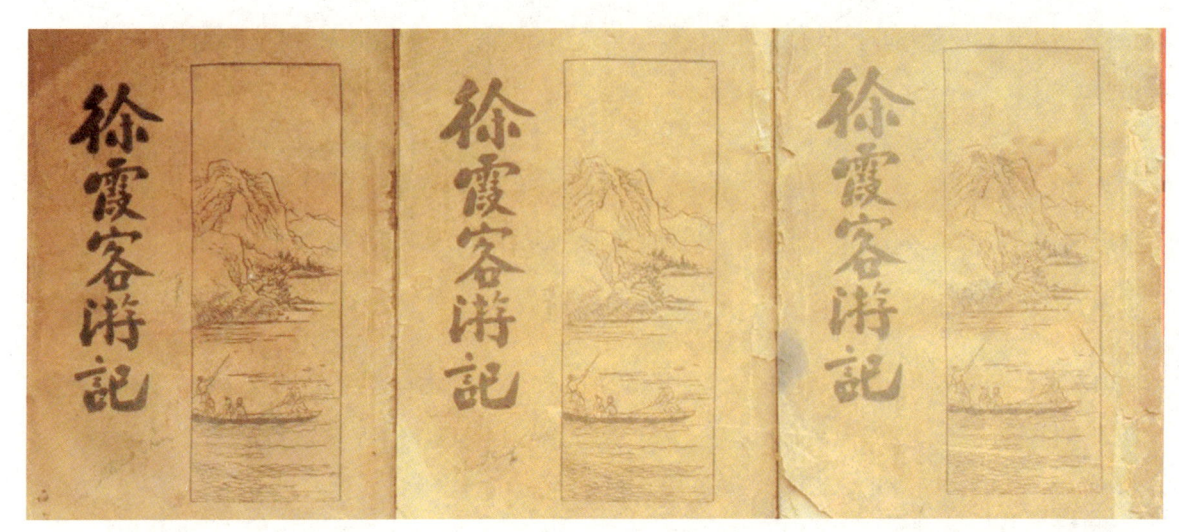

图4-11 《徐霞客游记》

也。舍之南,上苍龙岭,过日月岩。去犁沟又五里,始上三峰足。"①

这是一天行程的记载,充分体现出徐霞客对道里、行程等的重视。这也是徐霞客游记的普遍特点。

第二,对山脉、水脉走向分合的关注。如:

"二月晦,入潼关,……黄河从朔漠北方沙漠之地南下,至潼关,折而东。关正当河、山隘口,北瞰河流,南连华岳,惟此一线为东西大道,以百雉长而高大之城墙锁之。舍此而北,必渡黄河,南必趋武关,而华岳以南,峭壁层崖,无可度者。"②

这一点是徐霞客游记的共性,也是徐霞客游记与前代所有山水游记的明显不同,使他的游记与其他山水游记区别开来,形成特色。尽管我们说《徐霞客游记》有极强的文学性,但它的文学性并不是览胜中表现出来的,而是在考察山脉、河脉走向的过程中对沿途山水的精确描绘中表现出来的。这种描绘已不再是对一沟一壑、一草一木的精确欣赏,甚至也不是对一山一水的欣赏,而是对天地、对山河的一种激赏,气魄宏大,游记里少有比肩者。这种大气只有胸中有天地山河者方有。这也是徐霞客游记的独特魅力所在。

第三,简练中见文字功力。如上引一段文字:因为是游,所以句子主要用动词和名词、数词,基本上再没有其他词。不能再多一字,亦不能再少一字。句子基本上是短句,少则二字,多不过七八字,其间以动词接名词、数词,偶尔一两个副词、介词。句式基本上以动宾词组为主,间以副词短语、介词短语。这种写作手法,代表了华山舆地文学游记的最高水平。

① 朱惠荣.徐霞客游记校注[M].昆明:云南人民出版社,1999:62.
② 朱惠荣.徐霞客游记校注[M].昆明:云南人民出版社,1999:60.

（二）华山文学游记

华山游记的主体是文学游记。历代的代表作有：唐独孤及《仙掌铭》、王涯《太华仙堂记》；宋李复《华阴遇雨记》、王得臣《莲花峰记》等；明陈以忠《游华山记》、袁宏道《游华山记》《华山别记》《华山后记》、王履《游华山记》《华山图序》、李攀龙《太华山游记》、范彤弧《苍龙岭记》、乔宇《华山游记》、都穆《游华山记》等；清谢振定《登太华记》、屈大均《登华记》、乔光烈《登华山记》等。

作为游记，至少有两个基本因素：一个是游者，一个是游的对象。因此，天下名山的游记各有其特殊之处。由此审视华山游记，我们就会发现，华山游记在我国游记中特点非常明显。

在所有的旅游活动中，登山对人的要求最高。其中最主要的并不是体力，而是意志力、胆量和勇气，华山游记中多有冒死登临的说法。但是，光有意志力、胆量和勇气而没有适合自己的方法也不行。这在华山游记中表现得非常突出，几乎每一篇游记都不同程度的有这方面的表述。如北宋学者王得臣《莲花峰记》叙述了一个叫义海的和尚转述来自南方的潇洒人士王元冲登上华山顶峰的感受。义海告诉王元冲："兹山峭拔若削，自非驭风凭云，亦无有去理。"元冲曰："贤人勿谓天不可升，但虑无其志耳。"[①]最后王元冲以简陋的条件，用了20天的时间往返莲花峰一趟。

又如明乔宇《华山游记》把自己攀登华山的方法及体验如实叙述出来，"百尺峡"的攀行之状如在眼前："攀之状左右手递接两旁铁锁，足递踏松枨，目眈眈、心慄慄以上。"过"仙人桥"则需要横行百步："两手并执崖上铁锁，足踏木栈，以渐东移，横行百步。"此后依次是"攀行"过"胡孙愁""阎王匾""阎王峡""老君犁""云台峰""日月岩"等。最后"转西南行二里许，足为山峦，两下皆万仞绝壁，脊广三尺许，列铁柱、铁锁于左右，过则伸足于前，坐于脊上，两手秉锁，以身渐移而前百步许"，[②]将攀登华山的方式方法写得清清楚楚，为一般游记所无。

确实，登华山需要意志力，也需要方法。最典型的是袁宏道的华山游记。

袁宏道（1568—1610），字中郎。汉族，荆州公安（今属湖北省公安县）人。与其兄袁宗道、弟袁中道并有才名，合称"公安三袁"。

---

① 中国游记散文大系(山西、陕西卷)[M].太原：山西出版集团，2011：256.
② [明]乔宇.华山游记[M]//何镗.古今游名山记.桂林：广西师范大学出版社.

袁宏道华山游记有三篇，即《华山别记》《华山后记》《游华山记》。三篇游记的写作时间是万历三十八年（1610），即作者去世的那年。

袁宏道自幼体弱。因此，这三篇游记也是一个体弱的人奋勇登华山的记录。这在所有的华山游记里显得很特别，也是这三篇游记的特色所在。

《华山后记》基本按照游踪写，文章锦绣如画，极力模山范水，字里行间洋溢着登山的激情。一方面写山的险奇，一方面愈登愈勇。如写千尺㠉："大奇则大险，小奇则小险，寸寸焉如弱夫之挽劲弩。"写苍龙岭："千仞一脊，仄仄如蜕龙之骨，四匝峰峦映带，秀不可状。游者至此，如以片板浮颠浪中，不复谋目矣。然其奇可值一死也。"[①]

《华山别记》分为三大部分：第一部分婉转曲折，一路追溯原委，写登华山是自己等待了30年的心愿，为全文作了很好的铺垫。

第二部分写自己登华山的过程。重点并不在一般的奇险上，而在写自己登华山的方法技巧。一般的登山，都叫人不要往下看，他的方法与此不同："今之教余拾级勿下视者，皆助余怯者也。"他的方法是什么呢？是少年时代学骑马时"善驰者"教他的方法："子意在马先，常恨霜蹄之不速，则驰骤如意矣。"这种方法果然灵验："扪级而登，唯恐峻之不至。或坐或立，与非二道山中旧事，若都不经意者。"[②]他果然爬上了华山所有的峰，实现了自己平生之愿。

第三部分写自己深夜看到华山之巅"松影扫石"，忽然想起去世十年的哥哥伯修和刚去世的朋友周望，痛上心来，依松念"金刚六如偈"。是不是中郎冥冥中感到生命快到尽头了，才有了奋勇登华山的力量？如此说来，登华山也可视为袁宏道的绝笔吧？这种笔法，大概和他的体弱有直接关系吧。纵观全文，此文以叙登山的方法为主，故名曰《华山别记》。

《游华山记》是一篇非常特别的游记。特别在它并没有像其他华山游记一样单纯地记游踪、描奇险、记感受，而是在此基础上对华山进行研究和总结。分为如下几个方面：

首先是把华山放在天下众山之中，进行比较研究。

其次是对华山的路况特点进行描述："方而削，不受级，不得不穴其壁以入，壁有罅，才容人。

[①] 中国游记散文大系(山西、陕西卷)[M].太原：山西出版集团，2011：281.
[②] 中国游记散文大系(山西、陕西卷)[M].太原：山西出版集团，2011：278.

阴者如井，阳者如溜；如井者曰幢曰峡，如溜者曰沟。皆斧为衔，以受手足，衔穷代以枝。受手者，不没指；受足者，不尽踵。铁索累千寻，直垂下引而上，如粘壁之鼯。壁不尽罅，时为悬道，巨峦折折相逼，若故为亘以尝者。横亘者缀腹，倚绝厓行，足垂磴外，如面壁，如临渊，如属垣，撮心于粒焉，知鬼之不及夕也。长亘者，搦其脊，匍匐进，危磴削立千余仞，广不盈背，左右顾，皆绝壑，唯见深黑。"①竭力搜寻挑选能表达自己所见所感的词汇，一口气把华山所有难攀登的情况全部说出来，可见作者攀登时的体验是多么深刻！

再次写自己登山的体验及要领："夫人所凭仗者手足，而督在目。方其在罅，目着暗壁，升则寄视于指也，降则寄视于踵也。目受成焉耳，罅尽而崖，目乃为祟，眩于削为粟，眩于深为掉，眩于仄为喘。愚者不然，心不至目故也。今乃知崄之所以剧矣。余衣不蔽腰，下着穷袴，见影乃笑。登崖下望，攀者如猱，侧者如蟹，伏者如蛇，折者如鹞，山之峻险乃至此，自恨无虎头写真笔也。"②登华山的人，没有不害怕的。在中郎看来，害怕主要是因为心没有跟随眼睛。他结合自己的经验，总结出登华山的方法、要领。

体壮力强的人登华山是炫耀力量，体弱力小的人登华山展现的是智慧。体壮有体壮的方法，体弱有体弱的绝招。正如好的文章随物赋形，与事宛转，何必"文必秦汉，诗必盛唐"？亦"独抒性灵，不拘格套"而已。

华山游记以明代最好，明代又以袁中郎最优。郦道元《水经注》将科学考察与艺术描摹有机结合，是一种发明，对后世影响深远。柳宗元创制了严格意义上的山水游记，留下了堪为模范的、充满诗情画意的游记。与郦、柳二人不同的是，袁中郎的游记创作以"性灵"为旨归，创造出了人性与自然水乳交融的游记世界，对后世产生了重要影响。

1. 突出华山奇险、俯瞰人间的气势。

华山奇险天下罕有，这是所有登临华山的人的共同感受，也是所有华山游记的共同内容之一。如上引袁宏道的华山游记所言。又如王履《游华山记》上西峰顶的描写："尝闻登者言，度岭慎勿旁视，视则恶风至，危不可度。岭凡两折，中突旁杀如背，色正黑，锁当背上，并锁皆小坎，亦犹上方峰所托足者。二仆先示所以登，余匍匐踵其后，以大喘不自禁。因四布伏，岭背窃窥其旁，则深不见底，但见松头㲟㲟，出没苍烟中，万峰罗拱向背，高底邪正，起伏若翠浪，汹涌相后先，秀不可状。

---

① 中国游记散文大系(山西、陕西卷) [M].太原：山西出版集团，2011：278.
② 中国游记散文大系(山西、陕西卷) [M].太原：山西出版集团，2011：275.

风飒尔有声,众籁齐作,沓荡奔激,远近胥应。忆登者言,遂胆掉股栗不能动。去上折无几,视若天渊然。风稍止,寻进,而仆已过上折矣。予勉强进一折,日少昃,愈热,予裸上体,犹流汗不止。"①

陈以忠②《游华山记》也可为此代表。《游华山记》是他人生失意时写下的。

这是一篇完整的登华山中峰(玉女峰)、东峰的游记。具体时间约是嘉靖三十四年(1556)十二月十二日关中大地震(华阴是震中)之后的几年。游记中记录了华山建筑受损的情况,很可贵。

本文突出华山的奇险,在华山游记中比较典型。

如千尺幢:"下临绝壁,壁裂之两旁,稍施斧凿,断树横枝之以承足,枝相离尺许,凡千尺云。郭使其徒以吕公绦束余腰而投衣袪于绦前,则又以长绳系之绦,二人自上引之,而一人下佐余足。石偏复长绳下垂,余手长绳蹑横枝以上……"③读之心颤颤也。

擦耳岩:"崖峭立,蹑处仅容足,又下临深壑。余面壁兢兢移步。"猢狲愁:"奇峭甚,仰攀折旋,出石穴以上。"苍龙岭最险:"中起旁杀,蜿蜒入云,人从龙脊行,危甚。或一失足,转圜千仞……俯视下方,松顶若蓬蕞在苍烟中,涛声万壑,疑泛巨海。罡风时时卷人亦覆面。岭百尺,危可夺魄。两旁石穴,施铁柱,有仆有立。"④

玉女峰奇景:"冈石斜削,可数十丈,稍凿足迹,无草树枝蔓可攀蹑,从者手接而上之。"⑤

最后写华山独立云表之上,有一种俯瞰人间的气势。

登上东峰,历历人间尽收眼底。五道人迎接访道之人,给客指点远近江山、天下诸州。"千里之内,可俯瞰人生。不高我足,底旷我眼界?大我胸次?如瓮中蚊蚋,裤中虮虱,真忆仲尼登泰山而小天下也。"⑥这是作者登上华山的最大收获,也是他登山的目的。来时的失意也随千奇百态的云的出没烟消云散。

---

① 中国游记散文大系(山西、陕西卷)[M].太原:山西出版集团,2011:289-290.
② 陈以忠,约嘉靖、万历年间人,生卒年不详。字贞甫、云浦。南直隶无锡(今属江苏)人。
③ 中国游记散文大系(山西、陕西卷)[M].太原:山西出版集团,2011:266.
④ 中国游记散文大系(山西、陕西卷)[M].太原:山西出版集团,2011:267
⑤ 中国游记散文大系(山西、陕西卷)[M].太原:山西出版集团,2011:268.
⑥ 中国游记散文大系(山西、陕西卷)[M].太原:山西出版集团,2011:268.

2.详写华山景色。

天下美景常在奇险之处。华山,天下之奇也,景色触目皆奇美,不得不详写。这也是所有华山游记的共同之处。自然美与艺术美的谐振,是对自然山水的欣赏和对艺术(文学)山水的领略的和谐统一,表现为文化认同意识对自然美的欣赏与超越,自然美对文化认同意识的契合与超越。最典型的是王履[①]的《游华山记》《华山图序》。

王履在历史上主要是以医学家、画家留名的,留下的文学作品主要是《游华山记》(包括《始入华山至西峰记》《南峰记》《东峰记》)和《华山图序》。这次,他带着纸和笔,纯粹是以画家兼诗人的身份和敏锐的专业眼光审视、体验华山的,或者说,他就是去画华山的。因此这次游华山有两个成果:一是游记《游华山记》及其诗作,一是画作《华山图序》。因此《游华山记》既记录了《华山图序》的诞生过程,也记录了自己的游程,同时也是有关诗作的注脚。王履游华山,是写诗、著文、画画和登山结合在一起的文化活动,也是一幅前所未有的华山全美图。其他游记突出奇险,王履游记除此而外,更突出了一个"美"字。

作者与华山似乎有很深的默契。大到华山全景,小到华山的一草一木,咸契心意,美不胜收,是自然的华山,也是艺术的华山,是自然与艺术的谐振。全文依游踪分为两大部分:进山,游山。

美从一进山就写起:

一入山作者就为华山之美吸引住了:"道旁山对开,神意飞动,于时宿云在巅,群峭未出,余烟自旁山上袭,朝阳射其端,壁立之妙,荏苒可得。风触壁鸣,廖廖调调而不知其所穷。"作者站在那里久久凝视着眼前的一切,不能挪动一步,因而被同行的四人甩在后面。没走几步,又是一幅有声画:"及涧,而斧斤声杂蝉鸣鸟咮中出。辍策听之,歌'伐木丁丁,鸟鸣嘤嘤'诗以过。泉亦淙淙然。如琴如筑,如佩环不少休。其渟汇处澄澈如镜,微漪动摇,日影上壁。中多红白砾。余盥颊,清寒透骨。试尝焉,甚甘美。"虽未至高险,人间已少此景色。就是这样,三步一诗,五步一画,犹有憾者,"恨不携本道辈弦琴于兹,以写幽抱"[②]。从一开始,我们就分不清哪是自然,哪是艺术,自然与艺术和谐地统一在一起。"歌'伐木丁丁,鸟鸣嘤嘤'诗以过",不知是诗美,还是自然美,只见诗与自然相互契合与超越。作者与华山真是"相契特深"!

---

① 王履,字安道,号畸叟,又号抱独老人,祖籍魏博(今河北境内),元末明初医学家、画家、诗人。
② 中国游记散文大系(山西、陕西卷)[M].太原:山西出版集团,2011:287.

山上景色更奇更美更醒目更可畏："由峰根北折，度狭径，仅容一人，径外则壑谷类也。皆败叶所覆，地不生草。行叶上不知宽隆，蹑空辄仆。余误蹑径侧，一失脚几坠厓下。偶旅迹幽翳中，古藤郁屈可畏，正蹑树根进，叶卒然鸣，疑以为蛇也。注视者久。""此处水路绝，当蓦涧。赖涧石参错不远，蹴过。回视其濆潆衍漾砯冲之态，而吾意适永不能以遽释，几失吾主。涧外瀑布正悬南崖端，下激树干，飞沫成雨点，因风容与，久而后坠。"①

日月崖、百尺㠉、千尺㠉景色，皆如在目前："自山口至此，其石之奔突倚伏，出林翳树者，殊形诡观，殆不能以物拟。……置杖草间。闻松风飕然，此以下皆杂木无松，以上则纯松矣。蝉鸟遂绝。诗人谓'山深无鸟声'，信然。……路萦纡并石根，极隘。瑟缩以行。路断，接以木，行则摇。……无草树，黑黄白相间，上有赤白二圆形。"②

老君犁沟："既上凡石之如峤、如扈、如岊、如巴山者，眩视不可数。抵前崖，径忽断，崖峻削无可为径者，即崖腹缀小木如狗，当绝谷之上，凡三接始及径。锁亦横缀崖腹。余目焉，迹未及而先痿矣。"③

比较其他游者的类似描写，就可以清楚地看出画家眼中的青柯坪的特别之处。有声有色，声情并茂，用词更加精准，描写更加细腻，形象更加逼真。加上作者有意地将登山者的种种形态、感受时不时地点缀其间，使得整个登山过程生动如见，产生了亲临现场的效果。真是如诗如画，诗中有画，画中有诗；又似电影，活灵活现。这在所有的华山游记乃至整个中国古代游记中也是少有的。

华山上多奇石奇树，本文自然多有对一石一树的描写，如苍龙岭上的老树："老木赤立，唯东南一枝仅存，微有叶，根乱布石上若万小蛇攒缀蠕动。余骇焉。貌其大较。因思平日画树，虽搜奇猎怪，致巧宁得似此！所谓画不神于所仿，而神于所遇也。然而望蜿蜒入云势，未知何以处此。"④又如镇岳宫的松树："庙后松极森邃，风一振之，掩苒之形，纡徐之韵籁，由松端倏尔东骛，接之既泯，忽又如在。"⑤诸如此类的描写，游记中随处可见。

在笔者所见的所有有关华山的游记中，王履《游华山记》篇幅最长，描写也最细致入微，四篇共计七千余字。大量的景色描写占去了文章的许多篇幅，有宏观，有特写，大至山峰瀑布，小至一草一

---

① 中国游记散文大系(山西、陕西卷)[M].太原：山西出版集团，2011:288.
② 中国游记散文大系(山西、陕西卷)[M].太原：山西出版集团，2011:289.
③ 中国游记散文大系(山西、陕西卷)[M].太原：山西出版集团，2011:288.
④ 中国游记散文大系(山西、陕西卷)[M].太原：山西出版集团，2011:289.
⑤ 中国游记散文大系(山西、陕西卷)[M].太原：山西出版集团，2011:290.

木一石，种种描写浓墨重彩，置读者于华山之上，随王履俯仰婉转，令人目不暇接，充分显示了画家特有的视角。自然的华山与艺术的华山和谐统一，充分表现了艺术对自然的超越。

3.对天地造化之力的赞美，也是华山游记的一个重要内容。

华山是长安的门户，黄河见之而东流。这种独特的地理位置与其特出天地间的个性特征，往往使得学者文人遥想造化初作天地时的情形。在这方面最典型、最有气势的要数唐独孤及《仙掌铭》：

阴阳开阖，元气变化，泄为百川，凝为崇山，山川之作，与天地并，疑有真宰而未知尸其功者。有若巨灵贔屃，攘臂其间，左排首阳，右拓太华，绝地轴使中裂，坼山脊为两道，然后导河而东，俾无有害，留此巨迹于峰之巅。……夫以手执大象，力持化权，指挥太极，蹴蹋颢气，立乎无间，行乎无穷，则掀长河如措杯，擘太华若破块，不足骇也。世人方以禹凿龙门以导西河为神奇，可不为大哀乎？峨峨灵掌，仙指如画，隐鳞磅礴，上挥太清。远而视之，如欲扪青天以掬皓露，攀扶桑而捧白日，不去不来，若飞若动，非至神曷以至此？①

极言仙掌峰的雄伟壮阔。文章用词华丽，排句铺张，充分发挥了古文特有的豪迈有力的风格，文势大开大合，聚天地之势于笔端，在所有的华山游记里罕有其比，有盛唐气象。

突出出世的思想。华山以其特出、独立的气质与道教、佛教的出世精神契合，成了历代出世高人的居所，也成了道教、佛教的圣地。这也是华山游记的一个共同特点。

三、太白山游记

关中最著名的山有三座，即终南山、华山、太白山，关中诸山莫长于终南，莫奇于太华，莫峻于太白。终南山、华山，我国最古老的典籍《尚书·禹贡》里就有记载，但是太白山在汉唐以前典籍中未载。古籍里记载的"太乙"或者"惇物"，其实是终南山，不是太白山。较早记载太白山的是道教典籍《洞天记》暨《白玉经》，太白山在三十六洞天中，居第十一，为德元之天。其实记载不记载并不是最主要的，最主要的还是山本身。就山而言，关中诸山，太白为王。

太白山是莽莽的，也是巍巍的。太白山处处表现出与众山的不同。太白山的厚重、神秘、大气，代表了关中、陕西乃至西北大汉粗犷豪放、有饱满生命力的精神气质。在一定意义上说，西北人的气质就是太白山赋予的。

---

① [清]董诰.全唐文[M].上海：上海古籍出版社，1995:1751.

山水游记反映了山水本身的个性特点。华山游记主要突出华山的雄奇，太白山游记则突出太白山巍巍莽莽的王者风范。不看其他方面，单从最简单、最直观的篇幅上看，太白山游记（主体）的篇幅普遍长于一般游记，表现出一种独尊的王者风范。

图4-12 太白山

太白山的王者之气，使得太白山游记也具有了王者的气质。太白山游记在中国游记里有特殊的位置，是中国游记里不可多得的精品。

不过相对而言，太白山游者不多。其原因正如倔道人赵嘉肇的《太白山纪游略》所总结的："地僻山深，风雪不时，庙宇无多，宿食未便，故游者常少。又无古碑旧迹，堪令寻味，以故词客文人，至者益甚少，徒以世俗所谓威灵震叠者，惊骇愚夫妇耳目。……然登此山亦正复不易，非多携衣物食具，自度其筋力足耐劳苦，未许冒昧前进，否则，恐有性命之虞。在彼苍非有所秘惜。大凡天下惬心之境，未有不自辛勤敬慎中来者，岂第游山也哉！余幸为过来人，特琐琐及之，以告后之游此山者。"[①] 倔道人从太白山本身及游者应具备的主客观条件，说明了太白山游者少的原因。太白山太大太险，气候变化无常，对于攀登者方方面面的要求太高，因此，虽然山本身有很大的吸引力，却还是在很大程度上让人望而却步。与华山相比，游人少了，有关游记也相应少了。

历代太白山游记的代表作有：清高鹤年《名山游记》、贾铉《太白山祷雨记》、倔道人赵嘉肇《太白山纪游略》、于右任《太白山纪行》等。

太白山游记的王者之气表现在如下几个方面：

第一，太白山的大。

如果把我国山水游记中舆地游记所记的里数拿来比较的话，我们就会发现，太白山游记的里数比一般舆地游记的里数大。多则50里一景，一般是10里、20里一景，几里的很少。这是由太白山的大而

---

① 倔道人（赵嘉肇）.太白山纪游略[M]//古今游记丛钞（第12卷）.

深决定的。清高鹤年《名山游记·由终南经栈道入川至峨嵋游访略记》行文十分简练，太白山一段的里数如下：

十四日，渡河登山。二十里，有朝阳洞、二仙桥、龙盘山。……三十里石垒山，……十五里神会天坡。……自黑岭至松花坪二十里，……二十里二仙山，山有二石如人。又十里望仙石。东南二十里救苦岭，险峻益甚。十里宿上坡寺，……三里神洼。二十里，墙壁直上如线，……十里由魔女岭、东天门、冲天岭、雷神峡，……西南五里，分天岭，……五里孤魂洼，险峭。……二十里，住金锁关，……洼西南里许，大太白池。……东南上三里雷神池……五里有三太白池。……十里玉皇池。……十里佛池。……五里三清池。

这只是一个大致的由进山开始到三清池诸名胜之间的单程里程计算，共计236里。这真可谓"茫茫宇宙，巍巍太白"！据倔道人赵嘉肇《太白山纪游略》，在有当地人做向导随行并帮助携带登山所需的情况下，他们游太白山前后用了10天（上山7天，下山3天），周行400里。这在其他游记中十分少见。

第二，太白山的神秘色彩。

有一种观点认为，与世界其他文明发源于河流两岸不同，中华文明发源于大山，中国人对山充满着神秘的期待与向往。太白山高广险峻，极为深邃，来回翻越的行程达四五百里，一般人根本无法深入。登上去的，又往往夸大、神化它。太白山上种种迥异于山下的奇特现象，古人不能很好地解释，往往以神灵附会之，这就又增加了太白山的神秘。各种太白山（主体）游记几乎都有这个特点。最有代表意义的是清代贾铉①的《太白山祷雨记》。

《太白山祷雨记》是贾铉在任时所写，具体时间在康熙三十九年（1700）六月十五日之后。这是一篇充满神秘感的太白山游记。文中太白山仿佛有神性，表现在如下几个方面：

首先，太白山的神性，不仅在人们的心里，也表现在历代相关典籍的记载中。

余博考书志,山之爵则曰侯、曰公、曰王；山之祀则于唐、于宋、于元、于明；山之隐则有胡僧老人、田游岩、孙思邈、孙太初；山之咏则有李青莲、苏子瞻、何大复。唐天宝三年(744),帝梦神人曰："太白山北谷中有玉石,可取求之。"果得,琢为元元皇帝像,明年闰六月,乃封山为神应公,此封之始也。贞元十二年(796)大旱,分命祷祀,京尹韩兆皋下令周至新太白山祀,即大雨,此祷雨之始也。康熙四年(1665)大旱,眉令梅遇步祷于山,霖雨遍野,盖祷雨是山,历有验矣!夫西方之帝是为少皞,其神太白,其兽白虎,

---

① 贾铉，清康熙年间人，山西临汾人，著名画家。曾任陕西观察使。

其野井鬼,于卦为兑,于凤为阊阖,于律为夷则,于十为上章重光。又太白长庚星也,行者金令,金生水源,故祷必有雨,理或然也。

太白山自古就是座神山,《山海经·西山经》就记载太白山的祭祀不同于其他十七山。唐宋元明以后历代被封爵,山上名人高士辈出,自古祷雨,必至太白。据历代典籍的记载,太白山就是一座神性十足的山。

其次,太白山的神性也表现在其种种神异现象中。

贾鉝《太白山祷雨记》是一篇虔诚的、对太白山神性顶礼膜拜的游记。该文多处记载了太白山种种神异现象:大太白池:"池方圆三十余亩,清鉴毛发,无寸草点尘,亦无诸水族,惟龙一种,时大时小,变化出入其中。池面常放五色光、万字光、寿字光、珠光、油光,各肖其类,人虔叩则应,否则无之。池中有净池鸟,如画眉而小,毛色画纹可爱,其声嘹亮,亦不避人,人莫敢捕之。池有片叶寸荑,鸟必去衔,故名净池。池为云雾罩,不克常见,曰封池,祷而后见曰开池。余至池即开,现万字等光焉!余有池六,类如此,盖神所凭依也。"三太白池:"三太白池,池亦大数亩,其神异亦同,而不令人久憩其傍,久则雷电疾至,名为行法。玉皇池大二十余亩,去三太白池十里,东面为龙门,有龙可见,首类牛而大,唇长尺余,两角崭然,身金黑色,其小者或长尺许、二尺许,蜿蜒池中,腥气扑人,触之头目岑岑,从人皆恐。须臾黑云如盘,飞旋而至,少选乃去。"他总结说:"诸池皆神所司,土人敬礼,以黄楮投之,诚则楮沉,若有掣入之者,否则浮游水面而已。"

试与佝道人赵嘉肇《太白山纪游略》相关描写进行比较,就可以更加清楚地看出本篇的神秘意味。本篇游记不仅写游览,更写了祷雨,背负着千万生民的重托,深信精诚能感天动地,行文中对太白山神顶礼膜拜,使神秘色彩又浓了几分。诸如上述描写,随处可见。

再次,太白山风云突变的气候和奇异的景色。

太白山山势高峻,阴阳两重天,气候变化无常。贾鉝太白山祷雨是在夏天,但至分天岭则寒暑两重天:"西风起则山东向阳热甚,山西面阴辄受风,虽大暑亦作祁寒想。一山之间,暄寒顿异。"至孤魂洼则"径既险峭,风复凄寒,较之数九候尤甚。人行岭上,风起人伏,若起必吹坠如落叶矣"。

最典型的是每年六月中旬后"洗山"时的气候变化。佝道人赵嘉肇的《太白山纪游略》对此表现得更加典型:二十八日中午以前,气候类似山下,"是日,骄阳薰炽,松风不动"。午饭过后,"行至竹云岭上,忽见峰头涧底,喷白如涌絮,顷刻弥漫山谷。……至土地岭,遥闻雷声殷殷,下岭未四五里，风雨大作，趋松花坪石庙中避雨。渝刻不止……至下板寺，衣尽沾濡，易以乾衣，湿者付火烘之。与洽轩、受之同饮至醉，皆有寒色。……风雨潇凄声，终宵不能成寐"。六月三十日"晚宿庙内，夜来风雨又至"。"七月初一日，天明大雪，檐际垂冰筋尺许，人着重裘不知其温，惟饱食芜蒌之粥，间拨煨芋之火，下方严冬天气不过如是"①。农历六月底七月初，正是关中一年天气最热的时候，太白山上却时而骄阳如火，时而雷雨大作，人皆寒瑟，最出奇的是漫天大雪，房檐上有一尺多长的冰柱，穿上"重裘不知其温"。山下三伏，山上三九，一天历夏、秋、冬数季。气候变化无常如此。

太白山气候变化无常，是太白山神性的表现，即使是有规律可循的气候现象，如洗山，也似乎有了神性。如倔道人的《太白山纪游略》："山中六月中旬，必大雨一次，谓之洗山，有以夫。"②一年一次的洗山，显得十分神秘。现在看来，这其实也是很正常的自然现象，是太白山及周围大气候使然，就像每年黄河开河，必有数日大风一样。古人解释不了，以为这也是太白山神性的表现，这大概也是历代太白山祷雨的由来。

最后，奇异的山景和珍奇。

贾铉《太白山祷雨记》虽写祷雨，但作者毕竟是以专业画家的眼光来审视太白山的，游记多处有对太白山景色的独到描绘。

如松花坪："苍松数万，丛干森列，真万木号风图也。"

下坂寺："山有二石如人，余改名二仙山，其险与松花伯仲。十里至望仙石，回望下坂二石人，对坐如仙然。"

上坂寺："人行乱石间，荦确相错，人耶石耶？殆非世境耶。"

孤魂洼的寒风与云海："径既险峭，风复凄寒，较之数九候尤甚。人行岭上，风起人伏，若起必吹坠如落叶矣！然有观云海处极佳，宇宙茫然，云同叠絮，悉在海中，不知其几千里也！此时置身云上，曷知有红尘十丈者哉！"

太白山山顶景象："圭峰在左，褒斜在右，倒视悖物，横绝峨嵋；近视则见殿宇皆板屋，高不过寻丈，或三或五，不相联络。"

---

① 倔道人（赵嘉肇）.太白山纪游略[M]//古今游记丛钞(第12卷).
② 倔道人（赵嘉肇）.太白山纪游略[M]//古今游记丛钞(第12卷).

以上诸例，形象生动，如在目前。

山上草木，也不是山下常见，样样纳入作者视野："山之上产奇花异卉，其种千百，皆不以有识其名。苍松盘屈亦非经见之物，山之高，境之深，路之险且恶，景之奇而秀，举非凡境所有。"

不同作者，即使描写同一景物，也各有各的侧重，表现着各自的不同。倥道人《太白山纪游略》也写了大量奇异的山景和珍奇。

太白池诸景："又过金锁关，台上鸡鸣报午，如闻空中天鸡。由鬼洼行至此三十里，为大太白池庙，背岭依台，西向临池，池约三十余亩，清鉴毫发，莫能测其深际。有鸟飞鸣水次，驯不畏人，自呼曰'净池、净池'云，大者如画眉，小者如脊令，皆顶白衣乌，尾际杂红黄色，亦有花纹麻色者。池有纤草，即飞鸣衔去，故名净池鸟。池居山巅，终岁不涸不溢，水味甘美，任人汲饮。余静观移时，见池水如拭镜，天光云影，各随所照。"

太白极顶傲寒的山花："阴处犹多积雪。石隙中小草山花，能于冰雪之际，傲寒吐放，亦著奇观。"

以上这些都是怡人性情的美景。

此外，还有恐怖的景色：

贾铉《太白山祷雨记》记金锁关的石头："山势森罗，境非五浊，不知其心之怵而神之悚也。其间石貌有若人拱立者、行相揖者、坐相戏者、奇兽卧者、鼎彝列者，怪峰攲侧，天风飒沓，诚为咋愕。"

倥道人《太白山纪游略》鬼洼："二十里至鬼洼，亦曰孤魂洼，有大板殿，北向孤立，以乱石堆围之，居两山之凹，东西皆大壑，阴风惨然，景物凄然；虽天气清明，日色薄而无光，懔乎其不可少留。"

日出日落，亦气势不凡。

倥道人《太白山纪游略》："日落山暝，望东北星斗界处，云岸高立，苍茫似海。约五更时出寺门外，忽见云海中霞采遄飞，金光迸射。少焉，日露半规，渐次涌上，大如车轮，及将离云海，极力腾跃，若日光与波光俱长，三五曜始出海。既出则圆明如镜，余霞散而成绮，檐际曙色，照曜分明，俯视涧谷，犹黑如漆。忆当上登岱，至日观峰，未见出日，不意得于此观之。"

内容的大气，带来了文风的大气。倥道人《太白山纪游略》把华山、太白山比作文章，比较后说:"太华譬诸行文,挺拔修洁,局势紧密,读者易为赏心。若太白则汪洋恣肆,叠矩重规,非拓开心胸,放宽眼界,未易得其起复回环层折不穷之妙。太白山真奇文,真奇观也。"

这虽然只是一个比喻,但是却准确地道出太白山游记的特点。相比之下,太白山游记有着与其他游记不同的风格:

1. 汪洋恣肆,厚重雄峻。就像太白山大而险峻一样,太白山游记有着一般游记不具备的王者风范,气质稳重沉雄,气魄宏大,既厚实又灵秀。大到气候,小到一草一木,样样齐备。山集天地之奇于一山,文集天地之美于一文。

2. 神秘色彩。太白山游记和其他游记一样,有着强烈的文化色彩,但太白山游记更多地表现出其特有的神秘色彩。而这种神秘色彩,是其他大多数游记都不具备的。

3. 大气的道里记载。侧重道里、方位、地名的记载,源远流长,始自《山海经》、郦道元《水经注》、徐霞客《徐霞客游记》一线以来,以后历代不断,几乎成为舆地游记的标志性特点。如上所述,相比之下,太白山游记的道里记载就像太白山一样,渗透着大气。

除太白山主山之外,还有一些附属小山的游记,如宋代苏轼《凤鸣驿记》《喜雨亭记》《祷雨记》《眉坞纪行》等,明杨慎《记栈道》,清乔光烈《游磻溪记》、董诏《游钓台记》等。

乔光烈①《游磻溪记》当写于甘肃任上,具体年代不好确定。这是一篇考察性的游记,主要是考察有关史实可靠与否。

文章先写磻溪的源头:"鸡峰蔚然深秀,林木茂美,中多神祠。每岁方春,游者自远而至。溪涓涓岩石下,已乃渐广。"这里的风景很好,有山有水有树多神祠。接着言及传说中姜太公钓鱼处:"有石特起,俯溪上,高若建屋,其巅宽平,如台可登。下瞰泓澄,含翠浮碧,净鉴毛发,栗然以清。世传太公辟纣,尝隐于是而钓焉。"奇石美水,是一个隐居的好地方。

然后,根据史实与实际情况对有关典籍的记载提出质疑。他认为文王遇见太公当在治岐时。此其一。其二,对文王和太公相遇的年龄、直钩、三百六十钓等也提出了或轻或重的质疑。但在此处"坐磐石,歌沦涟于是溪之旁,因以托其志",还是可信的。

---

① 乔光烈,清人。字敬亭,号润斋,生卒年不详。上海人。曾任甘肃布政使。

董诏[1]《游钓台记》具体写作时间不好确定。与清乔光烈《游磻溪记》相比，《游钓台记》更重在"游"，主要写了游程及所见景色，所记十分详细，文采斐然。

文章以游踪为线索，镜头由远渐近，先写周围环境与常境不同，点出文王庙风水绝佳："扪罗而登，古柏数株，昂立檐际。远眺四山，松竹交青，地绝落叶。时虽深冬，无萧瑟意。"有文王，才引出姜太公，为下文伏笔。接着写太公。先从太公庙、肖像、古碑着手，渐进于钓台，先画一灵石："抵溪桥，有大石矗立，锐下丰上，高如倍寻，上广半之，势如出岫之云。"石如出岫之云，灵秀如此，预示文王与太公将要相遇，天下将要云蒸龙变。次写太公钓鱼处："度桥顺流行百余步，欹石临水，如将欲堕。丛条旁荫，泂渊曲环，平静不颇，上成双凹"，仿佛看到姜太公"持纶跪饵"。再写台下面的鱼和水："水自上游来，触石争道，悬流承峨，瓴建剑激，莫喻其迅，奔赴石下。忽静不欲流，渟泓潋滟，周十弓许。绿苔白沙，分布潭底。游鱼喋呷，落影参差。"水自上游来得十分迅疾，在太公钓鱼之地忽然变得十分平静，潭底环境十分适合鱼类生息，游鱼很多。无怪乎太公选择此地用直钩钓鱼。之后写太公石室以及室中太公黄冠草衣像等，异于常境。

四、终南山游记

终南山，又名太乙山、地肺山、中南山、周南山。《尚书·禹贡·导山》载："荆岐既旅，终南、惇物，至于鸟鼠。"[2]这里的"终南"，即终南山。"惇物"有两种说法：一谓之山名，即《禹贡》所谓的"博物山"。《汉书·地理志》曰："太壹山，古文以为终南；垂山，古文以为惇物，皆在县东。"[3]另一种说法是惇物并非山名。《说文解字》云："惇者，物之丰厚也。"[4]"惇物"非山名，而是说终南山高而广，物产丰富。两种说法都有一定道理和依据。不管哪一种说法，有一点是肯定的：终南山的各种资源非常丰富。即使现在，也还如此。

南山是人们对终南山的简称，在一定意义上说，也是爱称、敬称、美称。因为南山为人们提供了日常生活的支柱。不仅物质上如此，精神上也如此。南山永远寄予着人们种种美好的希望。"南山"是中国文学里有着特殊意义的意象，其最初就是指终南山，后来成为中国文学里寄予人们美好理想的一种意象。"南山"在《诗经》时代就已经成为人们的一种口头语了。直到现在还是如此，如"寿如南山不老松"的"南山"就是指终南山。总之，"南山"在很早的时候就成了中国人的依赖，成为中

---

[1] 董诏（1732—1810），字驭臣，号朴园，安康人。撰修安康、汉阴、旬阳、宝鸡等志。
[2] 十三经注疏[M].北京：中华书局，1983:150.
[3] [汉]班固.汉书[M].北京：中华书局，1962:1547.
[4] [清]段玉裁.说文解字注[M].上海：上海古籍出版社，1988:503.

国人意识里的物质和精神家园。

也正因如此，终南山自然成为历代文人歌咏的对象，如前述历代的诗、赋。但是南山游记出现得比较晚，主要原因大概和游记这种文体成熟得比较晚有关。终南山游记是在有关地记的基础上发展而成的。

有关终南山地记，一手文献虽然缺失，但从一些典籍中还可以看到零零星星的、充满自豪感的记载，如《初学记》中保存的几条。潘岳《关中记》云：

> 其山一名中南，言在天之中，居都之南，故曰中南。

这是关于终南山名字由来最有感情的推测。上古人类缺乏安全感，在人类的意识中，地处中间最好、最安全。中外历史上，不少民族都以自己所居地为中心，France（法国）就有"地之中间"的意思。同样，在我国先民看来，中国在天地之中，与中国相对的是四夷。终南山在天地之中，居镐京之南，故曰中南。言语之中，充满着自豪和骄傲！

《福地记》云：

> 其山东接骊山、太华；西连太白，至于陇山；北去长安城八十里；南入楚塞，连属东西诸山。周回数百里，名曰福地。①

这也是对南山充满感情的赞美。终南山集位置的优越与物产的丰富于一身，是巨大的人间福地！由以上几句我们有理由推断：《福地记》大约是一部专门全面记载南山的地记。

《辛氏三秦记》云：

> 其山从长安向西，可二百里。中有石室、灵芝。常有一道士，不食五谷，自言太一之精，斋洁乃得见之。而所居地名曰地肺，可避洪水。相传云上有水神，人乘船行，追之不及，犹见有故漆船者。秦时四皓亦隐于此山。②

地肺山就是终南山。这是几则关于南山传说的故事，也属于地记。终南山游记就是在这些地记的基础上形成并发展起来的。

---

① [唐]徐坚.初学记[M].北京：中华书局，2004:105.
② [唐]徐坚.初学记[M].北京：中华书局，2004:105.

相对写诗而言，写游记是有难度的事情。唐代有关终南山的诗常见，但游记不多见。欧阳询《大唐宗圣观记》、卢鸿①《终南山十景图记》、柳识②《新修四皓庙记》等唐文中，有关于终南山的记载。

欧阳询《大唐宗圣观记》主要写了宗圣观渊源、历史影响、现状等。从游记的角度讲，主要有两点值得注意：一是楼观台的地理位置、历史文化遗存："兹观中分秦甸，面距终南。东眺骊峰……西顾太白……"以及"授经殿""络牛木"等，特别写了"市朝屡易，仙迹长存"的灵异："物老地灵，每彰休应。卿云日覆，寿鹤时来。树无窠宿之禽，野有护持之兽。……至于穿窬盗窃，进退自拘，似有縻维，悉皆面缚。"二是历代游览朝拜的盛况及其影响："昔周穆西巡，秦文东猎，并枉驾回辕，亲承教道。始皇建庙于楼南，汉武立宫于观北。崇台虚朗，招徕云水之仙；闲馆错落，宾友松乔之侣。秦汉庙户，相继不绝。晋宋谒版，于今尚存。"文章四六成文，气势不凡。

图4-13 欧阳询《大唐宗圣观记》碑

卢鸿是唐代著名隐士，隐于嵩山，娱情山水间，是与王维齐名的山水画家。他的《终南山十景图记》记录终南山10个风景点的主要特点。柳识《新修四皓庙记》主要写隐居在商洛地肺山的四位高士（东园公、甪里先生、绮里季、夏黄公，即"四皓"）对稳定汉朝四百年基业的巨大意义及许国公重修四皓庙的经过。

从文体上说，这些作品属于"记"一类，不是严格意义上的游记，但是雄伟广大的终南山及其历史文化景观，在其中还是可以看到的。这些作品侧重记载所游之山的地理位置，以及考订、梳理有关历史文化遗存，诸如建筑（如台、寺、观、院、塔、洞、池、炉、石、树等）、碑刻等及相关的神话和传说。

终南山具有集秀美与壮美于一身的自然风光，是风景山；同时还具有浓郁的文化信息，是文化山。从唐代至近代，终南山游记的内容主要围绕着两个方面来写，一是南山景色的秀美，一是南山的宗教（佛教和道教）、历史文化渊源。从游记题材上看，终南山游记可以大致分为舆地游记和文学游记两大类，主体是文学性游记。代表作有：宋张缙《游玉华山记》，元黄溍《樊川记》，明王九思

---

① 卢鸿，唐代幽州范阳人，活跃于唐玄宗时期，隐士，书画家。《新唐书·隐逸传》有传。
② 柳识，生卒年不详，唐代散文家。襄州襄阳（今湖北襄阳）人。《旧唐书》《新唐书》有传。

《游南山记》、都穆《游终南山记》、张治道《游终南山记》，清高鹤年《名山游记》（终南山一段）等。

终南山游记充满美，充满深厚的文化底蕴。具体说有如下两个特点：

第一，再现型游记、文化型游记的有机组合。文化型游记是侧重历史文化考订的游记；再现型游记是极力模山范水，再现游踪、游观、游感的游记。

终南山的灵秀，铸成辉煌灿烂的终南山文化。终南山是佛教、道教圣地。如楼观台为天下道林张本之地，集仙观也是历代重要道教圣地。终南山的文化游记也因这些宗教圣地而染上了浓郁的宗教色彩，而其中写得较多的是楼观台，如明王九思《游南山记》、张治道《游终南山记》等。

王九思《游南山记》写于明武宗正德十五年（1520）春三月，与张治道《游终南山记》一样，实际是游览户县境内的将军山和周至的楼观台。

前半以寺庙为中心，先写将军山的金峰寺、化羊宫，之后依次是重云寺、栖禅寺，重点是栖禅寺。栖禅寺即著名的草堂寺，姚秦时鸠摩罗什译经的地方。这里有塔有亭，有百年银杏，简直是一步一典故，每一个典故都含有十分深远浓厚的文化信息。

后半写游楼观台。依次是老君殿、紫云楼、系牛柏、说经台、仙游寺、普缘祠、毘卢阁等，重在人文景观。在厚重的历史文化环境里，点缀着诗朋酒侣，一路唱和，一路感慨，洋溢着身处人间福地的自在。

张治道《游终南山记》写于嘉靖二年（1523）正月，题为终南山，准确说来写的应该是今周至楼观台。文章依时间先后、游踪顺序一路写起，以人文景观为主，不紧不慢，诗酒为伴。这样完全随意性的游记在游记中并不多见，显得颇有特色。这是一次深度游、细节游的文化型游记。

游记中表现出强烈的道教文化认同感。如第一天游程：由祖庵宫（访仙人王重阳故事）始，以轻重依次为赵氏园亭、姚村、仙游寺（观吴道子画塔，塔上有宋苏轼、赵瞻题名）。后游黑龙潭，此地人文景观依次为玉女洞、马融石室、岑嘉州遗迹等，最后"相与坐潭心危石巅，把酒散发，击筑长歌"，可谓至乐。融古今、我他为一体，体悟当下人生。

也有景物的摹写，如黑龙潭："潭水相传深百丈，有龙藏焉。"详述了黑龙潭的惊险，融自然景观于文化遗存（传说）之中。

楼观台既是道教发源地，又有历代书法绘画艺术；游楼观的人，有诗人、学者，有男有女，有僧有道；眼前的遗迹、美景，远古的神话传说，林林总总。楼观台是文化圣地，而楼观台之游就是人间少有的文化盛宴。

第二，自然美与艺术美的谐振，壮美与奇美的统一，诗、禅、画的合一。

终南山还以其灵动而又厚重的精神气质为历代文人墨客提供灵感和创作源泉，是著名文化人、艺术家的诗意栖居地，这也使得终南山游记增加了醇厚的诗情禅意。禅、诗、画合一的终南山，是终南山文化型游记的另一表现。

清高鹤年[①]《名山游访记·由终南经栈道入川至峨嵋游访略记》终南山一段，是禅、诗、画合一的终南游记的代表作。

该文是日记体，以日期和道里为线索，叙述终南山的游程。

初四日。觉师同上太乙峰。登峰远眺。渭水晴光，一望无际。终南佳气，尽入楼台。终南高大深广，峻极于天，青霭吐吞，白云变幻。故诗云："太乙近天都，连山到海隅。白云回望合。青霭入看无。"不诬也。询觉师："此地佛法如何？"答："叠叠南山峻，滔滔渭水深。"问见么？良久云："半句当峰诸缘息，触目无非露真宗。"师语滴滴归源，令人意解心开。下坡里许，四天门。二里卧佛殿，丈六金身释迦文佛涅槃像，并诸大弟子围绕像。时雨过地湿，足跟不稳，一滑落空。觉师赶来扶起。口占云："落空滚到非空处，触目相逢主人翁。"

图4-14 翠华山 山崩景观

山水的美，也是诗歌的美，也是禅佛深蕴所在。真是身在山中，诗在眼前，佛在心中。身处福地，心游无限。如此浓郁的诗情画意、禅意佛理，在历代的舆地型游记中也是少见的。

终南山不仅壮美，也有奇美。再现终南山的奇美，也是终南山游记禅、诗、画合一的表现。终南山不仅是天然的动植物宝库，还是世界著名的地质公园。翠华山地质年代山崩后的奇石、奇洞、堰塞湖等景观，举世罕有。

---

① 高鹤年（1872—1962），近代佛教居士，佛教学者，旅行家。名恒松，江苏兴化人。行迹遍天涯，国内名山大川，无不涉足其间。

都穆①《游终南山记》可作代表。该文约作于明正德八年（1513）中秋节作者到陕西公干时。这实际是一篇游樊川和终南山的游记，这里的"终南山"是指今天的翠华山。游记中重点写了山上的石、洞、水。终南山的惊人之处不在奇险，而在山上奇形怪状的石头、山洞以及石洞里的水、山上的湖。

文章以后半部分为主，以游踪顺序来写。重点写的是奇景，依次是：

奇石："又上有石，俨若老妪凭岩而休，左一圆石，明可鉴物，谓之石镜。"

奇湖：澄源池（一名太一湫），"其上环以群山，雄伟秀特，势逼霄汉，水广可数百丈，深丈许，锦鳞浮游，人莫敢触，鳞之大有二三尺者"。

奇洞："殿左有三官、雷神二洞，所谓金华洞者，在山之最高处。道士云：洞有积水，然不能至也。"②

更奇的是，云开月朗，天遂人愿。文章至此，戛然而止。文章在显示翠华山的奇美中，又显示出人间福地的特点。

终南山是壮美、奇美的结合。它的高广大处处显示出一种壮美；它的奇石奇洞，也时时显示出一种奇美。而这些都在诗、禅、画的合一之中。

樊川是南山脚下的一块平整的宝地，因为是汉将樊哙的食邑而得名。之后，历代建有不少寺庙，也成为贵族们的诗意栖居地，所谓"城南韦杜，去天尺五"。它的历史源远流长，文化底蕴深厚，成了不少文人墨客乐于游览的地方。人们往往先游樊川，再游南山。

黄溍③《樊川记》的创作年代不好确定，主要描绘了樊川美景和历史文化渊源。

先写樊川美景：

秦树陇云，斜阳衰草，城是而人非，无复向来冠盖追游之盛。而原隰之平，泉流之清，陆海之富饶，民物之蕃阜，不减于异时，雨露所濡，佳花美木，生意充周，未尝少息也。④

---

① 都穆（1458—1525），明代大臣、金石学家、藏书家。
② 都穆.游终南山记[M]//何镗编.古今游名山记(卷七).
③ 黄溍(1277—1357)，婺州义乌（今浙江省义乌市）人，字文晋，又字晋卿。元代著名史官、文学家、书法家、画家。
④ 黄溍.樊川记[M]//四库全书(集部1209册):103-104.

黄滔是书法高手，当时人们都很想得到他的墨宝，即使是小小片幅、寥寥数字，也必珍藏，并以之为荣。今犹有多种存世。黄滔善画山水，笔近王蒙。黄滔与额森呼敦同朝为官。《樊川记》就是根据额森呼敦的叙述"书而归之"。这段景色充满了诗人画家的浪漫和美感，也渗透着浓郁的哲理和历史的兴衰感。景色中蕴含了浓厚的历史文化底蕴，类似王羲之的《兰亭集序》，是少有的游记中的精品。

本文重在写樊川人文景观的历史渊源。樊川以汉将樊哙得名。其地有华严寺，是唐代所谓的"城南韦杜，去天尺五"者，"唐宰相杜岐公甲第在长安，而樊川有别墅"，这里也是杜牧和他的爷爷杜佑最喜欢的地方。叙述中自然流露着自己对樊川的挚爱。

五、辋川游记

辋川是个小地方，既不奇也不险，因王维而名声大了起来。辋川，与诗佛关系密切，是一个有着深厚文化意蕴的地方。因此，辋川游记总体上可归入文化型游记。辋川游记始见于唐代，之后历代不绝。历代比较著名的游记有：唐王维《辋川集序》《山中与裴秀才迪书》，明陈文烛《辋川游记》，清周焕寓《辋川游记》等。

辋川游记的特点就像辋川一样，平常中有着不平常，精致的背后异常的浑厚。以平常的风貌显示它的精雕细刻、小巧玲珑，张扬着它深厚的文化的根。辋川游记就像王维的诗一样，恬淡平静，诗画一体，诗禅一体，人佛一体。具体特点如下：

第一，深厚的文化色彩。这也是辋川的根本特色。这首先是由王维开始并最终形成。

王维的《辋川集序》《山中与裴秀才迪书》可以看作是两篇别具特色的辋川游记。

王维中年以后，得宋之问蓝田辋川别业。遂与好友裴迪悠游其中，赋诗相酬为乐，过着亦官亦隐、笑傲林泉、宁静脱俗的山居生活。他用画家的眼睛去捕捉辋川的美景，用音乐家的耳朵去悉听大自然优美的旋律，更以佛家色空观念审视着这里的一切。彼时，他不但创作了一幅使人赏之祛病的《辋川图》，而且还与裴迪赋诗唱和，结成《辋川集》。王维《辋川集序》是一篇集诗、画、禅、乐于一体的别有趣味的辋川游记：

图4-15　蓝田辋川谷口

余别业在辋川山谷，其游止有孟城坳、华子冈、文杏馆、斤竹岭、鹿柴、木兰柴、茱萸沜、宫槐陌、临湖亭、南垞、欹湖、柳浪、栾家濑、金屑泉、白石滩、北垞、竹里馆、辛夷坞、漆园、椒园等，与裴迪闲暇，各赋绝句云尔。

全文只有70余字，如数家珍般一口气列举出辋川的20个景点，虽无一个爱字，但字字是爱，处处是情，将王维对生命最高境界的体悟融化于其中，大大提升了辋川景致的品味。

王维最著名的文章当是《山中与裴秀才迪书》，这是一封写给好友裴迪的信，没有丝毫做作和束缚，是发自内心、真情自然流露的佳作。它同时也是一篇较早描写辋川山水的游记。文中先写作者冬日"憩感配寺，与山僧饭讫而去"的所见所闻所感。笔者以为这里王维特别要强调"饭讫而去"，与《金刚经》开头的"饭讫"异曲同工，是作者故意借用《金刚经》的开头，展现一种人间佛法的意趣。夜里一人独坐华子冈，月下的山和辋水透过树林闪烁的寒山烟火，深巷如豹的犬吠声、村里的舂声和庙里的钟声遥相呼应。冷与热、静与动、俗与雅、己与人、人与物、色与空等，构成了人间与仙境的双重合奏。他看着、听着、体验着、思念着。这一切让他感悟着佛理的奥妙，佛在眼前，佛在当下，无怪乎《辋川图》被传为可以祛病！王维也因此成为真正的"山中人"。

《山中与裴秀才迪书》像一幅水墨画一样，展现了辋川的美景，同时更洋溢着王维对佛法最深的理解、最高境界的体验与向往：人间佛法。王维以后，辋川成了历代文人骚客向往的精神家园。

第二，再现辋川人世外桃源式的生活方式及游者的人生感悟。

历来佛意浓厚的地方在寺庙，寺庙或在名山或在闹市。辋川，这个地处秦岭北麓的一个小川道上、住着若干普普通通的百姓的小地方，却向人间、向历史播撒着浓郁的佛意。辋川是一个由人间的温暖、佛意的安静融合而成的慰人心灵、示人正道的世外桃源。以此为主旨的代表作有明陈文烛的《辋川游记》和清周焕寓的《辋川游记》。

陈文烛[①]《辋川游记》清新流利、与物宛转，可以说是新版的《桃花源记》。先写辋川山水之美："蓝水东南发源，北合灞水，达于渭河，蜿蜒数十里而下，如车辋然。"辋本是古代车轮的外周，以此名河，言其众水"如车辋环辏，自南而北，圆转二十里"（《读史方舆纪要》）。此一奇也。"其路凿山麓为之，有甚险者，俗号三里匾。徒步依匾而行，过此则豁然开朗，山峦掩映，似若无路，良田美地，鸡犬相闻，可渔可樵可牧。"此二奇也。次写人美。人美在何处呢？集中表现在人情上："沿

---

① 陈文烛（1525-?），字玉叔，号五岳山人，湖北沔阳人，博学工诗能文。曾任陕西布政司。

岸而南,有茅屋数家,黄发垂髫,携酒以迎,就石间饮之,欢甚。"世代不知世间有东南西北,唯"以日影为度焉";"稍南而东,转而西行数里,有人家,如南再转而北行数里,有人家,如东而西,野老乘新雨躬耕。余呼问之,自言生平未出辋口,长在宏治,无论庆历年号,即正德,嘉靖不知也。草荣为春,叶落为秋,真无怀葛天之民欤"。不仅不知东南西北,连眼下是何世亦不知,只是日出而作,日入而息,耕田而食,凿井而饮。草荣为春,叶落为秋,"真无怀葛天之民欤"。相比之下,自己这个知南北与朝代的人显得笨拙、多余。再次写王维故居及周围环境:"行至飞云山,山前数里,为清凉寺,后改鹿苑寺,有右丞像,即故宅也。振衣拜焉,二子觳,余谈青城故事,恍如在浣花溪上。'行到水穷处,坐看云起时',右丞佳句,千载如新。二子唯唯。老僧三四人,导出寺门,西数百步有坟,为母塔,右丞筑也。水浒有方石,其平如案,四角有孔,相去各数尺,或曰欹湖亭;石洞残缺者数处,或曰孟城坳。问南垞、北垞、文杏馆、斤竹岭,淹没不知,所游皆北岸也。望南岸,青林茂盛,多系桑柘桃竹之属。往往猿啼虎啸。林前有圣灯崖,老僧见一二次,欲过南岸,而归路险不可行,人家亦如北岸,或隐或露,难以名状。"

拜右丞相,诵右丞诗,寻辋川二十景。眼前的景,远古的人,感慨无限。悟诗道,悟人生。辋川不愧为抚慰心灵的圣地。有此一游,可以荡涤心灵的邪魔秽迹,复归本我自在。

周焕寓①同名《辋川游记》写得更加全面细致,是一篇完全意义上的辋川山水游记。它从如下几个方面对陈文烛《辋川游记》做了补充:

首先,时间是道光十八年(1838)上巳节,即农历的三月初三,春天最好的日子。这正是《山中与裴秀才迪书》中王维裴迪相约的时节:"草木蔓发,春山可望,轻鲦出水,白鸥矫翼,露湿青皋,麦陇朝雊。"然而眼前的却是实景,或许比想象的还要美好惬意:

村居数十家,护一乔木,杏红梨白掩映。颓坦门巷,询之,土人云即北垞。筱碧先至,沦茗以待,就茅店促膝纵谈,不禁心旷神怡,低徊不忍离去。沿溪旋转,或北或南,澈底清波,荡漾人影。滩际多奇石,五色灿然,碧者尤光润可爱,倘蓝玉之遗种欤?又有白石数堆,不间他色,意即白石滩也。溪水萦回,跳珠溅玉,如无数钟磬,发清响于丛石间,令人应接不暇。

这是眼前新春之色,同时也是那幅王维手绘、流传1000多年的《辋川图》。千年古画,有的地方已经破旧不整了。一株高大的乔木下,数十人家组成一个村落,杏红梨白掩映下有低矮破旧的门墙,这就是传说中的北垞,几个饮茶的人促膝纵谈。作者简直也成了画中人!见此情景,怎能不心旷神怡,怎能不"低徊不忍离去"!

---

① 周焕寓,清代洛阳人,生卒年不详。

其次，突出溪水和奇石。溪水"沿溪旋转，或北或南，澈底清波，荡漾人影"，种种依人。石头尤其与众不同："滩际多奇石，五色灿然，碧者尤光润可爱，倘蓝玉之遗种欤？又有白石数堆，不间他色，意即白石滩也。"各种各样的奇石在溪水的滋润下像灿烂的山花，"碧者尤光润可爱"，这或者就是传说中的蓝田玉吧？不远的地方，又有数堆纯白的石头，这就是辋川二十景之一的"白石堆"吧？作者正在遐想，又被溪水声唤回："溪水萦回，跳珠溅玉，如无数钟磬，发清响于丛石间。"美景络绎不绝，真是令人应接不暇。

再次，写了辋川的佛意。

首先是村民的自在自乐："又北过周家滩，两岸夷旷处，各有小家居落，蔓藤桃柳映水敷荣，鸡犬牛羊依人自适，红尘飞不到，一步一清心。……居民无男女老少，类皆淳朴，炊黍蒸藜，聚餐石上，目数游人，若不识冠盖为何物。"

这也是陈文烛《辋川游记》所强调的世外桃源般的生活。但是，桃花源中人并不是王维心目中的极致。王维是以一颗佛心观照、体悟这个世界的。持有这样一颗心对世界进行观照，包括对桃花源的观照，这才是王维的本意，才是王维心目中的极致。这从下文可以看出："院宇圮废，筱碧捐俸，葺而新之，供俸右丞。游者始得栖息之所。当门设座俯仰，流连寺外，群峰四合，献笑争奇。三人静对无言，但觉万虑皆空，飘飘乎浑忘我相。门前文杏株，围可数抱，苍茫陆离，相传右丞手植，即文杏馆也。东去数十步，溪畔磐石一方，云是欹湖亭故物。西为母塔坟并右丞墓，丰碑仅存。按图，谷内为区十三，佳景二十。今仿佛可寻者数处，其余浦汀湖沂，尽为田畴。亭沂馆园，沦没于荒烟蔓草，唯青山绿水，接应游踪而已，任轩颇兴今昔盛衰之感！"

本文将景与诗、景与画、画与诗、诗与禅、人事的盛衰、时间与空间等议论、感慨纠结在一起，又将这些全部纳入色与空、有与无的范畴里面，其背景是整个辋川。

整个人类历史就像眼前的辋川一样，弯弯曲曲永远流淌。在这流淌之中，一切来来往往都是过程，一个阶段，一个片段。我是现在，我又是过客，我是今人，同时又是古人。色就是空，空就是色，世界的一切不过如此，是一个从无到有、由有归无的循环过程。这就是相对论！正如王维诗中所说"来者复为谁，空悲昔人有"。王维好像并没有走远，就在游人左右，悄无声息地看着这一切。"盖当极盛时，而已存必衰之见矣！且不独地之盛衰有幸有不幸也。"这是王维的眼光与胸怀，也是王维的人生观、世界观。他以此审视人间、自然的一切，将自己的人生放在这样的理论框架里，去体验、感受、享有这里的一切，并以此为契机，感受体验整个宇宙、整个人类的生活和历史。

正是这种经验和享受将王维和辋川永远地结合在了一起，人与地契，地与人合。这也是此篇与上篇的不同之处。从这个意义上说，此篇更贴近王维的本意，这也许也是辋川的本意吧。辋川等来了王维，王维是辋川的住持，周焕寓可谓是王维千载之下的知己。"胜也因人为胜，衰究不随人为起灭；现有青山留客，绿水送行，何灭当年胜概；至于朱阑画栋，不过点缀片时，原与海市蜃楼无异，岂足为辋川损益哉！"是的，辋川是不会荒凉的，荒凉的永远是一种表象而已。

六、骊山游记

骊山崇峻不如太华，绵亘不如终南，幽异不如太白，奇险不如华山，然而千百年来人们却热衷离宫别馆、绣岭温汤，骊山成为人们览胜的佳境，历代游者不绝。唐代以后，骊山游记中多以奢侈亡国为感慨，仿佛骊山及华清池成了侮辱的代名词。因此骊山游记主要表现对历史兴亡的感叹。也有个别作品是描摹骊山山水之美的，属于再现型游记。

其中比较著名的游记有唐陈鸿《华清汤池记》，宋游师雄《骊山图记》、苏轼《书游温泉汤后》等，明乔宇《游骊山记》、都穆《游骊山记》，清周灿《游骊山东绣岭记》《游人祖庙记》等。

（一）对历史兴亡的感叹

陈鸿的活动时间距玄宗约50年。《华清汤池记》是他游华清池时所写，主要记载华清池的豪华奢侈。从陈鸿的记载中可以看出玄宗时期的华清池古今罕匹的穷奢极欲。玄宗时期扩大修建了华清池。作为温泉水池，饰以安禄山从范阳贡来的白玉石制作的鱼龙凫雁、石梁及石莲花，花及动物栩栩如生。宫中有长汤数十，门屋环回，以文石砌成，放置银楼谷船及白香木船，船的楫棹皆饰以珠玉，又于汤中"垒瑟瑟及沈香为山"，以象征瀛洲方丈，玄宗和嫔妃游戏其中。长汤外还有太子汤、少阳汤等。当时陈鸿所看到的只有太子、少阳二汤。

游师雄[①]《骊山图记》记载了骊山宫殿从唐至宋的大致历史。自秦、汉、周、隋相继崇饰，唐贞观初始营建御汤，天宝六载（747）玄宗大兴土木于此："筑罗城于汤所，置百司公卿邸第。治汤为池沼，增起台殿，环列山谷。因改温泉宫为华清宫，明皇岁幸焉。殿，曰九龙，以待上浴；曰飞霜，以奉御寝；曰长生，以备斋祀。其它殿阁楼观不可胜数。"可以想见，骊山宫殿当时确实盛极一时。安史之乱后衰落。

---

① 游师雄（1037—1097），武功人，字景叔。曾领陕西转运使、陕州知府，终年60岁，归葬武功。

苏轼的《书游温泉汤后》大意是说：温泉是个好东西，如在穷山之中，"山僧野人之所浴，麋鹿猿猱之所饮"。而骊山温泉偏偏正处往来的要冲，"华堂玉甃，独为胜绝"。"然坐明皇之累，为杨李禄山所污，使口舌之士，援笔唾骂，以为亡国之余，辱莫大焉。"仿佛这几个人污了骊山，使得骊山变得永远不干净了。这是骊山的不幸，但不是骊山的过错。骊山的美、温泉的适于人体，都是好的，人们要端正心态。这在骊山游记中别具一格。

总之，唐以后，历代都有以奢侈亡国感叹为内容的骊山游记，到明朝时也是如此。乔宇的《游骊山记》写自己仲夏游历华清池和骊山的经过。前半简单写华清池的历史，后半简单写游骊山的感受："遂登骊山，蹑绣岭堆，低徊于朝元遗址前，草树青葱，扬芳弄色，幽泉集响，如咽如悲。"但凡游于此者，都有类似感叹，显得有些千篇一律。

（二）再现骊山东西绣岭之美

再现型游记虽不是骊山游记的主要部分，但也很有特色，如明都穆①《游骊山记》、清周灿《游骊山东绣岭记》《游人祖庙记》等。

都穆《游骊山记》是一篇完全意义上的山水游记，完全没有以往有关游记的兴亡老调，显得轻松自在，无历史之累。作者以游踪为线索，以景点为行止，由下而上结构文章。先写雷神殿、温泉池。温泉为骊山核心景观，因此，在此看的景观也多，流连的时间也长："人呼为官池，盖非贵人不得浴此。"贵在池子本身："池四周甃石如玉，环状中一小石，上凿七窍，泉由是出。"也贵在历史悠久、名人故事。小民也可以享受："官池之左有泉曰混池，以浴小民。"之后即是骊山的建筑：华清宫故址上有三清殿、大钟、古碑、玉皇殿、七星殿、玉女阁。玉女阁池水很神奇："下有方池，即温泉发源处，饮之可以已疾。每秋暮，人取未熟柿投其中，经宿食之不涩。其左为玉女洗头池，沐发者多去疮虱。"之后即东西绣岭："当时林木花卉之盛，类锦绣然故名。"之后是老君殿："白玉石为像，今尚存。殿壁绘唐从臣之像，殆当时人笔。其西南有泉，名饮鹿槽，今涸。"之后老母殿，最后到达山顶："山之巅旧有烽火楼，昔周幽王欲媚褒姒，举烽火以来诸侯之处。"

周灿②《游骊山东绣岭记》也是一篇完全意义上的山水游记。文章全以游踪先后顺序来写：先赏山上树木花草如绣："岭树摇青，岸草浮碧，岩花涧水，种种可人。"之后依次是飞来阁、三圣殿、元帝宫、东西绣岭。其中东绣岭最漂亮，而柏树又最有名："环瞻岭柏，竦然挺翠，劲直不阿，不似

---

① 都穆（1458—1525），明代金石学家、藏书家。字玄敬，一作元敬，郡人称南濠先生。
② 周灿，清朝临潼人。生平不详。

西岭古柯，颓然望之如卧。"再上为白衣殿、地藏菩萨殿（石瓮寺），地藏菩萨殿是东山胜景，胜在其高："西望咸京，东瞻函谷，北眺泾原诸山，历历如几案间物。觉呼吸通帝座，几与太华竞雄矣。"这里"几与太华竞雄"或许有一些夸张，但登山本来就是一人一种感受，一山一个看法，这是人之常情。之后是赏飞泉瀑布，上舍身崖、法喜堂、达摩洞。

关中自古就是风水宝地，关中的山水无疑是关中风水的重要组成部分。关中山水的美，吸引着文人墨客，产生了许多山水游记。以上介绍的只是其中的一部分而已。但是，仅从这一部分的简单介绍中，我们就可以窥见关中山水游记的艺术魅力。比较而言，关中的山水游记是货真价实的、写实的山水游记，不是文人墨客主观联想的产物。这里的山，高是真高，险是真险，奇是真奇；说优美真优美，说壮丽真壮丽。不需要去联想、想象，因为眼前的山水比想象的还要丰富多彩。文人们最大的感受是自己笔拙，不能将看到的、感到的准确地描绘出来。关中山水赋予了关中游记这种厚重的风格魅力。可以说，关中游记不仅仅代表着关中山水游记的水平，也代表了全国山水游记的水平。

附录

历代秦岭赋、游记选

本节选录秦岭相关文章50篇,其中赋23篇(19篇录全文,4篇节选),游记27篇。按照作品的时间先后排列,同一朝代的作品按照作者生年先后排列,每篇作品后面标明出处。

一、赋

上林赋（节选）

[西汉]司马相如

无是公听然而笑曰："楚则失矣，齐亦未为得也。夫使诸侯纳贡者，非为财币，所以述职也；封疆画界者，非为守御，所以禁淫也。今齐列为东藩，而外私肃慎，捐国蹢限，越海而田。其于义故未可也。且二君之论，不务明君臣之义，而正诸侯之礼，徒事争游戏之乐，苑囿之大，欲以奢侈相胜，荒淫相越，此不可以扬名发誉，而适足以贬君自损也。

"且夫齐、楚之事，又焉足道邪！君未睹夫巨丽也，独不闻天子之上林乎？左苍梧，右西极，丹水更其南，紫渊径其北，终始灞、浐，出入泾、渭；酆、镐、潦、潏，纡余委蛇，经营乎其内。荡荡兮八川分流，相背而异态。东西南北，驰骛往来，出乎椒丘之阙，行乎洲淤之浦，经乎桂林之中，过乎泱漭之野。汩乎混流，顺阿而下，赴隘狭之口，触穿石，激堆埼，沸乎暴怒，汹涌彭湃，滭浡滵汩，偪侧泌㵕，横流逆折，转腾潎洌，澎濞沆瀣；穹隆云桡，蜿灗胶戾，踰波趋浥，涖涖下濑，批岩冲壅，奔扬滞沛；临坻注壑，瀺灂霣坠；湛湛隐隐，砰磅訇磕；潏潏淈淈，湁潗鼎沸，驰波跳沫，汩淢漂疾，悠远长怀，寂漻无声，肆乎永归。然后灏溔潢漾，安翔徐回。翯乎滈滈，东注太湖，衍溢陂池。

"于是乎蛟龙赤螭，䱱䲛渐离，鰅鳙鰬魠，禺禺魼鰨，揵鳍掉尾，振鳞奋翼，潜处乎深岩。鱼鳖讙声，万物众伙，明月珠子，玓瓅江靡，蜀石黄硬，水玉磊砢，磷磷烂烂，采色澔汗，丛积乎其中。鸿鹄鹔鸨，鴐鹅鹔鸔，交精旋目，烦鹜鹛䴋，鵁鶄鸡鸬，群浮乎其上。泛淫泛滥，随风澹淡，与波摇荡，奄薄草渚，唼喋菁藻，咀嚼菱藕。

"于是乎崇山龙嵷，崔巍嵯峨，深林巨木，崭岩参差。九嵕巀嶭，南山峨峨，岩陁甗锜，摧崣崛崎。振溪通谷，蹇产沟渎，谽呀豁閜。阜陵别坞，崴磈崾瘣，丘虚崛礨，隐辚郁壘，登降施靡，陂池貏豸，沇溶淫鬻，散涣夷陆，亭皋千里，靡不被筑。揵以绿蕙，被以江离，糅以蘪芜，杂以留夷。专结缕，攒戾莎，揭车衡兰，藁本射干，茈姜蘘荷，葴橙若荪，鲜枝黄砾，蒋芧青薠，布濩闳泽，延曼太原，离靡广衍，应风披靡，吐芳扬烈，郁郁斐斐，众香发越，肸蚃布写，晻薆咇勃。

——选自《全上古秦汉三国两晋六朝文·全汉文》第二十一卷

羽猎赋（并序）

[西汉]扬雄

孝成帝时羽猎，雄从。以为昔在二帝三王，宫馆台榭，沼池苑囿，林麓薮泽，财足以奉郊庙、御宾客、充庖厨而已，不夺百姓膏腴谷土桑柘之地。女有余布，男有余粟，国家殷富，上下交足。故甘露零其庭，醴泉流其唐，凤凰巢其树，黄龙游其沼，麒麟臻其囿，神爵栖其林。昔者禹任益虞而上下和，草木茂；成汤好田而天下用足；文王囿百里，民以为尚小；齐宣王囿四十里，民以为大：裕民之与夺民也。武帝广开上林，东南至宜春、鼎湖、御宿、昆吾，旁南山，西至长杨、五柞，北绕黄山，滨渭而东，周袤数百里。穿昆明池，象滇河，营建章、凤阙、神明、馺娑，渐台、泰液，象海水周流方丈、瀛洲、蓬莱。游观侈靡，穷妙极丽。虽颇割其三垂以赡齐民，然至羽猎，甲车戎马，器械储偫，禁御所营，尚泰奢丽夸诩，非尧、舜、成汤、文王三驱之意也。又恐后世复修前好，不折中以泉台，故聊因校猎，赋以风之，其辞曰：

或称羲农，岂或帝王之弥文哉？论者云否，各以并时而得宜，奚必同条而共贯？则泰山之封，焉得七十而有二仪？是以创业垂统者，俱不见其爽，遐迹五三，孰知其是非？遂作颂曰：丽哉神圣，处于玄宫。富既与地乎侔訾，贵正与天乎比崇。齐桓曾不足使扶毂，楚严未足以为骖乘；狭三王之陋僻，峤高举而大兴；历五帝之寥廓，涉三皇之登闳；建道德以为师，友仁义与之为朋。于是玄冬季月，天地隆烈，万物权舆于内，徂落于外，帝将惟田于灵之囿，开北垠受不周之制，以奉终始颛顼、玄冥之统。乃诏虞人典泽，东延昆邻，西驰闾阖，储积共偫，戍卒夹道，斩丛棘，夷野草，御自汧、渭，经营酆、镐，章皇周流，出入日月，天与地沓。尔乃虎路三嵕以为司马，围经百里而为殿门。外则正南极海，邪界虞渊，鸿蒙沆茫，揭以崇山。营合围会，然后先置乎白杨之南，昆明灵沼之东。贲育之伦，蒙盾负羽，杖镆邪而罗者以万计。其余荷垂天之罼，张竟壑之罘。靡日月之朱竿，曳彗星之飞旗。青云为纷，红蜺为缳，属之乎昆仑之虚，涣若天星之罗，浩如涛水之波，淫淫与与，前后要遮。欃枪为閳，明月为候，荧惑司命，天弧发射，鲜扁陆离，骈衍佖路。徽车轻武，鸿絧緁猎，殷殷轸轸，被陵缘岅，穷夐极远者，相与列乎高原之上；羽骑营营，驴分殊事，缤纷往来，轠轳不绝，若光若灭者，布乎青林之下。

于是天子乃以阳晁始出乎玄宫，撞鸿钟，建九旒，六白虎，载灵舆，蚩尤并毂，蒙公先驱。立历天之旗，曳梢星之旃，霹雳列缺，吐火施鞭。萃縰沇溶，淋离廓落，戏八镇而开关；飞廉、云师，吸嚊潚率，鳞罗布列，攒以龙翰。啾啾跄跄，入西园，切神光；望平乐，径竹林，蹂蕙圃，践兰唐。举烽烈火，辔者施技，方驰千驷，狡骑万帅，虓虎之陈，从横胶轕，猋泣雷厉，驫駥駼磕，汹汹旭旭，天动地岋。羡漫半散，萧条数千万里外。

若夫壮士慷慨，殊乡别趣，东西南北，骋耆奔欲。拖苍豨，跋犀犛，蹶浮麋。斫巨狿，搏玄猨，腾空虚，距连卷。踔夭蟜，娭涧门，莫莫纷纷，山谷为之风猋，林丛为之生尘。及至获夷之徒，蹶松柏，掌蒺藜，猎蒙笼，辚轻飞；履般首，带修蛇，钩赤豹，摼象犀，跇峦阬，超唐陂。车骑云会，登降闉闑，泰华为旒，熊耳为缀。木仆山还，漫若天外，储与乎大浦，聊浪乎宇内。

于是天清日晏，逢蒙列眦，羿氏控弦。皇车幽辌，光纯天地，望舒弥辔，翼乎徐至于上兰。移围徙阵，浸淫蹴部，曲队坚重，各案行伍。壁垒天旋，神抶电击，逢之则碎，近之则破。鸟不及飞，兽不得过。军惊师骇，刮野扫地。及至罕车飞扬，武骑聿皇；蹈飞豹，绢嗛阳；追天宝，出一方；应骈声，击流光。攀尽山穷。囊括其雌雄，沆沆溶溶，遥噱乎纮中。三军芒然，穷冘阕与，亶观夫剽禽之绁隃，犀兕之抵触，熊罴之挐攫，虎豹之凌遽，徒角枪题，注蹙竦訾，怖魂亡魄，触辐关脰。妄发期中，进退履获。创淫轮夷，丘累陵聚。

于是禽殚中衰，相与集于靖冥之馆，以临珍池。灌以岐梁，溢以江河，东瞰目尽，西畅无崖，随珠和氏，焯烁其陂。玉石嶜崟，眩耀青荧。汉女水潜，怪物暗冥，不可殚形。玄鸾孔雀，翡翠乘荣。王雎关关，鸿雁嘤嘤。群娱乎其中，噍噍昆鸣；凫鹥振鹭，上下砰磕，声若雷霆。乃使文身之技，水格鳞虫，凌坚冰，犯严渊，探岩排碕，薄索蛟螭，蹈獱獭，据鼍鼋，抶灵蠵，入洞穴，出苍梧，乘巨鳞，骑京鱼。浮彭蠡，目有虞。方椎夜光之流离，剖明月之珠胎，鞭洛水之宓妃，饷屈原与彭胥。

于兹乎鸿生巨儒，俄轩冕，杂衣裳，修唐典，匡《雅》《颂》，揖让于前。昭光振耀，蠁曶如神。仁声惠于北狄，武谊动于南邻。是以旃裘之王，胡貉之长，移珍来享，抗手称臣。前入围口，后陈卢山。群公常伯阳朱、墨翟之徒喟然并称曰："崇哉乎德，虽有唐、虞、大夏、成周之隆，何以侈兹！夫古之觐东岳，禅梁基，舍此世也，其谁与哉？"

上犹谦让而未俞也，方将上猎三灵之流，下决醴泉之滋，发黄龙之穴，窥凤凰之巢，临麒麟之囿，幸神雀之林，奢云梦，侈孟诸，非章华，是灵台，罕徂离宫，而辍游观，土事不饰，木功不雕，烝民乎农桑，劝之以弗怠，俦男女，使莫违，恐贫穷者不遍被洋溢之饶，开禁苑，散公储，创道德之囿，弘仁惠之虞，驰弋乎神明之囿，览观乎群臣之有亡；放雉兔，收罝罘，麋鹿刍荛，与百姓共之，盖所以臻兹也。

于是醇洪鬯之德，丰茂世之规，加劳三皇，勖勤五帝，不亦至乎！乃祗庄雍穆之徒，立君臣之节，崇贤圣之业，未遑苑囿之丽，游猎之糜也，因回轸还衡，背阿房，反未央。

——选自《全上古秦汉三国两晋六朝文·全汉文》第五十一卷

长杨赋

[西汉]扬雄

明年，上将大夸胡人以多禽兽。秋，命右扶风发民入南山。西自褒斜，东至弘农，南驱汉中，张罗网罝罘，捕熊罴、豪猪、虎豹、狖玃、狐兔、麋鹿，载以槛车，输长杨射熊馆。以网为周阹，纵禽兽其中，令胡人手搏之，自取其获，上亲临观焉。是时，农民不得收敛。雄从至射熊馆，还，上《长杨赋》。聊因笔墨之成文章，故藉翰林以为主人，子墨为客卿以风。其辞曰：

子墨客卿问于翰林主人曰：盖闻圣主之养民也，仁沾而恩洽，动不为身。今年猎长杨，先命右扶风，左太华而右褒斜，椓嶻嶭而为弋，纡南山以为罝。罗千乘于林莽，列万骑于山隅。帅军踤阹，锡戎获胡。搤熊罴，拖豪猪，木拥枪累，以为储胥，此天下之穷览极观也。虽然，亦颇扰于农民。三旬有余，其廑至矣，而功不图，恐不识者外之则以为娱乐之游，内之则不以为干豆之事，岂为民乎哉？且人君以玄默为神，澹泊为德，今乐远出以露威灵，数摇动以罢车甲，本非人主之急务也，蒙窃惑焉。翰林主人曰：吁，客何谓之兹耶？若客，所谓知其一未睹其二，见其外不识其内也。仆尝倦谈，不能一二其详，请略举其凡，而客自览其切焉。客曰：唯唯。

主人曰：昔有强秦，封豕其土，窫窳其民，凿齿之徒相与摩牙而争之。豪俊麋沸云扰，群黎为之不康。于是上帝眷顾高祖，高祖奉命，顺斗极，运天关，横钜海，漂昆仑，提剑而叱之。所过麾城撕邑，下将降旗，一日之战，不可殚记。当此之勤，头蓬不暇梳，饥不及餐，鞬鍪生虮虱，介胄被沾汗，以为万姓请命乎皇天。乃展民之所诎，振民之所乏，规亿载，恢帝业，七年之间而天下密如也。

逮至圣文，随风乘流，方垂意于至宁。躬服节俭，绨衣不敝，革鞜不穿，大厦不居，木器无文。于是后宫贱瑹瑂而疏珠玑，却翡翠之饰，除雕琢之巧。恶丽靡而不近，斥芳芬而不御。抑止丝竹晏衍之乐，憎闻郑、卫幼眇之声。是以玉衡正而太阶平也。

其后熏鬻作虐，东夷横畔，羌戎睚眦，闽越相乱，遐眠为之不安，中国蒙被其难。于是圣武勃怒，爰整其旅，乃命骠卫，汾沄沸渭，云合电发，焱腾波流，机骇蠡轶，疾如奔星，击如震霆。碎輶辑，破穹庐，脑沙幕，髓余吾。遂躏乎王庭，驱橐驼，烧煇蠹，分剺单于，磔裂属国。夷阬谷，拔卤莽，刊山石，蹂尸舆厮，系累老弱。衮鋋瘢，耆金镞，淫夷者数十万人，皆稽颡树额，扶服蛾伏，二十余年矣，尚不敢惕息。夫天兵四临，幽都先加，回戈邪指，南越相夷，靡节西征，羌僰东驰。是以遐方疏俗，殊邻绝党之域，自上仁所不化，茂德所不绥，莫不蹻足抗首，请献厥珍，使海内澹然，永亡边城之灾，金革之患。

今朝廷纯仁，遵道显义，并包书林，圣风云靡。英华沈浮，洋溢八区。普天所覆，莫不沾濡。士有不谈王道者，则樵夫笑之。意者以为事罔隆而不杀，物靡盛而不亏，故平不肆险，安不忘危。乃时以有年出兵，整舆竦戎，振师五柞，习马长杨，简力狡兽，校武票禽。乃萃然登南山，瞰乌弋，西厌月嶲，东震日域。又恐后代迷于一时之事，常以此为国家之大务，淫荒田猎，陵夷而不御也。是以车不安轫，日未靡旞，从者仿佛，骫属而还；亦所以奉太尊之烈，遵文武之度，复三王之田，反五帝之虞。使农不辍耰，工不下机，婚姻以时，男女莫违，出凯弟，行简易，矜劬劳，休力役，见百年，存孤弱，帅与之同苦乐。然后陈钟鼓之乐，鸣韶磬之和，建碣磋之虡，拮隔鸣球，掉八列之舞。酌允铄，肴乐胥，听庙中之雍雍，受神人之福祐。歌投《颂》，吹合《雅》，其勤若此，故真神之所劳也。方将俟元符，以禅梁甫之基，增泰山之高，延光于将来，比荣乎往号。岂徒欲淫览浮观，驰骋秔稻之地，周流黎栗之林，蹂践刍荛，夸诩众庶，盛狄獲之收，多麋鹿之获哉！且盲者不见咫尺，而离娄烛千里之隅。客徒爱胡人之获我禽兽，曾不知我亦已获其王侯。

言未卒，墨客降席，再拜稽首曰：大哉体乎！允非小人之所能及也。乃今日发矇，廓然已昭矣。

——选自《全上古秦汉三国两晋六朝文·全汉文》第五十二卷

北征赋

[东汉]班彪

余遭世之颠覆兮，罹填塞之阸灾。旧室灭以丘墟兮，曾不得乎少留。遂奋袂以北征兮，超绝迹而远游。

朝发轫于长都兮，夕宿瓠谷之玄宫。历云门而反顾，望通天之崇崇。乘陵岗以登降，息郇邠之邑乡。慕公刘之遗德，及行苇之不伤。彼何生之优渥，我独罹此百殃？故时会之变化兮，非天命之靡常。

登赤须之长坂，入义渠之旧城。忿戎王之淫狡，秽宣后之失贞。嘉秦昭之讨贼，赫斯怒以北征。纷吾去此旧都兮，騑迟迟以历兹。

遂舒节以远逝兮，指安定以为期。涉长路之绵绵兮，远纡回以樛流。过泥阳而太息兮，悲祖庙之不修。释余马于彭阳兮，且弭节而自思。日晻晻其将暮兮，睹牛羊之下来。寤旷怨之伤情兮，哀诗人之叹时。

越安定以容与兮，遵长城之漫漫。剧蒙公之疲民兮，为强秦乎筑怨。舍高亥之切忧兮，事蛮狄之辽患。不耀德以绥远兮，顾厚固而缮藩。首身分而不寤兮，犹数功而辞僭。何夫子之妄说兮，孰云地脉而生残。

登鄣隧而遥望兮，聊须臾以婆娑。闵獯鬻之猾夏兮，吊尉卬于朝那。从圣文之克让兮，不劳师而币加。惠父兄于南越兮，黜帝号于尉佗。降几杖于藩国兮，折吴濞之逆邪。惟太宗之荡荡兮，岂曩秦之所图。

隮高平而周览，望山谷之嵯峨。野萧条以莽荡，迥千里而无家。风猋发以漂遥兮，谷水灌以扬波。飞云雾之杳杳，涉积雪之皑皑。雁邕邕以群翔兮，鹍鸡鸣以哜哜。

游子悲其故乡，心怆悢以伤怀。抚长剑而慨息，泣涟落而沾衣。揽余涕以于邑兮，哀生民之多故。夫何阴曀之不阳兮，嗟久失其平度。谅时运之所为兮，永伊郁其谁愬？

乱曰：夫子固穷游艺文兮，乐以忘忧惟圣贤兮？达人从事有仪则兮，行止屈申与时息兮？君子履信无不居兮，虽之蛮貊何忧惧兮？

——选自《全上古秦汉三国两晋六朝文·全后汉文》第二十三卷

终南山赋

[东汉]班固

伊彼终南，岧截嶙囷。概青宫，触紫辰。嶔崟郁律，萃于霞雾。暧昒晻蔼，若鬼若神。傍吐飞濑，上挺修竹。玄泉落落，密荫沈沈。荣期绮季，此焉恬心？

三春之季，孟夏之初，天气肃清。周览八隅，皇鸾鸑鷟，警乃前驱，尔其珍怪。碧玉挺其阿，蜜房溜其巅。翔凤哀鸣集其上，清水泌流注其前。彭祖宅以蝉蜕，安期飨以延年。

唯至德之为美，我皇应福以来臻。埒神坛以告诚，荐珍馨以祈仙。嗟兹介福，永钟亿万年。流泽遂而成水，停积结而为山。固仙灵之所游集。

——选自《全上古秦汉三国两晋六朝文·全后汉文》第二十四卷

西都赋（节选）

[东汉]班固

有西都宾问于东都主人曰："盖闻皇汉之初经营也，尝有意乎都河洛矣。辍而弗康，实用西迁，作我上都。主人闻其故而睹其制乎？"主人曰："未也。愿宾摅怀旧之蓄念，发思古之幽情，博我以皇道，弘我以汉京。"宾曰："唯唯。"

汉之西都，在于雍州，实曰长安。左据函谷二崤之阻，表以太华、终南之山。右界褒斜、陇首之险，带以洪河、泾、渭之川。众流之隈，汧涌其西。华实之毛，则九州之上腴焉。防御之阻，则天地之隩区焉。是故横被六合，三成帝畿，周以龙兴，秦以虎视。及至大汉受命而都之也，仰悟东井之精，俯协《河图》之灵，奉春建策，留侯演成。天人合应，以发皇明，乃眷西顾，实惟作京。于是睎秦岭，晞北阜，挟酆灞，据龙首。图皇基于亿载，度宏规而大起。肇自高而终平，世增饰以崇丽。历十二之延祚，故穷泰而极侈。建金城而万雉，呀周池而成渊，披三条之广路，立十二之通门。内则街衢洞达，闾阎且千，九市开场，货别隧分，人不得顾，车不得旋，阗城溢郭，旁流百廛，红尘四合，烟云相连。于是既庶且富，娱乐无疆。都人士女，殊异乎五方。游士拟于公侯，列肆侈于姬姜。乡曲豪举，游侠之雄，节慕原、尝，名亚春、陵，连交合众，骋骛乎其中。

若乃观其四郊，浮游近县，则南望杜、霸，北眺五陵。名都对郭，邑居相承。英俊之域，绂冕所兴。冠盖如云，七相五公。与乎州郡之豪杰，五都之货殖，三选七迁，充奉陵邑。盖以强干弱枝，隆上都而观万国也。封畿之内，厥土千里，逴跞诸夏，兼其所有。其阳则崇山隐天，幽林穹谷，陆海珍藏，蓝田美玉。商、洛缘其隈，鄠、杜滨其足，源泉灌注，陂池交属。竹林果园，芳草甘木，郊野之富，号为近蜀。其阴则冠以九嵕，陪以甘泉，乃有灵宫，起乎其中。秦汉之所极观，渊云之所颂叹，于是乎存焉。下有郑、白之沃，衣食之源。提封五万，疆场绮分，沟塍刻镂，原隰龙鳞，决渠降雨，荷臿成云。五谷垂颖，桑麻铺棻。东郊则有通沟大漕，溃渭洞河，泛舟山东，控引淮、湖，与海通波。西郊则有上囿禁苑，林麓薮泽，陂池连乎蜀汉，缭以周墙，四百余里。离宫别馆，三十六所。神池灵沼，往往而在。其中乃有九真之麟，大宛之马，黄支之犀，条支之鸟。踰昆仑，越巨海，殊方异类，至于三万里。

其宫室也，体象乎天地，经纬乎阴阳。据坤灵之正位，仿太紫之圆方。树中天之华阙，丰冠山之朱堂。因瑰材而究奇，抗应龙之虹梁。列棼橑以布翼，荷栋桴而高骧。雕玉瑱以居楹，裁金璧以饰珰。发五色之渥彩，光焰朗以景彰。于是左城右平，重轩三阶。闺房周通，门闼洞开。列钟虡于中庭，立金人于端闱。仞增崖而衡阈，临峻路而启扉。徇以离宫别寝，承以崇台闲馆，焕若列宿，紫宫是环。清凉、宣温、神仙、长年、金华、玉堂、白虎、麒麟，区宇若兹，不可殚论。增槃业峨，登降炤烂，殊形诡制，每各异观。乘茵步辇，惟所息宴。后宫则有掖庭、椒房，后妃之室。合欢、增城，安处、常宁，茝若、椒风，披香、发越，兰林、蕙草，鸳鸾、飞翔之列，昭阳特盛，隆乎孝成。屋不呈材，墙不露形。裹以藻绣，络以纶连。随侯明月，错落其间。金釭衔璧，是为列钱。翡翠火齐，流耀含英。悬黎垂棘，夜光在焉。于是玄墀釦砌，玉阶彤庭，碝磩彩致，琳珉青荧，珊瑚碧树，周阿而生。红罗飒纚，绮组缤纷。精曜华烛，俯仰如神。后宫之号，十有四位。窈窕繁华，更盛迭贵。处乎斯列者，盖以百数。左右庭中，朝堂百寮之位，萧、曹、魏、邴，谋谟乎其上。佐命则垂统，辅翼则成化。流大汉之恺悌，荡亡秦之毒螫。故令斯人扬乐和之声，作画一之歌。功德著乎祖宗，膏泽洽乎黎庶。又有天禄、石渠，典籍之府。命夫惇诲故老，名儒师傅，讲论乎《六艺》，稽合乎同异。又有承明、金马，著作之庭。大雅宏达，于兹为群。元元本本，殚见洽闻。启发篇章，校理秘文。周以钩陈之位，卫以严更之署，总礼官之甲科，群百郡之廉孝。虎贲赘衣，阍尹阍寺。陛戟百重，各有典司。周庐千列，徼道绮错。辇路经营，修除飞阁。自未央而连桂宫，北弥明光而亘长乐。凌隥道而超西墉，掍建章而连外属。设璧门之凤阙，上觚棱而栖金爵。内则别风之嶕峣，眇丽巧而耸擢，张千门而立万户，顺阴阳以开阖。

尔乃正殿崔嵬，层构厥高，临乎未央。经骀汤而出馺娑，洞枌诣以与天梁。上反宇以盖戴，激日景而纳光。神明郁其特起，遂偃蹇而上跻。轶云雨于太半，虹霓回带于棼楣。虽轻迅与僄狡，犹愕眙而不能阶。攀井干而未半，目眴转而意迷。舍棂槛而却倚，若颠坠而复稽。魂怳怳以失度，巡回途而下低。既惩惧于登望，降周流以彷徨。步甬道以萦纡，又杳窱而不见阳。排飞闼而上出，若游目于天表，似无依而洋洋。前唐中而后太液，揽沧海之汤汤。扬波涛于碣石，激神岳之嶈嶈。滥瀛洲与方壶，蓬莱起乎中央。于是灵草冬荣，神木丛生，岩峻嶙崪，金石峥嵘。抗仙掌以承露，擢双立之金茎，轶埃塪之混浊，鲜颢气之清英。骋文成之不诞，驰五利之所刑。庶松乔之群类，时游从乎斯庭。实列仙之攸馆，非吾人之所宁。

尔乃盛娱游之壮观，奋泰武乎上囿。因兹以威戎夸狄，耀威灵而讲武事。命荆州使起鸟，诏梁野而驱兽。毛群内阗，飞羽上覆，接翼侧足，集禁林而屯聚。水衡虞人，修其营表。种别群分，部曲有署。罘网连纮，笼山络野。列卒周匝，星罗云布。于是乘銮舆，备法驾，帅群臣，披飞廉，入苑门。遂绕酆鄗，历上兰。六师发逐，百兽骇殚，震震爚爚，雷奔电激，草木涂地，山渊反复。蹂躏其十二三，乃拗怒而少息。

尔乃期门佽飞，列刃钻鍭，要跌追踪。鸟惊触丝，兽骇值锋。机不虚掎，弦不再控。矢不单杀，中必叠双。飑飑纷纷，矰缴相缠。风毛雨血，洒野蔽天。平原赤，勇士厉。猿狖失木，豺狼慴窜。尔乃移师趋险，并蹈潜秽。穷虎奔突，狂兕触蹶。许少施巧，秦成力折。掎僄狡，扼猛噬。脱角挫脰，徒搏独杀。挟师豹，拖熊螭。曳犀犛，顿象羆。超洞壑，越峻崖。蹶巘岩，巨石隤。松柏仆，丛林摧。草木无余，禽兽殄夷。

于是天子乃登属玉之馆，历长杨之榭。览山川之体势，观三军之杀获。原野萧条，目极四裔。禽相镇压，兽相枕藉。然后收禽会众，论功赐胙。陈轻骑以行炰，腾酒车以斟酌。割鲜野食，举烽命釂。飨赐毕，劳逸齐，大路鸣銮，容与徘徊。集乎豫章之宇，临乎昆明之池。左牵牛而右织女，似云汉之无涯。茂树荫蔚，芳草被堤。兰茝发色，晔晔猗猗。若摛锦布绣，烛耀乎其陂。鸟则玄鹤白鹭，黄鹄鸡鹳，鸽鹁鸨鹎，凫鹥鸿雁。朝发河海，夕宿江汉。沉浮往来，云集雾散。于是后宫乘辇辂，登龙舟，张凤盖，建华旗。祛黼帷，镜清流，靡微风，澹淡浮。櫂女讴，鼓吹震，声激越，警厉天。鸟群翔，鱼窥渊。招白鹇，下双鹄，揄文竿，出比目。抚鸿罿，御缯缴。方舟并骛，俯仰极乐。遂乃风举云摇，浮游溥览。前乘秦岭，后越九嵕。东薄河华，西涉岐雍。宫馆所历，百有余区。行所朝夕，储不改供。礼上下而接山川，究休祐之所用。采游童之欢谣，第从臣之嘉颂。于斯之时，都都相望，邑邑相属。国藉十世之基，家承百年之业，士食旧德之名氏，农服先畴之畎亩，商修族世之所鬻，工用高曾之规矩。粲乎隐隐，各得其所。

若臣者，徒观迹于旧墟，闻之乎故老，十分而未得其一端，故不能遍举也。

——选自《全上古秦汉三国两晋六朝文·全后汉文》第二十四卷

首阳山赋

[东汉]杜笃

嗟首阳之孤岭，形势窟其盘曲。面河源而抗岩，陇塠隩而相属。长松落落，卉木蒙蒙，青罗落漠而上覆，穴溜滴沥而下通。高岫带乎岩侧，洞房隐于云中。忽吾睹兮二老，时采薇以从容。于是乎乃讯其所求，问其所修："州域乡党，亲戚匹俦，何务何乐，而并兹游矣？"其二老乃答余曰："吾殷之遗民也。厥胤孤竹，作蕃北湄，少名叔齐，长曰伯夷。闻西伯昌之善教，育年艾于胡耈，遂相携而随之，冀寄命乎余寿。而天命之不常，伊事变而无方，昌伏事而毕命，子忽遘其不祥。乃兴师于牧野，遂干戈以伐商。乃弃之而来游，誓不步于其乡。余闭口而不食，并卒命于山傍。"

——选自《全上古秦汉三国两晋六朝文·全后汉文》第二十八卷

温泉赋（并序）

[东汉]张衡

阳春之月，百草萋萋。余在远行，顾望有怀。遂适骊山，观温泉，浴神井，风中峦，壮厥类之独美，思在化之所原，美洪泽之普施，乃为赋云：

览中域之珍怪兮，无斯水之神灵。控汤谷于瀛洲兮，濯日月乎中营。荫高山之北延，处幽屏以闲清。于是殊方跋涉，骏奔来臻。士女晔其鳞萃兮，纷杂遝其如烟。

乱曰：天地之德，莫若生兮。帝育蒸人，懿厥成兮。六气淫错，有疾疠兮。温泉汩焉，以流秽兮。蠲除苛慝，服中正兮。熙哉帝载，保性命兮。

——选自《全上古秦汉三国两晋六朝文·全后汉文》第五十二卷

二京赋（节选）

[东汉]张衡

有冯虚公子者，心侈体忲，雅好博古，学乎旧史氏，是以多识前代之载。言于安处先生曰：夫人在阳时则舒，在阴时则惨，此牵乎天者也。处沃土则逸，处瘠土则劳，此系乎地者也。惨则鲜于欢，劳则褊于惠，能违之者寡矣。小必有之，大亦宜然。故帝者因天地以致化，兆人承上教以成俗，化俗之本，有与推移，何以覈诸？秦据雍而强，周即豫而弱，高祖都西而泰，光武处东而约，政之兴衰，恒由此作。先生独不见西京之事欤？请为吾子陈之。

汉氏初都，在渭之涘，秦里其朔，实为咸阳。左有崤函重险、桃林之塞，缀以二华，巨灵赑屃，高掌远蹠，以流河曲，厥迹犹存。右有陇坻之隘，隔阂华戎，岐梁汧雍，陈宝鸣鸡在焉。于前则终南太一，隆崛崔崒，隐辚郁律，连冈乎嶓冢，抱杜含鄠，欱沣吐镐，爰有蓝田珍玉，是之自出。于后则高陵平原，据渭踞泾，澶漫靡迤，作镇于近。其远则九嵕甘泉，涸阴冱寒，日北至而含冻，此焉清暑。尔乃广衍沃野，厥田上上，实惟地之奥区神皋。昔者，大帝说秦穆公而觐之，飨以钧天广乐。帝有醉焉，乃为金策，锡用此土，而翦诸鹑首。是时也，并为强国者有六，然而四海同宅西秦，岂不诡哉！

自我高祖之始入也，五纬相汁，以旅于东井。娄敬委辂，干非其议，天启其心，人甚之谋，及帝图时，意亦有虑乎神祇，宜其可定以为天邑。岂伊不虔思于天衢？岂伊不怀归于枌榆？天命不滔，畴敢以渝！

于是量径轮，考广袤，经城洫，营郭郛，取殊裁于八都，岂启度于往旧。乃览秦制，跨周法，狭百堵之侧陋，增九筵之迫胁。正紫宫于未央，表崤阙于阊阖。疏龙首以抗殿，状巍峨以岌嶪。亘雄虹之长梁，结棼橑以相接。蒂倒茄于藻井，披红葩之狎猎。饰华榱与璧珰，流景曜之韡晔。雕楹玉磶，绣栭云楣。三阶重轩，镂槛文㮰。右平左城，青琐丹墀。刊层平堂，设切崖隒。坻崿鳞眴，栈齴巉崄。襄岸夷涂，修路陵险。重门袭固，奸宄是防。仰福帝居，阳曜阴藏。洪钟万钧，猛虡趪趪。负笋业而余怒，乃奋翅而腾骧。

朝堂承东，温调延北，西有玉台，联以昆德。嵯峨嶵嶭，罔识所则。若夫长年神仙，宣室玉堂，麒麟朱鸟，龙兴含章，譬众星之环极，叛赫戏以辉煌。正殿路寝，用朝群辟。大夏耽耽，九户开辟。嘉木树庭，芳草如积。高门有闶，列坐金狄，内有常侍谒者，奉命当御。阆台金马，递宿迭居。次有天禄石渠校文之处，重以虎威章沟严更之署。徼道外周，千庐内附，卫尉八屯，警夜巡昼。植铩悬犬，用戒不虞。

后宫则昭阳飞翔，增成合欢，兰林披香，凤凰鸳鸾。群窈窕之华丽，嗟内顾之所观。故其馆室次舍，采饰纤缛。裛以藻绣，文以朱绿，翡翠火齐，络以美玉。流悬黎之夜光，缀随珠以为烛。金釭玉阶，彤庭煇煇。珊瑚琳碧，瓀珉璘彬。珍物罗生，焕若昆仑。虽厥裁之不广，侈靡逾乎至尊。于是钩陈之外，阁道穿隆，属长乐与明光，径北通乎桂宫。命般尔之巧匠，尽变态乎其中。后宫不移，乐不徙悬，门卫供帐，官以物辨。恣意所幸，下辇成燕。穷年忘归，犹弗能遍。瑰异日新，殚所未见。

惟帝王之神丽，惧尊卑之不殊。虽斯宇之既坦，心犹凭而未摅，思比象于紫微，恨阿房之不可庐。觑往昔之遗馆，获林光于秦余。处甘泉之爽垲，乃隆崇而弘敷。既新作于迎风，增露寒与储胥。托乔基于山冈，直墱霓以高居。通天訬以竦峙，径百常而茎擢。上斑华以交纷，下刻陬其若削，翔鹤仰而不逮，况青鸟与黄雀。伏棂槛而颊听，闻雷霆之相激。

柏梁既灾，越巫陈方。建章是经，用厌火祥。营宇之制，事兼未央。圜阙竦以造天，若双碣之相望。凤骞翥于甍标，咸溯风而欲翔。阊阖之内，别风嶕峣。何工巧之瑰玮，交绮豁以疏寮。干云雾而上达，状亭亭以苕苕。神明崛其特起，井干叠而百增。峙游极于浮柱，结重栾以相承。累层构而遂隮，望北辰而高兴。消雾埃于中宸，集重阳之清澄。瞰宛虹之长鬐，察云师之所凭。上飞闼而仰眺，正睹瑶光与玉绳。将午往而未半，怵悼栗而怂兢，非都卢之轻趫，孰能超而究升？駊娑骀荡，溱弄桔桀，枌诣承光，睒眃麜豁。增桴重枌，锷锷列列。反宇业业，飞檐轇轇。流景内照，引曜日月。天梁之宫，实开高闱。旗不脱扃，结驷方蕲。轼辐轻驽，容于一扉。长廊广庑，途阁云蔓。闲庭诡异，门千户万。重闱幽阅，转相逾延。望窊窱以径廷，眇不知其所返。既乃珍台骞产以极壮，磴道逦倚以正东。似阆风之遐坂，横西洫而绝金墉。城尉不弛柝，而内外潜通。

前开唐中，弥望广潒。顾临太液，沧池漭沆。渐台立于中央，赫眒眒以弘敞。清渊洋洋，神山峨峨。列瀛洲与方丈，夹蓬莱而骈罗。上林岑以垒嶭，下崭严以岩龉。长风激于别隩，起洪涛而扬波。浸石菌于重涯，濯灵芝于朱柯。海若游于玄渚，鲸鱼失流而蹉跎。于是采少君之端信，庶栾大之贞固。立修茎之仙掌，承云表之清露。屑琼蕊以朝飧，必性命之可度。美往昔之松乔，要羡门乎天路。想升龙于鼎湖，岂时俗之足慕。若历世而长存，何遽营乎陵墓！

徒观其城郭之制，则旁开三门，参涂夷庭，方轨十二，街衢相经。廛里端直，甍宇齐平。北阙甲第，当道直启。程巧致功，期不陁陊。木衣绨锦，土被朱紫。武库禁兵，设在兰锜。匪石匪董，畴能宅此？尔乃廓开九市，通阛带阓。旗亭五重，俯察百隧。周制大胥，今也惟尉。瓌货方至，鸟集鳞萃。鬻者兼赢，求者不匮。尔乃商贾百族，裨贩夫妇，鬻良杂苦，蚩眩边鄙。何必昏于作劳，邪赢优而足恃。彼肆人之男女，丽美奢乎许史。若夫翁伯浊质，张里之家，击钟鼎食，连骑相过。东京公侯，壮何能加？都邑游侠，张赵之伦，齐志无忌，拟迹田文。轻死重气，结党连群？实蕃有徒，其从如云。茂陵之原，阳陵之朱。趫悍虓豁，如虎如貙。睚眦姜芥，尸僵路隅。丞相欲以赎子罪，阳石汗而公孙诛。若其五县游丽辩论之士，街谈巷议，弹射臧否，剖析毫厘，擘肌分理。所好生毛羽，所恶成创痏。郊甸之内，乡邑殷赈。五都货殖，既迁既引。商旅联槅，隐隐展展。冠带交错，方辕接轸。封畿千里，统以京尹。郡国宫馆，百四十五。右机鳌屋，并卷酆鄠。左暨河华，遂至虢土。

上林禁苑，跨谷弥阜。东至鼎湖，邪界细柳。掩长杨而联五柞，绕黄山而款牛首。缭垣绵联，四百余里。植物斯生，动物斯止。众鸟翾翾，群兽駓駼。散似惊波，聚以京峙，伯益不能名，隶首不能纪。林麓之饶，于何不有？木则枞括椶楠，梓械梗枫，嘉卉灌丛，蔚若邓林。郁蓊薆薱，橚爽櫹参。吐葩飐荣，布叶垂阴。草则箴莎菅蒯，薇蕨荔芳，王蒭茵台，戎葵怀羊。苯䒷蓬茸，弥皋被冈。筱簜敷衍，编町成篁。山谷原隰，泱漭无疆。乃有昆明灵沼，黑水玄阯。周以金堤，树以柳杞。豫章珍馆，揭焉中峙。牵牛立其左，织女处其右，日月于是乎出入？象扶桑与濛汜。其中则有鼋鼍巨鳖，鱣鲤鱮鮦，鲔鲵鳄鲨，修额短项，大口折鼻，诡类殊种。鸟则鹔鹴鹄鸧，駕鹅鸿鹤。上春候来？季秋就温。南翔衡阳，北栖雁门。奋隼归鸟，沸卉軿訇。众形殊声，不可胜论。

于是孟冬作阴，寒风肃杀。雨雪飘飘，冰霜惨烈。百卉具零，刚虫搏挚。尔乃振天维，衍地络，荡川渎，簸林薄。鸟毕骇，兽咸作，草伏木栖，寓居穴托。起彼集此，霍绎纷泊，在彼灵囿之中，前后无有垠锷，虞人掌焉，为之营域。焚莱平场，柞木翦棘。结罝百里，迒杜蹊塞。麏鹿麌麌，骈田逼仄。天子乃驾雕轸，六骏駮。戴翠帽，倚金较。璿弁玉缨，遗光儵爚。建玄弋，树招摇。栖鸣鸢，曳云梢。弧旌枉矢，虹旃蜺旄。华盖承辰，天毕前驱。千乘雷动，万骑龙趋。属车之箽，载猃猲獢。匪唯玩好，乃有秘书。小说九百，本自虞初。从容之求，实俟实储。于是蚩尤秉钺，奋鬣被般。禁御不若，以知神奸，魑魅魍魉，莫能逢旃。陈虎旅于飞廉，正垒壁乎上兰。结部曲，整行伍。燎京薪，骇雷鼓。纵猎徒，赴长莽。迵卒清候，武士赫怒。缇衣韎韐，睢盱拔扈。光炎烛天庭，嚣声震海浦。河渭为之波荡，吴狱为之陁堵。百禽㥄遽，骙瞿奔触。丧精亡魂，失归忘趋。投轮关辐，不邀自遇。飞罕潚箾，流镝攟撲。矢不虚舍，鋋不苟跃。当足见蹍，值轮被轹。僵禽毙兽，烂若碛砾。但观罝罗之所罥结，竿㪺之所㨔毕，叉簇之所㩢挏，徒搏之所撞挃，白日未及移其晷，已猕其什七八。

若夫游鹬高翚，绝阬踰斥。巉兔联猱，陵峦超壑。比诸东郭，莫之能获。乃有迅羽轻足，寻景追括。鸟不暇举，兽不得发。青骹挚于韝下，韩卢噬于緤末。及其猛毅髬髵，隅目高匡，威慑兕虎，莫之敢伉。乃使中黄之士，育获之俦，朱鬃髵髦，植发如竿。祖裼戟手，奎踽盘桓。鼻赤象，圈巨狿，搏玃猱，扑獱狐，挏枳落，突棘藩。梗林为之摩拉，朴丛为之摧残。轻锐僄狡，趫捷之徒，赴洞穴，探封狐。陵重巘，猎昆駼。杪木末，攫獮猢。超殊榛，摛飞𪃟。

是时，后宫嬖人昭仪之伦，常亚于乘舆。慕贾氏之如皋，乐《北风》之同车。盘于游畋，其乐只且。于是鸟兽殚，目观穷。迁延邪睨，集乎长杨之宫。息行夫，展车马。收禽举胔，数课众寡。置互摆牲，颁赐获卤。割鲜野飨，犒勤赏功。五军六师，千列百重。酒车酌醴，方驾授饔。升觞举燧，既醑鸣钟。膳夫驰骑，察贰廉空。炙炮伙，清沽狡。皇恩溥，洪德施。徒御悦，士忘罢。巾车命驾，回旆右移。相羊乎五柞之馆，旋憩乎昆明之池。登豫章，简矰红。蒲且发，弋高鸿。挂白鹄，联飞龙。磻不特絓，往必加双。

于是命舟牧，为水嬉。浮鹢首，翳云芝。垂翠葆，建羽旗。齐栧女，纵櫂歌。发引和，校鸣葭。奏《淮南》，度《阳阿》。感河冯，怀湘娥。惊蝄蜽，惮蛟蛇。然后钓魴鳢，缳鳣鲉。摣紫贝，搏耆龟。搯水豹，鼚潜牛。泽虞是滥，何有春秋？擿漻澥，搜川渎。布九罭，设罜䍡。操昆鲕，抄水族。蓬藕拔，蜃蛤剥。逞欲畋渔，效获魔嬰。摎蓼浮浪，乾池涤薮。上无逸飞，下无遗走。攫胎拾卵，蚳蟓尽取。取乐今日，遑恤我后！既定且宁，焉知倾陁？

大驾幸乎平乐，张甲乙而袭翠被。攒珍宝之玩好，纷瑰丽以侈靡。临迥望之广场，程角觚之妙戏。乌获扛鼎，都卢寻橦。冲狭燕濯，胸突铦锋。跳丸剑之挥霍，走索上而相逢。华岳峨峨，冈峦参差。神木灵草，朱实离离，总会仙倡，戏豹舞罴。白虎鼓瑟，苍龙吹篪。女娥坐而长歌，声清畅而蜲蛇，洪涯立而指麾，被毛羽之襳襹。度曲未终，云起雪飞。初若飘飘，后遂霏霏。复陆重阁，转石成雷。礔砺激而增响，磅磕象乎天威。巨兽百寻，是为曼延。神山崔巍，欻从背见。熊虎升而挐攫，猿狖超而高援。怪兽陆梁，大雀踆踆。白象行孕，垂鼻辚囷。海鳞变而成龙，状蜿蜿以蝹蝹。含利颬颬，化为仙车，骊驾四鹿，芝盖九葩。蟾蜍与龟，水人弄蛇。奇幻倏忽，易貌分形。吞刀吐火，云雾杳冥。画地成川，流渭通泾。东海黄公，赤刀粤祝。冀厌白虎，卒不能救。挟邪作蛊，于是不售。尔乃建戏车，树修旃。侲僮程材，上下翩翻。突倒投而跟絓，譬陨绝而复联。百马同辔，骋足并驰。橦末之伎，态不可弥。弯弓射乎西羌，又顾发乎鲜卑。

于是众变尽，心醒醉。盘乐极，怅怀萃。阴戒期门，微行要屈。降尊就卑，怀玺藏绂。便旅间阁，周观郊遂。若神龙之变化，章后皇之为贵。然后历掖庭，适欢馆。捐衰色，从嬿婉。促中堂之狭坐，羽觞行而无算。秘舞更奏，妙材骋伎。妖蛊艳夫夏姬，美声畅于虞氏。始徐进而羸形，似不任乎罗绮。嚼清商而却转，增婵娟以此豸。纷纵体而迅赴，若惊鹤之群罢。振朱屣于盘樽，奋长袖之飒俪。要绍修态，丽服飏菁。眄藐流眄，一顾倾城。展季桑门，谁能不营？列爵十四，竟媚取荣。盛衰无常，唯爱所丁。卫后兴于鬓发，飞燕宠于体轻。尔乃逞志究欲，穷身极娱。鉴戒唐诗，他人是媮。自君作故，何礼之拘？增昭仪于婕妤，贤既公而又侯。许赵氏以无上，思致董于有虞。王闳争于坐侧，汉载安而不渝。

高祖创业，继体承基。暂劳永逸，无为而治。耽乐是从，何虑何思？多历年所，二百余期。徒以地沃野丰，百物殷阜；岩险周固，衿带易守。得之者强，据之者久。流长则难竭，柢深则难朽。故奢泰肆情，馨烈弥茂。鄙生生乎三百之外，传闻于未闻之者，曾仿佛其若梦，未一隅之能睹。此何与于殷人屡迁，前八而后五，居相圮耿，不常厥土。盘庚作诰，帅人以苦。方今圣上，同天号于帝皇，掩四海而为家。富有之业，莫我大也。徒恨不能以靡丽为国华，独俭啬以龌龊，忘《蟋蟀》之谓何？岂欲之而不能，将能之而不欲欤？蒙窃惑焉，愿闻所以辩之之说也。

——选自《全上古秦汉三国两晋六朝文·全后汉文》第五十二卷

哀江南赋（节选）

[南北朝]庾信

粤以戊辰之年，建亥之月，大盗移国，金陵瓦解。余乃窜身荒谷，公私涂炭。华阳奔命，有去无归，中兴道销，穷于甲戌，三日哭于都亭，三年囚于别馆。

天道周星，物极不反。傅燮之但悲身世，无所求生；袁安之每念王室，自然流涕。昔桓君山之志事，杜元凯之平生，并有著书，咸能自序。潘岳之文采，始述家风；陆机之词赋，先陈世德。信年始二毛，即逢丧乱，藐是流离，至于暮齿。《燕歌》远别，悲不自胜；楚老相逢，泣将何及！畏南山之雨，忽践秦庭；让东海之滨，遂餐周粟。下亭漂泊，举桥羁旅；楚歌非取乐之方，鲁酒无忘忧之用。追为此赋，聊以记言；不无危苦之词，惟以悲哀为主。

…………

水毒秦泾，山高赵陉；十里五里，长亭短亭；饥随蛰燕，暗逐流萤；秦中水黑，关上泥青。于时瓦解冰泮，风飞雹散，浑然千里，淄渑一乱。雪暗如沙，冰横似岸。逢赴洛之陆机，见离家之王粲，莫不闻陇水而掩泣，向关山而长叹。

况复君在交河，妾在清波；石望夫而逾远，山望子而逾多。才人之忆代郡，公主之去清河。栩扬亭有离别之赋，临江王有愁思之歌。别有飘飖武威，羁旅金微；班超生而望返，温序死而思归。李陵之双凫永去，苏武之一雁空飞。

昔江陵之中否，乃金陵之祸始。虽借人之外力，实萧墙之内起。拨乱之主忽焉，中兴之宗不祀。伯兮叔兮，同见戮于犹子。荆山鹊飞而玉碎，随岸蛇生而珠死。鬼火乱于平林，殇魂游于新市。

梁故丰徙，楚实秦亡；不有所废，其何以昌？有妫之后，遂育于姜。输我神器，居为让王。

天地之大德曰生，圣人之大宝曰位；用无赖之子弟，举江东而全弃。惜天下之一家，遭东南之反气；以鹑首而赐秦，天何为而此醉？

且夫天道回旋，生民赖焉。余烈祖于西晋，始流播于东川；洎余身而七叶，又遭时而北迁。提挈老幼，关河累年。死生契阔，不可问天。况复零落将尽，灵光岿然！

日穷于纪，岁将复始。逼切危虑，端忧暮齿。践长乐之神皋，望宣平之贵里。渭水贯于天门，骊山回于地市。幕府大将军之爱客，丞相平津侯之待士。见钟鼎于金、张，闻弦歌于许、史。岂知灞陵夜猎，犹是故时将军；咸阳布衣，非独思归王子！

——选自《全上古秦汉三国两晋六朝文·全后周文》第八卷

山 赋
[南北朝]张正见

何神山之峻美，谅苞结之所成。东垂曰泰，南服称衡，西戎所擅，北狄标名。于是尧值洪流，滔天襄陵。禹敷水土，奠高槎木。众川既导，群岳自修。潜通四渎，镇压九州。森罗辰象，吐吸云雾。深不可测，远不可步。于廓灵山，长为作固。

尔其为状也，则武当太和，武功太白，昆仑五门，扶宁三石，峰高一万，峭峙三百。登而眺之，则千里无极；俯而临之，则万仞难测。映白鹤而同高，混青天而共色。

——选自《全上古秦汉三国两晋六朝文·全陈文》第十六卷

驾幸华清宫赋
[唐]韩休

惟我皇御宇兮法象乾坤，天步顺动兮行幸斯存，雨师洒路兮九门洞启，千旗火生兮万乘雷奔。紫云霏微，随六龙而欲散还聚；白日照耀，候一人兮当寒却温。盖上豫游以叶运，岂伊沐浴而足论？若乃北骑殿后，钩陈启前，辞紫殿而鱼不在藻，出青门而龙乃见田。霜戟森森以星布，玉辂迢迢而天旋，声明动野，文物藻川。月落凤城，已涉于元灞；日生旸谷，俄届于甘泉。于是登三休兮憩神辔，朝百辟兮礼容备。玉堂凭几，面鹑野以高明；石溜象蒙，绕龙宫之清毖。处无为兮既端拱，时或濯兮温泉涌。圣躬清兮圣德广，四目明兮四聪朗，与元气之氛氲，如晴空之涤荡。观夫巍峨宫阙，隐映烟霞，上薄鸟道，经迴日车，路临八水，甽比万家。楼观排空，时既知于降圣；忠良在位，谅勿疑于去邪。儒有鹏无翼，风有抟，每俟命以居易，尚愧身于才难。观国光以举踵，历华清而展欢，不赓歌以抃舞，夫何足以自安？乃为歌曰：素秋归兮元冬早，王是时兮出西镐，幸华清兮顺天道。琼楼架虚兮灵仙保，长生殿前兮树难老，甘液流兮圣躬可澡，俾吾皇兮亿千寿考。

——选自《全唐文》第二百九十五卷

掌上莲峰赋

[唐]吕令问

众山逦迤，曾何足仰？未若太华，崒为之长，削成三峰，壁立千丈。伊昔太虚，结而为山；伊昔巨灵，拓而为掌。擘开元象，崛起厚壤，当少阴而德合秋成，据丁酉而气涵金爽。深沉其色，菡萏其状，云霞不映而其势弥雄，尘露将祳而其高靡让。掌形仙蹟，石容天壮，虽造次于自然，若镌磨于意匠。晦夕雾而群峰乍隐，煦朝阳而众壑相向，由是考图籍高为四岳之先，盼灵奇势出九天之上。若乃云摇羽芨，鹤挂飞泉，危峰并吐，巨掌高悬；异蓬莱之鳌泛海，若昆仑之柱承天。清露将零，小为盘而仰汉；阳乌假道，疑覆日之孤莲。不但子先之霓裳时见，羊公之石榻仍全。况乎运启皇家，应河源而诞圣；岂比诗歌周德，美嵩甫之生贤者哉？既而岚气霏媚，烟光晚浓，林峦一色，岩崿千重，想清虚而可睹，叹攀陟兮无从。歌曰：苔迳滑兮石无踪，道不可得，仙不可逢。傥赐一丸生羽翼，愿轻举于三峰。

——选自《全唐文》第二百九十六卷

华山赋（并序）

[唐]达奚珣

太华之山，削成四面，方直者五千馀仞，盖岳之雄也。往因行迈，望之不及，今来何幸，作尉于兹？因而赋之，以歌厥美。

华山维岳，群岳之雄；天开厥状，神致其功。昔与襄山，连冈不绝；河水长注，横流曲折。神元再造，拓崖而两分；仙掌常存，倚天而回列。其后多历年所，至于夏王。穷地络，正乾纲；绿甲之功既就，元圭之业有光。定我祀典，因为旧章；同夫三事，伟哉煌煌。

徒观其倚伏而起，削成而峻；作秦塞之高标，为豫州之巨镇。其南接楚，其北临晋；嶔乎数都之间，岂惟直上者五千馀仞？远疑将适，近若将腾。氤氲绿润，霮䨴青凝；发地壁立，连天石棱。披重霄而自致，与元气而相陵。旁望群山兮尽为幽侧，犹夫南面兮用资峻极。巍巍乎掩夏云之奇峰，苍苍然合秋天之正色。近压关辅，载枢京国，此其所以为岳者也。

若乃人寰不远，胜气常清；石含古色，泉落秋声。悬岩蔽亏，谓乾坤之阖辟，洞壑幽邃，汎雷雨之满盈，怳怳乎又似龙虎潜伏，鬼神含精。伊彼崇林，望之尽目；参灏气而森秀，侔断山之遥矗。仙草殊品，灵花异族；不以无人而不芳，香风洒乎函谷。皆负灵造，是润是黩；具物灵繁，故难详鞠。萧条世俗，仿佛神仙。玉女明祠，星坛尚在；羊公旧室，石榻常穿。雾雨迷处，云台巍然。则知大象所存，何有于古？列真攸萃，宁独于先？

国家南正司天，北正司地；人神不扰，方岳定位。森森象设之若生，憸憸威棱而可畏。宗伯制礼，巫咸视事；杀气每登，驿刚必备。盖所谓敬而无黩，厉夫精意，此则邦之礼物也。受命如响，依人而荣；攸歆盛德，载答嘉生。不愆旬时，作为云雨；白浆既挹，黄玉斯睹。隤止如山，永康中土，此则神之叶赞也。

摠被山岳，非无壮丽；或隐峰于群岭，或结根于荒裔。空闻象外之谈，何贵人间之世？而我直两都之大道，当三条之正中。偏近日月，高谢纷濛。通天之气，成天之功。銮辂常幸，声明有融；能事无爽，扬言莫穷。举天下而争长，故难可而比崇。

——选自《全唐文》第三百四十五卷

华山赋（有序）

[唐]杨敬之

臣有意讽赋，久不得发。偶出东门三百里，抵华岳，宿于趾下。明日，试望其形容，则缩然惧，纷然乐，蹙然忧，歊然嬉。快然欲追云，将浴于天河。浩然毁衣裳，晞发而悲歌。怯欲深藏，果欲必行。热若宅炉，寒若室冰。薰然以和，怫然不平。三复晦明，以摇其精；万态既穷，乃还其真。形骸以安，百钧去背。然后知身之治而见其难焉。于是既留无成，辞以长叹，翛然一人下于崖。金玉其声，霜雪其颜。传则有之，代无其邻。姑射之神，蒙庄云，始不敢视，然得与言，粲然笑曰："用若之求周大物，用若之智穷无端。三四日得无颠倒反侧于胸中乎？是非操其心而自别者耶！虽然，喜若之专而教若之听，无多传。"

岳之初成，二仪气凝其间。小积焉为邱，大积焉为山。山之大者曰岳，其数五，余尸其一焉。岳之尊，烛日月，居乾坤。诸山并驰，附丽其根。浑浑河流，从禹以来，自北而奔。姑射九嶅，荆巫梁岷，道之云远兮徒遥而宾。岳之形，物类无仪。其上无齐，其傍无依。举之千仞不为崇，抑之千仞不为卑。天雨初霁，三峰相差。虹霓出其中，来饮河湄。特立无朋，似乎贤人守位，北面而为臣。望之如云，就之如天。仰不见其巅，肃阿芊芊。蟠五百里，当诸侯田。岳之作，鬼神反覆，蛟龙不敢伏。若岁大旱，鞭之朴之，走之驰之，甘雨烂漫，百川东逝，千里而散。噫气蹶然，怒乎幽岩，渐于人间，其声浏浏。岳之殊，巧说不可穷，见于中天，挚挚而掌，峨峨而莲。起者似人，伏者似兽，坳者似池，洼者似臼，欹者似弁，呀者似口，突者似距，翼者似抱。文乎文，质乎质，动乎动，息乎息，鸣乎鸣，默乎默。上上下下，千品万类，似是而非，似非而是。其乃缮人事，吾焉得毕议。今作帝耳目，相其聪明。下瞩九州，在宥群生。初太易时，其人俞俞。其主人者，始乎容成，卒乎神农，中间数十君，姓氏可称。其徒以饮食为事，未有仁义。时哉时哉，又何足浍！是后敬乎天，成乎人者，必辟其心，假其神，与之龄，降其人。故轩辕有盛德，蚩尤为贼。生物不遂，帝乃用力。大事不可独治，降以后牧。三人有心，烈火就扑。其子之子，其孙之孙，咸明且仁。虽德之衰，物其所宜。由夏以降，汤发仁以王，癸受暴以亡。甲戌诵钊，不敢有加。唯遵其常，享国遂长。天事著矣，莫见乎高而谓乎茫茫。余受帝命，亿有万岁，而不敢怠遑。

臣赞之曰："若此古矣祖矣，大矣异矣，富矣庶矣，骇矣怖矣。上古之事，粗知之矣。而神之言，又闻之矣。然起居于上，宫室于下，如此之久矣。其所见何如也？"曰："见若咫尺，田千亩矣。见若环堵，城千雉矣。见若杯水，池百里矣。见若蚁垤，台九层矣。醯鸡往来，周东西矣。蠛蠓纷纷，秦速亡矣。蜂窠联联，起阿房矣。俄而复然，立建章矣。小星奕奕，焚咸阳矣。累累茧栗，祖龙藏矣。其下千载，更改兴坏，悲愁辛苦，循其上矣。"臣又问曰："古有封禅，今读书者，云得其传，云失其传，语言纷纶，于神何如也？"曰："若知之乎？闻圣人抚天下，既信于天下，则因山岳而质于天，不敢多物。若秦政汉彻，则率海内以奉祭祀，图福其身。故庙祠相望，坛墠迤逦。盛气臭，夸金玉，聚薪以燔，积灰如封。天下怠矣，然犹慊慊不足。秦由是薙，汉由是弱。明天子得贤者在位，能者在职，庙堂之上，垂衣裳而已。其于封禅，存可也，凶可也。"

——选自《全唐文》第七百二十一卷

封西岳赋（并序）

[唐]杜甫

上既封太山之后，三十年间，车辙马迹，至于太原，还于长安。时或谒太庙，祭南郊，每岁孟冬，巡幸温泉而已。圣主以为王者之体，告厥成功，止于岱宗可矣。故不肯到崆峒，访具茨，驱八骏于昆仑，亲射蛟于江水，始为天子之能事壮观焉尔。况行在供给萧然，烦费或至，作歌有惭于从官，诛求坐杀于长吏，甚非主上执玄祖醇浓之道，端拱御苍生之意。大哉圣哲，垂万代则，盖上古之君，皆用此也。然臣甫愚，窃以古者疆场有常处，赞见有常仪，则备乎玉帛，而财不匮乏矣；动乎车舆，而人不愁痛矣。虽东岱五岳之长，足以勒崇垂鸿，与山石无极，伊太华最为难上，至于封禅之事，独轩辕氏得之。七十二君，罕能兼之矣。其馀或蹶蹄风云，碑版祠庙，终么麽不足追数。今圣主功格轩辕氏，业纂七十君，风雨所及，日月所照，莫不砥砺。华近甸也，其可恶乎？比岁鸿生巨儒之徒，诵古史、引时义云：国家土德，与黄帝合；主上本命，与金天合。而守阙者亦百数，天子寝不报，盖谦如也。顷或诏厥郡国，扫除曾巅，虽翠盖可薄乎苍穹，而银字未藏于金气。臣甫诚薄劣，不胜区区吟咏之极，故作《封西岳赋》以劝。赋之义，预述上将展礼焚柴者，实觊圣意因有感动焉。为其词曰：

惟时孟冬，百工乃休，上将陟西岳，览八荒，御白帝之都，见金天之王。既刊石乎岱宗，又合符乎轩皇。兹事体大，越不可载已。先是礼官草具其仪，各有典司；俯叶吉日，钦若神祇。而千乘万骑，已蠖略伊拟，屈矫陆离，唯君所之。然后拭翠凤之驾，开日月之旗；撞鸿钟，发雷辅。辨格泽之修竿，决河汉之淋漓；彍天狼之威弧，坠魍魉之霏霏。赤松前驱，彭祖后驰；方明夹毂，昌寓侍衣。山灵秉钺而跟踬，海若护跸而参差；风驭冉以纵巙，云螭缛而迟虺。地轴轧轧，殷以下折；原隰草木,俨而东飞。岐梁闪倏,泾渭反覆;而天府载万侯之玉,尚方具左纛黄屋,已焜煌于山足矣。乘舆尚鸣銮舆,储精澹虑;华盖之大角低回,北斗之七星皆去。届苍山而信宿,屯绝壁之清曙。既臻夫阴宫,犀象碑兀,戈鋋悉窣,飘飘萧萧,汹汹如也。于是太一抱式,玄冥司直。天子乃宿祓斋,就登陟;骈素虹,超崴为。天语秘而不可知,代欲闻而不可得。柴燎上达,神光充塞;泥金乎菡萏之南,刻石乎青冥之北。上意由是茫然,延降天老,与之相识;问太微之所居,稽上帝之遗则。飒弭节以徘徊,抚八纮而黰黑;忽风翻而景倒,澹殊状而异色;囷若寒祛间帷,下辨宸极者久之。云气蓊以回复,山护橐而未息。祀事孔明,有严有翼;神保是格,时万时亿。尔乃驻飞龙之秋秋,诏王属以中休;觐群后于高掌之下,张大乐于洪河之洲。芬树羽林,莽不可收;千人舞,万人讴。麒麟踆踆而在郊,凤皇蔚跂而来游;雷公伐鼓而挥汗,地祇被震而悲愁。乐师拊石而具,发激越乎遐陬;群山为之相峡,万穴为之倒流,又不可得载已。久而景移乐阕,上悠然垂思曰:"嗟乎!余昔岁封太山,禅梁父;以为王者成功,已纂终古。尝览前史,至于周穆、汉武;豫游寥阔,亦所不取。惟此西岳,作镇三辅,非无意乎?顷者犹恐百姓不足,人所疾苦;未暇瘗斯玉帛,考乃钟鼓。是以视岳于诸侯,锡神以茅土。岂雄壮设险于甸服,报西成之农扈,亦所以感一念之精灵,答应时之风雨者矣?"今兹冢宰庶尹,醇儒硕生佥曰:"黄帝、颛顼,乘龙游乎四海,发轫迎乎六合。竹帛有云:得非古之圣君,而泰华最为难上,故封禅之事,郁没罕闻?以余在位,发祥隤祉者,焉可胜纪,而不得已,遂建翠华之旗,用塞云台之议。矧乎殊方奔走,万国皆至,玄元从助,清庙歔欷也。"臣甫董乎蹈之曰:"大哉烁乎!真天子之表,奉天为子者已。不然,何数千万载独继轩辕氏之美?彼七十二君又畴能臻此?盖知明主圣罔不克正,功罔不克成,放百灵,归华清。"

——选自《杜工部集》第十九卷

灞桥赋

[唐]王昌龄

圣人以美利利天下,作舟车。禹乃开凿,百川纡馀,舟不可以无水,水不可以通舆。遂各丽于所得,非其安而不居;横浮梁于极浦,会有迹于通墟。借如经纶淮海,陶鼓仁义,藏用于密,动物以智。每因宜以制模,则永代而取寄;伊津梁之不设,信要荒之莫致。思未济于中流,视安危之如戏;故可取于古今,岂徒阅千乘与万骑?惟梁于灞,惟灞于源;当秦地之冲口,束东衢之走辕。拖偃蹇以横曳,若长虹之未翻;隘腾逐而水激,忽须臾而听繁。虽曰其繁,溃而不杂;怀璧拔剑,披离屯合。

当游役之嗷嗷，自洪波之纳纳。客有居于东陵者，接行埃之馀氛；薄暮垂钓，平明去耘。傍连古木，远带清渍；昏晓一望，还如阵云。乃临川而叹曰：亡周霸秦，举目遗址；前车覆轨，不变流水。叹往事之诚非，得兹桥之信美。皇风不竞，佳气常依。既东幸而清道，每西临以驻旂；连袂挟毂，烟阗雨飞。嗟乎此桥，且悦明盛；徒结网于川隅，视云霞之晖映。聊倚柱以叹息，敢书桥以承命。

——选自《全唐文》第三百三十一卷

函谷关赋

[唐] 阎伯玙

函谷天险，弘农邦镇。南据二虢，北荒三晋。洞开一轨，壁立千仞。迳荐双合，梯苔孤峻。世浊先封，道康后顺。远秦塞，近崤陵，幽泉脉脉，断峰稷稷。增陴雾杳，聚栋烟凝。高卑异级，坻崿相承。靡届靡究，不骞不崩。实堤防之枢辖，为造化之缄縢。齐之以权衡，危不可得；约之以符玺，信而有征。昏主既废，圣人以兴。慎终于始，欲罢不能。

观夫憧憧往来，骖驻成雾。据于石东西十里，临其深前后咫步。建瓴百二之国，扼喉三七之路。幅员既长，城小而固。峙玄化之阴骘，望彝伦之攸序。于是敕用传，禁弃繻，商君本魏之公子，柱史乃周之臣符。知结草之可守，故习坎以无虞。

原夫阻河称深，因山为卫。背宇宙之冲，连阡陌之势。万方纳款，百工献艺。四旁磥攘，诸侯之政典，一丸成功，陪臣之邪说。直指天符，变秭黄之末，横分地维，驰旗旐之赘。聿修纲纪，以遏丑虏，或悬门而不发，殊勇夫之重闭。怀德维宁，将镇其细。既皇汉之辟国，实肩镭于新安。固之胡易，舍之则难。复襟带于故道，徒赪壤而未干。善孟子之禁暴，恶臧孙之谬官。存古训以是式，庶斯文之不刊。

——选自《历代赋汇》第三十九卷

武关赋
[唐]王棨

路入商山，中横武关。呀重门之固护，屹峭壁以屠颜。昔在危时，屯千夫而莫守；今当圣日，致一卒以长闲。观乎，地势争雄，山形互对。西连蜀汉之险，北接崤函之塞。锁百二都，绵几千代。世乱则厄限区宇，时清乃通流外内。当其六国连谋，关防日修，则斯地也。云屯貔虎，雪耀戈矛。张仪出以行诈，怀王入而竟留。纵下客之鸡鸣，将闻莫可；任公孙之马白，欲度无由。及乎尘起九州，波摇四海。秦鹿失而襟带难保，汉龙兴而山河遽改。岂料御冲之所，此日全平；未知击柝之徒，当时安在。所谓，以兵而备者，莫之能守，以道而居者，莫得而逾。千里之金城汤池，终为汉有；二世之土崩鱼烂，自是秦无。今则，要害何虞，平隆已久。虽设险以犹在，顾戒严而则不。萧条故垒，岂臧文之废来；寂寞空扉，似杨仆之移后。盖以文修武偃，国泰时雍。浚四溟而作堑，廓八极以为墉。使，鼙鼓无喧，一水之秋声决决；旌旗常卷，千载之暮色重重。嗟乎。昔为洪枢，今成隩地。信无外以斯见，实善闭之攸致。儒有经其，所感其事，乃曰：今朝西去，苟无随老氏之人；他日东还，谁是识终童之吏。

——选自《历代赋汇》第三十九卷

潼关赋
[唐]张翌

惟皇王之建国，分中外于上京。凭山河以作固阕夷狄而腾声。诚曰咽喉，吞八荒而则大；是称岩险，控万国以来平。周有掌货之节，礼无关门之征。巨防宵扃，倚洪波而作镇；重扉击柝，连太华而为城。创中代之新号，变函谷之旧名。柱史老聃，拥仙云而西迈；终军童子，建使节而东行。文仲不仁，废六关而兴消；王元有说，封一丸而永清。若用备不虞，取诸系象，作邦畿之襟带，杜奸宄之来往。长墉矗兮云屯，曾楼赫而霞敞。登临者有知其地雄，逾越者无漏于天网。亦有孟尝奔走，长宵未曙。何白马之不谈，学鸡鸣而乃去？逢尉臣之一失，或愚者之千虑。至如楚汉争雄，沛公先入，旗鼓照耀，兵戈禽习，南面则三杰齐驱，东井则五星俱集。实灵命之所应，亦人谋而是及。王道廓而已清，帝业巍乎乃立。穷四塞之艰阻，成百王之都邑。故知建功定霸，期乎此关。武侯矜于固险，娄敬说乎河山。视前烈之轨躅，览陈迹而跻攀。既登高而能赋，希驷马而言还。

——选自《历代赋汇》第三十九卷

泛渭赋（并序）

[唐]白居易

右丞相高公之掌贡举也，予以乡贡进士举及第；左丞相郑公之领选部也，予以书判拔萃选登科。十九年，天子并命二公对掌钧轴，朝野无事，人物甚安。明年春，予为校书郎，始徙家秦中，卜居于渭上。上乐时和岁稔，万物得其宜；下乐名遂官闲，一身得其所。既美二公佐清静之理，又荷二公垂特达之恩，发于嗟叹，流为咏歌。予时泛舟于渭，因为《泛渭赋》以导其意。词曰：

亭亭华山下有人，跂兮望兮，爱彼三峰之白云；泛泛渭水上有舟，沿兮泝兮，爱彼百里之清流。以我为太平之人兮，得于斯而优游。又感阳春之气熙熙兮，乐天和而不忧。曰予生之幸兮，时哉时哉。当皇唐受命之九叶兮，夷与华而无氛埃。及帝缵位之二纪兮，命高与郑为盐梅。二贤兮爰立，四门兮大开。凡读儒书与履儒行者，率充赋而西来。虽片艺而必收兮，故不弃予之小才。感再遇于知己，心惭怍而徘徊。登予名于太常兮，署予职于兰台。台有兰兮阁有芸，芳菲菲兮其可袭。备一官而无事，又不维而不縶。家去省兮百里，每三旬而两入。川有渭兮山有华，澹悠悠其可赏。目白云兮漱清流，其或偃而或仰。门去渭兮百步，常一日而三往。夜分兮扣舷，天无云兮水无烟。迟迟兮明月，波澹滟兮棹夤缘。日暮兮舟泊，草萋萋兮沙漠漠。习习兮春风，岸柳动兮渚花落。发浩歌以长引，举浊醪而缓酌。春冉冉兮其将尽，予何为乎不乐。鸟乐兮云际，鸣嘤嘤兮飞裔裔；鱼乐兮泉底，鬐拨拨兮尾澈澈；我乐兮圣代，心融融兮神泄泄。伊万物各得其乐者，由圣贤之相契。贤致圣于无为，圣致贤于既济。凝为和兮聚五福，发为春兮消六沴。不我后兮不我先，适当我兮生之世。彼鳞虫兮与羽族，咸知乐而不知惠。我为人兮最灵，所以愧贤相而荷圣帝。乐乎乐乎，泛于渭兮咏而归，聊逍遥以卒岁。

——选自《全唐文》第六百五十六卷

过骊山赋
[唐]徐寅

六国血于秦，秦皇还化尘。尘惊而为楚为汉，路在而今人古人，但见愁云黯惨，叠嶂嶙峋。时迁而金石非固，地改而荆榛旋新。

愚闻周衰则避债登台，秦暴则焚书建国。贵蝼蚁于人命，法豺狼于帝德。两曜昏翳，九围倾侧。扶桑几里，我鞭石以期通。溟海几重，我驱山而要塞。惨惨元穹，嗷嗷七雄。三农百谷以休务，淬铁磨金而献功。九州病，万室空。韩赵魏以交灭，楚燕齐而坐穷。家有子兮谁得孝，国有臣兮孰效忠。九野分将，焉作兆民之主。诸侯吞尽，方行天子之风。

星陨九霄，城长万里。血染草木，肉肥蛇豕。将欲手挂天刃，足挑地纪。拙虞舜而短唐尧，污殷辛而长夏癸。祸从殃催，川摇岳摧。金陵之王气顿起，蓬岛之宫娥不来。黔首求主，苍昊降灾。天汉之龙髯倏断，沙邱之鲍臭谁猜。魑魅诸夏，腥膻九垓。于是宅彼冈峦，兆斯陵阙。犹驱六宫以殉葬，岂言蔓草之縈骨。嫌示俭于当时，更穷奢于既殁。融银液雪，疏下地之江河。帖玉悬珠，皎穷泉之日月。嶪嶪层层，不骞不崩。斯高之喉舌方滑，刘项之云雷忽兴。轵道一朝，玺献汉家之主。骊山三月，火烧秦帝之陵。

今则草接平原，烟蒙翠岭。想秦史以神竦，吊秦陵而恨永。华清宫观锁云霓，作皇唐之胜景。

——选自《全唐文》第八百三十卷

渭水象天河赋
[唐]刘珣

昔我先王，肇修人纪，乃建邦国，以立都鄙，或处沃而称奥，或宅中而为美。周分景台之测，用会阴阳之拟；汉据鹑首之分，实为山河之理。故右扶风而左冯翊，距泾川而浮渭水。潼函襟带，酆鄠巍峨。下则崇冈于地险，上乃取范于天河。城雉周环而斗设，宫观骈互而星罗。转曲江于前岸，俯冀阙于中波。车马喧阗，浑派声之交错；风尘日夕，与津雾而相和。盖圣人垂则，必天之象；王者都会，大洽斯享。运璇衡以齐玉烛，法露盘以崇金掌。四方辐凑，万国攸仰。风云以之吸合，日月于焉澄朗。苟祯祥而应会，则乾元之攸往。何必河出图，洛出书，然后为卜食之华壤者也。懿哉作者元后，中兴后嗣，同天之道，顺人之意。横桥乃牵牛之设，素浐则饮龙之谓。晚光澹滟，接凤苑之祥烟；晓色清明，连斗城之佳气。楼台傍而津涯隐伏，钟鼓作而波涛汩沸，不睹斯焉以取斯，宁复知王者之贵？不察所由于所以，又安明坎德之灵而主乎渭？徒观其远界汧陇，横截秦川，沃长安之霞日，浮京兆之云天。都邑傍于左右，舟楫来而沂沿，上林之烟开雾卷，建章之户万门千。朝而望兮，蓬瀛若留乎岸侧；夕而临也，河汉宛在乎目前。是以娄敬云："被山带河，四塞为固。"岂不谓天道无亲，惟德是辅。祥符下及，瑞图斯遇，以登仁寿之理，用表坤灵之喻。请谓东周安处先生之徒与，须知西朝翰林主人之作赋。

——选自《全唐文》第九百五十四卷

二、记、游

沣水（节选）
[北魏]郦道元

丰水出丰溪，西北流分为二水：一水东北流为枝津，一水西北流，又北，交水自东入焉，又北，昆明池水注之，又北迳灵台西，又北至石墩注于渭。《地说》云：渭水又东与丰水会于短阴山内，水会无他高山异峦，所有惟原阜石激而已。水上旧有便门桥，与便门对直，武帝建元三年造。张昌曰：桥在长安西北茂陵东。如淳曰：去长安四十里，渭水又迳太公庙北，庙前有太公碑，文字褫缺，今无可寻。渭水又东北与鄗水合，水上承鄗池于昆明池北，周武王之所都也。故《诗》云：考卜维王，宅是鄗京，维龟正之，武王成之。

——选自《水经注校证》第十九卷

灞水（节选）
[北魏]郦道元

霸者，水上地名也，古曰滋水矣。秦穆公霸世，更名滋水为霸水，以显霸功。水出蓝田县蓝田谷，所谓多玉者也。西北有铜谷水，次东有辋谷水，二水合而西注，又西流入埊水。埊水又西径峣关，北历峣柳城。东、西有二城，魏置青埊军于城内，世亦谓之青埊城也。秦二世三年，汉祖入，自武关攻秦，赵高遣将距于峣关者也。《土地记》曰：蓝田县南有峣关，地名峣柳道，通荆州。《晋地道记》曰：关当上洛县西北。埊水又西北流入霸，霸水又北历蓝田川，径蓝田县东。《竹书纪年》：梁惠成王三年，秦子向命为蓝君，盖子向之故邑也。川有汉临江王荣冢，景帝以罪征之，将行，祖于江陵北门，车轴折，父老泣曰：吾王不反矣！荣至，中尉郅都急切责王，王年少，恐而自杀，葬于是川，有燕数万，衔土置冢上，百姓矜之。霸水又左合浐水，历白鹿原东，即霸川之西，故芷阳矣。《史记》：秦襄王葬芷阳者是也。谓之霸上，汉文帝葬其上，谓之霸陵。上有四出道以泻水，在长安东南三十里。故王仲宣赋诗云：南登霸陵岸，回首望长安。汉文帝尝欲从霸陵上西驰下峻坂，袁盎揽辔于此处。上曰：将军怯也？盎曰：臣闻千金之子，坐不垂堂，百金之子，立不倚衡，圣人不乘危，今驰不测，如马惊车败，奈高庙何？上乃止。

——选自《水经注校证》第十九卷

大唐宗圣观记

[唐]欧阳询

夫至理虚寂，道非常道；妙门凝邈，无名爱名。爰自太始开图，混元立极，三才奠处，万品流形。莫知象帝之家，未睹谷神之域，希夷琐闭（一作闼），溟涬封寄。及夫鸟迹勃兴，隐书诠奥，至化因兹而吹万，元教由是以开先。圣圣袭明，道德授受。于是混元之教，风动天下，水行地中矣。宗圣观者，本名楼观，周康王大夫文始先生尹君之故宅也。以结草为楼，因即为号。先生禀自然之德，应元运而生，体性抱神，韬光隐耀，观星候气，物色真人，会遇仙辀，北面请道。二经既演，八表向化。大教之兴，盖起于此矣。兹观中分秦甸，面距终南。东眺骊峰，接晴岚之浥浥；西顾太白，粲积雪之皑皑。授经之古殿密清，络牛之灵木特立。市朝屡易，仙迹长存。物老地灵，每彰休应。卿云日覆，寿鹤时来。树无窠宿之禽，野有护持之兽。文始药井，干甃未堕；老君辇车，确然不朽。至于穿窬盗窃，进退自拘，似有絷维，悉皆面缚。昔周穆西巡，秦文东猎，并枉驾回辕，亲承教道。始皇建庙于楼南，汉武立宫于观北。崇台虚朗，招徕云水之仙；闲馆错落，宾友松乔之侣。秦汉庙户，相继不绝。晋宋谒版，于今尚存。实神明之奥区，列真之会府。后魏文帝变夷风于华俗，立仁义之纪纲，崇信教门，增置徒侣。有陈先生宝炽，颍川人，凤有幽逸之姿，幼怀林壑之趣，松风入赏，名岳留连，玉皇之道既宏，银榜之宫云构。续有王先生子元，言穷名象，思洞隐微，念在元空，累非外物，含神自静，仪圣作师，并德音孔昭，郁为宗范。周太祖定业关内，躬受五符。隋文帝沐芳礼谒，获闻休征。迨隋将季，政教陵迟，六飞失驭，四维弛绝，夷羊在牧，蚩鸿满野，家习兵凶，民坠涂炭。皇帝命世应期，荣镜区宇，戡难静乱，亭毒无垠。广大配乎天地，光华方诸日月。数阶庭之荚，聆凤和鸣；照景星于元云，观麟郊薮。缉礼裁乐，化俗移风。农夫劝于时雨，陇馀滞穗；工女勤于蚕绩，杼柚不空。九服韬戈，三边静析，西戎革面，东夷献舞。朔南洎声教，漠北尽来王。德化遐渐，无幽不畅。三善克懋，非假二疏。一有元良，万邦贞固。照均天纵，道契生知。笃尚元根，钦兹圣躅。以武德三年，诏锡嘉名，改楼观为宗圣观。宸扆兴念，纂胄所先，启族成家，鼻于注史。得一以灵，蹈五称圣。弱为道用，柔为至坚。损之又损，以至于益。瓜瓞绵长，庆流悠浸。爰初启祚，致醮灵坛。自然香气，若雾霏空。五色云浮，如张羽盖。七年岁惟作噩，月在黄钟，六辔齐骧，百辟咸从，亲幸观所，谒拜尊仪，轩后之诣崆峒，神农之上石室，顺法行礼，异代同规。观主岐平定，精金格之书，究玉笈之文，知来藏往，尽化穷神，豫鉴天休，赞宏景福。法师吕道济，监斋赵道隆，玉器凝润，鹤情超辽，辨析连环，辞同炙輠，对敭天旨，妙沃帝心。乃谓片言小善，尚题纠碣，矧夫皇舆迁驾，挹酌希微，大道资始，炉锤万物，不有刊勒，其可已乎？侍中江国公陈叔达，朝宗羽仪，词才冠秀，奋兹洪笔，为制嘉铭。

——选自《全唐文》第一百四十六卷

华清汤池记

[唐]陈鸿

元宗幸华清宫，新广汤池，制作宏丽，安禄山于范阳以白玉石为鱼龙凫雁，仍以石梁及石莲花以献，雕镌巧妙，殆非人功。上大悦，命陈于汤中，仍以石梁横亘汤上，而莲花才出水际。上因幸华清宫，至其所，解衣将入，而鱼龙凫雁，皆若奋鳞举翼，状欲飞动，上甚恐，遽命撤去，而莲花今犹存。又尝于宫中置长汤数十，门屋环回，甃以文石，为银楼谷船及白香木船，致于其中。至于楫棹，皆饰以珠玉，又于汤中垒瑟瑟及沈香为山，以状瀛洲方丈。《津阳门诗注》曰："宫内除供奉两汤外，而内外更有汤十六所，长汤每赐诸嫔御，其修广于诸汤不侔。甃以文虫密石，中央有玉莲捧汤泉，喷以成池；又缝缀锦绣为凫雁，致于水中。上时往其间，泛钑镂小舟以嬉游焉。次西曰太子汤，又次西少阳汤，又次西长汤十六所。"今惟太子、少阳二汤存焉。其穷奢而极欲，古今罕匹矣。

——选自《全唐文》第六百一十二卷

终南十景图记

[唐]卢鸿

草堂第一：草堂者，盖因自然之溪阜，以当墉洫，资人力之缔架，后加茅茨，将以避燥湿，成栋宇之用。昭简易，叶乾坤，可容膝休闲，谷神全道，此其所以贵也。及靡者居之，则妄为窴饰，失天理矣！歌曰："山为宅，草为堂，芝室兮药房。罗藦芜，拍薜荔，荃壁兮兰砌，藦芜薜荔成草堂。中有人兮信宜常，读金书，饮玉液，童颜幽操长不易。"

樾馆第二：樾馆者，盖即林取材，基巅拓架，以加茅茨，居不期税，为不至劳，清谈娱宾，斯为尚矣！及荡者鄙其隘闉，苟事宏丽，乖其实矣！歌曰："紫岩隈，清溪侧，云松烟茑兮千古色。芳藿蘼，阴蒙笼，幽人架馆在其中。卧凤霄，坐霞旦，藿蘼蒙笼依樾馆。粤有宾兮时戾止，樵苏不爨，清谈而已，永岁终朝常若此。"

幂翠庭第三：幂翠庭者，盖峰巘积阴，林萝沓翠，其上绵幂，其下深湛，可以王神，可以冥道矣！及喧者游之，则酣谑永日，汩其清而薄其垢矣！歌曰："青崖阴，丹洞曲，重幽叠邃隐沦躅，草跗绵幂翠蒙笼。当其无，在庭中，当其有，幂翠庭。神可谷，道可冥。幽有人兮张素琴，白玉徽兮高山流水之清音，听之愔澹兮冥是心。"

洞元室第四：洞元室者，盖因岩即室，即理谈元，室成自然，元斯洞矣！及邪者居之，则假容窃次，妄作虚诞，竟生异言。歌曰："岚气肃兮岩翠冥，室阴户虚兮芳迎。披蕙帐，促萝筵，谈空空兮覈元元。蕙帐萝筵洞元室，秘间幽，直且吉，道于斯兮可冥绎。妙思洞兮草元经，结幽门兮在黄庭。"

倒景台第五：倒景台者，盖太室南麓，天门右崖，杰峰如台，气凌倒景。登路有三，皆可少憩，或曰三休台。可以会驭风之客，邀绝尘之子，超越真神，荡涤尘襟，此其所以绝胜也。及世人登焉，则魂散神越，目极心伤矣。歌曰："天门豁，仙台竦，杰屹崒兮云倾涌。穷三休，旷一观，忽若登昆仑兮，终期汗漫。山耸云间倒景台，舒颢气，轶嚣埃，皎皎之子兮自独立；云可朋，霞可吸，曾何荣辱之可及。"

桃烟廷第六：桃烟廷者，盖特峰秀起，意若桃烟秘廷，窅如仙会，即杨雄所谓爱清爱静、游神之廷是也。可以超绝世纷、永洁精神矣！及机士登焉，则寥閴悄恍、裴怀情累矣！歌曰："临泱漭，皆青荧，吐云烟兮合窅冥，恍欻翕兮沓幽霭，意漂渺兮群仙会，窅冥仙会桃烟廷。竦魂形，凝视听，闻夫至诚必感兮祈此巅，絜颢气，养丹田，终纺像兮觌群仙。"

期仙磴第七：期仙磴者，盖危磴穿窿迥接云路，灵仙仿佛，想若可期。及儒者毁所不见，则黜之矣。歌曰："霏微阴壑兮气腾虹，迤逦危磴兮上凌空，咫尺云路期仙磴。虚可凭，道可证，青霞秒，紫烟垂，鸾歌凤舞吹参差。迎鸿驾，揖瑶轩，山中人，好神仙。想象于此欲升烟，铸丹炼液伫还年。"

涤烦矶第八：涤烦矶者，盖穿谷峻崖，发地盘石，飞流喷激，积漱成渠。澡性涤烦，迥有幽致，可为智者说，难与俗人言。歌曰："灵矶盘薄兮喷滔碏，漱灵凮兮镇冥壑，研苔滋，泉珠洁，一憩一饮尘鞅灭。磷磷泻涟漪兮涤烦矶，灵仙境兮仁智归，中有琴，徽侣玉，峨峨汤汤弹此曲，寄声知音同所欲。"

云锦淙第九：云锦淙者，盖激溜攒冲，倾石丛倚，鸣湍叠濯，喷若风雷，晷辉分丽，焕若云锦，可莹彻灵瞩，幽玩忘归。及匪士观之，则反曰："寒泉伤玉趾矣！"歌曰："水攒舂，石丛舂，焕云锦兮喷汹涌。苔驳荦，草羴缘，芳羃羃兮濑溅溅。水石攒冲云锦淙，波跳珠，泉结流，有洁冥者媚此幽。漱灵液，乐天休，实获我心夫何求！"

金碧潭第十：金碧潭者，盖水洁石鲜，光涵金碧，岩葩林茑，有助芳阴，鉴洞虚彻，道斯胜矣！而世士缠乎利害者，则未暇存之。歌曰："水碧色，石金光，滟熠熠兮淡湟湟。泉葩映，烟茑临，岩霏林翠芳，阴霜月洞烟景涵，水色石光金碧潭。幽有人兮好冥绝，炳其焕，凝其洁，悠悠终古长不灭！"

——选自明·何镗《古今游名山记》第七卷

太华仙堂记

[唐]王涯

西岳太华，华之首峰有五崖，北壑破崖而列。自下远而望之，偶为掌形，旧俗土记之。传者皆曰："昔河自积石出，而西流既越龙门，遂弭南驰者千数百里，折波左旋将走，东溟连山塞之壅不得去。有巨灵于此，力擘而剖其中，跖而北者为首阳，绝而南者为大华，河自此泄茫茫下驰，故其掌迹犹存，巨灵之迹也。"余闻，惑之，乃往观曰："诞哉，此说乎！夫所谓神者，非人也。其动无声，其行无迹，若形而无象，若气而无色，拔山剖泽而不见其作，鼓风奔水而不见其力，视不可察，名不能及，故推而谓之神。苟有声形可闻见，非神之所为，则皆人力之能及也。乌有神之作力而有人迹乎？且夫高天厚地耸山流川者，神之所为也。所言开山导河，亦神也。神之所以神者，有作而无悖，一成而不易。乌有始塞而复达之，始连而复绝之，始不知终，是不为神矣。且此灵之运为何古乎？在太初开辟之始乎，为陶唐洪水怀山襄陵之际乎，以为开辟之始也。宜当胚浑之先天地，未位万象茫昧，尚无定归。当止一河之壅抑。而一灵与其道，借有其事，自为而著悠悠乎。年代之眇，没其谁也。"以雪花飘堕颇有难色，而从者亦皆予止。予笑曰："吾回心矣！"各以杖扶之而下数里，雨间作，衣履沾润而汗流浃背。问之，青柯平则犹雪也，因叹地之高下而寒燠乃尔。昔之人谓鸟声不上青柯平，非其无食，亦以高寒而然也。或有诮予好奇而不能攀锁以尽三峰之胜，予曰："昔昌黎公尝凌绝巘，度不能下，至于发征恸哭，人以为好奇之，过抱游癖而济胜之具素乏，故每于登陟，逢险辄止。矧以先人遗体而履此不测，我岂敢哉？虽然两日之游足偿夙心，则予之所得抑亦多矣。"

——选自明·何镗《古今游名山记》第七卷

新修四皓庙记

[唐]柳识

国之所以病者，在乎名分差，赏罚谬，贱妨贵，孽代宗，河决树颠，可拱而俟。夫圣人作，则必建皇极，叙彝伦，植礼为务，坦顺为路，使尊有定位，下无觎心。《春秋》垂子贵母贵之文、年钧德钧之说，侄娣审于左右，文质殊其后先。等威著明，条贯纤悉，选师保以教之，设疑丞而辅之。春诵夏弦，一物三善。故刑于寡妻，文王之所以正家道也；抗法伯禽，周公之所以致颂声也。昔申后黜而小弁赋，子朝宠而王室乱。献公从筮，晋祀如綖，楚建遇谗，芈姓累棋。列于格言，垂作殷鉴。汉高皇帝提三尺剑，奋布衣，夷秦翦项，南面而帝。及乎疏孝惠，私赵王，本根一摇，海内失望。向使安车空驾，羽翼不来，蹈金寒玦离之踪，成母爱子抱之计，四百之祚，岌乎殆哉！非四公之高名，不能割汉祖肌肤之爱；非留侯之奇策，不能振大贤金玉之音。然而显晦异宜，语默殊用。涂山玉帛，有栉风沐雨之劳；陋巷箪瓢，无被发缨冠之责。兼济独善，相与背驰，唯四先生两有之矣。往者明祠颓坏，靡有孑遗，太傅兼中书令许国公爰命经营，不日而就。栋宇甚美，神形若生，如裁兔鹿之书，似指狼羊之喻。松凉桂燠，云白霞丹，坐视天倪，时闻地籁。公秀发人瑞，雍容国桢，本于忠孝，文以礼乐，每绝编而嗜学，常吐哺以迎宾。至于戡定之懋勋，廉察之殊政，则铭于彝器，藏在史官。宜有如季文子者请之，太史克者诗之，非昧者所宜造次，道也。公以为四先生避秦乱，逃汉禄，而所立利泽，如揭日月。彼佩金印，乘朱轩，食万钟，润九里，而括囊避事，全躯保孥。闻四贤之风，可以有立志矣。故公之饰是庙也，见圣王固本之制焉，有诗人《伐檀》之志焉，岂特烛耀岩穴、旌贲隐沦而已？

——选自《全唐文》第三百七十七卷

凤鸣驿记

[唐]苏轼

始余丙申岁，举进士，过扶风，求舍于馆人。既入，不可居而出，次于逆旅。其后六年，为府从事，至数日，谒客于馆，视客之所居，与其凡所资用，如官府，如庙观，如数世富人之宅，四方之至者，如归其家，皆乐而忘去。将去既驾，虽马亦顾其皂而嘶。余召馆吏而问焉。吏曰："今太守宋公之所新也。自辛丑八月而公始至，既至，逾月而兴功，五十有五日而成。用夫三万六千，木以根计，竹以竿计，瓦甓坯钉各以枚计，秸以石计者二十一万四千七百二十有八，而民未始有知者。"余闻而心善之。其明年，县令胡允文具石，请书其事，余以为有足书者，乃书曰："古之君子，不择居而安，安则乐，乐则喜从事。使人而皆喜从事，则天下何足治欤？后之君子，常有所不屑，苟有所不屑，则躁，否则惰，躁则妄，惰则废；既妄且废，则天下之所以不治者，常出于此，而不足怪。今夫宋公，计其所历而累其勤，使无龃龉于世，则今且何为矣，而犹为此官哉？然而未尝有不屑之心。其治扶风也，视其虺隗者而安植之，求其蒙茸者而疏理之，非特传舍而已，事复有小于传舍者，公未尝不尽心也。尝食刍豢者，难于食菜；尝衣锦者，难于衣布；尝为其大者，不屑为其小；此天下之通患也。诗曰："岂弟君子，民之父母。"所贵乎岂弟者，岂非以其不择居而安，安而乐，乐而喜从事欤？夫修传舍，诚无足书者，以传舍之修而见公之不择居而安，安而乐，乐而喜从事者，则是真足书也。"

——选自《苏文忠公全集》（明成化本）《东坡集》第三十一卷

真像堂记

[宋]张载

关中为九州奥墟，山水之壮，西自长河陇坻，东属泾、渭八川，太白、终南，负九峻嵯峨，表以荆、华，势盛气美，至者目悦(一作怳)心甘，过之叹恋其秀豪丰润，盖必有主奥、尤剧悦人心之甚者焉。周至仙游山，怪石停渊，林泉石(一作丘)壑，为古伟观，四方来者，继踵比肩，赏叹之不足，去则踟蹰顾慕，以不得久休自恨，岂(一作信)所悦我心之甚者欤？然考之山经地图，无美实嘉纵道为故事，独玉女祠前有马融石室传于旧，东偏浮图有吴生佛画显于近年，岂名墟胜游，亦将俟昌明而后显哉？

秘书监致仕赵公，庆历中以赞善大夫知邑事，乐是石泉之富，志薪家焉。后二十年，以光禄少卿就地，相视境内，得迁游之东峰，夕阳林峦极邃处，朝莫携家人、率宾从，徒步登览，不知有寒暑之倦。高年之勤，爱不能已，乃筑居其上，目之曰卧云堂。又欲著仪形以名诸己，贻后世以久其传，于是屋卧云西陲，俯瞰川容，巍然一轩，模赋其象。既成，飘如倏如(一本蟠如翼如)，鹤发森如，兔袍襜如，望之足以警民嚣，尊之足以忘轩冕。近世王右丞退居辋川，白乐天老龙门香山，虽素风清韵，为悬车者之美谈。大率惑转化，私死生，蔽异学猥妄之言，不知安常处顺，训忠义、显子孙，殆为公愧焉尔。熙宁庚戌十月九日乙丑，崇文院校书张载子厚记。

——选自《永乐大典》第七千二百三十八卷第三十五页引宋《张横渠先生集》

骊山图记

[宋]游师雄

骊山温泉，自秦、汉、周、隋相继崇饰，唐贞观初，始营御汤。天宝六载，筑罗城于汤所，置百司公卿邸第。治汤为池沼，增起台殿，环列山谷。因改温泉宫为华清宫，明皇岁幸焉。殿曰"九龙"以待上浴；曰"飞霜"以奉御寝；曰"长生"以备斋祀。其他殿阁楼观不可胜数，维披图然后可尽述焉。逮禄山乱，天子游幸益鲜，唐末遂废。晋天福中，改曰"灵泉观"以赐道士，本朝因之，盖百有余年矣。府从事李彦博始谕邑宰王注，刊故宫图于石，盖欲后人知昔之全盛焉。时元祐三年中秋日，武功游景淑识。

——选自清·沈青峰《(雍正)陕西通志》第九十一卷

终南山集仙观记

[元]王恽

予自壮岁，宦游四方，经涉河山大地昔贤遗迹，未尝不彷徉临望、富览胜概而去，尚自视欿然者，独欠秦中一游。每闻谈关辅形势，汉唐间风声气习，翘翘褰裳，梦寐长往。今年夏四月，有虚斋道人杨姓者，踵门来谒，拈香具礼，磬折而前曰："侧聆先生名德久矣，自惟何幸于焉得遇。"继出一图示余，指似云："终南县重阳祖庭西南，甘源水左由石碧入峪，道即陡阴，磴山行二十里而远抵望仙坪，得唐以来集仙庵故址。山中人传云：'昔有古仙人吕翁者，尝学道于此，近代有长生师刘公，爱其崦曲幽胜，清泉灌木，阴湛连壑，乃结茅。'云隐略有，兴筑兵余，云荒石老，无复人迹，林光空翠，景气长清。当时贫道从三洞弘玄师真侍香重阳丈室，既而以法箓事辞师，入山结习修静，遂步上甘谷东峰，不觉适喜曰：'此吾巢松税驾之地也。'乃与方外二三友道宣聪真辈定居而建其所，当奉坛场、神室等祠，岁时清供，钟磬之音隐然山谷间，如回岭、丹栖诸峰。汉洞、神湫之境。云烟动色，亦欣吾来盟。"洞明真人祁公闻之，嘉其志坚，可与有立给观，名曰"集仙"。至元癸未，皇侄永昌王易其额，有玉清昭应之号，经营未已，洞口有光，人迹踵至，复避喧趣，静敛裳宵逝，东入商岭庐天柱峰，及漫川之青崖，往来遄止将终身焉。居无几，何幌为尺一唤去待诏阙下，付以祷尔上下之事，自是斋居致敬焉。感召幽贶，呵禁不祥，扈从法驾，往还两间者，凡二年于兹。癸巳春，蒙恩，复以传送还本山，将行，切自揆遭遇明时，莫大之幸。越玄门，尽光重，念山斋寂寥，归无片辞以勒岩石，使后之寻盟谒以见。住山岁月开先楼观而云龛石室，亦曾睹鹤书赴垄，鸣驺入谷之贲哉，敢再拜以记文，为请且偿先生平时所愿，言："余尝谓道家者流，以淡泊虚无为宗，以忘言绝俗为事，或者须人为徒，心存济度，如三洞五雷盟威正一等法行符敕水，驱逐疾疫，鞭笞鬼物，使邪气罔奸两间，其于补助世教有不得后焉者，方之与世相遗，归洁一身，槁死山林，长往而不来者，为有间矣。"故乐为书之，杨法讳道，谦蜀之铜，梁人号"保光子"，上世有以进士为巴西令者，某年月日记。

——选自《四库全书·集部·别集·秋涧集》第三十九卷

樊川记

[元]黄溍

　　樊川,长安胜处也,额森呼敦殿中君别业在焉。间尝谓予曰:"吾先世,家隰州之永和,五世祖雍郡公薄游关中,爱其风土完厚,遂徙居鄠。雍郡之仲子是为吾高祖,雍国贞献公被遇世祖于略畔山之阳,眷遇甚,至而恬于进取,足迹不至京师,以京兆鄠罗总管终于家。吾曾祖太师奉元忠贞王,吾祖太师泾阳忠宣王,再世掌上京留钥,前后四十余年。忠贞既归老关中,而忠宣亦返葬于鄠,盖视鄠为乡土。久矣,吾父佐今天子,位为丞相,匪朝伊夕陟降左右,而吾又以大臣子叨被上恩,入则侍闲燕于内廷,出则奉温清于私室,去乡土日以远。鄠杜异县而壤地相接,樊川在杜之封内,即吾土也,顷尝买田筑室,将以佚吾私而不可得,盖无一夕梦寐不在其间,幸为之记,庶几时一展玩以自慰焉。"按《图志》汉京兆杜县之樊乡有樊川,以樊哙所食邑得名,一名后宽。川以其水出秦岭,又名秦川。有佛庐号"华严寺",俗但称之曰"华严川京兆",今为奉元路。杜废入万年,而万年今为咸宁县,其南三十五里是为樊川,西为韦曲,东为杜曲,则唐人所为"城南韦杜,去天尺五"者也。夫气运之消长,往来无穷,人事之盛衰,每与之相为终始。秦树陇云,斜阳衰草,城是而人非,无复向来冠盖追游之盛。而原隰之平,泉流之清,陆海之富饶,民物之蕃阜,不减于异时,雨露所濡,佳花美木,生意充周,未尝少息也。唐宰相杜岐公甲第在长安,而樊川有别墅,中有桂林亭,卉木最为幽邃。日与公卿燕集焉,后以太保致仕,遂居于此,家庙、石室遗迹故存。岐公孙牧之尤爱樊川,倾俸资以治其墅,其知中书制诰也,每退,直亟召密友往游其地,自谓:"吾老为樊川翁,要有文章数百首,号为《樊川集》。"殿中君与牧之生宰相家,则同;执法殿中,又同;所不得与牧之同者,昔之城南去天尺五,今则去天半万里矣。欲朝而往暮而归于竹洲藤岸、苔径花斋,不可得也,能勿缅然而长望,渺然而遐思乎?予闻古之达人以太虚为家,无何有为乡,视半万里皆吾室、吾闼也,而况钧天清都之乐,又安可与下土同日语?殿中君曰:"是有以慰吾平生之怀矣!"遂次第其语,书而归之,是为记。

——选自《四库全书·别集·文献集》第七卷下

游太华山日记

[明]徐弘祖

二月晦，入潼关三十五里，乃税驾西岳庙。黄河从朔漠南下，至潼关折而东。关正当河山隘口，北瞰河流，南连华岳，惟此一线为东西大道，以百雉锁之。舍此而北，必渡黄河，南必趋武关，而华岳以南，峭壁层崖，无可度者。未入关，百里外即见太华屼出云表；及入关，反为冈陇所蔽。行二十里，忽仰见芙蓉片片，已直造其下，不特三峰秀绝，而东西拥攒诸峰，俱片削层悬。惟北面时有土冈，至此尽脱山骨，竟发为极胜处。

三月初一日，入谒西岳神，登万寿阁。向岳南趋十五里，入云台观，觅导于十方庵。由峪口入，两崖壁立，一溪中出，玉泉院当其左。循溪随峪行十里，为莎萝宫，路始峻。又十里，为青柯坪，路少坦。五里，过寥阳桥，路遂绝。攀锁上千尺㠇，再上百尺峡。从崖左转，上老君犁沟，过猢狲岭。去青柯五里，有峰北悬深崖中，三面绝壁，则白云峰也。舍之南上苍龙岭，过日月岩。去犁沟又五里，始上三峰足。望东峰侧而上，谒玉女祠，入迎阳洞。道士李姓者留余宿，乃以余晷上东峰，昏返洞。

初二日，从南峰北麓上峰顶，悬南崖而下，观避静处复上，直跻峰绝顶。上有小孔，道士指为仰天池，旁有黑龙潭。从西下，复上西峰。峰上石耸起，有石片覆其上，如荷叶。旁有玉井甚深，以阁掩其上，不知何故。还，饭于迎阳。上东峰，悬南崖而下，一小台峙绝壑中，是为棋盘台。既上，别道士，从旧径下，观白云峰，圣母殿在焉。下至莎萝坪，暮色逼人，急出谷，黑行三里，宿十方庵。出青柯坪，左上，有㭙渡庵、毛女洞；出莎萝坪，右上有上方峰，皆华之支峰也。路俱峭削，以日暮不及登。

初三日，行十五里，入岳庙。西五里，出华阴西门，从小径西南二十里入泓峪，即华山之西第三峪也。两崖参天而起，夹立甚隘，水奔流其间。循涧南行，倏而东折，倏而西转。盖山壁片削，俱犬牙错入，行从牙罅中，宛转如江行调舵然。二十里，宿于木杯。自岳庙来，四十五里矣。

初四日，行十里，山峪既穷，遂上泓岭。十里，蹑其巅。北望太华，兀立天表。东瞻一峰，嵯峨特异，土人云赛华山。始悟西南三十里有少华，即此山矣。南下十里，有溪从东南注西北，是为华阳川。溯川东行十里，南登秦岭，为华阴、洛南界，上下共五里。又十里为黄螺铺。循溪东南下，三十里，抵杨氏城。

初五日，行二十里，出石门，山始开。又七里，折而东南，入隔凡峪。西南二十里，即洛南县。峪东南三里，越岭，行峪中。十里，出山，则洛水自西而东，即河南所渡之上流也。渡洛复上岭，曰田家原。五里，下峪中，有水自南来入洛。溯之，入十五里，为景村。山复开，始见稻畦。过此仍溯流，入南峪，南行五里至草树沟。山空日暮，借宿山家。自岳庙至木杯，俱西南行，过华阳川则东南矣。华阳而南，溪渐大，山渐开，然对面之峰峥峥也。下秦岭，至杨氏城。两崖忽开忽合，一时互见，又不比木杯峪中，两崖壁立，有回曲无开合也。

初六日，越岭两重，凡二十五里，饭坞底岔。其西行道，即向洛南者。又东南十里，入商州界，去洛南七十余里矣。又二十五里，上仓龙岭。蜿蜒行岭上，两溪屈曲夹之。五里，下岭，两溪适合。随溪行老君峪中，十里，暮雨忽至，投宿于峪口。

初七日，行五里，出峪。大溪自西注于东，循之行十里，龙驹寨。寨东去武关九十里，西向商州，即陕省间道，马骡商货，不让潼关道中。溪下板船，可胜五石舟。水自商州西至此，经武关之南，历胡村，至小江口入汉者也。遂趋觅舟。甫定，雨大注，终日不休，舟不行。

初八日，舟子以贩盐故，久乃行。雨后，怒溪如奔马，两山夹之，曲折萦回，轰雷入地之险，与建溪无异。已而雨复至。午抵影石滩，雨大作，遂泊于小影石滩。

初九日，行四十里，过龙关。五十里，北一溪来注，则武关之流也。其地北去武关四十里，盖商州南境矣。时浮云已尽，丽日乘空，山岚重叠竞秀。怒流送舟，两岸浓桃艳李，泛光欲舞，出坐船头，不觉欲仙也。又八十里，日才下午，榜人以所带盐化迁柴竹，屡止不进。夜宿于山涯之下。

初十日，五十里，下莲滩。大浪扑入舟中，倾囊倒箧，无不沾濡。二十里，过百姓滩，有峰突立溪右，崖为水所摧，岌岌欲堕。出蜀西楼，山峡少开，已入南阳淅川境，为秦、豫界。三十里，过胡村。四十里，抵石庙湾，登涯投店。东南去均州，上太和，盖一百三十里云。

——选自明·徐弘祖《徐霞客游记》第一册下

辋川游记

[明]陈文烛

蓝田有辋川庄,盖造自王维云。余登华山,华州王连洲愚长与其弟太史谓余曰:"兹行无意摩诘哉?"时有教官王元吉、任庐,皆余所校蜀士,请余游,且曰:"先生尝爱右丞诗。"因许纳焉。

翌日,出县南门,行八里,饶佳山水。至川口,两山壁立,下即辋峪河也。蓝水东南发源,北合灞水,达于渭河,蜿蜒数十里而下,如车辋然。其路凿山麓为之,有甚险者,俗号三里圖。徒步依圖而行,过此则豁然开朗,山峦掩映,似若无路,良田美地,鸡犬相闻,可渔可樵可牧。此第一区也。沿岸而南,有茅屋数家,黄发垂髫,携酒以迎,就石间饮之,欢甚。问东西南北,若不知者,以日影为度焉。稍南而东,转而西行数里,有人家,如南再转而北行数里,有人家,如东而西,野老乘新雨躬耕。余呼问之,自言生平未出辋口,长在宏治,无论庆历年号,即正德、嘉靖不知也。草荣为春,叶落为秋,真无怀葛天之民欤。行至飞云山,山前数里,为清凉寺,后改鹿苑寺,有右丞像,即故宅也。振衣拜焉,二子觞,余谈青城故事,恍如在浣花溪上。"行到水穷处,坐看云起时",右丞佳句,千载如新。二子唯唯。老僧三四人,导出寺门,西数百步有坟,为母塔,右丞筑也。水浒有方石,其平如案,四角有孔,相去各数尺,或曰欹湖亭;石洞残缺者数处,或曰孟城坳。问南垞、北垞、文杏馆、斤竹岭,淹没不知,所游皆北岸也。望南岸,青林茂盛,多系桑柘桃竹之属,往往猿啼虎啸。林前有圣灯崖,老僧见一二次,欲过南岸,而归路险不可行,人家亦如北岸,或隐或露,难以名状。大都为区者十三,计路二十余里,环岸者水,环川者山,乃庄在山水之间耶。寻旧路出辋川,夕阳在道,白云护之,若不知其处者。二子请余记,陈子曰:"王右丞'诗中有画,画中有诗',果地灵耶。"

余爱白司马庐山草堂故址,乐天又爱乎此泉石,膏肓同右丞焉。宋之问、钱起与王家邻,竟无遗迹,岂右丞专其胜与秦关览《辋川图》,可谓愈疾心窃过之,今爽然自失矣。

——选自清·沈青峰《(雍正)陕西通志》第九十一卷

游终南山记
[明]张治道

嘉靖癸未，余与对山康子鳌屋令东谷王子约游终南，正月壬子，余始发车往鳌屋会二子，过鄠县会渼陂王子。甲寅游祖庵宫，访仙人王重阳故事，已而游居民赵氏园亭。辛酉始发车往终南，过姚村，宴康子彭麓山房，日午抵仙游寺，观吴道子画塔，塔上有宋苏轼、赵瞻题名。已而上黑龙潭，潭水相传深百丈，有龙藏焉。其先大复何子谓余曰："余尝与对山康子游黑龙潭，余畏不敢蹿，惟康子能蹿之。"余见康子问焉，康子振衣扼腕，若不足蹿，及至，则重足扪息，惴惴不敢临，王子令架木为桥，始牵引而过之。北岩下观玉女洞，入马融石室，寻岑嘉州遗迹，已乃还至潭上，相与坐潭心危石巅，把酒散发，击筑长歌。明日由黑水谷南行五里至草房，凹坐平石上，小酌。余独留汧西。一日与康子遍游汧东诸园，葛巾野服坐茂林下。日夕，余至鳌屋复会王子，而明日康子亦至，欲遍游终南诸山。是日，余欲往楼观，康子欲还向仙游，迟回久之，各有诗相招，更不能违康子。壬申由马召登山，再过黑水谷，入仙游。日午自仙游始趋楼观，日夕抵楼观，其抵之明日览楼观诸名胜，观唐元人画塑像。登紫楼望太微峰下，乃游玉真公主观，观唐人摩诘等诗。明日上说经台，览《道德经》石刻，玩老子手植柏，碑上见朱凌溪诗，何子题名，相顾歔欷。已而登藏经阁，读《黄帝素问》，慨然有超世绝尘之想。明日再上说经台题名，题已还至楼观。日夕与二子论神仙鬼神之事，至夜分而罢。明日，康子还武功，余与王子东行，至景谷而别。往反二十日，各得诗三十首。

——选自明·何镗《古今游名山记》第七卷

游终南山记
[明]都穆

癸酉八月，予以使事寓秦，会旧僚田君有年，约以中秋玩日终南山中，出城南门，而秀才费樟复陪以行。三十里经樊川，汉将樊哙尝食邑于此。在唐为韦安石别业，又名韦曲。冈峦回绕，松竹森映，而水田、蔬圃连络乎其间，秦中一胜地也。（杜子美诗云："韦曲花无赖，家家恼杀人。绿尊须尽日，白发好禁春。石角钩衣破，藤枝刺眼新。何时占丛竹，头戴小乌巾。"又云："野寺垂杨里，春畦绿水间。美花多映竹，婼鸟不归山。城郭何多事，风尘岂驻颜。谁能共公子，薄暮欲归还。"）

冈之上登牛头寺，僧愚，闻官人至，悉遁去，予以所携酒，共酌松下。寺旧有唐贞元中徐士龙撰徧照禅师碑，今不存，所存唯仙人丘长春诗刻，拂尘读之。韦曲之东有杜曲，乃唐相杜岐公所居。当时语云："城南韦杜，去天尺五。"言迩京也。岐公孙牧自吴兴守入知制诰，尽以俸金创治其野。尝曰："富贵有数。吾得老为樊川翁，有文章数百，号《樊川集》，顾草木禽鱼亦无恨矣。"离牛头南行四十里，至终南山，入普光寺，在山之麓，息足磐石。又二里，道益峻险，遂舍肩舆，蹑乱石，冒悬崖，屈曲而上。西有日月岩，下刻篆书"松泉"二大字。又上至抱子岩，经玉泉洞，又有八仙洞在山之西壁，限以流泉，非跣足不得入。又上有石，俨若老妪凭岩而休，左一圆石明可鉴物，谓之石镜。再上，则澄源池也。池一名太一湫，其上环以群山，雄伟秀特，势逼霄汉。水广可数丈，深丈许，锦鳞浮游，人莫敢触。鳞之大有二三尺者。自昔祷雨，咸在于是，其南即太一殿，惟一道士居之。（王维诗云："太一近天都，连山接海隅。白云回望合，青霭入看无。分野中峰变，阴晴众壑殊。欲投人处宿，隔水问樵夫。"）殿左有三官、雷神二洞，所谓金华洞者，在山之最高处。道士云洞有积水，然不能至也。田君与费生以疲极卧三官洞，予面池独酌。下山复至太一宫，方举杯，适长安令送酒，饮兴益豪，题名壁上。晚回至普光，予欲玩月上寺，过门不入，命舆夫疾行上山，道悉甃以石，而松柏梨栗夹植其旁，遇险则趋别道。已而复故，盖五里而始至寺。（孟郊诗云："鸟飞不到处，僧房远山巅。龙在水常碧，雨开山更鲜。步出白石上，坐依清涧边。地硗松桂短，坂险道途偏。晚磬送归客，数声落瑶天。"）寺有方池，名曰仰天，跨以石梁，于兹宵玩月为宜。张筵池上，而浮云滓空，众颇弗怿。予戏谓之曰："昔人诗不有弦管吹开之句乎？命小阁黎取笙箫杂奏之。"倏焉，云开月朗，则皆大笑，谓予言之不妄也。十七日下山，从别道回。二十里至兴教寺，内有三塔：其中塔特高大，为唐三藏法师玄奘瘗身之所，尚书屯田郎中刘轲铭；左为慈恩基公塔，太子左庶子李弘度铭；右则大周圆测法师塔，铭之者贡士宋复也。寺之北旧有玉峰轩，宋元丰四年，知永兴军吕大防建，今废，惟长安令陈正举记石仅存。午饮寺中，六十里入城。

——选自明·何镗《古今游名山记》第七卷

游南山记

[明]王九思

正德庚辰春三月癸巳，大复何子校士鄠杜约予游南山。丙申南行二十里，抵金峰寺。寺背山，山下出泉甃为井，乃伏流佛座下至院，亦甃为井，复伏流至门外，达于平地为溪。院僧利灌溉，则闭井北口上，水由泉西缘冈南抵山半，树木离列，乃坐饮数觥。下出寺东行半里许，抵化羊宫，东涧水出焉。道士引别支经流庖舍，后接竹入水于釜。由宫后南行，渡小涧，陟冈其上，平坦可数亩。多桧东临涧水，坐饮移时，甚乐也。出宫门，北望则嵯峨九峻诸山，隐隐若黛。并山东行三里许，抵重云寺。南向坐憩，圭峰在前，如人拱揖。又东行七里，抵栖禅寺，即所谓草堂也。盖姚秦时，鸠摩罗什自西竺来。尔时未有寺，为树草堂，译经其中，其后建寺，始定今名，而俗犹呼草堂寺云。前殿画壁甚古，西南为鸠摩罗什葬塔，有亭覆焉。前朝诗刻甚多，独金赵闲闲公词翰为盛，明道先生诗注云：寺在竹林之心，其竹盖将十顷，乃今根株尽矣。独寺后银杏四株，上薄霄汉，亦百年外物也。门外诸峰，苍翠如画，东南林薄，中有唐圭峰禅师葬塔，其西南入峪数里，为紫阁峰，有瀑布，景特奇绝。又五日，县令王子明叔邀予西游楼观，比至，则诸公已先在，乃相携至老君殿台上，席地对月坐饮。于是德涵鼓凤琶，歌予所制越调曲，感激愤厉，诸公击节叹焉，已又据席饮，各倡和诗为乐。明日，明叔陪予登紫云楼，楼两层，其上为玉皇像，北面其后灰壁，南面为山水人物，画盖甚奇，非今人笔也。凭阑一目千里，既下与诸公观老子系牛柏，柏下石牛卧焉，已乃南行四五里抵说经台，盘屈而上，绝顶为宫。三楹中塑老子、尹喜像，其四壁画前朝君臣逸士像，盖有功《道德经》者。前门内古柏一株，俗说既死而眸针之活，诞不足信。仲默于宫前碑侧，书予六人者姓名、邑里、经游岁月云，已乃坐后殿廊下饮。明叔又请西游仙游寺，于是下台转折西行，既数里见山麓，一塔岿然，问之，广一行僧塔也。又数里，过康子彭麓庄，又西行数里，转折而南，道路甚险，东崖山西岸，黑水，下视毛发森竖，行里余，天气昏黑，与诸公相失，路金益险，肩舆不可度。予夹两僮走，既数里，转折西行，度涧，桥危甚。又里余，抵寺，寺榜曰："普缘。"盖此地故有仙游宫，俗亦因呼其寺云。寺四面皆山，黑水经流其门，盖奥区也。登毗卢阁，已乃观殿前石塔，塔下空，中塑一病佛，侧睡且死，诸罗汉按摩、哭泣、吁祷，备极情态。康子戏曰："佛亦有此无常邪？"相与一笑，已乃出门，门西濒水，二石塔上刻吴道子画诸佛像，有东坡题名。北岸山上泉，下泻有声，其傍石洞，后汉马融尝偕此，仲然曰："嗟乎！胜地不常，良时易失，嘉朋难合，乐事罕逢，斯游也，一举四美备于乎，其盛矣乎。"

——选自明·何镗《古今游名山记》第七卷

游骊山记
[明]乔宇

仲夏十有三日早,渡咸阳南渭河,观隋唐旧都及未央宫址,尚有截然方丘突然高原,若断若续弥三十里。午过长安北郊,望雁塔耸于二十里外。东渡浐水,过灞桥,乃汉人送客至此,折柳赠别之处。王莽时,灾,数千人沃之不灭,更其名曰长存。至唐,则以迎新送故至此黯然,又名曰销魂。余望秦川于斜阳之下,怅然怀古于临潼东南,行二里抵骊山下,浴于温泉。泉幅员四丈许,即秦初砌石,汉修唐宫焉者也。宫曰温泉,玄宗改曰华清。治场为池,环以山,列以室,岁幸于此。门内有宜春亭,亭内有飞霜、九龙、长生、明珠诸殿。殿侧有集灵、按歌、舞马诸台,今则荡为丘墟矣。明日,参政胡君良祯宴余温泉之上,于是与王君、应韶二君诵崔、鲁之诗,论开元之事,慷慨激烈,殊有遐思。酒酣,应韶倡为温泉之歌,余和之。遂登骊山,蹑绣岭堆,低徊于朝元遗址前,草树青葱,扬芳弄色,幽泉集响,如咽如悲。于是余又倡为骊山之歌,二君和之。午后下山,过鸿门坂,渡渭南,至赤水镇宿焉。

——选自明·何镗《古今游名山记》第七卷

游骊山记
[明]都穆

骊山在西安之临潼,县南半里即抵其麓,经雷神殿东折,门有绰楔,榜曰:"温泉池。"过此有室三楹,启其扃即温泉也。人呼为官池,盖非贵人不得浴此。池四周甃石如玉环状,中一小石,上凿七窍,泉由是出。相传甃石起秦始皇,其后汉武帝复加修饰。伐云今之池,后周天和中造。又云唐玄宗广之。室之内有古今石刻,岁久错乱。弘治癸亥知县事者,聚之,垒于门外,俨若屏障。官池之左,有泉曰混池,以浴小民。东行即华清宫故址,上有三清殿,前卧一巨钟,视其款乃华清物。又有二碑,右为后魏《温泉》,颇惜多剥落。左刻金尚元龙草字,其阴刻刘子颙《成道记》。子颙山中道士,宋仁宗朝尝召见,赐号凝真太师。三清殿后为玉皇殿,面三清者七星殿也。南上十五步为玉女阁,下有方池,即温泉发源处,饮之可以已疾。每秋暮,人取未熟柿投其中,经宿,食之不涩。其左为玉女洗头池,沐发者多去疮虱。山之半平坡,朝元阁旧建于此。山左肩曰东绣岭,右肩曰西绣岭,当时林木花卉之盛，类锦绣然，故名。阁与华清之废皆不知何时，其易为道士之居则后晋天福中也。又上二里为老君殿，旧云天宝七年十月，老君见于朝元阁南，玄宗于其处立降圣观，琢白玉石为像，今尚存。殿壁绘唐从臣之像，殆当时人笔。其西南有泉，名饮鹿槽，今涸。又上二里为老母殿，老母即唐李筌所从受阴符者。山之巅旧有烽火楼，昔周幽王欲媚褒姒，举烽火以来诸侯之处。下山浴于官池，其清彻底，不火而热，支体融畅，夙疴顿捐，快哉！东行八里折而南二里，至秦始皇陵，陵内城周五里，旧有门，四外城周十二里，其址俱存。自南登之，二丘并峙。人曰："此南门也。"右门石枢犹露土中，陵高可四丈，昔项羽、黄巢皆尝发之。老人云："始皇葬山之中，此特其虚冢。"其言当必有所授也。

——选自明·何镗《古今游名山记》第七卷

华山游记

[明]乔宇

仲夏，在华阴县，将登西岳。窃意兹山，日有登者，遂与御史杜君、参政胡君、提学王君偕往。先至云台观，又舆行五里至玉泉院，入南涧口，泥径仄逼，荆棘偃仰，五里至第一关，步行自此始。三君者皆色阻不往，予独青鞋布袜与校官一人、仆夫数人以登。以三君畏不前，又乃窃意月有登者而已。上行七里，至希夷蜕骨嵌，嵌傍有道院，下有泉汇为小池，池之西有悬崖，高丈五许。遂揭水题名其上，自是凡遇奇石辄题名。又上行二十里，蹈霞跐云，崎岖崷崒，而至于青坷坪。俯视麓下，已冥冥如烟雨之区，仰望三峰，嵬嵬屹屹，高耸天际，不知如何而上。坪侧有道院，北有小洞，洞中一辟谷者居之。归，宿于观。至明，揽衣直上，至回心石，石东南之路皆斜，削绝壁，攀铁锁。自此（始游）人至此，皆疲而畏险，辄还，故曰回心。予于此始谓岁有人登而已。遂令从者二人先攀，校官继之，余遂继之。攀之状，左右手递接，两傍铁锁，足递踏松杙，目眈眈，心栗栗以上。凡攀行八十步，其名曰"千尺峡"。东北转行一里许，凡攀行百步，其名曰"百尺峡"。又东北行几二里许，则面崖而两手并执崖上铁锁，足踏木栈，以渐东移，横行百步，其名曰"仙人桥"。又东北行一里许，凡攀行六十步，其名曰"胡孙愁"。又东北行二里许，凡攀行十步，其名曰"阎王匾"。又攀行三十步，其名曰"阎王峡"。又行几二里许，攀行七八十步，其名曰"老君犁沟"。又行四里许，至云台峰，折而南行三里许，至日月岩，其崖有红白二景，天成石上。此有黄冠五六人，依崖构屋居焉。转西南行二里许，足为山脊，两下皆万仞绝壁，脊广三尺许，列铁柱闲铁锁于左右，过则伸足于前，坐于脊上，两手秉锁，以身渐移而前百步许。其名克传以为陶唐洪水之际乎，则禹奠百川，宜在禹贡，乃曰"导河积石至于龙门，南至于华阴，东至于底柱"。皆禹功之所致，以达于海，岂天地大异之若此，典记不以为文哉。天设四渎，宜有以通，不当始遏其流，滞挠其和气，及其汩乱而后理也。且山谷之作，此形何则不有泉几相溥，高深相敌，乃有锐而出者为虎牙，偶而背者为熊耳，角而巘者为牛首，冠而峭者为鸡头，必以形之类形，而必加说，则鸡牛熊虎之象，其亦有作乎？余尝览张平子赋西京，至巨灵高掌，厥迹犹存之，辞以为骇闻精达，常以是惑，使不语怪神之旨，何所述明，暨睹其形而咨之果谬，悠而无据也，将假文神事以饰其辞欤，为思而有阙欤，因辩其由而述之，以告山下。

——选自明·何镗《古今游名山记》第七卷

太华山记

[明]李攀龙

经曰："太华之山，削成而四方，其高五千仞，其广十里。"盖指华中削成而四方者尔，四方之外，宫之尽华山也。

自县南十里入谷，逶迤上二十里，抵削成北方壁下。乃谷即西南出，不可行，行东北大溜中。溜中一峡，裁容人，左右穿受不满足，穿受手如决吻，人上出如自井中者千尺，曰"千尺峡"。北不至十步，复得一峡，百尺，人上出如前峡，曰"百尺峡"。则东南行，崖往往如覆敦出，人穿其穹中行，穹中穿其仄轮牙也。崖绝为径桥者二所，东北径云台峰，东南得大阪，可千尺，人从其罅中蹑衔上，阪穹为栈，五步，顾见罅中如一耦之畎新发诸耟矣。罅中穿如峡中，峡中衔如罅中，峡中之繘垂，罅中之繘倚，皆自汲也。栈北得崖径丈，人仄行于穿，手在决吻中，左右代相受，踵二分垂在外，足已茹则啮膝也，足已吐是以趾任身也。北不至十步，崖乃东折，得路足许，于崖剡中入，并崖南行，耳如属垣者二里。剡穷，复西出崖上行，则积穿三丈。有崖从北来跨此崖上，复高三丈。自跨首南行，崖如前剡中属耳甑耳矣。

三里而近，为苍龙岭。岭广尺有咫，长五百丈，崖东西深数千仞，人莫敢睨视，是郦生所称搦领须骑行者矣。虽今得拾级行哉，足欲置之，置先尝一足于级上置也，然后更置一足；其所置足，犹若置入石中者，犹人人不自固，匍匐进也。级穷，得崖竣焉，高二丈。一隅西北出，入从其隅上。南一里得崖，又尽嗷，不可以穿繘自汲也，是皆所谓悬度矣。不至百步，西北冒大石出崖下。西南上二里，得松林五树，称"五将军"；崖上者不见杪，崖下者不见本，从县中望见松如树荄也。

西一里有大石如百斛囷，不知何来，客于此，横道而处，踰之为穿径二十所。西南百步，得巨灵掌。掌在削成东北方壁上，不尽壁，五丈许，人不得至。掌二丈许，掌形覆其拇，北引如三寻之戟，从县中望见掌，即五指参差出壁上也。

又西百步，诣削成四方上矣。西南望削成四方中，东北望所从上削成道，道从东北隅出二十里，是鄣于云台峰，犹杓之在斗矣。削成上四方，顾其中污也。上宫在污中西北，玉井在上宫前五尺许，水出于其上，潜于其下，东北淫大坎中，凡二十八所，北至壁下，壁下注道中。一穴北出，水从上幂之也。四壁之穴，各在一抟。

上宫东南，上三里许，得明星玉女祠。《含神雾》称"明星玉女持玉浆"。乃祠在大石上。大石长十丈许。祠前辄圻，圻下有穴，穴有石如马。折南五丈，坎如盆者五所，如臼者一所，水方澹澹也。下从祠东南峡中行二里，得池二所，大如轮。东南行三里，望见卫叔卿之博台在别颠，为垺不尽崖尺，中如砥，可坐十人。崖南北繘纆纆也，欲度者，先握繘自悬崖中，乃跽崖自汰，令就繘不得繘，还跽崖，自汰得而后释所自悬繘也。此即秦昭王使人施钩梯处也。

西南上三里许，得一峡如括曰"天门"，门西出为栈，而铜柱狭不能尺，长二十丈。栈穷，穿井下三丈，窍旁出，复西行为栈，而铜柱一池在石室中，不可涸也。天门旁有台，如叔卿之台。南望三公山，三峰如食前之豆，是白帝之所觞百神也。从上望壁下大溪，溪四无景，即日中窈窕尔。久之，一山出其末，若镞矢，顷即失之矣，是为南峰。南峰前出南壁上，东峰出东南隅壁上，西峰出西北隅，从下望之，五千仞一壁矣。

攀龙曰："余既达削成四方中，不复知天不可升矣，余岂善载腐肉朽骨者乎？及俯三峰，望中原，见黄河从塞外来；下窥大壑，精气之所出入，又未尝不爽然自失也！"

——选自《四库全书·文章辩体汇选》第五百七十七卷

游华山记

[明]袁宏道

凡山之名者，皆以骨，率不能倍肤，得三之一，奇乃著。表里纯骨者，唯华为然。骨有态，有色。黯而浊，病在色也；块而狞，病在态也。华之骨，如割云，如堵碎玉，天水烟雪，杂然缀壁矣。方而削，不受级，不得不穴其壁以入。壁有罅，才容人，阴者如井，阳者如溜。如井者曰㠉，曰峡；如溜者曰沟。皆斧为衔，以受手足，衔穷代以枝。受手者，不没指；受足者，不尽踵。铁索累寻寻，直垂下，引而上，如粘壁之鼯。壁不尽罅，时为悬道巨峦，折折相逼，若故为亘以尝者。横亘者缀腹倚绝崖行，足垂磴外，如面壁，如临渊，如属垣，撮心于粒，焉知鬼之不及夕也。长亘者搦其脊，匍匐进，危磴削立千余仞，广不盈背，左右顾皆绝壑，唯见深黑，吾形垒垒然如负瓮，自视甚赘。然微风至，摇摇欲落，第恐身之不为石矣。夫人所凭仗者手足，而督在目，方其在罅，目著暗壁，升则寄视于指也，降则寄视于踵也，目受成焉耳。罅尽而崖，目乃为祟，眩于削为粟，眩于深为掉，眩于仄为喘，愚者不然，心不至目故也。今乃知崄之所以剧矣。余衣不蔽腰，下著穷袴，见影乃笑。登崖下望，攀者如猱，侧者如蟹，伏者如蛇，折者如鹞，山之廒廒乃至于此，自恨无虎头写真笔也。逾仙掌壁，折入石弄，北旋上，石滑而不级，为东峰；过坪蹑崖，道尊峙而中断，为南峰；度峰足蜿蜒上，石叶上覆而横裂，为西峰；南峰距两峰之上，如人危坐而双引其膝。下有土径，异树交络，峡人鸣其间。峰顶各有池，如臼，如盆，如破瓮，鲜壁澄澈，古松覆之。西峰石多垒，乍视如隐。南峰之背，有静室，垂双锁，锁尽为铁杙以承板道。东峰南下为卫叔卿博喜，锁对悬，拓崖自达，皆奇崄。

——选自《四库全书·文章辨体汇选》第五百七十九卷

记栈道

[明]杨慎

颜师古曰："栈即阁也。"刘禹锡有《山南西道新修驿路记》有云。我之提封距右扶风，触剑阁千一百里。自散关抵褒城，次舍十有五。自褒而南逾利州，至于剑门，十有七。道途次舍，可见于此。又云剑阁凌虚，下临晗呀，层崖峭绝，枘木垣铁，因而广之。限以钩阑，狭径深陉，从而拓之，方驾从容。栈阁之制，亦可想也。欧阳詹《栈道铭》有云："秦之坤，蜀之艮，连高夹深，九州之险也。"大抵汉中虽是平川,东北入长安,西南出剑门,皆有栈阁之路。惟今洋州子午谷,南北正对长安,王莽所开,唐明皇荔枝路。老杜云:"百马死山谷,至今耆旧悲。"信为险绝。

——选自《古今游记丛钞》第十一卷

太白山纪游略

[清]倔道人（赵嘉肇）

名山在雍州域者,曰终南,曰太华,曰太白。说者谓山莫长于终南,莫奇于太华,莫峻于太白。终南、太华,载在《禹贡》。汉唐以前,太白无征,或曰即太乙,或曰即敦物,皆非也。按《洞天记》暨《白玉经》三十六洞天,太白居第十一,为德元之天。余游太华之冬,橄权眉篆,同年中州李子赓伯以长安令升汉阴别驾,时调摄武功,书贻余曰:"眉之民闻君来如望岁,吾不贺君获治眉,为民贺、为太白山贺也。溯汉以前,太白为武功山,自邑迁渭北,始专属眉,其兴云降雨,泽利民生,历代灵迹不具论。唐宋以来,若李青莲、杜子美有诗,陆鲁望有叙,柳柳州有碑版,苏东坡有奏议,国朝山人李雪木柏、贾观察铉、汪司马皋鹤有程记。近百年来,流风渐歇,每岁六月山开,惟男妇进香者踵至,即有时祷雨祈水而来者,见亦罕矣。吾有志未逮,知君有山水癖,凡所以观风俗,正经界,勤民诸政,必能次第行之,庶几探积雪之岩,挹灵湫之水,为名山一涤尘俗也。"及之任,道出武功,赓伯举酒招饮,复殷殷致词,谢曰"唯唯"。既抵任,摒挡公事,即入乡问民疾苦,进耆老数辈来前,使席地坐,与之话农桑,询田里,少壮者环立肃听。耆老进曰:"吾民自兵荒后,元气未复,所幸丰年屡告,衣食能粗给耳。盖藏蓄积无有也,老死田间,无事不至公堂,每患官与民不相亲,闾阎隐微,末由上达,若得官不时来吾乡,民有所质,速为理之,无论莠民不得肆其诪张,良民亦不至误于稼穑,所望于官者足矣,吾侪小人,抑又何求!"话毕,慰劳使去。

数月后,四境之人情风气,得其大致矣。癸未三月既望,余弟洽轩,由东来署,喜曰:"昨游太华,今又可同登太白。"迨五月后,登麦既毕,锄禾正忙,人语乐岁,花落庭间,时方稽查保甲,至邑东鄙。乃约洽轩,暨同里高晓塘之甥田子受之,治具来游。

于六月二十六日,由槐芽镇至远门口,宿保安宫。远门旧有十三宫,今圮其三。保安由官建,余皆民商私祠也。晚有二三老民来谒，请曰："登此山往返四百余里，莫或推之，莫或挽之，恐不任其劳，民有子弟，可使前驱。"曰："游山雅事，何束缚驰骤为？吾之来非徒骋游观，以县之四境，东邻周至，东北邻扶风，北与西邻岐山，悉为识之，惟南邻佛坪，界在太白之巅，吾因查保甲而略地，因略地而游山，即或力绌而返，吾心尽矣，不欲重劳吾民也，其毋舍我稽事。"

二十七日，昧爽兴，舍车而徒，与洽轩、受之皆箬杖芒鞋，从者负糇粮以行，过三官池、艾蒿坪、小雪崖、大雪崖，峰回路转，溪径萦纡。龙盘山有神庙汤房，于此煎茶饮之。至小郭集，望香岩山观音大士香烟地，一曰獐引山。据云：昔人登山无路，见群獐导引，攀萝扪葛随之，踰数丈，径豁然辟，遂修路建庙于上。近则南北峰际，绀宇林立，山趾撑木梯数十寻，通行人迹，即少白山也。七月朔，香火甚盛，男女奔走偕来。有老民设汤房于山下，闻余至，煮粳米献，受其汁，饮之。历新桃碥，旧有仙人桥，无复存，寻贾观察所书"隔断红尘"，亦被山水冲失。过露风崖，小西岔，至大西垒，庙三椽，汤房一间。洽轩携童前行，余与受之入庙小憩。有虫飞集，似蚁而大，名马汉冲，啮人甚利。同来接官亭；南北神庙各三椽；东一带草棚泉石，环流淙淙；西为守亭者王姓居宅。由远门至此三十里，蹀涧行乱石中，高高下下，虽无甚险阻，路颇崎岖。是日暑气犹盛，烈日炙人，过午，益挥汗不能行，遂宿于此。

二十八日，早行至石垒，一名土垒，所云万笏山也。北望村墟市桥，都来眼底，复下一梁，壮若门限，曰下垒。过此则峭嶂摩云，面壁缘墙而行。所喜山径曲折，涧壑阴翳，两崖画眉黄鹂，轲辀绵蛮不绝，有小鸟声声呼曰："山客早回！"语音浏亮，泉响风清，使人劳而忘苦。登石垒顶，即独秀峰，回视土垒，直拜下风。行至此二十里，始入太白山门户。有纪道人修板庙三椽，草殿六间，又依崖作室，半楼半洞，洒扫净洁，于此早餐而行。纪道人又遣人携釜负米，先望候于下坂寺。是日骄阳熏炽，松风不动，行至竹云岭上，忽见峰头涧底，喷白如涌絮，顷刻弥漫山谷。十余里至黑风门，即神会天，蜀中善民李腾庆寓此修路，冬则修山之阳，夏则修山之阴，无间寒暑者已十二年。至土地岭，遥闻雷声殷殷，下岭未四五里，风雨大作，趋松花坪石庙中避雨，逾刻不止，复冒雨前进，所历大壑落水帘洞诸景，皆不暇顾。雨中行三十里，至下坂寺，衣尽沾濡，易以干衣，湿者付火烘之。与洽轩、受之痛饮至醉，皆有寒色。晚餐既毕，和衣而卧。庙仅板屋三椽，供神外隙地无多，是日避雨者麇集二十余人，同宿庙中，人语嘈杂声，风雨潇凄声，终宵不能成寐。

二十九日，雨止天霁，诸峰净洗，松翠欲滴，景射朝暾，烟抹如画。过卧牛台即骆驼岭，两山夹涧，互如浮梁，迤逦向西南行，上山则苍松夹道，石磴盘纡，至救苦岭。雨后泥路峻滑，少懈即致倾跌。度瘦鱼儿岭，石窄如剑脊。至上坂寺，日方亭午。昨被风雨所侵，足力微顿，从者又以前无宿处，至大太白池尚六十余里，于是饬采樵苏，汲泉造饭，憩宿于此。庙共板屋六椽，倚崖东向，门外下临绝壑，日落山暝，望东北星斗界处，云岸高立，苍茫似海。约五更时，出寺门外，忽见云海中霞采遄飞，金光迸射。少焉，日露半规，渐次涌上，大如车轮，及将离云海，极力腾跃，若日光与波光俱长，三五跃始出海，既出则圆明如镜，余霞散而成绮，檐际曙色，照耀分明，俯视涧谷，犹黑如漆。忆当年登岱，至日观峰，未见出日，不意得于此观之。

三十日鼓力前进，过寒风关，上冲山岭，四望诸峰罗侍，有若迎者，有若趋者，有若列坐而拱卫者。岭上新修碥路，似险而平，履之令人意适。逾岭循崖下涧，傍山行十里，至神洼，有石洞板屋。又过魔女岭、分天岭、雷神峡、鬼门关，二十里至鬼洼，亦曰孤魂洼，有大板殿，北向孤立，以乱石堆围之，居两山之凹，东西皆大壑，阴风惨烈，景物凄然，虽天气清明，日色薄而无光，懔乎其不可少留。大太白池齐道士闻余至山，来此拱候，使导洽轩前行，余与之缓步于后。至洼上，觅所谓三山九牙十二重楼诸胜，但见怪石嵯峨，山鹊野栀，秀映草际，泉涓流如涔，旁生白芽，若草若木，山中人取以煎饮，曰太白茶。过二里关，一曰三天门，仰见太白极顶，曰八仙台，碎石堆银，色如雪积，上立标竿，长二丈许。又过金锁关，台上鸡鸣报午，如闻空中天鸡。由鬼洼来此二十里，为大太白池庙，背岭依台，西向临池，池约三十余亩，清鉴毫发，莫能测其深际。有鸟飞鸣水次，驯不畏人，自呼曰"净池、净池"云，大者如画眉，小者如脊令，皆顶白衣乌，尾际杂红黄色，亦有花纹麻色者。池有纤草，即飞鸣衔去，故名净池鸟。池踞山巅，终岁不涸不溢，非神湫何以能此？或曰：下有蛰龙。理或然欤。水味甘美，任人汲饮。惟不敢以不洁之物触秽之。若云时现异光，或好事者故神其说。询诸道人，笑而不答。余静观移时，见池水如拭镜，天光云影，各随所照。故云有五色万寿字珠油等光之异。晚宿庙内，夜来风雨又至。

七月初一日，天明大雪，檐际垂冰筋尺许，人著重裘，不知其温，惟饱食芜菱之粥，间拨煨芋之火，下方严冬天气，不过如是。向晚天色晴霁。

初二日，洽轩住大太白池，余与受之西过杨四将军池，行稻田洼，浅水莎草，扁石履卑，饶有滤池北流之趣。又西南二里许，为走马岭，通去洋县道。石上苔藓，结成马足痕，大小不一，色杂青黄，轮廓灶门毕具，宛然马蹄印于石上者，随指为天神行马处。折而南下三里，为二太白池，约十余亩，庙在池南，杨道人以营员弃官隐此，不常川于山中。洋县境上别有丹邱。又东南下五里，为三太白池。池约四十余亩，庙北向，临水次，木工甲他所。由二太白池来此，路颇幽峻，中有石崖欹涧，立以略彴。驾空而度，如泰华栈，惟十余步，深能见底，履之不致惴惴。又八里为玉皇池，池大顷余，庙在池右，依山结宇，树木渐多，道人李姓，款容必恭。又东南行，沿路林木茂密，有树翘肖，枝柯蔓生，名抓地松。五里为三清池，水已半涸，松满山谷，林内产佛手参，长寸许，有指似掌，金背枇杷叶，能疗疾，从人多采撷之。药王洞在其南，佛池在玉皇池西，皆以日暮不至。返经玉皇池，李道人约供晚餐，受之急，留宿于此，余急返大太白池，至已钟动矣。

初三日，洽轩先下山，余迟受之于后，受之既来犹急，约明日早行。余独上太白极顶，于山之陡绝处，贾勇而登，阴处犹多积雪，石隙中小草山花，能于冰雪之际，傲寒吐放，亦著奇观。陟八仙台，涂道人建庙于上，哗诵皇经，其人颇识黄庭道德诸箓，与之坐谈移晷，共步台畔。四顾苍茫，于东北望见长安，其附近诸邑，指视历历，渭水一线，如带可掇。山之南高冈峻坂，为佛坪梁，寻眉佛分界处；台之北属眉，南属佛，庙居眉佛之交。前十数武，为涂道人新凿九龙池，又前为雷神殿，即雷神洞。山顶平处约十余亩，白石如沃，有草无木。步至西台而下，复由稻田洼。回忆《太白山图》，三池上下鼎列，兹按其地，大太白池在山北，余在山南。夫太白属金，金生水，故神湫能沛甘霖。山自顶至踵，石土相间，皆喷湿无一燥处，人行山中，湿气、药苗气，加以日气熏蒸，鼻触之，头辄昏昏作痛，咀以槟榔甘草解之。石大而质粗，多劈裂痕，故不能凿洞，不能镌碑。又考太白者，西方神之名也。佐帝少昊，执矩而治，无所谓伯仲叔也。汉成帝时，有太白祠，神曰谷春。春为祠神，非太白山神。五代时或曰崔浩，益荒诞不经。唐天宝七载，封太白山神为神应公，十四载改封灵应公。宋皇祐五年封为济民侯，自是祷雨不应。嘉祐六年，苏轼代宋选上言，复封明应公。熙宁八年，进封福应王。绍圣三年改封惠济王，至于有元，则析封为三王，曰普济，曰惠民，曰灵应。此大太白二太白三太白所由昉也。肖像以三，池亦分隶之。稽诸古籍，无可依据，乾隆五年，总督尹继善，奏入陕西祀典。三十九年，巡抚毕沅，奏封昭灵普润太白山之神，号曰福应王。并新保安宫新开山各神庙，载在邑乘。是晚天色浓阴，夜复雨雪，天明晴霁。

初四日，偕受之下山，齐道士送之。是日微风澹云，乍阴乍阳，共觉身轻脚健，胜于来时。过雷神峡，遇山下民会赛神者，执旗鸣钲，咸于道旁作礼。神洼以上，云气袭衣，若迎若送。仰望遥空无纤翳，俯瞰林壑，日色苍松，惟片云头上笼罩以行。及冲天岭上，云气全开。西望菩萨山，拱向太白，若佝偻鞠躬状；俯视五丈原头，惟见一带红崖，闾阎铺地。救苦岭畔，见松鸡雌雄将雏行林薄内，树上松鼠往来杈丫间，跳踯自若，人与物俱无机心。下坂寺有刘姓老民，负粮携瓜，久候于此，遂煮面饱食而行。山上野篁杂花，丛秀可爱。同望三仙山，怪石古松，如亭如盖，过水帘洞，复遇李腾庆在此斩木开道。住语移时，洽轩已游新开山，迟余于接官亭，使人持书来迎。旋至松花坪避雨处，不堪回首，然携得晴雨两帧画图，归装亦足快意。神会天下，有黄泥坂数里，与泰山中快活三大致略同。及石垒顶，日已曛，宿于楼洞上层。

初五日早行，未晨晡时，已到接官亭，洽轩具早餐，山豌豆味最佳。又山下老民等，结山舆来迎，慰谢去之。食既毕，受之同洽轩，先回远门，余西行十里，至新开山。陟其上，周历眺望。见四围锦嶂，环列如城，满山产青檞树，葱茏可悦，山上有坪有阜，有池有泉，亦胜迹也。虽著人力，多由天成，若非侧于名山之麓，亦当无佛称尊。老道人李姓，由保安宫来居于此，年近八旬，步履犹健，送余下山，再三止之而回。晚来远门，复宿保安宫，次日乘车由槐市回。计往返十日，周行四百余里，亦云劳矣。然全眉之界，皆在吾心目中。惜赓伯已挂冠去，末由举酒相招，剪烛共话，为怅怅耳。客告余曰："关中名山，终南东西亘长八百余里，章矣；若太华、太白而外，更有吴山居汧陇间，岳镇是也。"

——选自《古今游记丛钞》第十二卷

游钓台记

[清]董诏

钓台在故虢东南二十里。岁乙巳冬，尝一往。渡渭东行，至伐鱼堡，折而南，循磻溪西岸。逾山麓，怪石嶙峋，竞浮水面。甍宇绀碧，隐见青林之表。回望村落，已杳尘外。渐进至文王庙。庙居山椒，叠石为蹬，可五十尺，扪萝而登。古柏数株，昂立檐际。远眺四山，松竹交青，地绝落叶，时虽深冬，无萧瑟意。循麓而下，有老道士从溪东来，候于松间。太公庙屏山襟水，遗像衮冕绣裳。龙变山立，鹰扬之气犹惊户牖。考唐书贞观初，有诏立尚父庙于磻溪，肖像之兴，当在是时。道士云："旧有古碑，为人残毁。"因怅惋者久之。抵溪桥，有大石矗立，锐下丰上，高如倍寻，上广半之，势如出岫之云。侧镌皇佑间题名二处。道士曰："此钓台也。"孤悬沙际，梯而后登，去水且远，盖好事者为之。太公钓处，自在溪东。度桥顺流行百余步，欹石临水，如将欲堕。丛筱旁荫，回渊曲环，平净不颇。上成双凹，持纶跪饵，诚有如郦道元所云者。水自上游来，触石争道，悬流承崿，瓴建箭激，莫喻其迅。奔赴石下，忽静不欲流。渟泓潋滟，周十弓许。绿苔白沙，分布潭底。游鱼唼呷，落影参差。观者莫不息临渊之羡，作濠上之思矣。北望绝壁之龛，为太公石室。路假山岩，仄仅容趾，趑趄攀援，始至其下。洞中太公作黄冠草衣像，嗒然凝坐。螺旋而上，为土母阁，则俗子妄增也。出洞憩道士庵，汲溪水沦茗。视日移晷，始于桥上与道士别。过山门，则绿水丹崖，恍疑仙境。连村接坞，又到人间矣。按《吕氏春秋》称太公钓于兹泉，而《水经注》谓兹泉即磻溪。中有太公钓台，今乃谓钓台下水为伐鱼河，而以西十里出石塔山经磻溪宫者为磻溪水，所当厘正，附识于此。

——选自《古今游记丛钞》第十二卷

游磻溪记

[清]乔光烈

磻溪出宝鸡县东南鸡峰山下，《水经注》所谓渭水东迳陈仓县南，及东迳郁夷县故城西，右则磻溪水注之者也。鸡峰蔚然深秀，林木茂美，中多神祠。每岁方春，游者自远而至。溪涓涓下岩石，已乃渐广。约里许，有石特起，俯溪上，高若建屋，其颠宽平，如台可登。下瞰澄泓，含翠浮碧。净鉴毛发，栗然以清。世传太公辟纣，尝隐于是而钓焉。考太公少壮时，屠牛朝歌，卖食棘津，其地皆去此绝远，后乃钓乎此，岂其转徙间关，晚从羁寓以来此欤。其起为文王师相，遇实以钓。文王始居岐，既而迁郢，终乃造鄷。郢则汲冢书所谓程者，远在丰西。岐又在郢西，距磻溪近，故得猎至其地。而史编之卜，后车之载，意尚当在文王治岐时也。传记率云文王得太公，年已八十，莫不感其事之奇，且叹其遇之晚。然公封于齐，百有六十而始薨，则方其钓时，适犹其壮，何晚之云哉？诸书或言太公钓以直钩，或且谓彼假术以说文王，故三百六十钓，广张其辞，用相耸动，大抵皆不足信。要当其时辟迹远去，以匿于山泽，而坐盘石歌沧涟于是溪之旁，因以托其志，虽千载上，其风尚可得而想见者焉。《吕氏春秋》谓太公钓于兹泉，剖鱼得璜玉，盖溪即不韦之所号，兹泉者，又以知其名之异也。石旁有太公庙，庙甚古，昔时游者多赋诗刻石置庙中。然问之土人，溪竟未尝有鱼，非徒钓不可得，未知太公钓时，然邪？否邪？溪逶迤北流凡数里，入于渭水。

——选自《古今游记丛钞》第十二卷

由终南经栈道入川至峨嵋游访略记（节选）

[清] 高鹤年

光绪二十五年己亥七月初二日，由终南深处，道出南五台（属终南）大茅篷，内住得定道坚诸师，皆现世龙象，主席觉朗上人，谈及古之学道者，才入门，宾主相见，便以一大事因缘互相研究。今人相逢，群居杂谈，率多世谛。邈哉古风，不可复矣。

初三日，随涧而行，往各茅篷参访。湘子洞来性师，事理清彻。老虎窝明性师，觉性颇明。锁龙场妙慧师，有上上智，无了了心。仍回大茅篷。

初四日，觉师同上太乙峰。登峰远眺，渭水晴光，一望无际，终南佳气，尽入楼台。终南高大深广，峻极于天，青霭吐吞，白云变幻，故诗云："太乙近天都，连山到海隅。白云回望合，青霭入看无。"不诬也。询觉师此地佛法如何，答："叠叠南山峻，滔滔渭水深。"问见么？良久云："半句当峰诸缘息，触目无非露真宗。"师语滴滴归源，令人意解心开。

下坡里许，四天门。二里卧佛殿，丈六金身释迦文佛涅槃像，并诸大弟子围绕像。时雨过地湿，足跟不稳，一滑落空，觉师赶来扶起，口占云："落空滚到非空处，触目相逢主人翁。"休息半时，勉强再行。六里普光寺，在太乙峰麓。太乙峰者，终南之别名，为洞天之最胜。东接骊山太华，西连太白至于陇山，北去长安八十里，南入楚塞连属东西诸山周回数千里，名为福地。沿山庵宫寺院重叠，唐时极盛，俗呼唐皇庙。谚云："长安三千金世界，终南百万玉楼台。"今则失修湮没矣。三里出口，西有子午峪、斜谷，曹操道出汉中地也。五里刘村，二十里牛首寺，即少陵原山脉，至此已尽，如牛头相似，故名，形势开展，气候温和。有杜工部祠，贞元十一年建。寺内有古幢古碑。前有四季柏，四时皆花，尤称奇绝。

初五日，师送至大道口，指云："不可错认路头，只须直下长安。"言下指归，令人警省。十八里，大兴善寺，创自晋武，隋开皇间易名，时有僧徒万众，极一时之盛。太和二年，得梵观音像移内作大士阁。住持体安上人，住锡于此。余问："工夫不能直下承当，诸多阻碍，何故？"师云："佛说用功夫的人，必先断欲去爱，识自心源，达佛深理，悟佛无为，内无所得，外无所求，心不系道，亦不结业，无念无作，无修无证，即名为道。"

初六日，体公同行。里许，大雁塔寺，即慈恩寺，唐三藏法师译经处。高宗永徽三年，法师于寺建塔。高二百尺，下如雁形。雁塔晨钟，关中八景之一也，古有梵文藏经颇多。西行里许，小雁塔寺，唐天授元年改荐福寺，有碑，宋时雷轰。谚云："时来风送滕王阁，运去雷轰荐福碑。"即此事也。此寺在昔曾翻译佛经，造浮图十五级高十余丈。五里，长安省，历代帝王都会之所。古京兆府，即雍州，东距黄河，西抵垄坡，南据秦岭，北临沙漠。进永宁门，即南关。经文庙碑林，有唐吴道子画观音像，现于石上。历代名人古碑总汇一处，曰碑林，一览而出。

初七日，至旧都故宫一游。

初八日，东霞老人讲南山道宣律师《宾主序》。序曰："夫损己利他者，乃是僧家之义也；害物安身者，非为释子之理也。"讲至"大限临头，悔之莫及"，听众颇多点首。东霞老人平日最为究心于此，是日为僧众请说此文，至"普原回心"等句，老人潸然泪下，闻者咸凄然感动。老人云："但愿在座诸师，人人依斯而行，必登菩提之岸矣。"休息，至十一日告别出西关，五里金胜寺，罗汉堂中供丈六金身佛，唐玄奘法师译经处。四十五里，临渭堡，过渭河，俗呼咸阳古渡，关中八景其一也。登岸，咸阳县，秦始皇旧都。进城，假宿安国寺。二里，咸阳原在渭水北九嵕山南，西起武功，东尽高陵，称五陵原，即长陵、安陵、阳陵、茂陵、平陵是也。上有文武、成康、周公、太公及秦汉君臣陵墓在焉。高阳原，在县东南，秦始皇作阿房宫于此，与长安接界。

十二日，北风早至，云物凄凉。五十里兴平县，住城隍庙。沿途面食，三十文可度一日。

十三日，三十里马嵬坡，杨贵妃墓在焉。贵妃擅宠时，杨氏兄弟姊妹穷奢极欲，未几皆败，亦千古之鉴也。五里东扶风镇，四十五里武功县，宿善阁寺。寺在半山，目收全城风景。遥观太白山上积雪，炎夏不化，望之皎然，如白莲千朵，横于南天半壁。相传山下行军不得鼓角，鼓角则有疾风暴雨。《水经注》："山半有横云如瀑布则澍雨。人常有为候语曰：南山瀑布，非朝即暮。"关中诸山，莫高于此。山巅高寒，不生草木。山上有洞，道家名为第十一洞天。

十四日，渡河登山。二十里，有朝阳洞二仙桥龙盘山，西望香烟山为大士佛地，万笏山。三十里石垒山，一峰挺秀，拔萃群峰之中，名曰独秀峰。东南黑风岭。十五里神会天坡，六月中雾撤山显，曰开山。其先后为雾雪所塞，曰封山。自黑风岭至松花坪二十里，沿路尽松，登坪甚险。下有水帘洞，岩景极佳。二十里二仙山，山有二石如人。又十里望仙石。东南二十里救苦岭，险峻益甚。十里宿上坡寺。人行乱石间，西南寒风关，三里神洼。二十里，墙壁直上如线，俗言太白放光，异光现神像，或星光如斗。至此鸟兽草木甚稀，寒气逼人。

十里由魔女岭东天门、冲天岭雷神峡，皆陡绝。西南五里，分天岭，遇西风起，山之东，向阳颇热。山之西，虽大暑而奇寒。五里孤魂洼，险峭。岭上风起，人行必伏，若起则吹堕如叶。更有观云海处，极佳。有三山九牙十二楼诸胜，高插碧空。二十里，住金锁关，鸟兽草木绝无矣，山势森罗。

洼西南里许，大太白池，地广三十余亩，水面如镜，照彻天地，森罗万象，中无寸草点尘，惟龙潜焉。池面常放五色光，虔叩则应，否则无。池为云雾笼罩不常见，曰封池。祷而后见，曰开池。六池皆然。东南上三里雷神池，洞中有亘古凝冰。洞上有石塔，名观星楼。又有龙凤二小池。大太白池西南有二太白池，过稻地洼，至此十里，池大数亩。五里有三太白池，大亦数亩，其傍不可久憩，久则雷电疾至。十里玉皇池，大二十余亩，其东为龙门。上走马岭，相传山神乘马处，石上蹄迹宛然。十里佛池，大数亩。五里三清池，池旁金背枇杷树，撷其叶可疗百病。诸池皆有神司之，凡祷者以黄楮投之，诚则楮沉，否则浮。自宿清湫庙上至三清池，共计一百八十里。

二十日回武功。

二十一日三十里汉班超故里，有祠墓在焉。路遇秀空师同行。三十里扶风县，宿。秀师彻夜坐禅。

二十二日，五十五里，道旁有碑曰五丈原。南行四十里即是五里岐山县，宿。复遇宏源师。渭河之南有祁山，昔武侯六出祁山，即此（此去七十里凤翔府大道通甘肃）。

二十三日，三人同行，出南门，宏师前，秀师中，余随后。秀师云："勿错认路头。"宏师曰："何错为？"秀师言："古云修行无别修，贵要识路头，路头若识得，生死一时休。"生死一时休，即是安身立命之计，不可为道人说破，须道人自参自悟。四十里第五村，宝鸡属。不经眉县，分路，四十里抵店住。

二十四日，二十五里渭水河（源出凤翔东去太公庙有钓台），无桥无渡。幸水涸，跣足而渡。十五里夷门镇栈道，北口连云栈。栈道有南北之分，自此至褒城为北栈道，自沔县进口为南栈道。

二十五日，入北口，路崎岖难行，李白诗云"蜀道之难难于上青天"，信然。三十五里，古大散关。下坡，二十五里东河桥宿。

二十六日，三十里，黄牛铺四圣宫，稍息。是时天气亢旱，住持留二师求雨，午后小雨数阵。

二十七日早，微雨。四十五里草凉驿，午后阴寒，宛若冬天。二十五里白家店，住。

二十八日，三十里凤县，即古凤州。上山二十五里凤岭关（西去甘肃两当县），十五里新红铺，住。

二十九日，十五里三岔，十里古废邱关，二十一里南星台，五里莲云寺，宿。街头有碑曰陈仓古道。

三十日，十五里松林驿，十里紫柏山口。紫柏山有前中后之分，内有三十六洞七十二塘。塘者平旷也，皆非凡境，无缘得游。昔圣性长老居此茅篷数年，后入宝华，大兴律宗。七里柴关岭，八里妙台子，宿留侯祠，相传张良从赤松子学仙，得道于此。

八月初一日，四十七里留坝厅，二十里青羊铺宿。

初二日，十里青龙寺。是时天雨路滑难行，源师叹曰："行脚真苦，衣履不就时，用具不能带，食宿无所，早迟不便，冷暖不均，粗细莫调，饥寒交迫，深入异乡，逢危履险，种种是苦。"余言："去夏过金山，访大定长老，谈及行脚参访事。长老云：'人人皆说行脚之苦，其中之真乐，人所不知也。行脚者有真伪二种，伪行脚者，假此名目，贪名图利，到处侵扰，贩卖货物，欺人自欺，真可憨也；真行脚者，名利不能牵，情欲不能缚，烦恼不能扰，幻境不能转，独为生死大事，上求佛道，下化众生，一念中无障无碍，无上妙味，不可思议也。'"十三里武关驿，五里武关河。渡登彼岸，五里铁佛寺，宿。

初三日，二十里武曲铺，二十里马道，宿小南海。汉韩信投蜀，夜走至此遇水涨，萧何追及于此。道旁碑曰：寒溪夜涨。

初四日，过河。铁索桥长十数丈，下深数百尺，行时鼓动，能挺人堕涧，行者留心。四十里，青桥驿。二十三里，鸡头关。关上有连城，为汉王练兵处，顶有十二峰，连接如城垒，皆平旷可居。峰各有池，其下有黑沟，十里出口。东出褒城县（东南四十里汉中府南郑县，去沔县百里。北二十里，丙穴水下注褒水。东南行，有小石门穿山通道六丈有余）。

初五日，西南行五十里黄沙驿，诸葛造木牛流马处。二十里菜园子。（渡河三里许，定军山，诸葛武侯墓在焉。墓前汉江水经此一曲而下，内有八阵图。汉水之源出自嶓冢五丁诸山，西北天荡山。）八里，武侯祠。

初六日，里许古平阳关，今沔县，西通甘藏。南行里许，破城，进南栈道，十五里土关铺，十五里沮水铺，源师云："沿山居民太苦。"秀师答："悯济人穷，虽分文升合，亦是福田；乐与人善，即只字片言，皆为良药。"六十里大安镇。

初七日，金牛道（即金牛峡，一名五丁峡，五丁所开。今在汉中府宁羌州东北四十里，通西川大道，其山高峻，峰峦连接，中分一道，势同斧劈，自古称蜀道最险，莫此为甚。相传秦惠王谋伐蜀，患山险隘，乃作五石牛，置金尾下，言能粪金。蜀王贪，乃开道引之，秦因进兵灭蜀。沿涧路僻人稀，不可独行）。三十里宽川铺，过单人峡，要小心。十五里上岭，五丁关，关上有小小饭店数家，不宜住宿。此山系古力士武丁所开通蜀大道，道旁有武丁碑。相传秦献美女于蜀，蜀王遣武丁迎女，见一大蛇入山穴中，武丁随之，山崩，压五丁秦女，皆化为石。下岭，十五里滴水铺，宿店。

——选自清·高鹤年《名山游访记》

参考书目

1.[清]阮元.十三经注疏[M].北京：中华书局，1957.

2.[南朝梁]萧统.文选[M].北京：中华书局，1977缩印本.

3.[南朝陈]徐陵.玉台新咏[M].北京：文学古籍刊行社，影印明寒山赵氏刊本1958年重印.

4.[宋]郭茂倩.乐府诗集[M].北京：中华书局，1979年点校本.

5.[清]沈德潜.古诗源[M].北京：中华书局，1977.

6.逯钦立.先秦汉魏晋南北朝诗[M].北京：中华书局，1983.

7.严可均.全上古三代秦汉三国六朝文[M].北京：中华书局，1965.

8.[清]彭定求等编.全唐诗[M].北京：中华书局，1991.

9.[清]董诰.全唐文[M].北京：中华书局，1985.

10.傅璇琮等编.全宋诗[M].北京：北京大学出版社，1991.

11.唐圭璋编.全宋词[M].北京：中华书局，1999.

12.隋树森.全元散曲[M].北京：中华书局，1981年重印.

13.叶恭绰.全清词钞[M].北京：中华书局，1979.

14.[清]陈元龙.历代赋汇[M].南昌：江西古籍出版社，2004.

15.[元]劳亦安辑.古今游记丛钞[M].上海：上海中华书局出版社，1924.

16.[清]高鹤年.名山游历记[M].上海：上海佛学书局，1995.

17.[明]何镗.古今游名山记[M].桂林：广西师范大学出版社，2009.

18.[宋]洪迈撰.孔凡礼点校.容斋随笔[M].北京：中华书局，2005.

19.[清]景印文渊阁四库全书.台湾：台湾商务印书馆，1983.

20.[宋]程大昌撰.黄永年点校.雍录[M].北京：中华书局，2002：11-12.

21.[清]毕沅撰.张沛校点.关中胜迹图志[M].西安：三秦出版社，2004：23.

22.[清]顾祖禹撰.读史方舆纪要[M].北京：中华书局，2005.

23.[宋]宋敏求撰.李好文，阎琦校注.长安志·长安志图[M].西安：三秦出版社，2013.

24.[宋]张礼撰.史念海，曹尔琴校注.游城南记校注[M].西安：三秦出版社，2006.

25.[元]陶宗仪.南村辍耕录[M].北京：中华书局，1959.

26.[元]骆天骧撰.黄永年点校.类编长安志[M].西安：三秦出版社，2006.

27.[元]马端临撰.文献通考[M].北京：中华书局，1986.

28.[清]毛凤枝撰.李之勤校注.南山谷口考校注[M].西安：三秦出版社，2006.

29.[清]王弘撰撰.何本方点校.山志[M].北京：中华书局，1999.

30.[明]马理纂.赵廷瑞修.陕西通志[M].西安：三秦出版社，2006.

31.[宋]欧阳修，宋祁.新唐书[M].北京：中华书局，1975.

32.[后晋]刘昫.旧唐书[M].北京：中华书局，1975.

33. 周积寅编.中国历代画论[M].南京：江苏美术出版社，2013.
34. 中国绘画全集[M].杭州：浙江人民美术出版社，2000.
35. 郑午昌.中国画学全史[M].上海：上海古籍出版社，2011.
36. 中国历代画家大观·两晋南北朝隋唐五代[M].上海：上海人民美术出版社，1998.
37. 阮荣春主编.中国美术考古学史纲[M].天津：天津人民美术出版社，2004.
38. 童教英.中国古代绘画简史[M].上海：复旦大学出版社，1991.
39. 陈水云编著.中国画论与中国美学[M].北京：人民美术出版社，2003.
40. 潘天寿.中国传统绘画的风格[M].上海：上海书画出版社，2003.
41. 童书业著.童教英整理.童书业绘画史论集[M].北京：中华书局，2008.
42. 董欣宾，郑奇.中国绘画六法生态论[M].南京：江苏美术出版社，1990.
43. 启功.启功谈中国名画[M].北京：中华书局，2012.
44. 上海博物馆编.千年丹青——细读中日藏唐宋元绘画珍品[M].北京：北京大学出版社，2010.
45. 傅抱石.中国绘画变迁史纲[M].上海：上海古籍出版社，1998.
46. 高居翰.气势撼人[M].上海：上海书画出版社，2003.
47. 高居翰.山外山[M].上海：上海书画出版社，2003.
48. 陈传席.中国山水画史[M].天津：天津人民美术出版社，2001.
49. 张沛.安康碑石——陕西金石文献汇集[M].西安：三秦出版社，1991.
50. 李慧，曹发展注考.咸阳碑刻——陕西金石文献汇集[M].西安：三秦出版社，2003.
51. 陈显远，吴钢主编.汉中碑石——陕西金石文献汇集[M].西安：三秦出版社，1996.
52. 吴钢主编.华山碑石——陕西金石文献汇集[M].西安：三秦出版社，1995.
53. 李炳武主编.陕西珍贵文物集成：中华国宝书法卷[M].西安：陕西人民教育出版社，1988.
54. 欧阳中石等.书法与中国文化[M].北京：人民出版社，2000.
55. 丁成泉.中国山水诗史[M].武汉：华中师范大学出版社，1990.
56. 辛德勇.古代交通与地理文献研究[M].北京：中华书局，1996.
57. [日]川合康三.终南山的变容[M].上海：上海古籍出版社，2007.
58. 陶文鹏，韦凤娟主编.灵境诗心——中国古代山水诗史[M].南京：凤凰出版社，2004.
59. 章沧授主编.历代山水名胜赋鉴赏辞典[M].北京：中国旅游出版社，1998.
60. 陈水云编著.中国山水文化[M].武汉：武汉大学出版社2001.
61. 中国游记散文大系（陕西卷）[M].山西出版集团，2011.
62. 王立群.中国古代山水游记研究[M].北京：中国社会科学出版社，2008.
63. 曹道衡，沈玉成编撰.中国文学家大辞典（先秦汉魏晋南北朝卷）[M].北京：中华书局，1996.
64. 周祖譔主编.中国文学家大辞典（唐五代卷）[M].北京：中华书局，1992.
65. 曾枣庄主编.中国文学家大辞典（宋代卷）[M].北京：中华书局，2004.
66. 钱仲联主编.中国文学家大辞典（清代卷）[M].北京：中华书局，1996.